马克思主义
经典作家民族问题文选

斯大林卷

中国社会科学院
民族学与人类学研究所民族理论室
编

社会科学文献出版社
SOCIAL SCIENCES ACADEMIC PRESS(CHINA)

选编说明

《马克思主义经典作家民族问题文选》（全五册）是对马克思、恩格斯、列宁和斯大林关于民族问题论述的集中辑录，分为《马克思恩格斯卷》（上下册）、《列宁卷》（上下册）和《斯大林卷》，力图用原文汇编的形式全面展示马克思主义经典作家的民族理论及其形成发展过程。这五册书按照统一的安排同时选编同时推出，体例统一、主题统一，以便读者作为一套书使用。

本文选原计划是对署名"中国社会科学院民族研究所编"的五卷本丛书《马克思恩格斯论民族问题》（上下册）、《列宁论民族问题》（上下册）和《斯大林论民族问题》（以下简称"原五卷本"）的修订。该丛书主要是由中国社会科学院民族学与人类学研究所（即前中国社会科学院民族研究所）的部分学者选编、民族出版社在1987～1990年出版发行的。由于该书所收经典作家有关论述的全面性和代表性，长期以来成为我国理论界学习和研究马克思主义民族理论的必读书目，有着广泛的社会影响。然而，进入21世纪以来，随着国内外民族问题变化以及中央马克思主义理论学习和建设工程的开展，学界和社会上系统学习和研究马克思主义民族理论的要求不断增长，特别是出版界陆续推出了《列宁全集》《马克思恩格斯选集》《列宁选集》《马克思恩格斯全集》《马克思恩格斯文集》《列宁专题文集》等经典著作的新版本，这就使重新梳理和选编马克思主义经典作家关于民族问题的论述成为必要。为此，我们将修订马克思主义经典作家论民族问题原五卷本丛书作为一项重要课题加以提出和实施。

经过几年来的努力，丛书的修订基本结束。我们主要做了以下几项工作。

一、分工合作，以新版本的经典原著为准对"原五卷本"的内容做出修正。这种修正是必要的，因为新版本不但在所辑文章上更趋全面和丰富，在译文上也有所改进。为准确传达经典作家的思想，无疑是要以后出的新版本译文为标准的。当然，在新版本尚未出齐或没有新版本的情况下，仍要使用旧版的内容。以此，我们对版本要求的顺序是：

1. 《马克思恩格斯文集》（十卷本）、《列宁专题文集》（五卷本）；

2. 《马克思恩格斯全集》新版（即第2版，未出齐）、《列宁全集》新版（即第2版），或《马克思恩格斯选集》新版（即第2版，共四卷）和《列宁选集》新版（即第2版，共四卷）；

3. 《马克思恩格斯全集》旧版（即第1版）。

斯大林的著作未出新版，故只能用已有的《斯大林全集》（十三卷）和《斯大林文集》（一卷）。

二、在通览原著的基础上增添了部分选文。其中马克思恩格斯部分增添了14篇；列宁部分增添了15篇；斯大林部分增添了17篇。除了斯大林部分之外，新增选文均选自经典著作的新版本。

三、删减和调整了部分内容。在增添部分选文的同时，也删去了原来过于简略或与民族问题关系不大的个别篇目，以使选文不论整篇还是节选都尽量保持意思的完整。此外，对原为一文而被分为两篇文章的个别篇目做了合并处理。

四、对注释和部分篇目的顺序做出调整。"原五卷本"（原著亦同）的注释有页下注和书后注两种。其中页下注基本取自选文原著，书后注则既有取自选文原著的，也有选编者自加的。自加的内容主要是选编者对该文时代背景的介绍或观点的评价。由于书后注离原文正文太远，查阅起来不方便，自加的内容也带有一定的时代痕迹和历史局限，故本书将原来的书后注一律改为文后注，撤去原选编者自加的注释，尽量保留原著的注释文字。此外，对各篇文章的写作或发表时间做了认真核实，依此在选文的排序上也做了一些调整。

上述工作完成之后，我们发现，尽管我们的选编是在"原五卷本"的基础上进行的，但如果把这项成果称为"修订"却是有问题的。因为参与这次选编的已不是"原五卷本"的选编人员，事前也没有得到他们的授权，而出版社也发生了变更。在这种情况下，还用"原五卷本"的书名，称其为该丛书的"修订本"就很不合适了。正因为这样，我们将五册总称为《马克思主义经典作家民族问题文选》，而不再是《马克思恩格斯论民族问题》等"原五卷本"的"修订本"。

实际上，与"原五卷本"相比，这套文选在选文篇目上因增减已有所不同，注释的方式和部分内容发生了大的改变，译文也有了变化，已在事实上形成经典作家民族问题论著选编的另一种读本。所以，本文选出版后和"原五卷本"作为并列的两套书为读者所选用，而不成为一种前后取代的关系，可能更好一些。

此外，尽管我们的选编工作是在"原五卷本"基础上完成的，也做了大量的工作，但我们不敢说这个本子就会超过原本。就此来看，我们以不同于"原五卷本"的书名面世，也是承担责任的需要。

本文选是中国社会科学院民族学与人类学研究所民族理论室承担的中国社会科学院重点学科方向"马克思主义民族理论研究"的重点课题。我主持了本课题的筹划设计、组织协调、审稿统稿，并参与了具体选编。郑信哲、周竞红、杨华、刘玲以及我的博士生张淑娟、侯发兵分别承担了各卷的选编工作；我的博士生杨须爱及博士后张三南、肖斌分别对各卷的体例做了规范性调整，对全文做了校对。陈建樾研究员为本书的出版做了大量协调工作。

中国社会科学院民族学与人类学研究所前所长郝时远研究员为本文选提出了指导性意见，在此谨表谢意！

王希恩

2015 年 6 月 30 日

凡 例

一、本书选文均来自中文版斯大林原著:《斯大林全集》(13卷,人民出版社,1953~1958)、《斯大林文集1934-1952》(人民出版社,1985)、《斯大林选集》上下卷(人民出版社,1979)。选文出处均在文后标出,但省略了出版社、出版年份和版次的信息。

二、选文篇目依据该文发表或写作的时间排序。

三、文中的黑体字、外文单词和加重号等,均为选文原著所有。

四、本书注释分脚注(页下注)和尾注(文后注)两种。脚注除另有标明外,一般为作者原注;尾注除另有说明外,均为原俄文版编者注。为保持历史原貌,这些注文一般未做更动,但其中马克思、恩格斯、列宁和斯大林著作的参引,都为本书编者所核实,均指中文版。

五、书中的"原编者注"是指原著中文版中的编者注;而"编者注"则指本书编者加的注。

六、在不同文章中出现的同一注释,只保留一处。

目 录

编辑部的话（摘录）	1
俄国社会民主党及其当前任务（摘录）	4
社会民主党怎样理解民族问题？	6
各民族友爱万岁！	22
在走向民族主义的道路上	
（高加索来信）	24
马克思主义和民族问题	28
论取消民族限制	88
反对联邦制	91
反革命和俄国各民族	98
俄国社会民主工党（布尔什维克）第七次代表会议	
（四月代表会议）（摘录）	
（1917年4月24日至29日）	101
在赫尔辛福斯芬兰社会民主工党代表大会上的演说（摘录）	
（1917年11月14日）	107
答后方和前线的乌克兰同志们（摘录）	109
关于乌克兰拉达	
（1917年12月14日在全俄中央执行委员会会议上的演说）	112
关于芬兰的独立	
（1917年12月22日在全俄中央执行委员会会议上的报告）	
（报纸纪要）	115

关于"土耳其属亚美尼亚" ················ 117
在全俄工兵农代表苏维埃第三次代表大会上的讲话（摘录）
　　（1918年1月10日至18日）················ 119
戴着社会主义假面具的南高加索反革命分子（摘录）······ 122
俄罗斯联邦共和国的组织
　　（和《真理报》记者的谈话）················ 125
当前任务之一 ····························· 130
俄罗斯苏维埃联邦社会主义共和国宪法总纲
　　（全俄中央执行委员会苏维埃共和国宪法起草委员会通过的
　　草案）····························· 133
给土耳其斯坦边区苏维埃第五次代表大会的电报 ······· 135
在鞑靼—巴什基里亚苏维埃共和国成立大会筹备会议上的讲话
　　（1918年5月10日至16日）················ 136
十月革命和民族问题 ························· 141
政府对民族问题的政策 ······················· 149
致土耳其斯坦工兵农代表苏维埃和党组织 ··········· 153
我们在东部的任务 ··························· 155
在全俄东部各民族共产党组织第二次代表大会上的开幕词
　　（1919年11月22日）··················· 158
协约国对俄国的新进攻（摘录）················· 160
苏维埃政权对俄国民族问题的政策 ··············· 162
著者的话
　　（一九二〇年出版的民族问题论文集的序言）······ 170
达吉斯坦各族人民代表大会
　　（1920年11月13日）··················· 173
捷列克区域各族人民代表大会
　　（1920年11月17日）··················· 177

目　录

在俄罗斯苏维埃联邦社会主义共和国突厥语系民族共产党员
　会议上的开幕词
　　（1921年1月1日）（记录） ·················· 183
论党在民族问题方面的当前任务
　　［提交俄共（布）第十次代表大会讨论并经党中央批准的
　　提纲］ ······························ 186
俄共（布）第十次代表大会（摘录）
　　（1921年3月8日至16日） ··················· 196
论民族问题的提法 ··························· 207
关于共产主义在格鲁吉亚和南高加索的当前任务
　　（在格鲁吉亚共产党梯弗里斯党组织全体党员大会上的报告）
　　（1921年7月6日） ······················· 213
十月革命和俄国共产党人的民族政策 ··················· 218
关于各独立民族共和国的联合问题
　　（和《真理报》记者的谈话） ·················· 221
论各苏维埃共和国的联合
　　（在全俄苏维埃第十次代表大会上的报告）
　　（1922年12月26日） ······················ 226
党和国家建设中的民族问题
　　［提交俄共（布）第十二次代表大会讨论并经党中央批准的
　　提纲］ ······························ 234
俄共（布）第十二次代表大会（摘录）
　　（1923年4月17日至25日） ·················· 242
有各民族共和国和各民族地区负责工作人员参加的俄共（布）
　　中央第四次会议
　　（1923年6月9日至12日） ··················· 270
十月革命和中间阶层问题 ························ 288
附　　录 ································ 292

3

悼列宁（摘录）
  （1924年1月26日在全苏苏维埃第二次代表大会上的演说） ……… 299
论列宁主义基础（摘录）
  （在斯维尔德洛夫大学的讲演）
  献给为纪念列宁而吸收入党的同志们 ………………………… 301
论南斯拉夫的民族问题
  （1925年3月30日在共产国际执行委员会南斯拉夫委员会
  会议上的演说） ……………………………………………………… 310
俄共（布）第十四次代表会议的工作总结（摘录）
  ［1925年5月9日向俄共（布）莫斯科组织积极分子所做的
  报告］ ………………………………………………………………… 315
论东方民族大学的政治任务
  （1925年5月18日在东方劳动者共产主义大学学生大会上的
  演说） ………………………………………………………………… 318
问题和答复（摘录）
  （1925年6月9日在斯维尔德洛夫大学的演说） ……………… 330
再论民族问题
  （关于谢米奇的文章） ……………………………………………… 334
关于东方革命运动
  （和日本《日日新闻》记者布施先生的谈话） …………………… 342
致卡冈诺维奇同志和乌克兰共产党（布）中央政治局其他委员 ……… 346
共产国际执行委员会第七次扩大全会（摘录）
  （1926年11月22日至12月16日） …………………………… 350
给茨维特柯夫和阿雷坡夫两同志的信 ……………………………………… 352
给邱贡诺夫的信 …………………………………………………………… 354
时事问题简评（摘录） ……………………………………………………… 356
联共（布）中央委员会和中央监察委员会联席全会（摘录）
  （1927年7月29日至8月9日） ………………………………… 377

和第一个美国工人代表团的谈话（摘录）
　　（1927年9月9日） ………………………………………… 401
致玛·依·乌里杨诺娃同志
　　答勒·米赫里逊同志 ……………………………………… 405
十月革命的国际性质（摘录）
　　（为纪念十月革命十周年而作） ………………………… 408
民族问题和列宁主义
　　（答梅什柯夫、柯瓦里楚克及其他同志） ……………… 411
联共（布）中央委员会向第十六次代表大会的政治报告（摘录）
　　（1930年6月27日） ……………………………………… 427
联共（布）中央委员会向第十六次代表大会的政治报告的结论（摘录）
　　（1930年7月2日） ………………………………………… 436
论反犹太主义
　　（答美国犹太电讯社问） ………………………………… 440
论经济工作人员的任务（摘录）
　　（1931年2月4日在全苏社会主义工业工作人员第一次代表
　　会议上的演说） …………………………………………… 441
给巴尔涅斯先生的回信
　　（1933年3月20日） ……………………………………… 444
和罗宾斯上校的谈话（摘录）
　　（1933年5月13日）（简要记录） ………………………… 446
在党的第十七次代表大会上关于联共（布）中央工作的总结
　　报告（摘录）
　　　（1934年1月26日） …………………………………… 448
关于恩格斯的《俄国沙皇政府的对外政策》一文 ………………… 451
关于《苏联历史》教科书提纲的意见 ……………………………… 458
在塔吉克斯坦和土库曼斯坦先进的男女集体农庄庄员会议上的讲话
　　（1935年12月4日） ……………………………………… 461

关于苏联宪法草案（摘录）
　　[1936年11月25日在全苏苏维埃第八次（非常）代表大会
　　　上的报告] ·· 463
伟大的十月社会主义革命二十四周年（摘录）
　　（1941年11月6日在莫斯科市劳动者代表苏维埃、党组织和
　　　社会团体庆祝大会上的报告） ······································· 470
国防人民委员会命令（摘录）
　　（第55号。1942年2月23日于莫斯科市） ···················· 474
伟大的十月社会主义革命二十七周年（摘录）
　　（1944年11月6日在莫斯科市劳动者代表苏维埃、党组织
　　　和社会团体庆祝大会上的报告） ·································· 477
在欢迎芬兰政府代表团的午宴上的讲话
　　（1948年4月7日） ··· 479
马克思主义和语言学问题（摘录） ····································· 481
后　　记 ·· 500

编辑部的话[*]（摘录）

我们这一部分格鲁吉亚的革命的社会民主党人，深信创办一种自由的定期刊物对于觉悟的格鲁吉亚读者是一个迫切的问题；我们深信这个问题现在必须加以解决，如果再拖延下去，就只会使共同事业受到损害；我们深信每一个觉悟的读者都会欢迎这种刊物并给以各种帮助；因此，针对着这种需要，我们将竭尽全力满足读者的愿望。今天，我们办的格鲁吉亚第一个自由刊物《斗争报》[1]创刊号出版了。

……

如果从旁观者的地位一般地来看格鲁吉亚报纸的存在问题，尤其是内容和方针问题，那末也许会觉得这个问题可以自然地简单地自行解决：格鲁吉亚的社会民主主义运动并不是一个单独的运动，并不仅仅是具有自己纲领的格鲁吉亚工人运动，它和全俄的运动携手并进，因而是服从于俄国社会民主党的，——由此可见，格鲁吉亚社会民主党的报纸应当只是一个地方性的机关报，主要是阐明地方性的问题和反映地方性的运动。但是这样的回答却抹杀了我们所不能回避而必然要碰到的困难。我们所讲的是语文方面的困难。俄国社会民主党中央委员会有可能通过全党机关报来解释一切总的问题，而把阐明仅属地方性问题的事情交给各个地区委员会去做，然而格鲁吉亚报纸在其内容方面却处于困难的境地。格鲁吉亚报纸应

---

[*] 社会民主党的秘密报纸《斗争报》社论。

同时起全党机关报的作用和区域性的、地方性的机关报的作用。由于大多数格鲁吉亚工人读者不能流畅地阅读俄文报纸，所以格鲁吉亚报纸的领导者就不能不阐明带全党性的俄文报正在讨论和必须讨论的一切问题。这样，格鲁吉亚报纸必须向读者介绍一切原则性的理论问题和策略问题。同时它必须领导地方上的运动，恰当地阐明每一事件，对任何事实都不能不加以解释，并且还要解答本地工人特别关心的一切问题。格鲁吉亚报纸应当把格鲁吉亚的战斗工人跟俄罗斯的战斗工人联系起来，团结起来。它应当向读者报道本地生活、俄国生活和国外生活中一切使他们感到兴趣的事物。

载于《斗争报》，1901年9月，创刊号
本文没有署名
从格鲁吉亚文译成俄文

选自《斯大林全集》第1卷，第3~6页

注释：

[1]《斗争报》是梯弗里斯社会民主党组织的列宁火星派用格鲁吉亚文秘密出版的第一个报纸。《斗争报》的发起人是斯大林。关于创办革命的马克思主义秘密刊物的问题，格鲁吉亚第一个社会民主主义组织"麦撒墨达西社"中革命的少数（斯大林、克泽霍越里、楚鲁启则）从1898年起就进行斗争，反对该社机会主义的多数（饶尔丹尼亚等人），而《斗争报》的出版就是这一斗争的结果。《斗争报》在巴库秘密印刷所排印，这个印刷所是梯弗里斯社会民主党组织中的革命派责成斯大林最亲近的战友克泽霍越里设立的。该报出版方面的实际工作也由克泽霍越里负责。《斗争报》上关于革命的马克思主义政党的纲领和策略问题的指导性论文都是斯大林写的。《斗争报》出了四期：创刊号于1901年9月出版；第二、三两期的合刊于1901年11月、12月间出版；第四期于1902年12月出版。除《火星报》之外，《斗争报》是俄国最好的马克思主义报纸，它坚决主张南高加索无产阶级革命斗争必须和全俄工人阶级革命斗争紧密联系。《斗争报》也像列宁的《火星报》一样，捍卫了革命的马克思主义的理论基础，宣传了社会民主党组织必须转而进行群众政治鼓动工

作和进行反对专制制度的政治斗争，坚持了应在资产阶级民主革命中实现无产阶级领导权的列宁思想。《斗争报》在反"经济派"的斗争中，论证了建立工人阶级统一的革命政党的必要，并揭露了自由资产阶级、民族主义者和各种各样的机会主义者。列宁的《火星报》曾指出，《斗争报》创刊号的出版是一个极重大的事件。——俄文版编者注

俄国社会民主党及其当前任务(摘录)

……

在沙皇制度压迫下呻吟叫苦的不仅仅是工人阶级。专制制度沉重的魔掌也窒息着其他的社会阶级。呻吟叫苦的有因经常挨饿而浮肿了的俄国农民，他们被苛捐杂税的重担弄得贫困不堪，他们受唯利是图的资产者和"高贵的"地主任意宰割。呻吟叫苦的有小市民、国家机关和私人机关的小职员，小官吏，总之，就是人数众多的城市平民，他们的生活也和工人阶级的生活一样地没有保障，他们有理由不满意自己的社会地位。呻吟叫苦的有不能容忍沙皇鞭笞政策的一部分小资产阶级乃至中产阶级，特别是资产阶级中一部分有学识的人，即所谓自由职业者（教员、医生、律师、大学生和一般学生）。呻吟叫苦的有俄国境内被压迫的各民族和异教徒，其中包括那些被逐出乡土而其神圣情感蒙受伤害的波兰人和芬兰人，历史赋予他们的权利和自由都被专制制度蛮横地践踏了。呻吟叫苦的有经常受迫害受侮辱的犹太人，他们甚至被剥夺了其他俄国庶民所享有的微不足道的权利，即随处居住的权利、就学的权利、供职的权利等等。呻吟叫苦的有格鲁吉亚人、阿尔明尼亚人以及其他民族，他们被剥夺了开办本族学校的权利、在国家机关中工作的权利，他们不得不服从专制政权所疯狂推行的、可耻的、压迫少数民族的俄罗斯化政策。呻吟叫苦的有俄国境内各种教派的千百万信徒，他们不愿依照正教神父的意旨而想本着自己的良心来信奉宗教。呻吟叫苦的还有……但是一切受俄国专制制度压迫摧残的人是举不胜举的。他们的人数是如此之多，要是他们都懂得这一点并明白谁是他们的共同敌人,那末俄国的暴政是一天也不能存在的。可惜俄国农民还处于数百年来由奴役、贫穷和无知所造成的闭塞状态,他们现在还刚刚在觉醒,还不明白谁是他们的敌人。俄国各被压迫民族,在不仅有俄国政府反对它们,甚至还有俄罗斯人民由于尚未认识专制制度是全国人民的公敌而同样也反对它们的时候,它们简直不敢想像可以用自己的力量解放自己。剩下的就是工人阶级、城市平民和资产阶级中一部分有学识的人。

但是,一切国家和一切民族的资产阶级都极善于攫取并非由自己的胜利所得来的果实,都极善于假他人之手火中取栗。他们从来也不愿意在与强敌斗争中,在暂时还不大容易获得胜利的斗争中,拿自己的较有特权的地位去冒险。尽管他们不满意,但他们毕竟生活得不坏,因此他们乐意把受哥萨克鞭打、被士兵枪杀、在街垒中搏斗等等权利让给工人阶级和一般平民去独享。他们自己只是"同情"斗争,至多也不过是对凶暴的敌人那种镇压人民运动的残酷行为表示一下(在心里)"愤慨"罢了。他们是害怕革命行动的,只有在斗争的最后几分钟,当看清敌人没有力量的时候,他们自己才转而采取革命的办法。这个道理是历史经验教给我们的……只有在斗争中除了自己的锁链而外别无可失的工人阶级和一般人民才是真正的革命力量。尽管俄国的经验还很贫乏,却也证明了一切革命运动的历史所教给我们的这个古老的真理。

载于《斗争报》,1901年11月、12月第二、三两期合刊

本文没有署名

从格鲁吉亚文译成俄文

选自《斯大林全集》第1卷,第17~19页

社会民主党怎样理解民族问题？

一

一切都在变化……社会生活在变化，"民族问题"也跟着在变化。在各个不同的时期，有各个不同的阶级出现在斗争舞台上，而且每一个阶级都是按照自己的观点来理解"民族问题"的。因此，"民族问题"在各个不同时期服务于各种不同的利益，并具有各种不同的色彩，这要看它是由哪一个阶级提出和在什么时候提出而定。

例如，我们这里存在过所谓贵族的"民族问题"（национадь_ный вопрос），当时（在"格鲁吉亚归并于俄国"之后）格鲁吉亚贵族感到丧失他们原先在格鲁吉亚国王统治时代所享有的特权和势力，对于自己是多么不利，他们认为充当"庶民"有伤自己的尊严，所以想要"解放格鲁吉亚"。他们想借此使格鲁吉亚国王和贵族担当"格鲁吉亚"的领导者，从而把格鲁吉亚人民的命运交给他们！这是封建君主制的"民族主义"（национали-зм）。如果不把格鲁吉亚贵族反对在高加索的俄罗斯统治者的个别阴谋计算在内，那末这个"运动"就没有做出任何一件能够博得荣誉的事情，没有在格鲁吉亚人的生活中留下任何显著的痕迹。只要社会生活事变稍微触到这个本来就很软弱的"运动"，就足以把它根本破坏。的确，商品生产的发展、农奴制度的废除、贵族银行的创立、城市和乡村中阶级对抗的加剧、乡村贫民运动的加强等等，——这一切都给格鲁吉亚贵族以致命的打击，同时也给"封建君主制的民族主义"以致命的打击。格鲁吉亚贵族分裂成为两派。其中一派抛弃了任何"民族主义"而向俄国专制制度伸出手来，想从那里换得高官厚禄、低息贷款和农具，要政府保障他们不受农村"暴动者"的威胁等等。格鲁吉亚贵族的另一派，更软弱的一派，则同格鲁吉亚的主教和大司祭串通一气，从而把受实际生活驱逐的"民族主义"置于教权主义卵翼之下。这一派热中于恢复那些已被破坏的格鲁吉亚教堂（这是他们"纲领"中的主要条文！），即"昔日伟业的纪念碑"，并且虔诚地等待一个能实现他们农奴君主制"愿望"的奇迹的到来。

这样，封建君主制的民族主义在奄奄一息的时候，就采取了教权主义的形式。

同时，现代社会生活又在我们这里提出了资产阶级的民族问题（национадьный вопрос ьуржуазии）。当年轻的格鲁吉亚资产阶级感到自己很难和"外国"资本家进行自由竞争时，它就通过格鲁吉亚民族民主主义者开始嘟哝起什么独立的格鲁吉亚来了。格鲁吉亚资产阶级想用关税壁垒保护格鲁吉亚市场，用强力把"外国"资产阶级从格鲁吉亚市场赶出去，用人为的方法提高物价，并用这种"爱国的"手腕在发财的角逐场上求得成功。

格鲁吉亚资产阶级民族主义的目的过去是这样，现在还是这样。不用说，要实现这个目的，就必须有力量，而这种力量就在无产阶级身上。只有无产阶级才能给被阉割的资产阶级"爱国主义"注入生命力。必须把无产阶级吸引到自己方面来，于是"民族民主主义者"就走上了舞台。他们费了许多气力来驳斥科学社会主义，对社会民主党人大肆诽谤，劝告格鲁吉亚无产者离开这些人，同时赞美格鲁吉亚无产阶级，劝它"为了工人本身的利益"设法加强格鲁吉亚资产阶级。他们一再恳求格鲁吉亚无产者说：不要毁灭"格鲁吉亚"（或许是指格鲁吉亚资产阶级？），忘掉"内部的意见分歧"，和格鲁吉亚资产阶级亲善起来等等。但这都是白费气力的！资产阶级政论家的甜言蜜语麻醉不了格鲁吉亚无产阶级！格鲁吉亚马克思主义者的无情攻击，特别是把俄罗斯、亚美尼亚、格鲁吉亚和其他民族的无产者变成了一个社会主义队伍的强大的阶级发动,给我们的资产阶级民族主义者以一个毁灭性的打击,并把他们从战场上赶走了。

"为了恢复被污辱的声名",我们那些逃走了的爱国者"至少也得改变一下色彩",即使领会不了社会主义的观点,至少也得披上一件社会主义的外衣。果然,秘密的……资产阶级民族主义的(姑称之为)"社会主义的"机关报《格鲁吉亚报》[1]爬上了舞台!他们就想这样来诱惑格鲁吉亚工人!但是已经晚了!格鲁吉亚工人已经学会分清黑白,他们很容易就看破了,资产阶级民族主义者"只是改变了一下色彩",并没有改变自己观点的本质,《格鲁吉亚报》徒有社会主义的空名罢了。他们明白了这一点,于是高声嘲笑格鲁吉亚的"救星"!《格鲁吉亚报》的那些唐·吉诃德式的希望并没有实现!

另一方面,我们的经济发展又渐渐在格鲁吉亚资产阶级先进人士和"俄罗斯"之间架起一座桥梁,使这些人士在经济上和政治上都和"俄罗斯"发生联系,从而使本来已经动摇的资产阶级民族主义的基础更加动摇起来。这就是对资产阶级民族主义的第二个打击!

新的阶级即无产阶级走上了斗争舞台,于是新的"民族问题"即无产阶级的"民族问题"也跟着产生了。正如无产阶级不同于贵族和资产阶级一样,无产阶级所提出的"民族问题"也不同于贵族和资产阶级的"民族问题"。

现在我们就来谈一谈这个"民族主义"。

社会民主党怎样理解"民族问题"呢?

俄国无产阶级早就谈到斗争了。大家知道,任何斗争的目的都是要取得胜利。但是,为了无产阶级的胜利,必须不分民族地把一切工人联合起来。很明显,打破民族间的壁垒而把俄罗斯、格鲁吉亚、亚美尼亚①、波兰、犹太和其他民族的无产者紧密团结起来,乃是俄国无产阶级胜利的必

---

① 原译文为"阿尔明尼亚",此处和全书均规范改为"亚美尼亚"。——编者注

要条件。

俄国无产阶级的利益就是如此。

然而，俄国专制制度是俄国无产阶级最凶恶的敌人，它经常阻挠无产者的团结事业。它用强盗手段摧残俄国各"异"族的民族文化、语言、风俗和机关。专制制度剥夺了他们应有的公民权利，从各方面压制他们，口蜜腹剑地在他们中间散播猜忌和仇视，挑起他们的流血冲突。这表明俄国专制制度的唯一目的是要离间俄国境内的各个民族，加强他们之间的民族纠纷，巩固民族壁垒，从而更加顺利地分裂无产者队伍，更加顺利地把整个俄国无产阶级分散为小的民族集团，以便扼杀工人的阶级觉悟，破坏工人的阶级团结。

俄国反动势力的利益就是如此，俄国专制制度的政策就是如此。

很明显，俄国无产阶级的利益迟早一定要和沙皇专制制度的反动政策发生冲突。事实果然这样，社会民主党的"民族问题"正是在这个基础上产生的。

应该怎样打破耸立在各民族间的民族壁垒，应该怎样消灭民族的闭关自守状态，以便使俄国各民族无产者更好地互相接近起来、更紧密地团结起来呢？

社会民主党的"民族问题"的内容就是如此。

社会民主联邦主义者回答说：应该分成各个民族政党并把它们组成一个"自由联盟"。

"亚美尼亚社会民主工人组织"[2]也再三重复这样的话。

由此可见，他们劝我们不要团结成一个由统一的中央来领导的全俄政党，而要分成由几个中央来领导的几个政党，并且还说这都是为了加强阶级团结！我们想使各民族的无产者互相接近起来。我们究竟应当采取什么办法呢？社会民主联邦主义者回答说：只要使各民族的无产者互相疏远就可以达到目的！我们想把无产者联合成一个政党。我们究竟应当采取什么办法呢？社会民主联邦主义者回答说：只要把俄国无产阶级分散为各个政党就可以达到目的！我们想要消灭民族壁垒。我们究竟应当采取什么办法呢？他们回答说：只要用组织上的壁垒来加强民族间的壁垒就可以达到目的！这一切就是他们给我们这些有着一个共同敌人并在相同的政治条件下进行斗争的俄国无产者出的主意！总之，他们对我们说：你们要干得使敌人拍手称快，并且亲手葬送你们的共同目的！

好吧，我们就暂且同意社会民主联邦主义者的意见，跟着他们走，看他们要把我们引到哪里去！俗话说得好：追问撒谎人，就要追到撒谎的大门。

假定我们听从了我们那些联邦主义者的意见并建立了各个民族的政党，那末由此会得到什么结果呢？

这是不难了解的。在以前，当我们还是集中主义者的时候，我们是把主要注意力放在无产者的共同生活条件上、放在他们的一致利益上的，而关于他们的"民族差别"，我们只是在和他们的共同利益不相抵触的范围内来谈的；在以前，我们认为最首要的问题是要弄清楚俄国各民族无产者之间一致的地方在哪里，他们之间的共同点是什么，以便在这些共同利益的基础上建立一个全俄工人的集中的政党。而现在，当"我们"已成为联邦主义者的时候，引起我们注意的却是一个新的最主要的问题：要弄清楚俄国各民族的无产者之间有什么不同，他们之间有什么差别，以便在"民族差别"的基础上建立各个民族的政党。这样，在集中主义者是次要东西的"民族差别"，在联邦主义者却成为建立各民族政党的基础了。

如果我们沿着这条路再走下去，那末我们迟早就要得出一个结论：例如，亚美尼亚无产者的"民族的"和某些其他的"差别"是和亚美尼亚资产阶级的这些"差别"一样的；亚美尼亚无产者和亚美尼亚资产者具有同样的习俗和性格；他们组成一个民族，组成一个不可分割的"民族"①。这

---

① "亚美尼亚社会民主工人组织"刚刚采取了这样一个值得夸耀的步骤。它在自己的"宣言"中坚决地宣称："决不能把无产阶级（亚美尼亚的无产阶级）和社会（亚美尼亚的社会）分开；团结起来的（亚美尼亚的）无产阶级应当是亚美尼亚人民的最有理性和最有力量的有机组成部分"，"结成一个社会主义政党的亚美尼亚无产阶级应竭力确定亚美尼亚的社会思想，亚美尼亚无产阶级将是自己种族的嫡子"等等（见"亚美（转下页注）

就离"共同行动的统一基础"不远了,不论资产者或无产者,作为同一"民族"的成员都应当站在这个基础上,互相亲密地携起手来。这时,专制沙皇的伪善政策可能被认为是这种友谊的"新的"明证,而关于阶级对抗的言论将被认为是一种"不切实际的教条"。何况还有人会用他那富有诗意的手"更大胆地"拨动暂时还存在于俄国各民族无产者中间的狭隘的

(接上页注①)尼亚社会民主工人组织"的"宣言"第三条)。

第一、令人不解的是:为什么"不能把亚美尼亚无产阶级和亚美尼亚社会分开"呢?难道它们不是随时随地都在"分开"吗?当团结起来的亚美尼亚无产阶级于1900年(在梯弗里斯)对亚美尼亚资产阶级和具有资产阶级思想的亚美尼亚人宣战时,难道它不是和亚美尼亚社会"分开了"吗?!"亚美尼亚社会民主工人组织"如果不是一个和亚美尼亚社会其他各阶级"分开了"的亚美尼亚无产者的阶级组织,又是什么呢?也许"亚美尼亚社会民主工人组织"是一个包括一切阶级的组织吧!?难道战斗的亚美尼亚无产阶级可以限制于"确定亚美尼亚社会思想"吗?难道它不应当前进,向这个彻头彻尾的资产阶级"社会思想"宣战并给它灌输革命精神吗?事实证明,它应该这样做。但是,如果是这样的话,那末不言而喻,"宣言"应当使读者注意的就不是"确定社会思想",而是同这个思想作斗争,而是必须使这个思想革命化:这样一来,"宣言"就会更好地说明"社会主义无产阶级"的义务。最后,既然这个种族中的一部分——亚美尼亚资产阶级——像蜘蛛那样吮吸着亚美尼亚无产阶级的血液,而另一部分——亚美尼亚僧侣——不仅吮吸工人的血液,并且一贯地腐蚀他们的意识,亚美尼亚无产阶级又怎能成为"自己种族的嫡子"呢?如果从阶级斗争的观点来看问题,那末所有这些问题都是简单的,而且是必然要发生的。但是"宣言"的起草人却看不到这些问题,因为他们是用从崩得(犹太工人联盟)那里抄袭来的联邦主义的民族主义观点来看问题的。一般讲来,"宣言"的起草人似乎立意要处处模仿崩得。他们把崩得第五次代表大会"关于崩得在党内的地位"的决议第二条也列入了自己的"宣言"。他们把"亚美尼亚社会民主工人组织"叫做亚美尼亚无产阶级利益的唯一保护者(见上述"宣言"第三条)。"宣言"的起草人忘记了我党在高加索各处建立的委员会(这里所指的党委员会,于1903年3月在梯弗里斯举行的高加索社会民主工人组织第一次代表大会上统一成为俄国社会民主工党高加索联盟。出席这次代表大会的有梯弗里斯、巴库、巴土姆、库泰依斯、古里亚及其他地方组织的代表。代表大会赞同列宁《火星报》的政治路线,接受《火星报》和《曙光》杂志的纲领草案为指南,制定并批准了联盟的专门章程。高加索联盟第一次代表大会为高加索社会主义组织的国际性结构奠定了基础。代表大会建立了党的领导机关,即俄国社会民主工党高加索联盟委员会,当时被监禁在巴土姆监狱中的斯大林缺席当选为该委员会的委员。1904年初,斯大林逃出流放地回到梯弗里斯后,即行领导俄国社会民主工党高加索联盟委员会。——俄文版编者注)几年来在高加索一直被认为亚美尼亚民族(以及其他各民族)无产者的代表,忘记了这些委员会在用亚美尼亚文进行口头的和印刷品的宣传鼓动以提高他们的阶级觉悟,并在斗争时领导他们等等,而"亚美尼亚社会民主工人组织"却是不久前才产生的。他们竟把这一切都忘记了,并且可以想象得到,他们为了一丝不苟地抄袭崩得的组织观点和政治观点,一定会忘掉更多的东西。

民族琴弦，弹出他所需要的调子来。沙文主义的骗术将会博得信用（信任），朋友会被认作敌人，而敌人会被认作朋友，于是就要发生混乱，而俄国无产阶级的阶级觉悟也就要降低了。

这样，我们不是打破民族壁垒，而是依照联邦主义者的美意，用组织上的壁垒把它更加巩固起来；我们不是把无产阶级的阶级觉悟向前推进，而是把它扔到后面，使它受到危险的考验。于是，专制沙皇"就要兴高采烈"了，因为他永远也得不到像我们这样不取报酬的助手。

难道我们是要达到这样的结果吗？

最后，我们本来需要一个统一的灵活的集中的党，这个党的中央委员会能在瞬息间发动全俄工人，并领导他们向专制制度和资产阶级作坚决的冲击，可是有人却硬塞给我们一个畸形的、分散成各个政党的"联邦式的联盟"！他们给我们的不是锋利的武器，而是生锈的武器，并保证说：你们用这个武器可以更快地消灭你们的势不两立的敌人！

你们看，社会民主联邦主义者要把我们引导到哪里去！

可是，因为我们不是要"巩固民族壁垒"，而是要打破这种壁垒，因为我们需要的不是生锈的武器，而是锋利的武器，以便根除现时的不公平制度，因为我们不是想叫敌人拍手称快，而是想叫敌人大吃苦头，并把他们消灭干净，所以很明显，我们应该撇开联邦主义者，而找出解决"民族问题"的更好的答案。

二

上面我们所说的是不应该怎样解决"民族问题"。现在我们就来谈一谈应该怎样解决这个问题，就是说，社会民主工党是怎样解决这个问题的①。

---

① 不妨指出，下面所写的都是对我们党纲上关于民族问题的条文所作的一些说明。

首先必须记住，现时在俄国活动的社会民主党是把自己称为俄国（而不是俄罗斯）社会民主党的。显然它是想以此向我们表明，它不仅要把俄罗斯无产者集合在自己的旗帜下，而且要把俄国一切民族的无产者集合在自己的旗帜下，所以它将采取一切办法来消灭耸立在无产者之间的民族壁垒。

其次，我们党已经消除了那笼罩着"民族问题"而把它弄得神秘莫测的迷雾，已把这个问题分解成各个因素，使其中每一个因素都带有阶级要求的性质，并且在纲领中用条文的形式规定出来。这样，党就向我们清楚地表明：所谓"民族利益"和"民族要求"，就其本身来说，并没有特殊的价值；这些"利益"和"要求"究竟有多少值得注意，是要看它们把无产阶级的阶级觉悟和阶级发展向前推进多少或能够向前推进多少而定的。

俄国社会民主工党就借此明白地指出了它所走上的道路和它在解决"民族问题"时所采取的立场。

"民族问题"是由哪几部分组成的呢？

社会民主联邦主义者先生们要求些什么呢？

（一）要求"俄国各民族的公民权利平等"吗？

你们感到不安的是现在俄国盛行的公民权利不平等的现象吗？你们想把政府剥夺去的公民权利归还俄国各民族，所以要为这些民族要求公民平等权利吗？难道我们反对这个要求吗？我们非常了解公民权利对于无产者有多么大的意义。公民权利是一种斗争武器，剥夺这些权利就等于剥夺武器；谁不知道没有武器的无产者就不能很好地进行斗争呢？俄国无产阶级正需要俄国各民族的无产者都能很好地进行斗争，因为这些无产者斗争得愈好，他们的阶级觉悟就愈高，而他们的阶级觉悟愈高，俄国无产阶级的阶级团结也就愈紧密。是的，这一切我们都知道，因此我们无论现在和将来都要用全力为俄国各民族的公民权利平等而斗争！你们只要读一读我们党纲第七条上党所规定的"全体公民不分性别、宗教信仰、种族和民族，一律享有完全平等权利"，就会知道俄国社会民主工党负有实现这些要求的责任。

社会民主联邦主义者还要求什么呢？

(二) 要求"俄国各民族的语言自由"吗?

你们感到不安的是俄国各"异"族无产者几乎都被禁止用本族语言学习,几乎都被禁止在公共机关、国家机关和其他机关内使用本族语言的情形吗?确实有理由感到不安!语言是发展和斗争的工具。不同的民族有不同的语言。俄国无产阶级的利益,要求俄国各民族的无产者有充分权利使用那种能够保证他们更容易受到教育,更好地在各种会议上,在各种公共机关、国家机关和其他机关中和敌人作斗争的语言。本族语言就被公认为这样的语言。他们说:各"异"族的无产者使用本族语言的权利被剥夺了,难道我们能够默不作声吗?究竟我们的党纲是怎样回答俄国无产阶级这个问题的呢?你们只要读一读我们党纲第八条上我党所要求的"居民有权用本族语言受教育,由国家和地方自治机关出资设立为保证实现这一权利所必需的学校;每个公民都有权在会议上用本族语言发表意见;在一切地方的公共机关和国家机关中,本族语言应当与国定语言同样使用",——你们只要读了这一条,就会相信俄国社会民主工党也负有实现这一要求的责任。

社会民主联邦主义者还要求什么呢?

(三) 要求"俄国各民族的自治"吗?

你们想借此说明同一法律不能同样适用于俄国境内因独特的生活条件和居民成分而互不相同的各个地方吗?你们想让这些地方都有权使一般的国家法律适合于它们的独特条件吗?如果是这样,如果你们要求的内容是这样,那就必须用适当的形式表达出这个要求,必须消除民族主义的烟雾即糊涂观念而直截了当地述说出来。如果你们听从这个劝告,那末你们就会相信我们丝毫也不反对这个要求。我们毫不怀疑,俄国境内因独特的生活条件和居民成分而互不相同的各个地方不能同样应用国家宪法,这样的地方应该有权用适当的形式来实施一般的国家宪法,以便得到更大的好处,以便更充分地发挥人民中间的政治力量。这是俄国无产阶级的阶级利益所要求的。如果你们再读我们党纲第三条上我党所要求的"施行广泛的地方自治,保证各个具有独特的生活条件和居民成分的地方有权实行区域自治",那末你们就会看到俄国社会民主工党先要把这个要求的民族主义烟雾廓清，然后把实现这个要求的责任担负起来。

（四）你们是向我们指出沙皇专制制度野蛮地摧残俄国各"异"族的"民族文化"，横暴地干涉他们的内部生活并从各方面压制他们，野蛮地破坏了（并继续破坏着）芬兰人的文化机关，残暴地掠夺了亚美尼亚的民族财产等等吗？你们要求保证不受专制制度残暴的蹂躏吗？难道我们没有看见沙皇专制制度的暴行吗？难道我们不是一直在反对这种暴行吗？！目前谁都看得很清楚，现在的俄国政府是如何在压制和绞杀俄国各"异"族的人民。同样毫无疑义，政府的这种政策每天都在腐蚀俄国无产阶级的阶级觉悟，使它受到危险的考验。因此，我们随时随地都要反对沙皇政府这种含有腐蚀作用的政策。因此，我们随时随地都要保卫这些民族的各种机关，使之免受专制制度宪警暴力的摧残，我们不仅要保卫它们的有益的机关，而且要保卫它们的无益的机关，因为俄国无产阶级的利益向我们提示：只有各民族自己才有权消灭或发展本民族文化的某一方面。但是，请读一读我们的党纲第九条吧。难道我们的党纲第九条不就是讲的这一点吗？要附带说一句，这一条无论在我们的敌人或友人中间都引起了纷纷的议论。

但是在这里，有人打断我们的话，劝我们停止谈论第九条。我们问道：为什么呢？他们回答说："因为"我们党纲中的这一条和同一党纲中第三、第七、第八各条"根本矛盾"，如果赋予各民族以依照自己意志处理本民族全部事务的权利（见第九条），那末在上述党纲中就不应当有第三、第七、第八各条，——反过来说，如果这些条文在党纲中仍然保留，那末毫无疑问，就应当把第九条从党纲中删去。毫无疑问，《格鲁吉亚报》[①]也是讲的这一类话，它居然以其固有的轻率态度问道："对一个民族说'我给你以区域自治权'，而同时又提醒这个民族，说它有权依照自己的意志处理本民族全部事务，——这是什么逻辑呢？"（见《格鲁吉亚报》第九期）"可见"纲领中含有逻辑上的矛盾，"可见"为了消除这个矛盾，必须把党

[①] 我们在这里提到《格鲁吉亚报》，只是为了更好地阐明第九条的内容。本文的目的是批判社会民主联邦主义者，而不是批判根本和他们不同的"格鲁吉亚报派"。

纲中某一条或某几条删去！是呀，"无条件地"必须删去，否则怎么行呢？请看，逻辑本身在通过不合逻辑的《格鲁吉亚报》表示抗议了。

讲到这里，我想起一个古代的故事。据说从前有一位"解剖圣手"，凡是"真正"解剖家"所必需的一切"：毕业证书、工作场所、解剖器具、无比的奢望，他样样都有。但是只缺少一样小小的东西——解剖学知识。有一次，人家请他说明那些胡乱摆在解剖台上的一套骨头彼此间有什么联系。于是我们这位"著名的圣手"有机会大显身手了。"圣手"堂而皇之、郑重其事地"工作"起来了！可是糟糕得很！这位"圣手"对解剖学却一窍不通，他不知道哪些骨头接在哪些骨头上才可以成为一副完整的骨骼！这个可怜虫忙了半天，出了一身大汗，可是白费气力！最后，当他把一切弄得乱七八糟、没有得到任何结果的时候，他就抓起几根骨头扔得远远的，同时带着哲学家的神情大骂特骂，说是"居心叵测"的人竟把一些假骨头放在他的解剖台上。当然，观众对这位"解剖圣手"只好报之以哄堂大笑了。

《格鲁吉亚报》也发生了这类的"怪事"。它忽然想要分析我们的党纲，但它却不知道我们的党纲究竟是什么东西，应该怎样加以分析，它不懂得这党纲中的各个条文彼此有什么联系，每个独立条文有什么意义，于是就带着"哲学家的神情"忠告我们说：因为我不能了解你们的纲领的某某条文，所以（？！）必须把它们从纲领中删去。

可是，我并不想耻笑这个本来就够可笑的《格鲁吉亚报》，因为俗语说，好汉是不打落水狗的！恰恰相反，我甚至情愿帮助它理解我们的党纲，不过要它履行下面几个条件：（一）要亲口承认自己的无知；（二）要仔细听我的话；（三）要顾到逻辑①。

请看问题在哪里。我们的党纲第三、第七、第八各条是根据政治集中主义规定的。俄国社会民主工党把这些条文列入自己的纲领时所持的理由

---

① 我认为必须告诉读者，《格鲁吉亚报》从最初几期起就向逻辑宣战，认为逻辑是必须捣毁的一种镣铐，你们不要理会《格鲁吉亚报》常用逻辑名义讲话这回事，因为它这样做不过是由于它秉性轻浮和患有健忘病罢了。

是：所谓"彻底"解决"民族问题",即"解放"俄国各"异"族人民,一般讲来,在政治统治权还握在资产阶级手中时,是办不到的。这有两方面的原因:第一、目前的经济发展在"各异族"和"俄罗斯"之间逐渐搭起一座桥梁,使其联系日益密切,因而在这些民族的资产阶级领导集团中间产生友好的感情,结果就使他们的"民族解放"的意愿失去了依据;第二、一般讲来,无产阶级是不会赞助所谓"民族解放"运动的,因为到现在为止,任何这样的运动总是只有利于资产阶级,而腐蚀和损害无产阶级的阶级觉悟的。这些理由就产生了政治集中主义的思想,以及由这个思想所决定的我党党纲第三、第七、第八各条。

然而,这正像上面所说的,是一般的看法。

但是,这并不是说不可能造成某种经济和政治条件,使各"异"族资产阶级进步人士在这种条件之下要求"民族解放"。

也可能发生这样的情况:这种运动对于提高无产阶级的阶级觉悟是有利的。

那时我们党应该怎么办呢?

正因为可能发生这种情况才把第九条列入我们的党纲,正因为预见到可能发生这种情况才赋予各民族一种权利,使他们能竭力本着自己的愿望(例如,完全"解放",实行分立)去处理本民族的事务。

我们党是一个以领导全俄战斗无产阶级为目的的党,它应该有充分的准备去适应无产阶级生活中可能发生的这种情况,正因为如此,所以它应该把这样的条文列入自己的纲领。

任何一个深谋远虑的政党都应该这样做。

然而,《格鲁吉亚报》的"圣手"和某些社会民主联邦主义者,原来并不以第九条的这种意思为满足。他们要求"断然地"、"直截了当地"回答一个问题:"民族独立"对无产阶级有利还是无利?①

---

① 见《格鲁吉亚报》第九期所载"老(即老朽!)革命者"一文。

说到这里，我想起了19世纪50年代俄国的形而上学者，他们喋喋不休地向当时的辩证论者问到雨水对于收成有益还是有害，要求"断然地"回答他们。辩证论者当然不难证明，这样提出问题完全是不科学的。对于这样的问题在不同的时间应该有不同的回答：雨水在天旱时是有益的，而在多雨时却是无益的，甚至是有害的。所以要求"断然地"回答这样的问题，显然是愚蠢的。

可是，这一类的例子并没有使《格鲁吉亚报》得到教益。

伯恩施坦的信徒们也曾要求马克思主义者同样"断然地"回答下面这个问题：合作社（即消费生产互助社）对于无产阶级有益还是有害？马克思主义者当然不难证明，这样提出问题是毫无意义的。他们很简明地解释了：一切都以时间地点为转移，——在无产阶级的阶级觉悟已提高到应有程度的地方，在无产者已团结成一个强固的政党的地方，如果合作社是由党着手建立和领导的，那它对无产阶级就会有很大的益处；而在没有具备这些条件的地方，合作社对于无产阶级就会是有害的，因为合作社能使工人产生小商人的倾向和行会的闭关自守心理，从而损害工人的阶级觉悟。

可是，这个例子也没有使"格鲁吉亚报派"得到教益。他们还更加固执地问道：民族独立对无产阶级有益还是有害？请你们断然地回答吧！

可是我们看到，那些能在各"异"族资产阶级中间产生和发展"民族解放"运动的条件，此刻还不存在，而且将来也不一定会出现，——它们不过是我们所假定的一些可能产生的条件罢了。此外，究竟无产阶级的阶级觉悟在那时会提高到什么程度，这个运动对于无产阶级有多大益处或害处，目前也无法知道！试问，有什么根据①来"断然地"回答这个问题呢？从什么地方能得出这样的回答？在这样的情况下要求"断然地"回答，难

---

① "格鲁吉亚报派"先生们总是把自己的要求建筑在沙滩上，根本就想不到有人能够为自己的要求找到更坚固的基础！

道不是愚蠢吗？

很明显，这个问题必须让各"异"族人民自己去解决，而我们则应当为他们争取解决这个问题的权利。让各民族在必要时自己去决定："民族独立"对他们有益还是有害？如果有益，那末应该用什么方式去实现？只有他们才能解决这个问题！

可见，依据第九条的规定，各"异"族人民有按照自己愿望来处理本民族事务的权利。而我们，依据同一条规定，则应该设法使这些民族的愿望成为真正社会民主主义的愿望，使这些愿望是从无产阶级的阶级利益出发的，为此就必须以社会民主主义精神去教育这些民族的无产者，而对某些反动的"民族的"习惯、风俗和机关则进行严厉的社会民主主义的批判，但这并不妨碍我们保护这些习惯、风俗和机关，使之不受宪警暴力的迫害。

第九条的基本意思就是如此。

很容易看出，我们纲领中的这一条和无产阶级的阶级斗争原则有着多么密切的逻辑上的联系。既然我们的整个纲领建立在这个原则上，我党党纲第九条和其余各条有逻辑上的联系自然也就很明显了。

愚蠢的《格鲁吉亚报》之所以被称为"圣明的"机关报，也是因为它不能领会这种简单的道理。

关于"民族问题"还有什么没有谈到呢？

（五）是"捍卫民族精神及其特性"吗？

但是，这种"民族精神及其特性"是什么呢？科学老早通过辩证唯物主义证明了任何"民族精神"都不存在，而且也不能存在。有谁驳倒过辩证唯物主义的这个观点吗？历史告诉我们，谁也没有驳倒过。因此，我们应该赞同上述的科学观点，应该同科学一起重复说：任何"民族精神"都不存在，而且也不能存在。既然如此，既然任何"民族精神"都不存在，那末不言而喻，对于根本不存在的东西要加以任何捍卫，在逻辑上是愚蠢的，这种愚蠢必然会引起相应的、历史上的（不良的）后果。也许只有《格鲁吉亚报》，即"革命的格鲁吉亚社会联邦主义党的机关报"（见《格鲁吉亚报》第九期）①，才适于谈论这种"哲学的"蠢话。

*　　　*　　　*

民族问题就是如此。

由此可见，我们党是把民族问题分成了各个部分，吸取了这个问题的精华，把它注入自己纲领的血管中，并借此表明了在社会民主党内应如何解决"民族问题"，以便根本打破民族壁垒而片刻也不离开我们的原则。

试问，为什么需要单独的民族政党呢？或者：社会民主联邦主义者借以建立自己的组织观点和政治观点的社会民主主义"基础"究竟是什么呢？这种"基础"是看不出来的，而且也是不存在的。社会民主联邦主义者是悬在半空中的。

他们可以用两种方法摆脱这种尴尬的境地：一种方法是他们必须彻底抛开革命无产阶级的观点，而采取巩固民族壁垒的原则（联邦主义形式的机会主义）；另一种方法是他们必须抛弃党组织内的任何联邦主义，而大

---

① 自己称呼得这样奇怪的"党"，究竟是个什么东西呢？《格鲁吉亚报》叙述说（见《格鲁吉亚报》第十期增刊第一号）："今年春天，格鲁吉亚革命者，即格鲁吉亚无政府主义者、《格鲁吉亚报》的拥护者、格鲁吉亚社会革命党人在国外集会并且……结成……格鲁吉亚社会联邦主义'党'。"……是的，正是这些一心一意轻视任何政治的无政府主义者，这些崇拜政治的社会革命党人，这些否认任何恐怖主义和无政府主义措施的"格鲁吉亚报派"，——正是这样形形色色和互相排斥的一群人，居然结成……一个"党"了！这样理想的杂凑班子，真是人们任何时候也想像不到的呀！这就是人们不会感到寂寞的地方！有些组织家认定，要把人们结合成一个党就必须有共同原则，他们弄错了！这一群形形色色的人向我们说："党"所借以建立的基础并不是共同原则，而是没有原则！我们不要"理论"和原则，不要这些奴隶的枷锁！这一群形形色色的人用高谈哲理的口吻说道：我们把这些东西摆脱得愈快愈好。果然，这些人一摆脱了原则，一下子就建立了……一座纸房子——对不起——建立了"格鲁吉亚社会联邦主义党"。原来"七个半人"只要凑在一块，随时就能建立一个"党"！这班不学之徒、无兵之"将"竟空谈妄论：俄国社会民主工党"是反社会主义的、反动的"等等，俄罗斯社会民主党人是"沙文主义者"，我党高加索联盟"奴隶般地"服从党中央委员会*等等（见格鲁吉亚革命者第一次代表会议的决议），——这怎能不令人发笑。本来也不应该期待巴枯宁时代残留下来的老古董能做出什么好事情。什么树结什么果，什么厂出什么货。*应当指出，我党各个部分的一致行动，在某些神经失常的"分子"看来就是"奴隶般地服从"。医生断定说：这都是神经衰弱的结果。

胆地举起消灭民族壁垒的旗帜，并团结在俄国社会民主工党的统一阵营中。

载于《无产阶级斗争报》，1904年9月1日，第7期

本文没有署名

从格鲁吉亚文译成俄文

选自《斯大林全集》第1卷，第27~46页

注释：

[1]《格鲁吉亚报》是侨居外国的一批格鲁吉亚民族主义者办的报纸，这批人成了资产阶级民族主义的社会联邦主义党的核心，该报于1903年至1905年在巴黎用格鲁吉亚文和法文印行。

格鲁吉亚联邦主义党于1904年4月在日内瓦成立，参加该党的，除"格鲁吉亚报派"外，还有无政府主义者、社会革命党人、民族民主主义者。联邦主义者的基本要求是格鲁吉亚在俄国地主资产阶级国家的版图内实行民族自治。在反动时期他们变成革命的公开敌人。

[2]"亚美尼亚社会民主工人组织"是亚美尼亚民族联邦主义分子在俄国社会民主工党第二次代表大会以后不久建立的。列宁指出，这个组织和崩得有密切关系。列宁在1905年9月7日（新历）致中央委员会委员的信中写道："这是一些为培育高加索的崩得主义而专门豢养出来的崩得的走狗，……高加索的同志们都反对这一帮破坏组织的著作家。"（见《列宁全集》中文第2版第45卷，第81页。——编者注）。

各民族友爱万岁！

公民们！革命无产阶级的运动正在发展，民族间的壁垒正在崩溃！俄国各民族的无产者正在团结成一支各民族的大军，无产阶级运动的许多细流正在汇合成一条总的革命洪流。这条洪流的浪潮日益高涨，日益猛烈地冲击着沙皇的宝座。腐朽的沙皇政府摇摇欲坠了。无论监狱、苦役或绞架，都阻止不住无产阶级的运动。这个运动日益发展起来了！

沙皇政府为了巩固自己的宝座，想出了一个"新"办法。它煽动俄国各民族互相敌视，它唆使俄国各民族互相残杀，它力求把无产阶级总的运动分裂成一些零星的运动并使其互相对抗，它组织蹂躏犹太人、亚美尼亚人的暴行，如此等等。而这一切都是为了用兄弟自相残杀的战争来离间俄国各民族，削弱它们，然后毫不费力地把它们一一征服！

分而治之，——这就是沙皇政府的政策。沙皇政府在俄国各个城市是这样干的（请回顾一下哥美里、基什涅夫及其他城市的蹂躏行为），在高加索也是这样干的。下贱的东西！它力求用公民的鲜血和尸体去巩固它那可恶的宝座！巴库城内濒于死亡的亚美尼亚人和鞑靼人的呻吟，妻子、母亲和孩儿的眼泪，诚实而尚未觉悟的公民的无辜鲜血，手无寸铁、死里逃生的人们的惊惶神色，被毁坏的家园，被劫掠一空的商店和不绝于耳的可怕的枪声，——这就是屠杀诚实公民的刽子手沙皇用以巩固他那宝座的东西。

是的，公民们！是他们这帮沙皇政府的走卒唆使一部分还没有觉悟的鞑靼人去残杀和平的亚美尼亚人！是他们这帮沙皇政府的走狗把枪支和子弹发给鞑靼人，叫警察和哥萨克穿上鞑靼服去残杀亚美尼亚人！这帮沙皇的奴才花了两个月的时间制造这次兄弟自相残杀的战争，他们的野蛮目的毕竟达到了。罪该万死的沙皇政府！

现在，可鄙的沙皇手下这帮可鄙的奴仆又竭力要在我们梯弗里斯挑起兄弟自相残杀的战争！他们要你们流血，他们想分裂你们，统治你们！你们可要警惕呀！亚美尼亚人、鞑靼人、格鲁吉亚人和俄罗斯人，你们要携起手来，更紧密地团结在一起，政府企图分裂你们，你们就一致回答它：打倒沙皇政府！各族人民友爱万岁！

大家携起手来，联合起来，团结在无产阶级的周围，团结在这个真正能把巴库惨案的唯一祸首沙皇政府葬入坟墓的力量的周围。

你们应当一致高呼：

消灭民族纠纷！

打倒沙皇政府！

各族人民友爱万岁！

民主共和国万岁！

一九〇五年二月十三日

按俄国社会民主工党梯弗里斯委员会印刷所印的传单原文刊印

署名：梯弗里斯委员会

选自《斯大林全集》第1卷，第71～73页

在走向民族主义的道路上

(高加索来信)

在使取消派代表会议流芳百世的一系列决议中,关于"民族文化自治"的决议也占着相当重要的位置。

请看这项决议:

"据高加索代表团报告,俄国社会民主工党高加索各地组织的最近一次代表会议和这些组织的机关刊物都表达了高加索同志们的一个意见,即必须提出民族文化自治的要求。代表会议在听取了这个报告以后,对这一要求的实质不表示意见,认定对党纲中承认每一民族均有自决权的条文这样解释和党纲原意并不抵触,并希望把民族问题列入即将召开的俄国社会民主工党代表大会的议程。"

这个决议之所以重要,不仅在于它表现了取消派对已经掀起的民族主义浪潮显出机会主义的模棱态度,它之所以重要,还在于这个决议简直是字字珠玑。

例如,决议中声明说,代表会议"对这一要求的实质不表示意见",但加以"认定"并作出决定,这是多么珍贵?要知道只有在轻歌剧里才能这样作出"决定"!

又如这样的话,"对党纲中承认每一民族均有自决权的条文这样解释和党纲原意并不抵触"。真是耐人寻味!党纲的这一条(第九条)说到各民族的自由、各民族自由发展的权利和党反对任何民族压迫的责任。一般说来，按照这一条的原意，民族权利是不应当受到限制的，是可以一直扩大到实行自治制和联邦制，甚至实行分离制的。这是不是说，某一民族，不管它怎样决定自己的命运，决定拥护中央集权制或决定实行分离制，对党来说都是无所谓的，都是同样好的呢？这是不是说，仅仅根据一项抽象的民族权利，"对这一要求的实质不表示意见"，就可以建议（哪怕是间接地）一些民族实行自治制，另一些民族实行联邦制，再一些民族实行分离制呢？各民族有权决定自己的命运，但这是不是说，党就不应当影响民族的意志去作最符合于无产阶级利益的决定呢？党赞成宗教信仰自由，赞成人们有信奉任何宗教的权利。是不是由此就可以得出结论说，党将拥护波兰的天主教、格鲁吉亚的正教、亚美尼亚的格列高里教①而不和这一类的世界观作斗争呢？……而且党纲第九条和民族文化自治是两个完全不同的东西，它们可能互相"抵触"，就象海奥勃斯的金字塔②和臭名远扬的取消派代表会议可能互相"抵触"一样，这难道不是不言而喻的吗？

可是要知道代表会议正是用这种圆滑的手腕去"解决"问题的。

在取消派上述决议中最重要的一点是高加索取消派在思想上的混乱，他们背弃了高加索旧日的国际主义旗帜而使代表会议通过了这项决议。

高加索取消派转到民族主义方面去并不是偶然的。取消党的传统，这是他们早已开始了的。废除最低纲领的"社会部分"，取消"无产阶级的领导权"（见"辩论专页"第二号[1]），宣布秘密的党是附属合法组织的辅助组织（见"日志"第九期[2]），这一切都是尽人皆知的事情。现在又轮到民族问题上来了。

高加索组织从刚产生时（九十年代初）起就具有严格的国际主义性质。格鲁吉亚的、俄罗斯的、亚美尼亚的和回民的工人结成统一的组织，同心协力对敌斗争，——这就是当时党的生活情形……1903年，给高加索

---

① 格列高里教会是亚美尼亚基督教最早的组织之一，因该教会的创始人和第一个大主教是格列高里，故名格列高里教。——译者注。
② 该金字塔是埃及国王海奥勃斯时建筑的，故称海奥勃斯金字塔。——译者注。

联盟奠定了基础的高加索（实际上是南高加索）社会民主党组织的第一次代表大会（成立大会），再次宣布按国际主义精神建立组织的原则是唯一正确的原则。从那时起，高加索社会民主党就在反对民族主义的斗争中成长起来了。格鲁吉亚的社会民主党人同"本族的"民族主义者，同民族民主主义者和联邦主义者进行了斗争；亚美尼亚的社会民主党人同"本族的"达什纳克党人进行了斗争；回民社会民主党人同大伊斯兰主义者[3]进行了斗争。而且高加索社会民主党在反对这些分子的斗争中不分党内派别，扩大并巩固了自己的组织……1906年，在高加索区域代表会议上第一次冒出个民族文化自治的问题来。一小撮库泰依斯人把它提出来并要求作正面的决定。照当时的说法，问题"被断然否决了"，其所以如此的原因之一，就是以柯斯特罗夫和本文作者为代表的两派都同样激烈地反对它。当时作了决定：所谓"高加索区域自治"是解决民族问题的最好办法，是最符合在斗争中联合起来的高加索无产阶级的利益的。是的，1906年的情况就是这样。在以后的几次代表会议上都曾一再申述此项决议，无论是孟什维克的或布尔什维克的、公开的或秘密的高加索报刊都维护它并广泛地传播它……

可是，到了1912年，"原来""我们"也需要民族文化自治了，当然（当然！）是为了无产阶级的利益！究竟是怎么回事呢？发生什么变化了吗？也许是高加索无产阶级的社会主义觉悟降低了吧？如果是那样的话，那末在工人之间树立民族组织的和"文化的"壁垒是最不明智的了！也许是高加索无产阶级的社会主义觉悟提高了吧？如果是那样的话，那末又该怎样称呼那些人为地竖起并巩固正在瓦解着的谁也不需要的壁垒的所谓"社会主义者"呢？……那末，究竟是怎么回事呢？原来是农民的库泰依斯拖走了梯弗里斯的"社会民主党的十月党人"。高加索取消派的活动今后将由被黩武的民族主义所吓倒的库泰依斯农民来支配。高加索的取消派挡不住民族主义的浪潮，他们已经失掉久经考验的国际主义的旗帜，而且……去"随着"民族主义的"浪潮"起伏，并把最后的财富扔到海里："去它的吧，多么无用的东西。"……

但是，说了第一的人，必然要说第二，因为一切东西都有自己的逻辑！格鲁吉亚、亚美尼亚、回民和其他取消派的政党都将附和高加索取消派所提出的格鲁吉亚的、亚美尼亚的、回民的（和俄罗斯的？）民族文化自治了。结果就不是共同的组织，而是按民族划分的单独组织，可以说就是格鲁吉亚的、亚美尼亚的和其他的"崩得"。

高加索取消派先生们不正是把民族问题的"解决"引到这个方向去吗？

好，我们但愿他们拿出勇气，爱怎么干就怎么干吧！

无论如何我们可以使他们相信，高加索组织中的另一部分人，即格鲁吉亚、俄罗斯、亚美尼亚和回民组织中有党性的社会民主党人，将坚决地和民族主义取消派的先生们，和这些背叛了光荣的国际主义旗帜的高加索叛徒们一刀两断。

载于《社会民主党人报》，1913年1月12日（25日），第30号
署名：科·斯大·
按报上原文刊印

选自《斯大林全集》第2卷，第283~287页

注释：

[1] 见《高加索来信》，《斯大林全集》第2卷，人民出版社，1953，第179~182页。——编者注

[2] 在《社会民主党人日志》第9期上，普列汉诺夫批评了格鲁吉亚孟什维克取消派季布拉泽在《社会民主党人呼声报》上发表的言论。

[3] 大伊斯兰主义是一种反动的宗教政治思想，产生于19世纪后半期苏丹土耳其的土耳其地主、资产阶级和僧侣中，后来又传播到其他回教民族的有产阶级中。大伊斯兰主义宣传一切信奉伊斯兰教（回教）的民族联合成一个整体。各回教民族中的统治阶级力图利用大伊斯兰主义来巩固自己的地位和扼杀东方各族劳动人民的革命运动。现在美英帝国主义者正利用大伊斯兰主义作为准备反苏反人民民主国家的帝国主义战争和镇压民族解放运动的工具。

马克思主义和民族问题[1]

俄国的反革命时期不仅带来了"雷鸣电闪",而且带来了对运动的悲观失望、对共同力量的怀疑顾虑。从前人们相信"光明的未来",所以大家不分民族地共同进行斗争:共同的问题高于一切!后来人们心中发生了疑问,于是大家开始分手四散,回到民族的院落里去:让各人只靠自己吧!"民族问题"高于一切!

同时国内经济生活发生了重大的变化。1905年不是白白过去的:农村中的农奴制残余又受到了一次打击。连年饥荒之后的几次丰收和接着到来的工业高涨促进了资本主义的发展。农村中的分化和城市的发展,商业和交通的发展,都向前迈进了一大步。这种情形在边疆地区尤其显著。可是这种情形不能不加速俄国各民族内部经济结合的过程。于是这些民族必然要行动起来……

这一时期所确立的"宪制"也在这方面起了唤醒各民族的作用。报纸和各种书刊的增多,出版事业和文化机关的某些自由,民族剧院的发展等等,无疑地都加强了"民族意识"。杜马及其选举运动和政治集团给各个民族的活跃造成了新的机会,给各个民族的动员提供了新的广阔场所。

可是从上层掀起的黩武的民族主义浪潮,"当权人物"由于边疆地区"爱好自由"而对它进行报复的种种高压手段,在下层激起了民族主义的反击浪潮,这种民族主义有时变成粗暴的沙文主义。犹太人中锡安主义[2]的加强,波兰的沙文主义的增长,鞑靼人中的大伊斯兰主义,亚美尼亚人、格鲁吉亚人、乌克兰人中民族主义的加强,没有教养的人反犹太主义的共同倾向，——这一切都是人所共知的事实。

民族主义的浪潮日益汹涌地逼来，大有席卷工人群众之势。解放运动愈趋低落，民族主义的花朵就愈加怒放。

在这困难的关头，社会民主党负有崇高的使命：给民族主义一个反击，使群众同普遍的"时疫"隔离。因为社会民主党，而且只有社会民主党，才能负起这个使命，用久经考验的国际主义武器，用统一而不可分的阶级斗争去对抗民族主义。民族主义的浪潮来势愈汹涌，社会民主党争取俄国各民族无产者友爱团结的呼声就应当愈响亮。各边疆地区直接接触到民族主义运动的社会民主党人，在这一点上需要有特别的坚定性。

然而并非所有的社会民主党人，首先是各边疆地区的社会民主党人，都能完成这个任务。崩得[3]从前强调共同的任务，现在却把它自己特殊的纯粹民族主义的目的放在首位，甚至把"过安息日"和"承认犹太语"当作自己竞选运动的战斗性条文①。高加索也步崩得的后尘：一部分高加索社会民主党人从前曾和其余的高加索社会民主党人一起否定过"民族文化自治"，现在他们却把它当作迫切的要求提了出来②。至于婉转地肯定民族主义动摇的取消派代表会议[4]，就更不用说了③。

由此可见，俄国社会民主党在民族问题上的观点并不是所有的社会民主党人都已经明白的。

显然，对于民族问题还必须进行一番认真的和全面的讨论。彻底的社会民主党人应当一致努力消除民族主义的迷雾，不管这种迷雾来自何方。

一　民族

民族（нация）是什么呢？

---

① 见《崩得第九次代表会议文件汇编》。
② 见《八月代表会议的通报》。
③ 见《八月代表会议的通报》。

民族首先是一个共同体，是由人们组成的确定的共同体。

这个共同体不是种族的（расовая общность），也不是部落的（племенная общность）。现今的意大利民族是由罗马人、日耳曼人、伊特拉斯坎人、希腊人、阿拉伯人等等组成的。法兰西民族是由高卢人、罗马人、不列颠人、日耳曼人等等组成的。英吉利民族、德意志民族等也是如此，都是由不同的种族（расы）和部落（племена）的人们组成的。

总之，民族（нация）不是种族的共同体（расовая общность），也不是部落的共同体（племенная общность），而是历史上形成的人们的共同体。

另一方面，居鲁士帝国或亚历山大帝国虽然是历史上形成的，是由不同的部落（племена）和种族（расы）组成的，但无疑地不能称为民族（нация）。这不是民族，而是偶然凑合起来的、内部缺少联系的集团的混合物，其分合是以某一征服者的胜败为转移的。

总之，民族不是偶然的、昙花一现的混合物，而是由人们组成的稳定的共同体。

然而并非任何一个稳定的共同体都是民族。奥地利和俄国也是稳定的共同体，但是谁也不称它们为民族。民族的共同体和国家的共同体有什么区别呢？其中一个区别是民族的共同体非有共同的语言不可，国家却不一定要有共同的语言。奥地利境内的捷克民族和俄国境内的波兰民族不能没有各该民族的共同的语言，而俄国和奥地利内部有许多种语言的事实并不妨碍这两个国家的完整。当然，这里所指的是民众的口头语言，而不是官场的文牍语言。

总之，**共同的语言**是民族的特征之一。

当然不是说不同的民族无论在何时何地都操着不同的语言，也不是说凡操着同一语言的人们一定是一个民族。每个民族都有**共同的**语言，但不同的民族不一定要有不同的语言！没有一个民族会同时操着不同的语言，但并不是说不能有两个民族操着同一语言！英吉利人和北美利坚人操着同一语言，但他们毕竟不是一个民族。挪威人和丹麦人，英吉利人和爱尔兰人也是如此。

但是，象英吉利人和北美利坚人虽然有共同的语言，却不是一个民族，这是什么道理呢？

首先因为他们不是生活在一起，而是生活在不同的地域。只有经过长期不断的交往，经过人们世世代代的共同生活，民族才能形成起来。而长期的共同生活又非有共同的地域不可。从前英吉利人和美利坚人居住在一个地域，即居住在英国，所以当时是一个民族。后来一部分英吉利人从英国迁移到新的地域，迁移到美洲，于是在这个新的地域逐渐形成了新的民族，即北美利坚民族。由于有不同的地域，结果就形成了不同的民族。

总之，**共同的地域**是民族的特征之一。

但这还不够。单有共同的地域还不能形成民族。要形成民族，除此以外，还需要有内部的经济联系来把本民族中各部分结合为一个整体。英国和北美利坚之间没有这种联系，所以它们是两个不同的民族。但是，假如北美利坚各地未因彼此分工、交通发达等等而联成一个经济上的整体，那末北美利坚人本身也就不配叫作民族。

就拿格鲁吉亚人来说吧。改革前时期[5]的格鲁吉亚人虽然生活在共同的地域，操着同一语言，可是严格说来，他们当时还不是一个民族，因为他们被分割成许多彼此隔离的公国，未能过共同的经济生活，长期互相混战，彼此破坏，往往假借波斯人和土耳其人的手来自相残杀。虽然有时某个侥幸成功的皇帝也曾勉强把各个公国统一起来，然而这种昙花一现的偶然的统一，至多也只是表面的行政上的统一，很快就因王侯跋扈和农民漠视而分崩离析了。而且在格鲁吉亚经济分散的情况下，也不能不这样……直到19世纪下半叶格鲁吉亚才作为民族出现，因为当时农奴制度的崩溃和国内经济生活的发展，交通的发达和资本主义的产生，使格鲁吉亚各个地区之间实行了分工，彻底打破了各个公国在经济上的闭关自守状态，而把这些公国联成一个整体。

其他一切度过了封建主义阶段并发展了资本主义的民族也是如此。

总之，**共同的经济生活、经济上的联系**是民族的特征之一。

但这还不够。除了上面所说的一切，还必须注意到结合成一个民族的人们在精神面貌上的特点。各个民族之所以不同，不仅在于它们的生活条件不同，而且在于表现在民族文化特点方面的精神面貌不同。英吉利、北美利坚和爱尔兰虽然操着同一种语言，但终究是三个不同的民族，它们历代因生存条件不同而形成的特殊的心理素质，在这一点上是起了不小的作用的。

当然，心理素质本身，或者象人们所说的"民族性格"本身，在旁观者看来是一种不可捉摸的东西，但它既然表现在一个民族的共同文化的特点上，它就是可以捉摸而不应忽视的东西了。

不用说，"民族性格"不是一成不变的，而是随着生活条件变化的，但它既然存在于每个一定的时期内，它就要在民族面貌上打上自己的烙印。

总之，表现在共同文化上的**共同心理素质**是民族的特征之一。

这样，我们就说完了民族的一切特征。

民族是人们在历史上形成的一个有共同语言、共同地域、共同经济生活以及表现在共同文化上的共同心理素质的稳定的共同体。

同时，不言而喻，民族也和任何历史现象一样，是受变化规律支配的，它有自己的历史，有自己的始末。

必须着重指出，把上述任何一个特征单独拿来作为民族的定义都是不够的。不仅如此，这些特征只要缺少一个，民族就不成其为民族。

假定有一些人具有共同的"民族性格"，但是他们在经济上彼此隔离，生活在不同的地域，操着不同的语言等等，那末还是不能说他们是一个民族。例如俄国的、加里西亚的、美国的、格鲁吉亚的和高加索山区的**犹太人**就是如此，在我们看来，他们并不是统一的民族。

假定有一些人具有共同的地域和共同的经济生活，但是他们没有共同的语言和共同的"民族性格"，那末他们仍然不是一个民族。例如波罗的海沿岸边疆区的德意志人和拉脱维亚人就是如此。

最后，挪威人和丹麦人虽然操着同一语言，可是由于缺少其他特征，他们也就不是一个民族。

只有一切特征都具备时才算是一个民族。

也许有人会觉得"民族性格"不是民族的特征之一，而是民族的**唯一本质**的特征，其他一切特征其实都是民族发展的**条件**，而不是民族的特征。例如有名的奥地利社会民主党的民族问题理论家鲁·施普林格，特别是奥·鲍威尔，就持有这样的观点。

现在我们就来考察一下他们的民族理论吧。

在施普林格看来，"民族是思想相同和语言相同的人们的联盟"。民族是"由一群现代人组成的、**和'地域'无关的**文化共同体"。① （黑体是我们用的）

总之，就是思想相同和语言相同的人们的"联盟"，不管他们彼此怎样隔离，不管他们住在什么地方。

鲍威尔却更进一步。

他问道："什么是民族呢？它是不是那种把人们联合为民族的语言共同体呢？英吉利人和爱尔兰人操着同一语言，却不是统一的民族；犹太人并没有共同的语言，却是一个民族。"②

那末，民族究竟是什么呢？

民族就是相对的性格共同体。③

然而性格（这里讲的是民族性格）又是什么呢？

---

① 见鲁·施普林格的《民族问题》公益出版社，1909，第43页。
② 见奥·鲍威尔的《民族问题和社会民主党》，镰刀出版社，1909，第1~2页。
③ 见奥·鲍威尔的《民族问题和社会民主党》，镰刀出版社，1909，第6页。

民族性格是"一个民族的人区别于另一个民族的人的种种特征的总和，是一个民族区别于另一个民族的生理特质和精神特质的总和"①。

鲍威尔当然知道民族性格不是从天上掉下来的，因此他补充说：

"人们的性格无非是由他们的命运决定的"，"民族无非是命运的共同体"，而命运共同体又是"由人们生产自己的生活资料和分配自己的劳动产品时所处的条件"决定的。②

于是，我们就得出如鲍威尔所说的民族的最"完备的"定义了。

"民族就是那些在共同命运的基础上结合成共同性格的人们的集合体。"③

总之，在共同命运的基础上结合成的共同的民族性格，并不一定和共同的地域、语言以及经济生活相联系。

这样一来，民族还剩下什么东西呢？经济上彼此隔离、生活在不同的地域、世世代代都操着不同语言的人们，还谈得上什么民族共同体呢？

鲍威尔说犹太人是个民族，虽然"他们并没有共同的语言"④，可是，例如格鲁吉亚的、达吉斯坦的、俄国的和美国的犹太人，既然彼此完全隔绝，生活在不同的地域，并且操着不同的语言，他们还谈得上什么"共同命运"和民族联系呢？

---

① 见奥·鲍威尔的《民族问题和社会民主党》，镰刀出版社，1909，第2页。
② 见奥·鲍威尔的《民族问题和社会民主党》，镰刀出版社，1909，第24～25页。
③ 见奥·鲍威尔的《民族问题和社会民主党》，镰刀出版社，1909，第139页。
④ 见奥·鲍威尔的《民族问题和社会民主党》，镰刀出版社，1909，第2页。

这些犹太人无疑地和格鲁吉亚人、达吉斯坦人、俄罗斯人以及美利坚人过着共同的经济生活和政治生活，受着共同文化的熏陶，这就不能不给他们的民族性格打上烙印；如果他们中间还有什么共同的东西，那就是宗教、共同的起源和民族性格的某些残余。这一切是用不着怀疑的。可是，怎么能认真地说，僵化的宗教仪式和日渐磨灭的心理残余会比这些犹太人所处的现实的社会经济和文化的环境更强烈地影响到他们的"命运"呢？而只有在这样的假定下，才可以说犹太人是个统一的民族。

那末，鲍威尔的所谓民族和唯灵论者[6]的所谓神秘的独立自在的"民族精神"又有什么区别呢？

鲍威尔在民族"特点"（民族性格）和民族生活"条件"之间划了一条不可逾越的界限，把它们彼此隔离开来。然而民族性格如果不是生活条件的反映，不是从周围环境得来的印象的结晶，那又是什么呢？怎能仅限于民族性格而把它和它所由产生的根源割断分开呢？

其次，在18世纪末和19世纪初，当北美利坚还叫作"新英格兰"的时候，英吉利民族和北美利坚民族究竟有什么区别呢？当然不是民族性格上的区别，因为北美利坚人是从英国迁移过去的，他们带到美洲去的除英吉利语言以外，还有英吉利的民族性格，虽然他们在新环境的影响下大概已开始形成自己特有的性格，但他们当然不会很快就丧失其英吉利的民族性格。当时他们和英吉利人在性格上虽然还有或多或少的共同点，但他们毕竟已经是和英吉利民族不同的一个民族了！显然，当时"新英格兰"民族不同于英吉利民族的地方并不是特别的民族性格，或者与其说是民族性格，倒不如说是和英吉利民族不同的环境即生活条件。

由此可见，实际上并没有什么唯一的民族特征，而只有各种特征的总和。在把各种民族拿来作比较的时候，显得比较突出的有时是这个特征（民族性格），有时是那个特征（语言），有时又是另一个特征（地域、经济条件）。民族是由所有这些特征结合而成的。

鲍威尔把民族和民族性格看成一个东西，这样就使民族脱离了它的根基，把它变成了不见形迹的独立自在的力量。结果就不是有生命的活动着的民族，而是一种神秘的、不可捉摸的、非人世间的东西。试问，——我重说一遍，——象格鲁吉亚的、达吉斯坦的、俄国的、美国的和其他地方的犹太人，彼此语言不通（他们操着不同的语言），生活在地球上不同的地方，从来不能见面，无论和平时期或战争时期都不会共同行动，这算什么犹太民族呢？！

不，社会民主党不是为这种纸上的"民族"制定自己的民族纲领的。它只能承认那些活动着的、运动着的，因而使人们不能不承认的真正的民族。

鲍威尔显然把**民族**（нация）这一历史范畴和**部落**（племя）这一民族学范畴混淆起来了。

不过，鲍威尔本人大概也觉得自己的立论是有弱点的。他在自己那本书的开头虽然坚决地说犹太人是一个民族①，但他在该书末尾就自行修正，肯定说"资本主义社会根本就不让他们（犹太人）保全为一个民族"②而使他们受其他民族的同化。其所以如此，原来是"犹太人没有单独的居住地区"③，而捷克人却有这样的地区，因此，鲍威尔认为捷克人一定能保全为一个民族。简言之，原因就在于没有地域。

鲍威尔如此推论，原想证明民族自治不能成为犹太工人的要求④，他这样一来却无意中驳倒了他自己那种否认共同的地域是民族特征之一的理论。

可是鲍威尔不以此为限。他在自己那本书的开头**坚决**地说："犹太人并没有**共同**的语言，却是一个民族。"⑤ 可是他刚刚写到第130页就改变了阵线而同样坚决地说："**无疑地，没有共同的语言，就不可能有什么民**

---

① 见他的书第2页。
② 同上，第389页。
③ 见第388页。
④ 见第396页。
⑤ 见第2页。

族。"① （黑体是我们用的）

鲍威尔在这里原想证明"语言是人类交际最重要的工具"②，但他同时无意中证明了他不想证明的东西，证明了自己那种否认共同语言的意义的民族理论是站不住脚的。

用唯心论的针线缝成的理论就这样不攻自破了。

二　民族运动

民族不是普通的历史范畴，而是一定时代即资本主义上升时代的历史范畴。封建制度消灭和资本主义发展的过程同时就是人们形成为民族的过程。例如西欧的情形就是如此。英吉利人、法兰西人、德意志人、意大利人等都是在资本主义打破封建割据局面而胜利前进时形成为民族的。

但是，西欧各民族形成的过程同时就是它们变为独立的民族国家的过程。英吉利、法兰西等民族同时就是英吉利等国家。处于这一过程以外的爱尔兰并不能改变总的情景。

东欧的情形却有些不同。当西欧各民族发展成国家的时候，东欧却形成了多民族的国家，即由几个民族组成的国家。奥匈帝国和俄国就是这样的国家。在奥地利，当时政治上最为发展的是德意志人，于是他们就负起了把奥地利各民族统一成一个国家的任务。在匈牙利，最能适应国家组织性的是匈牙利各民族的中坚——马扎尔人，于是他们成了匈牙利的统一者。在俄国，是以历史上形成的强大而有组织的贵族军事官僚为首的大俄罗斯人担负了统一各民族的使命。

东欧的情形就是如此。

只有在封建制度还没有消灭、资本主义还不大发达、被排挤到次要地

---

① 见第130页。
② 同上，第130页。

位的各民族在经济上还没有结合成完整的民族的条件下，才能有这种特殊的国家形成方式。

可是资本主义在东欧各国也开始发展起来了。商业和交通日益发达，大城市相继出现，各民族在经济上逐渐结合起来。资本主义闯进了被排挤的各民族的平静生活中，惊醒了它们，使它们行动起来。报刊和剧院的发展，莱希斯拉特（奥地利）和杜马（俄国）的活动，都加强了"民族意识"。新兴的知识分子充满了"民族思想"，并在这方面进行活动……

但是那些觉醒起来要求独立生活的被排挤的民族已不能形成独立的民族国家了，因为它们在自己的道路上碰到了早已居于国家领导地位的统治民族中的领导阶层极其强烈的反对。它们来迟了！……

奥地利的捷克人和波兰人等等，匈牙利的克罗地亚人等等，俄国的拉脱维亚人、立陶宛人、乌克兰人、格鲁吉亚人和亚美尼亚人等等就是这样形成民族的。在西欧（爱尔兰）是例外的，在东欧却成了通例。

西欧的爱尔兰用民族运动回答了这种例外的情形，东欧已觉醒的各民族也不免要这样回答。

推动东欧各个年轻民族去进行斗争的情况就是这样形成的。

其实，斗争并不是在整个民族和整个民族之间，而是在统治民族的和被排挤民族的统治阶级之间开始并激烈起来的。通常是被压迫民族中的城市小资产阶级起来反对统治民族中的大资产阶级（捷克人和德意志人），或者被压迫民族中的农村资产阶级起来反对统治民族中的地主（波兰的乌克兰人），或是被压迫民族中的整个"民族"资产阶级起来反对统治民族中的执政贵族（俄国的波兰、立陶宛、乌克兰）。

资产阶级是主角。

在年轻的资产阶级看来，市场是基本问题。它的目的是销售自己的商品，战胜和自己竞争的异族资产阶级。因此，它力求保证自己有"自己的""本族的"市场。市场是资产阶级学习民族主义的第一个学校。

但问题通常不仅限于市场。统治民族中的半封建半资产阶级的官僚常用他们"只捉不放"[7]的方法干预斗争。于是统治民族中的资产阶级，不论小资产阶级或大资产阶级，就有可能"更迅速地""更坚决地"制服自己的竞争者。"力量"既日趋统一，限制"异族"资产阶级的一连串办法以至高压手段也就开始实行起来了。斗争由经济范围转入政治范围。限制迁徙自由，限制语言使用，限制选举权，减少学校，限制宗教活动等等办法纷纷加到"竞争者"的头上。当然，采取这种办法的目的不仅是为了统治民族中的资产阶级的利益，而且可以说是为了执政官僚们特殊集团的目的。但结果都是一样：资产阶级和官僚在这种场合总是携手并进的，不论奥匈帝国或俄国，情形都是如此。

被压迫民族中受各方面排挤的资产阶级自然要行动起来。它向"下层同胞"呼吁，开始高呼"祖国"，把自己的私事冒充全民的事情。它为着……"祖国"的利益而在"同胞"中间给自己招募军队。"下层"对这种号召并非始终不理，有时也在资产阶级旗帜的周围集合起来，因为上层的高压手段也在触犯它们，引起它们的不满。

民族运动就是这样开始的。

民族运动的力量取决于该民族广大阶层即无产阶级和农民参加运动的程度。

无产阶级是否站到资产阶级民族主义的旗帜下面，这要看阶级矛盾的发展程度，要看无产阶级的觉悟程度和组织程度。觉悟的无产阶级有自己的久经考验的旗帜，它用不着站到资产阶级的旗帜下面去。

至于农民是否参加民族运动，这首先要看高压手段的性质。如果高压手段触犯到"土地"利益，象在爱尔兰发生过的情形那样，那末广大农民群众就会立刻站到民族运动的旗帜下面去。

另一方面，如果说在格鲁吉亚没有较为严重的**反俄罗斯的**民族主义，那这首先是因为那里没有使群众产生这种民族主义的俄罗斯地主或俄罗斯大资产阶级。在格鲁吉亚有**反亚美尼亚的**民族主义，但这是因为那里还有亚美尼亚的大资产阶级在打击着尚未巩固的格鲁吉亚小资产阶级，推动它走向反亚美尼亚的民族主义。

以这些因素为转移，民族运动可能具有群众性而愈益扩展起来（爱尔兰、加里西亚），也可能变成一连串的小冲突，流为无谓的争吵和争取用本族文字写招牌的"斗争"（波希米亚的某些小城市）。

当然，民族运动的内容决不会到处一样，它完全取决于运动所提出的各种不同的要求。爱尔兰的运动具有土地问题的性质，波希米亚的运动带着"语言问题的"性质，这里要求公民权利平等和信教自由，那里要求任用"本族的"官吏或组织本族的议会。在各种不同的要求中往往透露出民族所具有的各种不同的特征（语言、地域等等）。值得注意的是在任何地方都找不到鲍威尔所说的包罗万象的"民族性格"这一要求。这也是可以理解的，因为"民族性格"就**其本身**来说是不可捉摸的，约·施特拉塞尔说得对，"政治家对它是奈何不得的"①。

民族运动的形式和性质大致如此。

由此可见，在资本主义**上升**时期，民族斗争是资产阶级之间的斗争。有时资产阶级也能把无产阶级吸引到民族运动中去，那时民族斗争**表面上**就会带着"全民的"性质，然而这只是表面上如此。**实质上**这个斗争始终是资产阶级的，主要是有利于和适合于资产阶级的。

但决不能因此说无产阶级不应当反对民族压迫政策。

限制迁徙自由，剥夺选举权，限制语言使用，减少学校以及其他种种高压政策使工人受到的损害并不比资产阶级所受到的少，甚至还要多。这种情形只能阻碍被压迫民族内无产阶级精神力量的自由发展。当鞑靼工人或犹太工人还被禁止用本族语言开会和演讲，他们的学校被关闭的时候，自然根本谈不到他们的精神才智的充分发展。

然而民族主义的高压政策对于无产阶级的事业还有另一方面的危险。它把广大阶层的视线从社会问题、阶级斗争问题转移到民族问题，转移到无产阶级和资产阶级的"共同"问题。这就会为进行所谓"利益协调"的欺骗宣传、抹杀无产阶级的阶级利益、在精神上束缚工人打下有利的基

---

① 见他的《工人和民族》，1912，第33页。

础，因而严重地阻碍各族工人的团结事业。如果说很大一部分波兰工人至今还受着资产阶级民族主义者的精神束缚，如果说他们至今还站在国际工人运动之外，那末这主要是因为"当权人物"历来的反波兰政策为这种束缚打下了基础，加重了工人们挣脱这种束缚的困难。

但是高压政策并不以此为限。它往往由**压迫**的"制度"转到**挑拨各民族互相残杀**的"制度"，转到屠杀和蹂躏的"制度"。当然，后者并不是任何时候，任何地方都可能实现的，但是在可能实现的地方，即在缺乏起码自由的条件下，它往往达到骇人听闻的程度，使工人的团结事业有淹没在血泪中的危险。高加索和南俄有过不少例子。"分而治之"，——这就是挑拨政策的目的。这样的政策如果得逞，就会给无产阶级带来莫大的祸害，使国内各族工人的团结事业受到极大的阻碍。

但工人所关心的是使自己所有的同志完全汇合成一支统一的跨民族的大军，使他们迅速地彻底地摆脱资产阶级的精神束缚，使任何一个民族的兄弟们的精神力量都能得到充分的和自由的发展。

因此，工人现在反对、将来还要反对从最巧妙的到最粗暴的各种各样的民族压迫政策，同样要反对各种各样的挑拨政策。

因此，各国社会民主党主张民族自决权。

自决权就是：只有民族自己有权决定自己的命运，谁也没有权利用**暴力**干涉这个民族的生活，**毁坏**它的学校和其他机关，**破坏**它的风俗和习惯，**限制**它的语言，**削减**它的权利。

这当然不是说社会民主党要支持一个民族的一切风俗和机关。它反对用暴力压迫民族，仅仅维护由**民族**自己决定自己命运的权利，同时要进行鼓动，反对该民族的一切有害的风俗和机关，使该民族的劳动阶层能够摆脱这些有害的东西。

自决权就是民族能按照自己的愿望去处理自己的事情。它有权按自治原则安排自己的生活。它有权和其他民族建立联邦关系。它有权完全分离出去。每个民族都是自主的，一切民族都是平等的。

这当然不是说社会民主党将维护民族的任何要求。一个民族甚至有恢复旧制度的权利，但这还不是说社会民主党将赞同该民族某个机关的这种决定。社会民主党是保护无产阶级的利益的，而民族则是由不同的阶级组成的，因此，社会民主党的义务和民族的权利是两种不同的东西。

社会民主党为民族自决权而斗争，目的是消灭民族压迫政策，使这种政策没有立足的余地，以便消除民族间的斗争，使它缓和下去，使它减到最小限度。

这就是觉悟的无产阶级的政策同资产阶级力求加剧并扩大民族斗争、继续并激化民族运动的政策在本质上的区别。

正因为如此，觉悟的无产阶级就不能站到资产阶级的"民族"旗帜下面去。

正因为如此，鲍威尔提出的所谓"进化的民族的"政策就不能成为无产阶级的政策。鲍威尔企图把自己的"进化的民族的"政策和"现代工人阶级的"政策等同起来①，就是企图使工人的阶级斗争迁就民族斗争。

民族运动实质上既然是资产阶级的运动，它的命运自然就和资产阶级的命运联系在一起。只有资产阶级灭亡，民族运动才会彻底灭亡。只有在社会主义世界里，完全的和平才能建立起来。可是把民族斗争减到最小限度，从根本上瓦解它，尽量使它无害于无产阶级，这在资本主义范围内也是可以做到的。瑞士和美国的例子就可以证明这一点。为此就必须使国家民主化，使各个民族有自由发展的可能。

三 问题的提法

民族有权自由决定自己的命运。它有权随意处理自己的事情，当然，也不能侵犯其他民族的权利。这是无可争辩的。

---

① 见他的书第166页。

但是，如果注意到民族中多数人的利益，首先是无产阶级的利益，那末民族究竟应当**怎样**处理自己的事情，民族未来的宪法究竟应当采取**怎样的形式**呢？

民族有权按自治原则处理自己的事情。它甚至有权分离。但这并不是说它在任何条件下都应当这样做，也不是说自治或分离无论何时何地都有利于该民族，即有利于该民族中的多数，有利于劳动阶层。例如，南高加索的鞑靼民族可以召开本族的议会，并在本族别克和毛拉①的摆布之下恢复它的旧制度，决定从国家分离出去。根据民族自决的条文，它是完全有权这样做的。但这对鞑靼民族的劳动阶层是否有利呢？社会民主党能否漠不关心，听任别克和毛拉带领群众去解决民族问题呢？难道社会民主党不应当干预这种事情，不应当给民族意志以一定的影响吗？难道它不应当提出最有利于鞑靼群众的解决问题的具体方案吗？

但是如何解决才最符合于劳动群众的利益呢？自治，联邦，还是分离呢？

所有这些问题都是要根据该民族所处的具体历史条件来解决的。

不仅如此，条件也和其他一切事物一样是变化着的，因而在某个时期是正确的解决方法，在另一个时期也许是完全不可以采纳的。

19世纪中叶，马克思曾主张俄属波兰分离，他是正确的，因为当时的问题是要把较高的文化从破坏它的那种较低的文化中解放出来。当时这个问题不是单纯理论上的问题，不是学院式的问题，而是实践中、实际生活中的问题……

19世纪末叶，波兰马克思主义者却反对波兰分离，他们也是正确的，因为近五十年来俄国和波兰的关系发生了重大的变化，它们在经济和文化方面接近起来了。此外，在这个时期，分离问题已由实践的问题变成至多只能引起国外知识分子注意的学院式的争论问题了。

---

① 别克是南高加索、中亚细亚和土耳其等地王公贵族等上层人士的尊号。毛拉在俄国指伊斯兰教宗教仪式的主持人。——原编者注

当然，这并不是说从此就不会出现某种内部和外部的情况，使波兰分离问题重新提上日程。

由此可见，民族问题只有和发展着的历史条件联系起来看才能得到解决。

某个民族所处的经济、政治和文化的条件便是解决该民族究竟应当**怎样**处理自己的事情和它的未来宪法究竟应当采取**什么形式**这种问题的唯一关键。同时，很可能每个民族解决问题都需要用特殊的方法。如果在什么地方必须辩证地提出问题，那正是在这个地方，正是在民族问题上。

因此，我们应当坚决反对崩得所创始的那种很流行而又很笼统的"解决"民族问题的方法。我们所指的是有人轻率地拿奥地利社会民主党和南方斯拉夫社会民主党①做榜样，说它们已经解决了民族问题，俄国社会民主党人只要抄袭它们的解决方法就行了。同时，他们竟以为凡在奥地利是正确的东西，在俄国也是正确的。他们忽略了这方面最重要和最有决定意义的东西，即整个俄国以及俄国境内每个民族生活中的具体历史条件。

例如，请听听有名的崩得分子弗·科索夫斯基的话吧：

当崩得第四次代表大会讨论到这一问题（指民族问题。——约·斯大林注）的原则方面时，代表大会中的一位代表根据南方斯拉夫社会民主党的决议的精神所提出的解决问题的方法博得了全体的赞同。②

结果，"代表大会一致通过了"……民族自治。

如此而已！既没有分析俄国的实际情况，也没有弄清俄国境内犹太人的生活条件，首先抄袭了南方斯拉夫社会民主党的解决方法，接着"赞同了"，然后"一致通过了"！崩得分子就是这样提出并"解决"俄国的民族问题的……

---

① 南方斯拉夫社会民主党是在奥地利南部进行工作的。
② 见弗·科索夫斯基的《民族问题》，1907，第16～17页。

然而奥地利和俄国的条件完全不同。因此，奥地利社会民主党在布隆（1899年）[8]根据南方斯拉夫社会民主党的决议的精神通过民族纲领（固然有一些小小的修正）时，根本就不是按俄国的情况考虑问题，当然也就不会按俄国的情况解决这个问题。

首先是问题的提法。主张民族文化自治的奥地利理论家、布隆民族纲领和南方斯拉夫社会民主党的决议的解释者施普林格和鲍威尔是怎样提出问题的呢？

> 施普林格说："对于多民族的国家究竟能否组成，或具体地说，奥地利各民族是否不得不组成一个政治整体这一问题，我们现在不来回答；我们应认为这些问题已经解决了。在不同意上述可能性和必要性的人们看来，我们的研究当然是没有根据的。我们的主题是：这些民族**不得不**共同生活；什么样的**法律形式**才能使它们**生活得最好呢**？"（黑体是施普林格用的）①

总之，出发点就是奥地利国家的完整。

鲍威尔所说的也是如此：

> 我们的出发点是假定奥地利各民族将仍然留在它们现在居住的国家联盟以内，于是我们就要问，在这个联盟范围内，各民族相互间的关系和它们全体对于国家的关系将是怎样的呢？②

又是把奥地利的完整列在第一位。

俄国社会民主党能不能**这样**提出问题呢？不，不能。其所以不能，在于它一开始就主张民族自决，根据这种主张，民族有分离权。

---

① 见施普林格的《民族问题》，第14页。
② 见鲍威尔的《民族问题和社会民主党》，第399页。

甚至崩得分子戈尔德勃拉特也在俄国社会民主党第二次代表大会[9]上承认俄国社会民主党不能放弃自决的主张。当时戈尔德勃拉特说：

> 自决权是丝毫不容反对的。如果某一民族为独立而斗争，那就不要阻拦它；如果波兰不愿和俄国结成"合法婚姻"，那我们就不应该去妨碍它。

这都是事实。可是由此就应得出结论：奥地利社会民主党人和俄国社会民主党人的出发点不仅不同，而且根本相反。既然如此，还说得上可以抄袭奥地利人的民族纲领吗？

其次，奥地利人是想用微小的改良、缓慢的步骤来实现"民族自由"的。他们提出民族文化自治作为实际办法时，完全没有指望根本的改变，没有指望他们远景中所没有的民主解放运动。然而，俄国的马克思主义者把"民族自由"的问题和可能的根本改变联系在一起，和民主解放运动联系在一起，他们没有理由指望改良。这就使俄国各民族可能的命运问题发生根本的变化。

> 鲍威尔说："当然很难设想民族自治是靠一个重大的决定，靠大胆的坚决行动就可以实现的。奥地利将逐步走向民族自治，这是一个缓慢而痛苦的过程，是艰苦的斗争，由于这种斗争，立法和行政管理将陷于慢性的瘫痪状态。不，新的国家法律制度决不是通过一个重要的立法文件就建立起来的，而是要通过分别为各个地区、各个村社而颁布的许多单项的法令才能建立起来。"①

施普林格所说的也是如此。

---

① 见鲍威尔的《民族问题和社会民主党》，第422页。

他写道:"我清楚地知道这种机关(民族自治机关。——约·斯大林注)不是一年也不是十年可以建立起来的,单是为了改组普鲁士的行政管理机构就用了很长的时间……普鲁士用二十年才完全建立了自己的主要行政机关。因此,请不要以为我不知道奥地利要用多少时间,要克服多少困难吧。"①

这一切都是很明确的。但是俄国的马克思主义者能否不把民族问题和"大胆的坚决行动"联系起来呢?他们能否指望局部的改良,指望"许多单项的法令"作为争取"民族自由"的手段呢?既然他们不能而且不应这样做,那末从这里不是可以清楚地看出奥地利人的斗争方法和前途与俄国人完全不同吗?在这种情况下,怎能局限于奥地利人那种片面的不彻底的民族文化自治呢?二者必居其一:或者是主张抄袭的人不指望俄国有"大胆的坚决行动",或者是他们虽指望有这种行动,但"他们不知道他们在做什么"。

最后,俄国和奥地利当前的任务完全不同,因此解决民族问题的方法也应当不同。奥地利生存在议会制度的条件下,目前那里没有议会就不能有什么发展。可是奥地利的议会生活和立法工作往往因各民族政党间的剧烈冲突而完全陷于停顿。这就是奥地利早已患慢性政治危机病的原因。因此,民族问题在那里是政治生活的轴心,是生死存亡的问题。无怪乎奥地利社会民主党的政治家首先竭力设法解决民族冲突问题,当然是以现存的议会制度为基础用议会方法去解决的……

俄国的情形却不是这样。第一,在俄国,"谢天谢地,没有议会"[10]。第二,这是主要的,俄国政治生活的轴心不是民族问题而是土地问题。因此,俄国问题的命运即各民族"解放"的命运在俄国是和解决土地问题,即和消灭农奴制残余也就是和国家民主化联系在一起的。这就说明为什么

---

① 见施普林格的《民族问题》,第281~282页。

俄国的民族问题并不是独立的和有决定意义的问题，而是更加重要的国家解放这个总问题的一部分。

> 施普林格写道："奥地利议会之所以没有成果，只在于每一种改良都在各个民族政党内部引起矛盾而使这些政党的团结受到破坏，于是各政党的领袖们对于一切带有改良气味的东西都竭力回避。奥地利的进步只有在各民族都获得不可剥夺的法律地位时才谈得上；这样就使各民族不必在议会里保持常备的战斗队伍，使民族有可能去解决各种经济的和社会的任务。"①

鲍威尔所说的也是如此：

> 民族和平首先是国家所需要的。一个国家决不能容忍立法工作因极无聊的语言问题，因民族边界上某个地方某些激动的人彼此发生一些极小的争执，因每设立一所新的学校而陷于停顿。②

这都是很明白的。但是民族问题在俄国处于完全不同的地位，这也是很明白的。决定俄国进步的命运的不是民族问题，而是土地问题。民族问题是从属的问题。

总之，有不同的问题提法，有不同的前途和斗争方法，有不同的当前任务。在这种情况下，只有不顾空间时间地"解决"民族问题的书呆子才会拿奥地利做榜样，才会抄袭它的纲领，这难道不明显吗？

再说一遍：以具体历史条件为出发点，把辩证地提问题当作唯一正确的提问题的方法，——这就是解决民族问题的关键。

---

① 见施普林格的《民族问题》，第36页。
② 见鲍威尔的《民族问题和社会民主党》，第401页。

四　民族文化自治

上面我们已经谈过奥地利民族纲领的形式方面，谈过俄国马克思主义者不能简单地模仿奥地利社会民主党和简单地采用它的纲领的那种方法论上的根据。

现在我们谈谈这个纲领的实质。

那末，奥地利社会民主党的民族纲领是怎样的呢？

一句话，这个纲领就是民族文化自治。

第一，这就是说，自治权不是给予主要是住着捷克人或波兰人的捷克或波兰，而是给予一切捷克人和波兰人，不分地域，不管他们居住在奥地利什么地方。

因此，这种自治就叫作**民族**自治，而不叫作地域自治。

第二，这就是说，分散在奥地利各地的捷克人、波兰人、德意志人等等都以个人资格分别组成完整的民族，并以这样的民族的资格加入奥地利国家。这样，奥地利将不是由各自治区域组成的联盟，而是由不分地域建立起来的各自治民族组成的联盟。

第三，这就是说，为着这种目的而应当给波兰人、捷克人等等建立起来的全民族机关将只管"文化"问题，不管"政治"问题。专门政治性的问题都集中在全奥地利议会（莱希斯拉特）手中。

因此，这种自治还叫作**文化**自治，民族文化自治。

下面就是1899年奥地利社会民主党在布隆代表大会上通过的纲领。①

纲领上先提到"奥地利民族纠纷阻碍着政治进步"，"彻底解决民族问题……首先是文化上所必需的"，"这个问题只有在根据普遍、直接和平等的选举制建立起来的真正民主的社会里才能得到解决"。然后说：

---

① 南方斯拉夫社会民主党代表也曾投票拥护这个纲领。见《党的布隆代表大会关于民族问题的讨论》，1906，第72页。

只有在完全平等和没有任何压迫的条件下，奥地利各民族的**民族特点**①的保存和发展才有可能。因此，首先必须屏弃官僚的国家集权制和各个领地上的封建特权。

在这种条件下，而且只有在这种条件下，才能消除奥地利的民族纠纷，建立民族秩序，其原则如下：

1. 奥地利应改组为各民族民主联盟的国家。

2. 应组成按民族划分的自治团体来代替历代的皇朝封地，每个团体的立法权和行政权均由根据普遍、直接和平等的投票选举出来的民族议院掌管。

3. 属于同一民族的各自治区域共同组成单一的民族联盟，该联盟完全按自治原则来处理本民族的事务。

4. 少数民族的权利由帝国议会颁布特别法律加以保障。

纲领的结语号召奥地利各民族团结起来。②

不难看出这个纲领中还留下一些"地域主义"的痕迹，但它大体上是民族自治的纲领。无怪乎第一个鼓吹民族文化自治的施普林格热烈地欢迎这个纲领。③ 鲍威尔也赞同这个纲领，称它为民族自治的"理论上的胜利"④；不过为了更明确起见，他才提议用更确定的条文代替第四条，其内容是说必须"把每个自治区域内的少数民族组成公法团体"来掌管学校及其他文化事宜⑤。

奥地利社会民主党的民族纲领就是如此。

我们来考察一下它的科学根据。

---

① 在马·帕宁的俄译本中，"民族特点"译成了"民族个性"（见鲍威尔此书帕宁译本）。帕宁把这个地方译错了，因为在德文原本上并无"个性"一词，那里所说的是"nationlen Eigenart"，即民族特点，而这和"民族个性"是完全不同的。
② 见1899年布隆《党代表大会的讨论》。
③ 见施普林格的《民族问题》，第286页。
④ 见《民族问题和社会民主党》，第549页。
⑤ 见《民族问题和社会民主党》，第555页。

我们来看看奥地利社会民主党是怎样论证它所鼓吹的民族文化自治的。

我们来看看民族文化自治的理论家施普林格和鲍威尔的意见吧。

民族自治的出发点就是认为民族是和固定的地域无关的人们的联盟。

施普林格说："民族和地域没有任何本质上的联系，民族是自治的个人联盟。"①

鲍威尔也说民族是"不在某个固定地区内独占统治的""个人的共同体"②。

但组成一个民族的人并不总是大批地密集地住在一起的，他们往往分成许多集团而掺杂在别的民族机体中。这是资本主义驱使他们到各个地区和城市去谋生的缘故。可是这些集团既然掺杂在别的民族地区，并在那里占少数，于是在语言、学校等方面就会受到人数众多的当地民族的限制。由此就产生了民族冲突。由此就证明地域自治是"毫无用处的"。照施普林格和鲍威尔的意见，摆脱这种状况的唯一出路是把这个散处全国各地的少数民族组成一个共同的包括各阶级的民族联盟。他们认为只有这样的联盟才能保护少数民族的文化利益，才能消除民族纠纷。

施普林格说："必须使各民族有正确的组织，必须给它们以权利和义务……"③ 当然，"法律是容易制定的，但它是否能发生人们所预期的作用呢？……""要想给民族制定法律，首先就要把这些民族建立起来……"④ "不组成民族便不能建立民族法和消除民族纠纷。"⑤

---

① 见施普林格的《民族问题》，第19页。
② 见《民族问题和社会民主党》，第286页。
③ 见《民族问题》，第74页。
④ 见《民族问题》，第88~89页。
⑤ 见《民族问题》，第89页。

鲍威尔也是这样说的,他借口"工人阶级的要求",提议"根据个人原则把各个少数民族组成一些公法团体"。①

但是,怎样组织民族呢?怎样确定某人属于某个民族呢?

施普林格说:"用民族名册来确定某人属于某个民族,居住在一个地区的每个人都应当声明自己属于某一民族。"②

鲍威尔说:"个人原则的前提是根据成年公民的自由声明按民族划分居民……"为此就"应当编制民族名册"。③

其次:

鲍威尔说:"居住在单一民族区内的一切德意志人以及登记在杂居区的民族名册上的一切德意志人共同组成一个德意志民族,并选出**民族委员会**。"④

应该说,捷克人、波兰人等也是如此。

施普林格说:"**民族委员会**就是民族文化议会,它有权为管理民族教育、民族文学、艺术和科学,为建立学院、博物馆、美术陈列馆、剧院规定原则和批准经费"等等⑤。

民族组织及其中央机关就是如此。

照鲍威尔的意见,奥地利社会民主党主张建立这种包括各阶级的机关

---

① 见《民族问题和社会民主党》,第552页。
② 见《民族问题》,第226页。
③ 见《民族问题和社会民主党》,第368页。
④ 见《民族问题和社会民主党》,第375页。
⑤ 见《民族问题》,第234页。

是想"使民族文化……成为全体人民的财富,并且用这种唯一可能的办法**把民族的全体成员结合成一个民族文化共同体**"①(黑体是我们用的)。

也许有人认为这一切只和奥地利有关。但是鲍威尔不以为然。他坚决认定在其他和奥地利一样是由几个民族组成的国家里,也必须实行民族自治。

> 鲍威尔认为:"在多民族的国家里,各民族中的无产阶级都应当提出自己的民族自治要求去对抗有产阶级的民族政策,即夺取政权的政策。"②

然后,鲍威悄悄地用民族自治替换了民族自决而继续说:

> 这样,民族自治,民族自决,就必然成为多民族国家中各族无产阶级的立宪纲领。③

但他还不以此为限。他深信他和施普林格所"规定的"包括各个阶级的"民族联盟"会成为未来的社会主义社会的一种雏形。因为他知道"社会主义的社会制度……将把人类分成一些按民族划分的团体"④;在社会主义制度下,"人类将分成一些民族自治团体"⑤;"这样一来,社会主义社会无疑地是一幅由许多个人的民族联盟和地域的团体构成的五光十色的图画"⑥;因此"社会主义的民族原则是民族原则和民族自治的最高综合"⑦。

---

① 见《民族问题和社会民主党》,第553页。
② 见《民族问题和社会民主党》,第337页。
③ 见《民族问题和社会民主党》,第333页。
④ 见《民族问题和社会民主党》,第555页。
⑤ 见《民族问题和社会民主党》,第556页。
⑥ 见《民族问题和社会民主党》,第543页。
⑦ 见《民族问题和社会民主党》,第542页。

大概够了……

在鲍威尔和施普林格的著作中就是这样论证民族文化自治的。

最惹人注意的首先是他们用民族自治来替换民族自决的那种莫名其妙的毫无理由的做法。二者必居其一：或者是鲍威尔不懂得自决是什么，或者是他懂得，但不知他为什么竟故意把它缩小了。因为毫无疑义的是：（一）民族文化自治是以多民族国家的完整为前提的，自决却超出了这种完整的范围；（二）自决是赋予民族以全部权利的，民族自治却只限于"文化"权利。这是第一。

第二，将来内外情况完全可能配合成这样，那时某一民族会决定退出多民族的国家，例如退出奥地利，——卢西人社会民主党人在党的布隆代表大会上就曾这样声明他们要把本族人民的"两部分"合并成一个整体①。那时，对"**各族无产阶级必然要采取的**"民族自治怎么办呢？用削足适履的办法把各民族机械地塞进国家完整性的框子里去，这算是什么"解决"问题的方法呢？

其次，民族自治是和民族的整个发展进程抵触的。民族自治提出组织民族的口号，可是，既然实际生活、既然经济发展使得整批的人脱离本民族，并使他们散居各地，试问，怎能人为地把这种民族结合起来呢？无疑地，在资本主义的最初阶段民族逐渐集结起来。可是同样无疑地，在资本主义的高级阶段开始了民族分散的过程，成批人离开本民族出外谋生，以至于完全迁移到国内其他地区去；同时，这些移民就渐渐失去旧有的联系，而在新的地方取得新的联系，一代一代地养成新的风俗习惯，也许还会通晓新的语言。试问，能否把这些彼此隔离的集团合并成统一的民族联盟呢？什么地方竟有这样一种魔箍能把无法统一的东西统一起来呢？例如，难道可以把波罗的海沿岸和南高加索一带的德意志人"结合成一个民族"吗？既然这一切都是不可想象的，不可能做到的，

---

① 见《党的布隆代表大会关于民族问题的讨论》，第48页。

那末民族自治和那些力图使历史开倒车的老民族主义者的空想又有什么区别呢？

但民族的统一不仅因移居而逐渐消失，并且由于内部原因，即由于阶级斗争的尖锐化而消失下去。在资本主义的最初阶段，还可以谈无产阶级和资产阶级的"文化共同性"。然而随着大工业的发展和阶级斗争的尖锐化，这种"共同性"开始消失了。在同一民族的雇主和工人再不能互相了解的时候，根本就谈不到民族的"文化共同性"。在资产阶级渴望战争，无产阶级却宣布"以战争对付战争"的时候，还谈得上什么"共同命运"呢？能不能把这些彼此对立的分子组成一个统一的包括各个阶级的民族联盟呢？既然如此，还谈得上"民族的全体成员结合成一个民族文化共同体"①吗？因此，民族自治是和阶级斗争的整个进程相抵触的，这不是很明显吗？

我们暂且假定"组织民族"这个口号是可能实现的口号。资产阶级民族主义的议员们为了取得更多的选票而力图"组织"民族，那还可以理解。可是，社会民主党人什么时候竟也开始干起"组织"民族、"成立"民族、"建立"民族的事情来了呢？

在阶级斗争极端尖锐的时代去组织包括各个阶级的民族联盟，这算什么社会民主党人呢？到现在为止，奥地利社会民主党和其他各国的社会民主党一样，只有一个任务，就是组织无产阶级。可是这个任务看来"已经过时了"。于是施普林格和鲍威尔现在提出一个"新的"更引人入胜的任务，就是"建立"民族，"组织"民族。

不过，逻辑上必然如此：既然采取了民族自治，当然就要接受这个"新的"任务，而接受这个"新的"任务就是离开阶级立场，走上了民族主义的道路。

施普林格和鲍威尔的民族文化自治是一种精致的民族主义。

---

① 见鲍威尔的《民族问题和社会民主党》，第553页。

奥地利社会民主党人的民族纲领责成大家关心"各民族的民族特点的**保存和发展**",这也绝不是偶然的。真是异想天开:"保存"南高加索的鞑靼人在"沙黑西—瓦黑西"节日[11]自己打自己这一类的"民族特点"!"发展"格鲁吉亚人的"复仇权"这一类的"民族特点"!……

这种条文只配列在十足的资产阶级民族主义的纲领上,它既然出现在奥地利社会民主党人的纲领上,那就因为民族自治和这类条文是相容的,而不是相抵触的。

然而对现在的社会不适用的民族自治,对将来的社会主义社会是更不适用的。

鲍威尔的"把人类分成一些按民族划分的团体"① 这一预言已被现代人类的整个发展进程驳倒了。民族壁垒并不是在巩固,而是在毁坏,在倒塌。马克思早在四十年代就说过:"各国人民之间的民族隔离和对立日益消失","无产阶级的统治将使它们更快地消失"。② 人类后来的发展及其资本主义生产的巨大增长,各民族的杂居和人们在愈益广阔的地域上的结合,都十分肯定地证实了马克思的思想。

鲍威尔想把社会主义社会看作"一幅由许多个人的民族联盟和地域的团体构成的五光十色的图画",其实就是暗中企图用经过改良的巴枯宁的概念来代替马克思的社会主义概念。社会主义的历史表明,任何这样的企图本身都包含着必然破产的因素。

至于鲍威尔竭力推崇的"社会主义的民族原则",那就更不用说了。这个"原则",在我们看来,就是想用资产阶级的"**民族原则**"代替社会主义的**阶级斗争**原则。如果民族自治是从这种可疑的原则出发,那就必须承认民族自治只能有害于工人运动。

固然这种民族主义并不如此明显,因为它是用社会主义的辞藻巧妙地伪装起来的,但是正因为如此,它对无产阶级就更加有害。公开的民族主

---

① 见本章前一部分。
② 参看《马克思恩格斯选集》第1卷,人民出版社,1995,第270页。——编者注

义总可以对付，因为它是不难识破的。要和伪装的和伪装得不易识破的民族主义作斗争，那就困难得多。它既然装上社会主义的铁甲，也就较难攻破和较能持久了。它既然存在于工人中间，散播各民族工人互相猜忌、彼此隔离的有害思想，也就把气氛毒化了。

但是民族自治的害处还不止于此。它不仅造成各民族彼此隔离的基础，而且造成统一的工人运动分裂的基础。民族自治的思想为统一的工人政党分成一些按民族建立的单独的政党造成一种心理上的前提。党一分裂，工会就跟着分裂，结果是彼此完全隔离。统一的阶级运动就这样分成一些单独的民族细流。

奥地利，"民族自治"的故乡，提供了这种现象的最惨痛的例证。奥地利社会民主党本是一个统一的党，从1897年（党的维姆堡代表大会[12]）起它就开始分裂成几个单独的党。从党的布隆代表大会（1899年）采纳了民族自治以后，分裂的程度更加深了，最后竟使一个统一的跨民族的政党分成了现在的六个民族政党，其中捷克族的社会民主党甚至不愿和德意志族的社会民主党打交道。

但是工会和党是有联系的。奥地利党内和工会内的主要工作都是由社会民主党工人党员担任的。这就令人担忧党内的分离主义会使工会也走上分离主义的道路而陷于分裂。事实果然如此：工会也按民族分开了。现在甚至常有这样的事情发生，就是捷克族工人破坏德意志族工人的罢工，或在选举市政机关时和捷克族资产者一起反对德意志族工人。

由此可见，民族文化自治并不能解决民族问题。不仅如此，它还使民族问题更尖锐，更紊乱，更容易使工人运动的统一遭受破坏，使工人们彼此按民族隔离开来，使他们中间的纠纷加剧下去。

这就是民族自治的收获。

五　崩得，它的民族主义，它的分离主义

上面我们说过，鲍威尔虽然认为民族自治对捷克人、波兰人等是必需

的，但是他反对给犹太人这种自治。对"工人阶级应否为犹太人民要求自治"这个问题，鲍威尔回答道："民族自治不能成为犹太工人的要求。"①根据鲍威尔的意见，原因在于"资本主义社会不让他们（即犹太人。——约·斯大林注）保全为一个民族"②。

简言之，犹太民族将不再存在，所以无从为谁要求民族自治了。犹太人在被同化着。

对犹太民族命运所持的这种观点并不是新的。马克思早在四十年代就有过这种观点③，他当时所指的主要是德国的犹太人。考茨基在1903年重述过这种观点④，他当时所指的是俄国的犹太人。现在鲍威尔在谈到奥地利的犹太人时又重述这种观点，不过有一点差别，就是他所否认的不是犹太民族的现在，而是犹太民族的将来。

鲍威尔认为犹太人之所以不能保全为一个民族，在于"犹太人没有单独的居住地区"⑤。这种解释基本上虽然正确，但还没有说出全部真理。问题首先在于犹太人没有一个和土地相联系的广大的稳定的阶层，这样一个阶层是不仅作为民族骨干，而且作为"民族"市场自然地把一个民族联结起来的。俄国的五六百万犹太人只有3%到4%和农业有一些联系。其余96%从事商业、工业和在城市机关中工作，一般是住在城市里，并分散在俄国各处，无论在哪一省都不占多数。

可见以少数民族资格杂居在其他民族地区的犹太人主要是以工业家、商人和自由职业者的身分为"异"族服务的，在语言等各方面自然也就适应"异族"。所有这一切，再加上随着资本主义发展而来的各个民族的日益杂居，就使犹太人受到同化。"特许犹太居住区"的废除只能加速这种

---

① 见《民族问题和社会民主党》，第381、396页。
② 见《民族问题和社会民主党》，第389页。
③ 见他的《论犹太人问题》1906年版（见《马克思恩格斯全集》第1卷，人民出版社，1956，第419~451页。——编者注）。
④ 见他的《基什尼奥夫惨案和犹太人问题》，1903。
⑤ 见《民族问题和社会民主党》，第388页。

同化。

因此，为俄国的犹太人要求民族自治的问题是有些滑稽可笑的：有人竟主张替一个前途被否定、存在与否尚待证明的民族要求自治！

虽然如此，崩得还是采取了这种滑稽可笑的动摇不定的立场，竟在其第六次代表大会上（1905年）通过了主张民族自治的"民族纲领"。

驱使崩得走这一步的有两种情况。

第一种情况，即崩得作为犹太人的、而且仅仅作为犹太人的社会民主主义工人组织而存在。早在1897年以前，那些在犹太工人中进行工作的社会民主主义小组就已经打算建立一个"纯粹犹太工人组织"①。1897年，他们果然建立了这样一个组织，即联合成为崩得了。这是俄国社会民主党事实上还没有作为一个整体而存在的时候。从那时起，崩得不断发展和扩大起来，在俄国社会民主党处境惨淡的时候日益显露头角……可是20世纪到来了。**群众性**的工人运动开始了。波兰社会民主党成长起来并把犹太工人吸引到群众斗争中去了。俄国社会民主党成长起来并把"崩得"工人吸引到自己方面来了。崩得那种没有地域基础的民族圈子愈见狭小了。一个问题摆在崩得面前：或者是融化到各民族的总浪潮中去，或者是坚持自己的独立存在，做一个超地域的组织。崩得选择了后者。

所谓崩得是"犹太无产阶级唯一代表"的"理论"就这样形成了。

但是要"简单地"随便为这个奇怪的"理论"作辩护已经不可能了，必须有某种"原则性的"根据、"原则性的"理由才行。民族文化自治就成了这样的根据。崩得从奥地利社会民主党那里抄袭了民族文化自治就抓住不放。即使奥地利人没有这样的纲领，崩得也一定会想出一个来，以便"从原则上"为自己的独立存在作辩护。

这样，崩得在1901年（第四次代表大会）作了一番怯懦的尝试以后，终于在1905年（第六次代表大会）通过了"民族纲领"。

---

① 见卡斯切梁斯基编的《民族运动的形式》（指《现代国家民族运动的形式》。——原编者注），第772页。

第二种情况，即犹太人作为个别的少数民族在各完整地区的其他密集的多数民族中所处的特殊地位。我们已经说过这种地位使犹太人不成其为一个民族，使他们走上被同化的道路。但这是客观的过程。主观上，在犹太人头脑中，这一过程却引起了反应，提出了保障少数民族权利、保障不受同化的问题。崩得既然宣扬犹太"民族"富有生命力，就不能不采取主张"保障"的立场；既然采取了这种立场，就不能不采纳民族自治。因为，如果崩得能够抓住什么自治，那就只能是民族自治，即**民族文化**自治：犹太人的地域上政治上的自治是谈不上的，因为犹太人没有一定的完整的地域。

值得注意的是崩得一开始就强调说，民族自治的特点就是保障少数民族的权利，保障民族的"自由发展"。出席俄国社会民主党第二次代表大会的崩得代表戈尔德勃拉特说民族自治就是"**保障**它们（即各个民族。——约·斯大林注）充分自由发展文化的机关"①，这也不是偶然的。崩得思想的拥护者也是抱着这种主张加入社会民主党第四届杜马党团的……

崩得就这样采取了主张犹太人民族自治的可笑的立场。

上面我们已经分析了民族自治。这一分析说明了民族自治导致民族主义。下面我们就会看到崩得果然得到了这样的结局。不过崩得还从特殊方面即从**保障**少数民族权利方面来考察民族自治。我们也就从这个特殊方面来分析问题吧。这样做之所以尤其必要，是因为少数民族问题（不仅是犹太少数民族问题）对社会民主党具有重大的意义。

总之，就是"**保障**"各民族"充分自由发展文化的**机关**"。（黑体是我们用的。——约·斯大林注）

但"保障……的机关"等等究竟是什么呢？

这首先就是施普林格和鲍威尔的"民族委员会"，一种类似掌管文化

---

① 见《第二次代表大会记录》，第 176 页。

事宜的议会。

可是这种机关能否保障民族"充分自由发展文化"呢？掌管文化事宜的某种议会能否保障民族免于民族主义的迫害呢？

崩得认为能保障。

但历史证明恰恰相反。

俄属波兰曾经有过议会，一种政治性的议会，它当然力求保障波兰人自由"发展文化"，可是它不但没有做到这一点，反而在同俄国总的政治条件作力量悬殊的斗争中垮台了。

芬兰早就有了议会，它也力求保护芬兰民族不受"侵犯"，但它在这方面究竟有多少成绩是有目共睹的。

当然，议会是有各种各样的，对付按民主原则组织起来的芬兰议会不象对付贵族的波兰议会那样容易。但是**有决定意义的**终究不是议会本身，而是俄国总的制度；如果俄国目前还象过去一样，象废除波兰议会时一样，存在着野蛮的亚洲式的社会政治制度，那末芬兰议会的处境就要坏得多。况且"侵犯"芬兰的政策正在加紧推行，决不能说这种政策遭受过失败……

历史上形成的老机关政治议会尚且如此，新的议会，新的机关，尤其象"文化"议会这样软弱的机关，就更不能保障民族的自由发展了。

问题显然不在于"机关"，而在于国内总的制度。国家没有民主化，民族"充分自由发展文化"也就没有保障。可以肯定地说，国家愈民主，对"民族自由"的"侵犯"就愈少，免受"侵犯"的保障就愈多。

俄国是半亚洲式的国家，所以这里的"侵犯"政策往往采取极粗暴的方式，即蹂躏的方式。不用说，所谓"保障"在俄国是少到最低限度的。

德国已经是多少有些政治自由的欧洲式的国家。无怪乎那里的"侵犯"政策从来不采取蹂躏的方式。

在法国，"保障"当然更多些，因为法国比德国民主。

瑞士更不用说了。那里由于有高度的、虽然是资产阶级的民主，各民族都自由地生活着，不管它们是少数还是多数。

总之，崩得硬说"机关"本身能保障各民族充分发展文化，这是十分荒唐的。

也许有人会指出，崩得自己也认为俄国的民主化是"建立机关"和保障自由的**先决**条件。但这是不对的。从《崩得第八次代表会议文件汇编》中可以看出，崩得想**在**俄国现存制度的**基础上**通过"**改革**"**犹太教公会**去达到成立这种"机关"的目的。

> 有一个崩得首领在这次代表会议上说过："犹太教公会能成为将来的民族文化自治的核心。民族文化自治是民族自我服务的形式，是满足民族需要的形式。犹太教公会这一形式也包含着同样的内容。这是一条链子的几个环节，是一个进化过程中的几个阶段。"①

代表会议根据这一点决定必须争取"**改革犹太教公会，通过立法程序**把它变成世俗机关"，即按民主原则组织起来的机关。②（黑体是我们用的。——约·斯大林注）

显然，崩得当作条件和保障的并不是俄国的民主化，而是犹太人将来的"世俗机关"，这种机关是用"改革犹太教公会"的方法，所谓根据"立法"程序，即经过杜马而成立的。

然而我们已经看到，如果在整个国家内没有民主制度，"机关"本身是不能尽"保障"之责的。

那末，在将来的民主制度下究竟怎样呢？在民主制度下是不是也需要有"保障……的"专门"文化机关"呢？例如民主的瑞士在这方面的情形是怎样的呢？那里有没有施普林格的"民族委员会"之类专门的文化机关呢？那里并**没有**这种机关。那末，在那里占少数的例如意大利人的文化利益是不是因此受到损害呢？这类事情还没有听说过。这是完全可以理解

---

① 见《崩得第八次代表会议文件汇编》，1911，第62页。
② 见《崩得第八次代表会议文件汇编》，1911，第83~84页。

的，因为瑞士国内的民主制度使一切似乎能"保障……的"专门文化"机关"都成为多余的了。

总之，现在是软弱的，将来是多余的，——民族文化自治**机关**就是如此，民族自治就是如此。

可是，如果把这种民族自治强加于一个存在和前途都成问题的"民族"身上，那末它的害处就更大了。在这种情况下，主张民族自治的人必然要维护和保全"民族"的一切特点，而不管它是有益的还是有害的，只求"拯救民族"免于同化，只求"保全"民族。

崩得必然会走上这条危险的道路。而它事实上已走上了这条道路。我们所指的是崩得最近几次代表会议所通过的关于"安息日"、"犹太语"等等尽人皆知的决议。

社会民主党努力**为一切民族**争取本族语言权，但崩得并不以此为满足，它还要求"特别坚决地"捍卫"**犹太**语言权"[1]（黑体是我们用的。——约·斯大林注），而且崩得自己在第四届杜马选举时，"宁愿选举他们（即复选代表）中间答应捍卫犹太语言权的人"[2]。

不是**共同的**本族语言权，而是**单独的**犹太语言权，犹太语权！让各个民族的工人**首先**去为本族语言而斗争：犹太人为犹太语言而斗争，格鲁吉亚人为格鲁吉亚语言而斗争等等。为各民族共同的权利而斗争是次要的事情。你尽可不承认一切被压迫民族的本族语言权，只要你承认犹太语权，你就可以放心：崩得会投票拥护你，崩得"宁愿选举"你。

那末，崩得和资产阶级民族主义者究竟有什么区别呢？

社会民主党要求规定每周必须有一个休息日，可是崩得并不以此为满足，它还要求用"立法程序""保证犹太无产阶级有权过安息日，不得强迫它也过另一个节日"[3]。

---

[1] 见《崩得第八次代表会议文件汇编》，第85页。
[2] 见《崩得第九次代表会议文件汇编》，1912，第42页。
[3] 见《崩得第八次代表会议文件汇编》，第83页。

应该想到崩得会"进一步"要求有权过一切旧的犹太节日。如果崩得不幸,犹太工人已抛弃偏见,不愿过这种节日,那末崩得就要用争取过"安息日的权利"的鼓动去叫他们想起安息日,在他们身上培植所谓"安息日精神"……

因此,完全可以理解崩得第八次代表会议上许多发言人要求设立"犹太医院"的"热烈言论",其根据是"病人在自己人中间觉得愉快些","犹太工人在波兰工人中间会觉得不愉快,而在犹太店铺老板中间会觉得愉快"。①

保存一切犹太的东西,保全犹太人的**一切**民族特点,以至保全显然对无产阶级有害的特点,把犹太人和一切非犹太的东西隔开,甚至主张设立专门的医院,——请看崩得堕落到了什么地步!

普列汉诺夫同志说崩得"使社会主义迁就民族主义",这是千真万确的。当然,弗拉·科索夫斯基和象他那样的崩得分子可以骂普列汉诺夫为"蛊惑者"②[13](纸上是什么都能写的),然而熟悉崩得活动的人不难看出这些勇士们就是害怕说出关于自己的实话,于是用"蛊惑人心"一类的谩骂字眼来掩护自己……

崩得在民族问题上既然采取这样的立场,在组织问题上自然就走上使犹太工人隔离的道路,走上在社会民主党内结成各民族选民团的道路。民族自治的逻辑就是如此!

崩得果然从"唯一代表"论进到工人"民族划分"论了。崩得要求俄国社会民主党"在自己的组织结构上实行按民族划分"③。然后,它又由"划分"论"进一步"走到了"隔离"论。无怪乎在崩得第八次代表会议上有人说"民族生存就是隔离"④。

---

① 见《崩得第八次代表会议文件汇编》,第68页。
② 见《我们的曙光》杂志1912年第9~10期,第120页。
③ 见《关于崩得第七次代表大会的通报》,第7页。
④ 见《崩得第八次代表会议文件汇编》,第72页。

组织上的联邦制包含着瓦解和分离主义的成分。崩得正在走向分离主义。

它实在是走投无路了。它那种超地域组织的地位驱使它走上分离主义的道路。崩得没有一定的完整的地域,它是在"别人的"地域上活动的,然而和它来往密切的波兰、拉脱维亚以及俄国的社会民主党都是跨民族的地域性的集体。结果便是这些集体每扩大一步都使崩得多受一分"损失",使崩得的活动场所缩小。二者必居其一:或者是整个俄国社会民主党应按民族联邦制原则实行改组,那时崩得就有可能"保障"自己拥有犹太无产阶级;或者是这些集体的跨民族的地域原则仍然有效,那时崩得就要象波兰和拉脱维亚的社会民主党那样按跨民族的原则实行改组。

崩得一开始就要求"俄国社会民主党按联邦制原则实行改组"①,原因就在这里。

1906年,崩得向下层群众要求统一的浪潮让步而选定了中间道路,加入了俄国社会民主党。但它是怎样加入的呢?波兰和拉脱维亚的社会民主党加入俄国社会民主党是为了和平地共同进行工作,但崩得加入的目的是为联邦制而战斗。崩得首领麦迭姆当时就是这样说的:

> 我们不是为了太平生活,而是为了斗争才加入的。太平生活是没有的,只有马尼洛夫[14]之流才会盼望在最近的将来能享受太平生活。崩得应当从头到脚地武装起来去加入党。②

如果认为这是出于麦迭姆的恶意,那就错了。问题并不在于恶意,而在于崩得的特殊立场,由于这种立场,它就不能不和建立在跨民族的原则

---

① 见《民族自治和按联邦制原则改组俄国社会民主党的问题》1902年崩得版。
② 见1906年在维尔纳出版的《我们的言论》杂志[《我们的言论》(《Нашеслово》)是崩得的合法周刊,1906年在维尔诺出版,共出了九期。——原译者注]第3期,第24页。

上的俄国社会民主党作斗争。崩得既然和俄国社会民主党作斗争,自然就破坏了统一的利益。最后,事情竟发展到崩得违背了党章,在选举第四届杜马时联合波兰民族主义者反对波兰社会民主党人,因而和俄国社会民主党正式决裂。

显然,崩得认为决裂是它的独立自主活动最好的保障。

组织上"划分"的"原则"就这样导致了分离主义,引起了完全决裂。

从前崩得和旧《火星报》[15]辩论联邦制问题时说:

《火星报》想使我们相信崩得同俄国社会民主党建立联邦关系一定会削弱它们之间的联系。我们不能援引俄国的实践来驳斥这种意见,原因很简单:俄国社会民主党不是联邦制的团体。然而我们可以援引奥地利社会民主党大有教益的经验,因为奥地利社会民主党根据1897年党代表大会的决议而变成了一个联邦性的组织。①

这是在1902年写的。

现在已经是1913年了。现在我们有了俄国的"实践",也有了"奥地利社会民主党的经验"。

这些"实践"和"经验"究竟说明什么呢?

我们先来看"奥地利社会民主党大有教益的经验"吧。1896年以前,奥地利还存在着统一的社会民主党。就在这一年,捷克人在伦敦国际代表大会[16]上首先要求单独的代表权,并取得了这种代表权。1897年,在党的维也纳(维姆堡)代表大会上正式取消统一的党,而成立了六个民族"社会民主主义团体"组成的联邦制同盟。后来这些"团体"又都变成了独立的政党。这些政党彼此又渐渐断绝了关系。接着议会党团也随着党而

---

① 见《民族自治……问题》(指《民族自治和按联邦制原则改组俄国社会民主党的问题》。——原编者注)1902年崩得版,第17页。

分裂，成立了几个民族"俱乐部"。后来工会也按民族分裂了，最后甚至连合作社也被殃及了，捷克分离主义者竟号召工人拆散合作社。① 至于分离主义的鼓动会削弱工人的团结精神，往往推动他们走上破坏罢工的道路，那就更不用说了。

总之，"奥地利社会民主党大有教益的经验"证明崩得是**错误的**，旧《火星报》是正确的。奥地利党内联邦制造成了最恶劣的分离主义，破坏了工人运动的统一。

上面我们已经看到，"俄国的实践"也证明了这一点。崩得分离主义者也象捷克分离主义者一样和统一的俄国社会民主党决裂了。至于工会，崩得的工会，那末它们一开始就是按民族原则组织起来的，就是说，和其他民族的工人是隔绝的。

完全隔离，完全决裂，——这就是联邦制在"俄国的实践"所表明的。

这种情形自然要削弱工人的团结精神，使他们的士气涣散，而且这种涣散现象也侵入崩得里面了。我们指的是犹太工人和波兰工人因失业问题而发生日益频繁的冲突。请看崩得第九次代表会议关于这个问题所发的议论吧：

……我们把排挤我们的波兰工人看成暴徒，看成黄色工人；我们不支持他们的罢工，而要破坏他们的罢工。第二，我们用排挤对付排挤：他们不许犹太工人进工厂做工，我们就不许波兰工人进手工作坊做工……**如果我们不把这件事抓到自己手里来，工人就会跟着别人走**。② （黑体是我们用的。——约·斯大林注）

崩得代表会议就是这样谈论团结精神的。

这真是登峰造极的"划分"和"隔离"。崩得已经达到了目的：它已

---

① 见《分离主义的文件》第29页所援引的瓦涅克的小册子的这些话。
② 见《崩得第九次代表会议文件汇编》，第19页。

经把各民族的工人划分得厮打起来，划分得破坏起罢工来了。不这样是不行的，因为"如果我们不把这件事抓到自己手里来，**工人就会跟着别人走**"……

工人运动的瓦解，社会民主党队伍中士气的涣散，——这就是崩得联邦制造成的恶果。

由此可见，民族文化自治的思想及其所造成的气氛，在俄国比在奥地利更为有害。

六　高加索人，取消派代表会议

前面我们已经说到，抵挡不住民族主义"时疫"的一部分高加索社会民主党人发生了动摇。这种动摇表现在这些社会民主党人步崩得的后尘（虽然这很奇怪）而宣布了民族文化自治。

全高加索实行区域自治，高加索境内各民族实行民族文化自治，——上述社会民主党人（顺便说一下，他们是附和俄国取消派的）就是这样表述自己的要求的。

请听听他们公认的领袖，并非无名的**诺某**所说的话吧：

> 谁都知道，高加索无论按居民的人种成分或按地域和农业文化来说，都和中部各省大不相同。要开发并在物质上发展这样的边疆区，就需要有本地的工作人员，需要有熟悉当地特点、习惯于当地气候和文化的行家。一切以开发本地为目的的法律都必须由当地颁布，并由当地人才去执行。因此，颁布有关当地各项问题的法律属于高加索中央自治机关的职权范围……所以高加索中央机关的职权就在于颁布旨在开发本地经济富源，促使边疆区物质繁荣的法律。①

---

① 见格鲁吉亚文的《我们的生活报》，1912年第12号。

总之，就是高加索的区域自治。

诺某对理由的说明有点语无伦次，互不连贯，如果撇开这点不谈，那就应该承认他的结论是正确的。由于高加索居民成分及其生活条件有许多特点，在全国性的宪法范围内（这一点**诺**某也不否认）实行高加索区域自治确实是必要的。这一点是俄国社会民主党也承认了的，它在第二次代表大会上曾宣布："在生活条件和居民成分与俄国本土各地区不同的边疆地区实行区域自**理**。"

马尔托夫把这一条提交第二次代表大会讨论时，曾这样申述其理由："俄国幅员的辽阔和我们的集中管理的经验，使我们有理由认为在芬兰、波兰、立陶宛和高加索这样大的地域单位实行区域自**理**是必要而合理的。"

由此可见，应当把区域自**理**了解为区域自**治**。

但是**诺**某还要更进一步。他认为高加索区域自治所包括的"只是问题的一方面"。

> "到现在为止，我们所说的只是本地生活的物质上的发展。但可以促进边疆区经济发展的不仅是经济上的活动，而且还有精神上文化上的活动……""文化上很强的民族，在经济方面也是很强的……""但是只有用民族的语言才能发展民族的文化……""因此，凡与本族语言有关的问题都是民族文化问题。教育、诉讼、教会、文学、艺术、科学、戏剧等等问题便是这样的问题。从物质上发展边疆区的事业把各民族联合在一起，而民族文化事业却使各民族彼此分开，使每个民族单独进行活动。前一种活动是和一定的地域相联系的……""民族文化事业则不然。这种事业并不和一定的地域相联系，而和一定民族的存在相联系。格鲁吉亚语言的命运是任何地方的格鲁吉亚人同样关心的。如果以为格鲁吉亚文化只和住在格鲁吉亚的格鲁吉亚人有关，那就太无知了。举亚美尼亚的教会为例。各地和各国的亚美尼亚人都参加管理教会的事务，地域在这里是不起任何作用的。或者，

例如创办格鲁吉亚博物馆，无论梯弗里斯的格鲁吉亚人或巴库、库塔伊斯、彼得堡及其他各地的格鲁吉亚人都是关心的。这就是说，一切民族文化事业均应由各有关民族自己去掌管和领导。我们主张高加索各民族实行民族文化自治。"①

简言之，文化不等于地域，地域也不等于文化，所以必须实行民族文化自治。**诺**某可以替民族文化自治辩护的不过如此而已。

我们在这里不再一般地谈民族文化自治，因为前面我们已经把它的坏处说明了。现在我们只想指出，民族文化自治不但毫无用处，而且从高加索的条件来看，是毫无意义和荒谬绝伦的。

原因如下：

民族文化自治是以具有发达的文化和文学②的、较为发达的民族为前提的。没有这些条件，这种自治就会失去任何意义而变为无稽之谈。但是高加索许多民族只有原始的文化，它们虽有特殊的语言，但没有本民族的文学；况且这些民族都处于过渡阶段，一部分在被同化，一部分在向前发展。怎样在它们那里实行民族文化自治呢？怎样对待这些民族呢？怎样按民族文化自治所肯定要求的那样把它们"组织"成一些单独的民族文化联盟呢？

怎样对待那些操着不同的语言但没有自己的文学的明格列里亚人、阿布哈兹人、阿扎尔人、斯万人、列兹金人等呢？应当把他们列入哪个民族呢？能不能把他们"组织"成一些民族联盟呢？应当以什么"文化事业"为中心把他们"组织"起来呢？

怎样对待那些在南高加索正受格鲁吉亚人同化（但还远没有完全被同化）、在北高加索一部分正受俄罗斯人同化、一部分又正在向前发展、创造着本民族文学的奥塞梯人呢？怎样把他们"组织"成统一的民族联

---

① 见格鲁吉亚文的《我们的生活报》，1912年第12号。
② "文学"一词俄文是"литература"，这里泛指书面著作。——原编者注

盟呢？

把那些操着格鲁吉亚语言但过着土耳其文化生活并信奉伊斯兰教的阿扎尔人列入哪个民族联盟呢？是不是**以宗教事业为标准**叫他们脱离格鲁吉亚人而单独"组织"起来，同时又**以其他文化事业为标准**叫他们和格鲁吉亚人一起"组织"起来呢？还有科布列特人呢？英谷什人呢？英格洛伊人呢？

把许多民族屏弃在外，这算什么自治呢？

不，这并不是解决民族问题的办法，这是胡思乱想的结果。

好吧，我们就来假设一下不可假设的东西，假定我们这位诺某的民族文化自治已经实现了，那末它会把事情弄到什么地步，会导致什么结果呢？例如拿南高加索那些识字人数的百分比少到最低限度、学校由支配一切的毛拉主持、文化渗透了宗教精神的鞑靼人来说吧……不难了解，把他们"组织"成民族文化联盟，就是让毛拉骑在他们头上，就是任凭反动的毛拉去宰割他们，就是替鞑靼群众的死敌建立一座在精神上奴役这些群众的新堡垒。

可是，社会民主党人从什么时候起开始给反动分子助长声势呢？

把南高加索的鞑靼人圈到一个替最凶恶的反动分子奴役群众的民族文化联盟中去，——难道高加索取消派再不能"宣布"一种较好的办法吗？……

不，这不是解决民族问题的办法。

只有**把后进的民族（нации и народности）纳入高度文化的总轨道**才能解决高加索的民族问题。只有这种解决方法才是社会民主党所能采纳的进步的解决方法。高加索区域自治之可以采纳，在于它把后进的民族引上总的文化发展的大道，帮助它们跳出小民族闭关自守的狭隘范围，推动它们前进，使它们易于享受高度文化的成果。民族文化自治却适得其反，因为它把各民族禁锢在旧的狭隘范围内，把它们固定在文化发展的低级阶段，妨碍它们走上高级的文化阶段。

因此，民族自治使区域自治丧失它的优点，把区域自治化为乌有。

正因为如此，**诺**某所提议的那种混合式的自治，即将民族文化自治和区域自治配合起来的自治，也是毫无用处的。这种反常的配合不但无益，反而有害，因为它除了阻碍后进的民族的发展以外，还会把区域自治变成被组织在民族联盟内的各民族互相冲突的舞台。

这样，毫无用处的民族文化自治，在高加索就会变成毫无意义的反动的妄想了。

诺某及其高加索同道者的民族文化自治就是如此。

高加索取消派是否会"进一步"，是否会在组织问题上也效法崩得，这有待将来的事实证明。到现在为止，在社会民主党的历史中总是先有组织上的联邦制，然后才有纲领上的民族自治。奥地利社会民主党人从1897年起就实行了组织上的联邦制，而民族自治是两年以后（1899年）才采用的。崩得分子第一次明确地叫喊民族自治是在1901年，而组织上的联邦制远自1897年就实行了。

高加索取消派是从末尾开始，即从民族自治开始做起的。如果他们还继续跟着崩得走，那末他们就得先把目前这个早在90年代末根据跨民族的原则建立起来的组织机构全部摧毁。

但是采用工人暂时尚不明了的民族自治是很容易的，而要摧毁高加索各民族的工人苦心培育出来、多年建立起来的机构，那就很困难了。只要一开始实行这种赫罗斯特拉特[17]的想法，工人们就会睁开眼睛，看出民族文化自治的民族主义实质了。

如果说高加索人用来解决民族问题的是一种平常的方式，即口头讨论和文字辩论的方式，那末取消派的全俄代表会议却想出了一种完全不平常的方式。一种简便的方式。请听吧：

> 听取了高加索代表团……关于必须提出民族文化自治的要求的报告以后，代表会议对这一要求的实质不表示意见，确认对纲领中承认每一民族均有自决权的条文作这种解释和纲领原意并不抵触。

总之，首先是"对这一"问题的"实质不表示意见"，然后却来"确认"。真是一种新奇的方式……

究竟这个新奇的代表会议"确认"了什么呢？

就是确认民族文化自治的"要求"是和承认民族自决权的纲领的"原意并不抵触"的。

我们就来分析一下这个论点吧。

民族自决的条文所说的是民族权利。根据这个条文，民族不仅有权实行自治，而且有权实行分离。条文上所讲的是**政治上的**自决。取消派竟企图曲解整个国际社会民主主义运动中早已规定的这种政治上的民族自决权，这想欺骗谁呢？

或许取消派会规避问题，用诡辩为自己辩护，说民族文化自治和民族权利"并不抵触"吧？也就是说，如果某个国家的一切民族都同意按民族文化自治原则处理自己的事情，那末所有这些民族就完全有权这样去做，谁也不能**强迫**它们**接受**别的政治生活方式。真是既新颖又聪明。是否还要加上一句：一般讲来，民族有权废除自己的宪法，有权用专横制度代替宪法，有权恢复旧制度，因为民族，也只有民族本身才有权决定自己的命运。重说一遍：在这个意义上讲，无论民族文化自治或任何一种民族的反动措施都和**民族权利**"并不抵触"。

可敬的代表会议想说的是不是这一点呢？

不，不是这一点。它分明说：民族文化自治不是和民族权利，而是**和纲领"原意""并不抵触"**。这里所说的是纲领，而不是民族权利。

这也是可以理解的。如果某个民族向取消派代表会议请求指示，那末代表会议就会直接确认民族有民族文化自治权。但是向代表会议请求指示的并不是民族，而是高加索社会民主党人的"代表团"，不错，他们是一些不好的社会民主党人，但毕竟是社会民主党人。并且他们所过问的不是民族权利，而是民族文化自治是否和**社会民主党的原则**矛盾，是否和**社会民主党纲领的"原意""抵触"**？

总之，**民族权利和社会民主党纲领的"原意"**并不是一个东西。

显然也有这么些要求，它们虽然和民族权利并不抵触，但可能和纲领的"原意"抵触。

例如社会民主党人的纲领上有信教自由一条。按照这一条，任何一群人都**有权**信奉任何一种宗教：天主教、东正教等。社会民主党反对一切宗教压制，反对压制东正教徒、天主教徒和新教徒。这是否就意味着天主教和新教等和纲领"原意并不抵触"呢？不，不是这个意思。社会民主党始终反对压制天主教和新教，始终维护各民族有信奉任何一种宗教的权利，但同时它要根据正确理解的无产阶级的利益去进行反对天主教、反对新教和反对东正教的宣传，以便获得社会主义世界观的胜利。

社会民主党所以要这样做，是因为新教、天主教和东正教等等无疑是和纲领"原意抵触"的，即和正确理解的无产阶级的利益抵触的。

自决权问题也是如此。各民族有权按照自己的愿望处理自己的事情，有权保存自己的任何一种民族机关，无论是有害的还是有益的，谁也不能（没有权利！）**用强迫手段**干涉各民族的生活。但这并不是说社会民主党就不进行斗争，不进行鼓动，以反对各民族的有害的机关，反对各民族的不适当的要求。相反地，社会民主党必须进行这种鼓动，必须努力影响各民族的意志，使各民族按照最符合于无产阶级利益的方式来处理本民族的事情。正因为如此，社会民主党要为民族自决权而斗争，同时要进行鼓动，比方说，既要反对鞑靼人实行分离，又要反对高加索各民族实行民族文化自治，因为二者虽然和这些民族的**权利**并不抵触，可是**和纲领的"原意"**抵触，即和高加索无产阶级的利益抵触。

显然，"民族权利"和纲领的"原意"是两个完全不同的东西。纲领的"原意"表现无产阶级在自己的纲领中科学地规定的利益，民族权利却可以表现任何阶级——资产阶级、贵族和僧侣等等——的利益，这要看这些阶级的势力和影响而定。一个是马克思主义者的**义务**，一个是由各阶级所组成的民族的**权利**。谈论民族权利和社会民主主义原则是否"抵触"，正象谈论奇阿普斯金字塔[18]和臭名远扬的取消派代表会议是否"抵触"一样，二者是根本不能相提并论的。

由此可见，可敬的代表会议竟无可宽恕地把两种完全不同的东西混淆起来了。结果得到的不是解决民族问题的办法，而是一套谬论，依照这种谬论，民族权利和社会民主党的原则"并不抵触"，因此，民族的每一要求都能和无产阶级的利益相容，因此，力求自决的民族的任何一种要求都不会和纲领的"原意抵触"！

他们太滥用逻辑了……

在这套谬论的基础上，也就产生了取消派代表会议臭名远扬的决议，按照这个决议，民族文化自治的要求和纲领的"原意并不抵触"。

但是取消派代表会议所违背的不仅是逻辑的规律。

它还违背它对俄国社会民主党所负的义务，批准了民族文化自治。它确实违背纲领的"原意"，因为大家知道，通过这个纲领的第二次代表大会是**断然否决**了民族文化自治的。请看这次代表大会上有关这个问题的发言吧：

"**戈尔德勃拉特**（崩得分子）说：……我认为必须设立一些能保障各民族自由发展文化的特别机关，因此我提议在第八条上补充一句：'并设立一些保障它们充分自由发展文化的机关。'（大家知道，这就是崩得的民族文化自治的条文。——约·斯大林注）

马尔丁诺夫指出，应该设立也能保障局部利益的总机关，任何保障民族自由发展文化的**特别**机关都是不能设立的。

叶哥罗夫说：在民族问题方面，我们只能采纳消极的建议，就是说，我们反对对民族的一切限制。但某一民族是否会作为一个民族发展下去，这和我们社会民主党人无关。这是一个自发的过程。

科尔佐夫说：崩得代表一听见有人说到他们的民族主义就感到委屈。然而一位崩得代表提出的修正案却带着纯粹民族主义的性质。他们竟要求我们采取非常积极的办法去维持那些甚至已在衰亡的民族。"

结果，"**戈尔德勃拉特的修正案以多数对三票被否决了**"。

总之，取消派代表会议显然是和纲领的"原意抵触"的。它违背了纲领。

现在取消派企图为自己辩护，竟求援于斯德哥尔摩代表大会[19]，似乎这次大会批准了民族文化自治。例如弗拉·科索夫斯基写道：

> 大家知道，根据斯德哥尔摩代表大会达成的协议，崩得可以保留自己的民族纲领（直到民族问题在全党代表大会上获得解决时为止）。这次代表大会承认了民族文化自治无论如何和全党纲领并不抵触。①

但取消派的企图是徒然的。斯德哥尔摩代表大会并没有考虑批准崩得的纲领，而只同意暂时把这一问题作为悬案。勇敢的科索夫斯基竟没有勇气说出全部真情。然而事实毕竟是事实。且看：

> 加林提出修正案："民族纲领问题因代表大会**没有讨论**而留作**悬案**。"（50票**赞成**，32票**反对**。）
>
> 有人问：留作悬案是什么意思？
>
> 主席答：我们说把民族问题留作悬案，这就是说，崩得在下届代表大会以前可以保留自己对这一问题所作的决定。②（黑体是我们用的。——约·斯大林注）

可见代表大会甚至"没有讨论"崩得的民族纲领这一问题，只是把它留作"悬案"，让崩得自己在下届全党代表大会以前去决定自己纲领的命运。换句话说，斯德哥尔摩代表大会规避了这个问题，对民族文化自治未置可否。

可是取消派代表会议对这个问题作了十分确定的评价，认为民族文化

---

① 见《我们的曙光》杂志1912年第9～10期，第120页。
② 见《我们的言论》杂志1906年第8期，第53页。

自治可以采纳,并根据党纲批准了它。

差别是有目共睹的。

由此可见,取消派代表会议虽然用尽了一切狡猾手段,但并不能使民族问题有丝毫进展。

在崩得和高加索民族主义取消派面前献媚,——这就是代表会议所能施展的全副本领。

七　俄国的民族问题

最后,我们还必须提出一个积极解决民族问题的办法。

我们的出发点是:民族问题只有同俄国目前的形势密切联系起来才能得到解决。

俄国正处在过渡时期,"正常的""宪制的"生活还没有确立,政治的危机还没有克服。狂风暴雨和"闹纠纷"的日子还在前面。因此,现在和将来的运动就是争取完全民主化的运动。

民族问题也应该同这个运动联系起来加以考察。

总之,国家完全民主化是解决民族问题的**基础**和条件。

在解决问题时,不仅要估计到国内的情况,而且要估计到国外的情况。俄国位于欧洲和亚洲之间,奥地利和中国之间。民主主义在亚洲的增长是必不可免的。帝国主义在欧洲的增长不是偶然的。资本在欧洲已感到地盘狭小,于是冲入异国去寻找新的市场、廉价的劳动力、新的投资场所。但是这就会引起国际纠纷和战争。谁也不能说巴尔干战争[20]是纠纷的终结,而不是纠纷的开始。因此,完全可能造成一种内外形势结合在一起的局面,那时俄国某个民族将认为必须提出和解决本身独立的问题。在这种情况下加以阻碍,当然不是马克思主义者的事情。

由此可见,俄国马克思主义者不能不主张民族自决权。

总之,**自决权**是解决民族问题的**一个必要条件**。

其次,对那些由于某种原因而宁愿留在整体范围内的民族怎么办呢?

我们已经知道民族文化自治是不适用的。第一，它是人为的，没有生命力的，因为它要把一些被实际生活拆散和转移到全国各地去的人勉强凑成一个民族。第二，它驱使大家走向民族主义，因为它主张人们按民族标准"划分"，主张"组织"民族，主张"保全"和培植"民族特点"，——这些都绝非社会民主党所应做的事情。莱希斯拉特中的摩拉维亚族分离主义者离开德意志族社会民主党议员而同摩拉维亚族资产阶级议员合并为一个所谓摩拉维亚"议员团"，这不是偶然的。崩得的分离主义者沉溺于民族主义，赞美"安息日"和"犹太语"，这也不是偶然的。在杜马中还没有崩得议员，在崩得活动的区域里却有教权主义的反动的犹太教公会，崩得目前就在这个公会的"领导机关"里策划犹太工人和犹太资产者"合伙"[①]。民族文化自治的逻辑本来就是如此。

总之，**民族**自治是不能解决问题的。

出路何在呢？

正确解决问题的唯一办法就是**区域**自治，就是象波兰、立陶宛、乌克兰、高加索等固定了的地域单位的自治。

区域自治的优点首先在于实行的时候所遇到的不是没有地域的空中楼阁，而是居住于一定地域上的一定居民。其次，区域自治不是把人们按民族划分的，不是巩固民族壁垒的，相反地，是打破这种壁垒，把居民统一起来，以便为实现另一种划分即按阶级划分开辟道路的。最后，它使大家不必等待整个中央机关的决议而能最适当地利用本地区的天然富源并发展生产力，——这样的职能是民族文化自治所没有的。

总之，**区域自治是**解决民族问题的**一个必要条件**。

无疑地，不论哪一个地区都不是清一色的单一民族区，因为每个地区里都杂居着少数民族。例如波兰有犹太人，立陶宛有拉脱维亚人，高加索有俄罗斯人，乌克兰有波兰人等等。因此，有人就要担心少数民族

---

① 《崩得第八次代表会议文件汇编》中关于犹太教公会的决议结尾部分。

会受多数民族的压迫。但是只有当国家还保存着旧制度的时候,这种担心才有根据。如果国家具有完备的民主制度,这种担心就失去任何根据了。

有人提议把散居各地的少数民族结成一个统一的民族联盟。但少数民族所需要的不是人为的联盟,而是它们在当地拥有的真正权利。**没有**完全的民主化,这种联盟能给它们什么呢?或者**有了**完全的民主化,民族联盟又有什么必要呢?

少数民族特别关心的是什么呢?

少数民族感到不满的不是没有民族联盟,而是没有使用本族语言的权利。让它们使用本族语言,这种不满就会自行消失了。

少数民族感到不满的不是没有人为的联盟,而是它们没有本族的学校。给它们这种学校,这种不满就失去任何根据了。

少数民族感到不满的不是没有民族联盟,而是没有信仰(信教)、迁徙等等的自由。给它们这种自由,它们就不再会不满了。

总之,**在一切方面(语言、学校等等)实行民族平等**是解决民族问题的**一个必要条件**。因此,必须在国家完全民主化的基础上颁布全国性的法律,无例外地禁止民族享有任何特权,禁止对少数民族权利加以任何妨碍或限制。

这样,也只有这样,才能实际地而不是纸上空谈地保障少数民族的权利。

关于组织上的联邦制和民族文化自治彼此之间有没有逻辑上的联系,可争论可不争论。但民族文化自治替那种可能演变为完全分裂即演变为分离主义的、漫无边际的联邦制造成有利条件,却是无可争辩的。如果奥地利的捷克人和俄国的崩得分子从自治开始,继而进到联邦制,最后竟转到分离主义,那末无疑地,民族文化自治自然而然造成的民族主义气氛,在这方面是起了巨大的作用的。民族自治和组织上的联邦制携手并进不是偶然的。这也是可以理解的,因为两者都要求按民族划分,两者都提议按民族进行组织。相同处是没有疑问的,不同的只是前者要求划分全体居民,后者则要求划分社会民主党工人党员。

我们知道按民族划分工人会引起怎样的结果。统一的工人政党的瓦解，工会按民族的分裂，民族纠纷的尖锐化，民族的破坏罢工行为，社会民主党队伍中士气完全涣散，——这就是组织上实行联邦制的结果。奥地利社会民主党的历史和俄国崩得的活动都雄辩地证明了这一点。

对付这种情况的唯一手段就是根据跨民族的原则来进行组织。

在各地把俄国各民族的工人结合成**统一的完整的**集体，再把这些集体结合成**统一的党**，——这就是我们的任务。

显而易见，这样建党并不是排斥而是预计到在统一的党的整体内实行广泛的**区域**自治。

高加索的经验表明这种组织形式是完全适当的。如果说高加索人已经能够消除亚美尼亚工人和鞑靼工人间的民族纠纷，如果说他们已经能够使居民避免互相残杀和互相枪击，如果说在巴库这个民族杂处的地方现在已经没有发生民族冲突的可能，如果说在那里已经能够把工人群众纳入强大运动的统一轨道，那末，高加索社会民主党的跨民族的建党原则在这方面是起了不小作用的。

组织形式不仅影响到实际工作，它还在工人的全部精神生活上打上不可磨灭的烙印。工人过着自己的组织的生活，在自己的组织中获得精神上的发展并受到教育。他既在自己的组织中交往，每次都在那里和其他民族的同志相见，和他们一起在共同集体的领导下进行共同的斗争，当然就深刻地意识到工人**首先**是一个阶级家庭中的成员，是统一的社会主义大军中的成员。这对于工人阶级的广大阶层就不能不有极大的教育意义。

因此，跨民族的组织形式是培养同志情感的学校，是拥护国际主义的最强有力的鼓动。

按民族建立的组织却不然。工人如按民族来组织，就会局限在民族的小圈子里，彼此被组织上的壁垒隔离开来。这样，所强调的就不是工人彼此**共同之点**，而是他们彼此不同之点。在这里，工人**首先**是自己民族中的一员，如犹太人、波兰人等等。无怪乎组织上的**民族**联邦制只能使工人养成民族隔离的精神。

因此，民族的组织形式是培养民族狭隘性和民族保守性的学校。

这样，摆在我们面前的是两种**原则上**不同的组织形式：各民族团结的形式和在组织上按民族"划分"工人的形式。

调和这两种形式的尝试直到今天也没有什么成绩。奥地利社会民主党1897年在维姆堡制定的调和性的章程已成了废物。奥地利党已经四分五裂，并殃及了工会。"调和"原来不仅是空想的，而且是有害的。施特拉塞尔说得对："分离主义在党的维姆堡代表大会上初次奏了凯歌。"①俄国的情形也是如此。在斯德哥尔摩代表大会上和崩得的联邦制所达成的"调和"，结果是完全破产了。崩得破坏了斯德哥尔摩的妥协。从斯德哥尔摩大会后第一天起，崩得就成了各地工人联合为各族工人**统一**组织的道路上的绊脚石。虽然俄国社会民主党在1907年和1908年再三要求最后实现各族工人自下而上的统一[21]，但崩得还是顽固地继续实行它的分离主义的策略。崩得起初主张实行组织上的民族自治，继而事实上已转到联邦制，以便最后完全决裂，实行分离主义。它既然和俄国社会民主党决裂，也就给俄国社会民主党带来了离散和混乱。我们不妨回忆一下亚格洛事件[22]。

因此，"调和"的办法应该抛弃，因为它是空想的，有害的。

二者必居其一：**或者**是接受崩得的联邦制，那末俄国社会民主党就要根据按民族"划分"工人的原则来实行改组；**或者**是采取跨民族的组织形式，那末崩得就要根据地域自治的原则，按照高加索、拉脱维亚和波兰的社会民主党的榜样来实行改组，而为犹太工人和俄国其他各族工人的直接统一开辟道路。

---

① 见他的《工人和民族》1912年版。

中间道路是没有的：原则只会战胜，不会"调和"。

总之，**工人的民族间团结的原则是**解决民族问题的**一个必要条件**。

1913 年 1 月于维也纳

最初载于《启蒙》杂志，1913 年 3～5 月第 3～5 期

署名：科·斯大林

选自《斯大林选集》上卷，第 59～117 页

注释：

[1]《马克思主义和民族问题》一文是斯大林于 1912 年底～1913 年初在维也纳写的，第一次发表在 1913 年《启蒙》杂志第 3～5 期上，署名科·斯大林，题为《民族问题和社会民主党》。这篇论文于 1914 年由波涛出版社（彼得堡）出了单行本，书名为《民族问题和马克思主义》。按照沙皇政府内务大臣的命令，所有公共图书馆和阅览室都把它列为禁书。1920 年，民族事务人民委员部重印这一著作，把它编入斯大林关于民族问题的《论文集》（图拉国家出版社版）。1934 年，这篇文章编入了斯大林的论文演说选辑《马克思主义和民族殖民地问题》。斯大林的这篇著作问世后，列宁对它作了很高的评价。在《论俄国社会民主工党的民族纲领》一文中，列宁在谈到民族问题在这个时期被提到显著地位的原因时写道："在马克思主义的理论文献中，对于这种情况和社会民主党民族纲领的原则，最近已经作了阐明（在这方面首屈一指的是斯大林的论文）。"（《列宁全集》第二十四卷，人民出版社，1990，第 234 页。）在有人提议把这篇文章当作讨论的文章时，列宁说："当然我们绝对反对。那篇文章写得很好。这是当前的重要问题，我们丝毫也不放弃反对崩得混蛋们的原则立场。"（《列宁全集》第四十六卷，人民出版社，1990，第 253 页——编者注）。

[2] 锡安主义即犹太复国主义，产生于 19 世纪末。它主张散居世界各地的犹太人是统一的犹太民族，有一致的民族利益，号召犹太人从世界各地回到巴勒斯坦重建国家。锡安是耶路撒冷的一座山，古犹太人曾以它作为政治和宗教的

中心，锡安主义以此得名。在俄国，锡安主义为犹太资产阶级知识分子和一部分落后的犹太工人所拥护。1904年成立的俄国锡安主义社会工党认为，犹太无产阶级的主要任务是为取得自己的领土并建立自己的民族国家而斗争。它鼓吹同犹太资产阶级实行阶级合作，在各民族的工人中间散布敌对情绪，妄图使犹太工人同俄国的和国际的无产阶级革命运动隔离开来。锡安主义社会党人的民族主义活动模糊了犹太工人的阶级意识，给俄国工人运动带来了很大的危害。

[3] 崩得（即立陶宛、波兰和俄罗斯犹太工人总联盟）是犹太小资产阶级的机会主义组织，于1897年10月在维里诺举行的代表大会上成立。崩得主要是在犹太手工业者中间进行工作。1898年俄国社会民主工党举行第一次代表大会，崩得"作为只在专门涉及犹太无产阶级的问题上才是独立的自治组织"，加入俄国社会民主工党，但加入后就在俄国工人运动中以民族主义和分离主义传播者的姿态出现。崩得的资产阶级民族主义立场受到列宁《火星报》的严厉批评。高加索的火星派完全拥护列宁对崩得的斗争。

[4] 取消派代表会议（八月代表会议）是1912年8月12～20日（公历8月25日～9月2日）在维也纳召开的。列·达·托洛茨基在会上组织了反党的八月联盟。出席这次会议的有崩得、拉脱维亚边疆区社会民主党、高加索区域委员会的代表，以及侨居国外的《社会民主党人呼声报》编辑部、托洛茨基的维也纳《真理报》和前进集团的代表等。从俄国国内派遣代表的有彼得堡的"中央发起小组"以及取消派的《我们的曙光》杂志和《涅瓦呼声报》的编辑部。会议的绝大多数代表都是侨居国外的，与俄国工人阶级和地方党的组织毫无联系。会议对俄国社会民主工党的一系列纲领性要求作了修改，并且反对秘密党的存在。

[5] 指格鲁吉亚废除农奴制的农民改革以前的时期。格鲁吉亚各地废除农奴制的时间不一致：梯弗里斯省在1864年，依麦列梯亚和古里亚在1865年，明格列里亚和列奇胡姆县在1866年，阿布哈兹在1870年，斯瓦涅季亚在1871年。

[6] 唯灵论者是信奉精神统治自然界的一种唯心主义学说的人。唯灵论者承认灵魂、精神是唯一的实体，而把肉体看作是灵魂的产物。

[7] 只捉不放是形容沙俄时代警察专横的成语，出自格·伊·乌斯宾斯基的短篇小说《岗亭》。小说中描写一个名叫梅穆列佐夫的警察，滥用职权、动辄捉

人,不肯释放。

[8] 奥地利社会民主党布隆代表大会于1899年9月24日~29日举行。斯大林在本文第四章所引用的就是这次代表大会关于民族问题所通过的决议(见《斯大林选集》上卷,人民出版社,1979,第83页)。

[9] 俄国社会民主工党第二次代表大会于1903年7月17日~8月10日(公历7月30日~8月23日)先后在布鲁塞尔和伦敦举行。大会的主要任务是根据《火星报》提出的思想原则和组织原则建立真正的政党。列宁在大会上为在俄国建立革命的无产阶级政党进行了斗争,并取得了胜利。在讨论党纲时,列宁坚决主张在党纲中肯定马克思主义关于无产阶级专政的根本原则,着重指出农民的革命斗争的重大意义,并坚持把民族自决列入党纲,维护了无产阶级国际主义的原则。大会通过了《火星报》提出的工人阶级政党的革命纲领。在讨论党章,特别是关于党员资格的第一条条文时,列宁及其拥护者同尔·马尔托夫等人展开了激烈的斗争。大会通过了列宁拟订的党章,但关于党章第一条,却以一票弃权,二十八票对二十二票的多数通过了马尔托夫的条文。在选举中央机关时,拥护列宁的人获得多数票,反对列宁的人获得少数票。从这时起,前者被称为布尔什维克,后者被称为孟什维克。关于俄国社会民主工党第二次代表大会,参看《联共(布)党史简明教程》,人民出版社,1975,第42~48页。

[10] "在俄国,谢天谢地,没有议会"——这句话是沙皇政府的财政大臣弗·尼·科科夫策夫1908年4月24日在国家杜马中说的。

[11] 沙黑西—瓦黑西节日是什叶派伊斯兰教徒的哀悼日。伊斯兰教历史上第四代哈里发、什叶派宗奉的第一代伊玛目——阿里的儿子胡塞因于公元680年在战斗中殉难。什叶派教徒每年在他的忌日举行各种哀悼仪式。在举行模拟胡塞因出殡的游行时,参加者呼喊着:"沙黑,胡塞因!瓦黑,胡塞因!"(意思是:"王呀,胡塞因!啊呀,胡塞因!""沙黑西—瓦黑西"一词即由此而来)同时用铁链抽打自己,甚至用刀剑刺破自己,以表示对殉难者的同情。沙黑西—瓦黑西节日常被利用来激起宗教狂热。

[12] 奥地利社会民主党维也纳代表大会,或称维姆堡代表大会,于1897年6月6~12日在维也纳维姆堡旅馆举行。

[13] 格·瓦·普列汉诺夫在1912年10月2日(公历15日)《护党报》第三号上

发表了《又一个分裂的代表会议》一文，斥责取消派的八月代表会议，指出崩得分子和高加索社会民主党人的立场是使社会主义迁就民族主义。为此，崩得领袖弗拉·科索夫斯基用《不可宽恕的蛊惑行为》为题致函取消派杂志《我们的曙光》编辑部，以回击普列汉诺夫。

[14] 马尼洛夫是果戈理的小说《死魂灵》中的一个游手好闲，痴心妄想，阿谀逢迎和虚假伪善的地主。马尼洛夫精神是想入非非的意思。

[15]《火星报》（《Искра》）是第一个全俄马克思主义的秘密报纸，由列宁创办。创刊号于1900年12月在莱比锡出版，以后在慕尼黑、伦敦出版，自1903年春起在日内瓦出版。参加《火星报》编辑部的有：列宁、格·瓦·普列汉诺夫、尔·马尔托夫、亚·尼·波特列索夫、巴·波·阿克雪里罗得和维·伊·查苏利奇。自1901年4月起，娜·康·克鲁普斯卡娅任编辑部的秘书。列宁实际上是《火星报》的主编和领导者。1900~1903年列宁在《火星报》上发表了五十多篇论文，阐述了有关党的建设和俄国无产阶级的阶级斗争的基本问题，并对国际生活中的重大事件作了评论。《火星报》从国外秘密运进俄国散发，其中一部分曾由国内秘密印刷所翻印。《火星报》在俄国国内有代办员网，代办员在俄国传播《火星报》思想和建立火星派组织。《火星报》在建立俄国工人阶级革命的马克思主义政党方面起了重大作用，俄国社会民主工党第二次代表大会承认它为党的中央机关报。《火星报》在1903年10月出版第51号后，被普列汉诺夫支持下的一些孟什维克分子所篡夺。列宁于1903年11月1日退出了编辑部。从第52号起，《火星报》成了孟什维克的机关报。因此，人们把51号以前的《火星报》称作旧《火星报》，以后的称作新《火星报》。

[16] 伦敦国际代表大会即第二国际的第四次代表大会，于1896年7月27日~8月1日召开。大会讨论了工人阶级的政治活动问题、战争问题、土地问题和民族问题等。

[17] 赫罗斯特拉特是公元前四世纪的希腊人。据传说，他为了留名于后世，竟纵火焚烧了被称为世界七大奇迹之一的爱非斯城阿尔蒂米斯神殿。后来"赫罗斯特拉特"一词成了为追求个人名声而不惜犯罪的人们的通称。

[18] 奇阿普斯金字塔是埃及最大的金字塔，古埃及第四王朝法老奇阿普斯（约公元前27世纪时在位）的陵墓，位于开罗附近的吉萨，高146.5米，底边各

长约 230 米,用了 200 余万块每块平均重两吨半的巨石,不施泥灰,叠砌而成。

[19] 斯德哥尔摩代表大会即俄国社会民主工党第四次("统一")代表大会,于 1906 年 4 月 10～25 日(公历 4 月 23 日～5 月 8 日)举行。大会讨论的主要问题是:土地纲领问题、对目前形势和无产阶级的任务的估计、对国家杜马的态度、武装起义问题等。在所有这些问题上,布尔什维克同孟什维克都进行了激烈的斗争。列宁就以上主要问题作了报告或发言,并参加了党章起草委员会的工作。斯大林化名伊万诺维奇代表梯弗里斯布尔什维克组织出席大会。他在大会关于土地纲领、对目前形势的估计和国家杜马等问题的辩论中曾几次发言,并发表声明,用具体事实揭露了南高加索孟什维克对于国家杜马、对于和崩得订立协约等等问题上的机会主义策略。由于布尔什维克占多数的工业区党组织在 1905 年 12 月起义时和起义后遭到严重破坏,孟什维克在代表大会上占了多数。这种情况决定了大会在许多问题上通过的决议具有孟什维克的性质。但孟什维克也被迫接受了列宁拟订的关于党员资格的党章第一条条文,从而否定了马尔托夫的机会主义条文。孟什维克在大会选出的中央委员会中占多数,中央机关报编辑部成员则全是孟什维克。列宁和斯大林对这次代表大会工作的分析,见《关于俄国社会民主工党统一代表大会的报告》(《列宁全集》第 10 卷,人民出版社,1987,第 1～66 页)和《目前形势和工人党统一代表大会》(《斯大林全集》第 1 卷,人民出版社,1953,第 231～253 页)。

[20] 指 1912 年 10 月 9 日爆发的第一次巴尔干战争。战争的一方是由保加利亚、塞尔维亚、希腊、门的内哥罗组成的巴尔干同盟,另一方是土耳其。结果土耳其战败。根据 1913 年 5 月 30 日签订的伦敦和约,马其顿等地区摆脱了土耳其的统治。

[21] 关于统一民族组织问题,在 1907 年 11 月 5～12 日(公历 18～25 日)举行的俄国社会民主工党第四次代表会议("第三次全俄代表会议")和 1908 年 12 月 21～27 日(公历 1909 年 1 月 3～9 日)举行的俄国社会民主工党第五次代表会议("1908 年全俄代表会议")的决议中都作了规定。(见《苏联共产党代表大会、代表会议和中央全会决议汇编》第 1 分册,人民出版社,1964,第 232～233、256～257 页)。

[22] 亚格洛事件发生在1912年。叶·约·亚格洛是波兰社会党党员,在崩得和波兰社会党同资产阶级民族主义者为反对波兰社会民主党人而组成的联盟的支持下,被华沙市选为第四届国家杜马代表。社会民主党杜马党团以孟什维克的七票对布尔什维克的六票通过决议,接受亚格洛为社会民主党党团的成员。

论取消民族限制

旧俄身上有许多使它蒙受耻辱的脓疮，民族压迫就是其中的一个。

宗教迫害和民族迫害，强迫"异族人"俄罗斯化，排挤民族文化机关，剥夺选举权，剥夺移动自由，挑拨各民族互相攻击，蹂躏和残杀，——这就是令人感到可耻的民族压迫。

如何摆脱民族压迫呢？

没落的土地贵族是民族压迫的社会基础，是民族压迫的鼓舞力量。它和政权愈接近，它掌握政权愈牢固，民族压迫就愈残酷，压迫的方式也就愈野蛮。

在旧俄，当旧的农奴主土地贵族掌握政权的时候，民族压迫非常厉害，并且往往酿成蹂躏（蹂躏犹太人）和残杀（亚美尼亚人和鞑靼人互相残杀）。

在英国，土地贵族（大地主）和资产阶级分掌政权，那里早已没有这种土地贵族的独占统治了，因此，民族压迫比较缓和，不那末残忍。当然，这里不包括战争时期的情况，在战争进程中，政权一转入大地主手中，民族压迫就大大加剧了（例如对爱尔兰人、印度人的迫害）。

在瑞士和美国，没有而且不曾有过大地主统治，那里的政权完全掌握在资产阶级手中，因此，各民族的发展比较自由，一般说来，民族压迫几乎不存在。

这一切所以如此，主要是因为土地贵族按其本身地位来说是（不能不是！）各种自由（包括民族自由）的最坚决和最不可调和的敌人，是因为一般自由（包括民族自由）会破坏（不能不破坏！）土地贵族政治统治的基础。

把封建贵族赶出政治舞台，从他们手中把政权夺取过来，——这也就等于消灭民族压迫并为民族自由创造必要的实际条件。

既然俄国革命获得了胜利，它就创造了这些实际条件，即推翻了封建农奴主的政权并确立了自由。

现在必须：

（一）把摆脱了压迫的各民族的权利规定出来；

（二）把这些权利用法律固定下来。

在这个基础上也就产生了临时政府关于取消信教限制和民族限制的法令。

被日益发展的革命所驱使的临时政府应当在解放俄国各民族方面采取这第一个步骤，现在它已经采取了。

法令的内容归结起来大体上就是取消对非俄罗斯民族和非正教徒的下述几种公民权利的限制：

（一）对定居、居住和移动的限制；（二）对取得财产权等的限制；（三）对从事各种手工业、商业等的限制；（四）对加入股份公司及其他公司的限制；（五）对担任国家机关职务等的限制；（六）对入学的限制；（七）在私人公司的文牍工作方面，在各种私立学校的教学工作方面，在商业簿记方面，对使用俄语以外的其他语言和方言的限制。

临时政府的法令就是如此。

过去一直受到怀疑的俄国各民族现在可以自由地呼吸，可以感觉到自己是俄国的公民了。

这一切都是很好的。

但是，如果以为这个法令已经足以保证民族自由，以为解除民族压迫的事业已经彻底完成，那就犯了不可饶恕的错误。

首先，法令没有规定各民族在语言方面的平等权利。法令最后一条说，在私人公司的文牍工作方面，在私立学校的教学工作方面，有使用俄语以外的其他语言的权利。但是，对于那些不说俄语的非俄罗斯民族公民聚居的区域（南高加索、土耳其斯坦、乌克兰、立陶宛等地）该怎么办呢？毫无疑问，这些区域将有（一定会有！）自己的议会，因而也将有"文牍工作"（决不是"私人的"！），以及学校（不仅是"私立的"！）的"教学工作"，——这一切当然不仅要用俄语，而且也要用本地语言。临时政府是不是想把俄语宣布为国语，从而剥夺上述区域在自己的决不是"私人的"机关中用本族语言来进行"文牍工作"和"教学工作"的权利呢？显然是这样。但是除了头脑简单的人以外，谁能相信这就是《言论报》[1]和《日报》[2]的资产阶级长舌妇到处吹嘘的民族权利完全平等呢？谁不明白这就是使各民族在语言方面权利不平等的事实合法化呢？

其次，谁想确立真正的民族权利平等，谁就不能只限于采用取消限制的消极办法，而应当由取消限制进而采取保证消灭民族压迫的积极方案。

因此，必须宣布：

（一）凡在经济上构成一个整体、居民具有特殊的生活习惯和民族成分、并用本族语言进行"文牍工作"和"教学工作"的区域都可以实行政治自治（不是联邦制！）；

（二）凡由于某种原因不能留在国家整体范围内的民族都有自决权。

这就是真正消灭民族压迫和保证在资本主义制度下所能实行的最高限度的民族自由的道路。

载于《真理报》，1913年3月25日，第17号
署名：科·斯大林

选自《斯大林全集》第3卷，第17~20页

注释：

[1]《言论报》是立宪民主党的中央机关报，于1906年2月至1917年10月26日在彼得堡出版。

[2]《日报》是由银行界出资创办的报纸，于1912年在彼得堡创刊，为孟什维克取消派所操纵，因为进行反革命活动，于1917年10月26日被封闭。

反对联邦制

《人民事业报》[1]第五号刊载了一篇题为"俄国——区域联盟"的短文。这篇短文恰巧是主张把俄国变成"区域联盟",变成"联邦国家"。请看:

> 让联邦的俄国接受各个区域(小俄罗斯、格鲁吉亚、西伯利亚、土耳其斯坦等)的主权吧……但是,它要赋予各个区域以内部的主权。让即将召开的立宪会议建立一个俄国区域联盟。

这篇短文的作者(约斯·奥库里奇)对上面这段话做了如下的解释:

> 让统一的俄国军队、统一的币制、统一的对外政策、统一的最高法院建立起来吧。但是这个统一国家内的各个区域要有独立创造新生活的自由。美利坚人已经在1776年……用缔结盟约的办法建立了"合众国",难道我们在1917年就不能建立巩固的区域联盟吗?

《人民事业报》是这样说的。

不能不承认这篇短文的许多地方是很有趣的,至少是新奇的。它那种庄严隆重的和那种可以说是"宣言式的"腔调("让","让……吧"!)也是令人感到兴趣的。

但是终究应该指出,整个说来,这篇短文是一种奇怪的误解,这种误解所以产生，是由于对北美合众国（以及对瑞士和加拿大）国家制度的历史事实采取了极端轻率的态度。

这段历史告诉了我们什么呢？

1776年的合众国不是联邦，而是直到那时还保持着独立的各殖民地或各州的邦联。就是说，本来是一些独立的殖民地，后来为了保卫共同的利益，为了反对敌人（主要是外部敌人），各殖民地彼此之间结成了联盟（邦联），但是这些殖民地仍不失为完全独立的国家单位。19世纪60年代，在国家政治生活中发生了一个转变：和反对"集中制"、主张保持旧制度的南部各州相反，北部各州要求各州在政治上有更巩固的结合。"内战"爆发了，结果北部各州占了上风。于是美国建立了联邦，就是说建立了和联邦（中央）政府分掌政权的各个自主州的联盟。但是这种制度并没有维持很久。联邦制原来也像邦联制一样，是一种过渡办法。各州和中央政府之间的斗争并没有停止，两重政权的局面难以维持下去。由于进一步的发展，合众国就从联邦变为有统一宪法规范的单一的（合为一体的）国家，各州在这种宪法规范所许可的范围内实行有限的自治（不是国家自治，而是行政上的政治自治）。对于合众国来说，"联邦"这个称号已经变成有名无实的东西，变成早已不符合实际情况的陈迹。

关于该文作者同时援引的瑞士和加拿大也必须这样说。这两个国家在历史上最初也是一些独立的州（邦），也曾为了实现各州之间更巩固的联合而进行过斗争（瑞士有各邦和宗得崩德[2]的战争，加拿大有英吉利人和法兰西人的斗争），后来也由联邦变成了单一的国家。

这些事实究竟说明了什么呢？

这些事实只能说明，美国以及加拿大和瑞士是从各个独立的区域经过它们的联邦发展为单一的国家的，发展的趋势不是有利于联邦制，而是不利于联邦制。联邦制是一种过渡形式。

这并不是偶然的。因为资本主义的高度发展和因此而引起的经济领域的扩大以及资本主义的集中趋势所要求的国家生活形式不是联邦制，而是单一制。

当然，如果我们不打算扭转历史车轮，我们就不能不重视这种趋势。

由此应该得出结论说，力求在俄国实行联邦制是不合理的，因为实际生活本身已经注定联邦制必然要消失。

《人民事业报》主张在俄国应用1776年合众国的经验。但是，1776年的合众国和我们今天的俄国有没有相似之处，哪怕是极小的相似之处呢？

当时的合众国是各个独立的殖民地的总合，它们彼此之间没有联系，它们希望至少通过联邦制来建立联系。它们的这种愿望是完全可以理解的。现在的俄国有没有类似的情形呢？当然没有！谁都知道，俄国各区域（各边区）和俄国中部是由许多经济和政治的纽带联系起来的，并且俄国愈民主，这些纽带就愈牢固。

其次，当时为了在美国建立邦联或联邦，必须把彼此之间还没有联系的各殖民地联合起来。这是有利于合众国的经济发展的。但是要把俄国变成联邦，就不得不割断那些已经存在的、把各个区域彼此联系起来的经济和政治的纽带，这是完全不合理的和反动的。

最后，美国（加拿大和瑞士也一样）各州（邦）不是按照民族特征划分的，而是按照地理特征划分的。那里的州是由各个殖民社区发展而成的，和民族成分毫无关系。合众国有几十个州，但是民族集团总共只有七八个。瑞士有25个邦（区域），而民族集团总共只有3个。俄国的情形却不是这样。在俄国通常称为区域而需要实行自治的地区（乌克兰、南高索、西伯利亚、土耳其斯坦等），并不像乌拉尔和伏尔加河流域那种纯属地理上的区域，而是俄国一定的角落，那里的居民具有一定的生活习惯和（非俄罗斯的）民族成分。正因为如此，美国或瑞士各州的自治（或联邦）不但没有解决民族问题（它本来也没有追求这个目的！），甚至没有提出这个问题。但是，主张俄国实行区域自治（或成立联邦）正是为了提出和解决俄国的民族问题，因为俄国的区域的划分是以民族特征为基础的。

1776年的合众国和我们今天的俄国之间的相似之处是捏造的和荒谬的，这不是很明显吗？

联邦制在俄国不会解决而且不能解决民族问题，它只能用唐·吉诃德式的挣扎来扭转历史车轮，把民族问题弄得错综复杂起来，这不是很明显吗？

不，主张在俄国应用1776年美国的经验是完全不适当的。不彻底的过渡形式——联邦制，不会满足而且不能满足民主的要求。

民族问题的解决应当是切合实际的，同样应当是根本的和彻底的，即：

（一）凡居住在俄国一定区域内而不能或不愿留在国家整体范围内的民族都有分离的权利；

（二）凡具有一定的民族成分而仍旧留在国家整体范围内的各个区域都可以在具有统一宪法规范的统一的（合为一体的）国家范围内实行政治自治。

关于俄国各个区域的问题，应当这样而且只能这样来解决。〔1〕

载于《真理报》，1917年3月28日，第19号

署名：科·斯大林

〔1〕作者注

本文反映了当时在我们党内占统治地位的对国家联邦制度的否定态度。这种对国家联邦制度的否定态度，在列宁1913年11月致邵武勉的一封著名的信中表现得最为明显。列宁在这封信中说："我们无条件地拥护民主集中制。我们反对联邦制……我们在原则上反对联邦制，因为它削弱经济联系，它对于一个国家来说是一种不合适的形式。你愿意分离吗？如果你能割断经济联系，或者说得确切些，如果'共处'所引起的压迫和纷争竟能损害和毁坏经济联系的事业，那末你就滚吧。你不愿意分离吗？那末对不起，请不要代我做决定，不要以为你有'权利'建立联邦。"（见《列宁全集》第四十六卷，人民出版社，1990，第379页）

值得注意的是，1917年党的4月代表会议[3]所通过的关于民族问题的

决议完全没有提到国家联邦制度的问题。决议谈到民族分离权，谈到在统一的（单一的）国家范围内实行民族区域自治，谈到颁布反对任何民族特权的根本法，但是一句话也没有谈到可以实行国家联邦制度的问题。

在列宁的《国家和革命》（1917年8月）一书中，党以列宁为代表第一次在承认联邦制可以作为"向集中制共和国"过渡的一种形式方面跨进了一大步，但承认的同时又附有许多重要的附带条件。列宁在这本书中说：

> 恩格斯也和马克思一样，是从无产阶级和无产阶级革命的观点来坚持民主集中制，坚持统一而不可分割的共和国的。他把联邦共和国或者看做例外情形和发展的障碍，或者看做由君主国向集中制共和国的过渡，看做在一定特殊条件下的"前进一步"。在这些特殊条件中突出的是民族问题……甚至在英国，在这个无论从地理条件、共同的语言或数百年的历史方面看来都似乎已经把国内各个小地区的民族问题"解决了"的国家，恩格斯也估计到一个明显的事实，即民族问题还没有消失，因此，他承认联邦共和国是"前进一步"。自然，这里他丝毫没有放弃批评联邦共和国的缺点，丝毫没有放弃为实现统一的、集中制的民主共和国而进行最坚决的宣传和斗争。（见《列宁选集》第3卷，人民出版社，1995，第175页）

只是在十月革命以后，党才明确而肯定地采取了国家联邦制的观点，把国家联邦制作为各苏维埃共和国在过渡时期的国家制度的方案提出来。在1918年1月由列宁起草经党中央委员会批准的著名的《被剥削劳动人民权利宣言》中第一次反映了这个观点。在这个宣言中说："苏维埃俄罗斯共和国是建立在自由民族的自由联盟基础上的各苏维埃民族共和国的联邦。"（见《列宁选集》第4版第26卷，第385页——编者注）

党的第八次代表大会（1919年）[4]正式确定了这个观点。大家知道，在这次代表大会上通过了俄国共产党党纲。在这个党纲中说："党主张按

照苏维埃型式组织起来的各个国家实行联邦制的联合，作为走向完全统一的一种过渡形式。"（见《俄国共产党党纲》）

这就是党从否定联邦制到承认联邦制，承认它是"各民族劳动人民走向完全统一的过渡形式"（见共产国际第二次代表大会所通过的《民族问题提纲》[5]）所经历的道路。

我们党在国家联邦制问题上的观点的这种演变应由下面三个原因来说明：

第一、到十月革命时俄国许多民族实际上已经处于完全分离和彼此完全隔绝的状态，因此，联邦制是使这些民族的劳动群众由分散趋于接近，趋于联合的前进一步。

第二、在苏维埃建设进程中确立起来的联邦形式本身，远不像从前所想像的和俄国各民族劳动群众在经济上接近起来的目的有那样大的抵触，甚至像后来的实践所表明的那样，联邦形式和这些目的完全不相抵触。

第三、民族运动所占的比重，比从前，比战前时期或十月革命以前时期所想像的要大得多，而各民族联合的方法也要复杂得多。

约·斯·

1924 年 12 月

选自《斯大林全集》第 3 卷，第 24～30 页

注释：

[1]《人民事业报》是社会革命党人的报纸，于 1917 年 3 月 15 日至 1918 年 1 月在彼得格勒出版。

[2] 宗得崩德是瑞士七个天主教邦在 1845 年结成的反动联盟，它主张国家在政治上的分散。1847 年，宗得崩德和主张瑞士政权集中的其他各邦之间爆发了武装斗争。战争的结果是宗得崩德遭到失败，瑞士从国家联盟变成了统一的联

盟国家。

[3] 俄国社会民主工党（布）第七次全国代表会议（四月代表会议）于 1917 年 4 月 24 日至 29 日在彼得格勒举行。这是布尔什维克第一次公开举行的代表会议。它在党的生活中起了代表大会的作用。弗·伊·列宁在关于目前形势的报告中发展了他从前在四月提纲中所阐述的原理。约·维·斯大林在代表会议上发表了捍卫弗·伊·列宁的关于目前形势问·题的决议案的演说，并做了关于民族问题的报告。代表会议斥责了加米涅夫、李可夫、季诺维也夫、布哈林和皮达可夫的机会主义和投降主义立场，因为他们反对俄国的社会主义革命，而在民族问题上则站在民族沙文主义的立场上。四月代表会议给布尔什维克党规定了争取把资产阶级民主革命变为社会主义革命的方针。四月代表会议关于民族问题的决议，见《苏共代表大会、代表会议和中央全会决议汇编》卷上，1953，第 345 页。

[4] 俄共（布）第八次代表大会于 1919 年 3 月 18 日至 23 日在莫斯科举行。代表大会坚决驳斥了布哈林和皮达可夫在民族问题上的大国沙文主义观点。关于大会所通过的《俄国共产党（布）党纲》，见《苏共代表大会、代表会议和中央全会决议汇编》卷上，1953，第 409~430 页。

[5] 见《1920 年 7 月至 8 月共产国际第二次代表大会》，1934 年莫斯科版，第 492 页。

反革命和俄国各民族

在革命和民主改革的时期,运动是在解放的旗帜下进行的。

农民从地主的无限权力下解放出来了。工人从工厂当局的任意蹂躏下解放出来了。士兵从将军的专横暴戾下解放出来了……

这种解放的过程也不能不触及多少世纪以来一直受着沙皇制度压迫的俄国各民族。

民族"平等"的法令的颁布和民族限制的实际取消,乌克兰人、芬兰人、白俄罗斯人的代表大会和关于联邦共和国的问题,民族自决权的郑重宣布和"不加阻挠"的官方许诺,——这一切都说明俄国各民族展开了伟大的解放运动。

这是革命时期的事情,当时地主退出了舞台,而帝国主义资产阶级则处于民主派的压力之下。

随着地主(将军们!)的重掌政权和反革命资产阶级的取得胜利,情形完全改变了。

关于自决的"伟大言词"和"不加阻挠"的庄严许诺被遗忘了。制造了令人难以置信的障碍,甚至直接干涉各民族的内部生活。解散了芬兰议会[①]并

[①] 1917年3月底召开的芬兰议会要求实行芬兰自治。在同临时政府进行了长期而无结果的谈判以后,芬兰议会于1917年7月5日通过了《最高权利法》,根据这项法律,除了属于全俄机关管辖的对外政策、军事立法和军事管理等问题以外,议会的权力扩展到芬兰生活的各个方面。临时政府于1917年7月18日发表声明,说芬兰议会在立宪会议没有表示态度以前通过了法律,于是把该议会解散了。

威胁说："如果需要的话，将宣布芬兰戒严。"（《晚间报》，8月9日）对乌克兰拉达和书记处①展开了进攻，这显然是企图使乌克兰的自治失去领导。同时采用了挑拨民族冲突和罪恶地诬蔑为"叛逆"这种卑鄙的老手段，以便把反革命沙文主义的势力发动起来，使民族解放的思想淹没在血泊中，在俄国各民族之间挖掘一道鸿沟，播下互相敌视的种子，从而使革命的敌人拍手称快。

这样就给这些民族联合为统一友爱大家庭的事业带来致命的打击。

因为不言而喻，对各民族"寻衅"的政策不能联合而只能分散各民族，加强它们的"分离"趋势。

因为不言而喻，反革命资产阶级所实行的民族压迫政策有使俄国"解体"的危险，尽管资产阶级报刊如此假仁假义地大声疾呼反对这种"解体"。

因为不言而喻，挑拨民族冲突的政策是卑鄙的政策，它加深各民族之间的猜疑和敌视，分裂全俄国无产阶级的力量，破坏革命的基础。

正因为如此，我们完全同情那些自然要反对这种政策的没有充分权利的被压迫民族。

正因为如此，我们要把我们的矛头对准那些在民族"自决"的幌子下实行帝国主义兼并和强迫"联合"的政策的人。

我们完全不反对把各民族联合为一个国家整体。我们决不主张把大国分裂成小国。因为不言而喻，把小国联合为大国是促进社会主义实现的条件之一。

我们坚决主张这个联合是自愿的，因为只有这样的联合才是真正的和

---

① 乌克兰中央拉达是乌克兰各资产阶级的和小资产阶级的党派于1917年4月建立的。七月事变前夕，组织了拉达总书记处作为乌克兰的最高管理机关。临时政府在摧毁了彼得格勒的七月游行示威以后，实行民族压迫政策，从乌克兰境内划出了顿巴斯、叶加特林诺斯拉夫地区和乌克兰的其他地区。乌克兰的最高权力转到了临时政府所任命的专员手中。但是面临着日益逼近的无产阶级革命的威胁，拉达的首领们很快就同临时政府妥协了，于是拉达成了乌克兰资产阶级民族主义反革命的堡垒。

巩固的。

但是要做到这一点，首先必须完全地和无条件地承认俄国各民族有自决的权利，以至有从俄国分离出去的权利。

其次，必须用实际行动来证实这种口头上的承诺，立即让各民族在其立宪会议上确定它们的领土和政治组织形式。

只有这样的政策才能加强各民族之间的信任和友谊。

只有这样的政策才能为各民族真正联合的事业开辟道路。

毫无疑问，俄国各民族不会是绝无过错的，它们在安排自己的生活时也可能犯这样或那样的错误。俄国马克思主义者的责任就是向它们，首先是向它们的无产者指出这些错误，力求用批评的方法，用说服的方法来纠正这些错误。但是，任何人也没有权利对各民族的内部生活强加干涉和以强力"纠正"它们的错误。各民族有全权处理自己的内部生活，并有权利按照自己的愿望来安排自己的生活。

这就是革命所宣布的、现在被反革命所践踏的俄国各民族的基本要求。

当反革命还掌握政权的时候，要实现这些要求是不可能的。

革命胜利，——这是俄国各民族摆脱民族压迫的唯一道路。

结论只有一个：摆脱民族压迫的问题是政权问题。民族压迫的根源在于地主和帝国主义资产阶级的统治。把政权交给无产阶级和革命农民，——这就等于使俄国各民族从民族压迫下完全解放出来。

或者俄国各民族支持工人夺取政权的革命斗争，那末它们将得到解放；或者它们不支持这个斗争，那末它们就看不到自己的解放，正像看不到自己的耳朵一样。

载于1917年8月13日《无产者报》创刊号

本文没有署名

选自《斯大林全集》第3卷，第195~198页

俄国社会民主工党（布尔什维克）第七次代表会议（四月代表会议）（摘录）

（1917年4月24日至29日）

……

二　关于民族问题的报告

（4月29日）

关于民族问题本来应当做一个详尽的报告，但是因为时间不够，我只好把报告压缩一下。

在谈到决议草案之前，必须确定几个前提。

民族压迫是什么？民族压迫就是帝国主义集团剥削和掠夺被压迫民族的一套办法，就是他们用强力限制被压迫民族的权利的各种办法。这一切总括起来就构成了通常称为民族压迫政策的那一政策的轮廓。

第一个问题：一个政权是依靠哪些阶级来实行它的民族压迫政策的？要解决这个问题，必须了解为什么在不同的国家有不同的民族压迫方式，为什么某一国家的民族压迫比别一国家的民族压迫要沉重和粗暴。例如在英国和奥匈帝国，民族压迫从来没有采取过蹂躏的方式，它所采取的方式是限制被压迫民族的民族权利。但是在俄国，民族压迫往往采取蹂躏和残杀的方式。而在某些国家则根本没有对付少数民族的特殊办法。例如在瑞士就没有民族压迫，那里自由地居住着法兰西人、意大利人、日耳曼人。

为什么在不同的国家对民族有不同的态度呢？

因为这些国家的民主程度不同。从前，当旧的土地贵族掌握俄国国家政权的时候，民族压迫会采取而且实际上采取了残杀和蹂躏的野蛮方式。在有一定程度的民主和政治自由的英国，民族压迫没有那末粗暴。至于瑞士，因为它是近于民主社会的，所以这个国家的各民族都有相当充分的自由。一句话，国家愈民主，民族压迫就愈轻，反过来说也是一样。既然我们认为民主和掌握政权的一定的阶级有关，那末从这一观点出发我们就可以说：旧的土地贵族愈接近政权，像旧的沙皇制度的俄国那样，民族压迫就愈残酷，其方式也就愈野蛮。

但是，支持民族压迫的不仅有土地贵族。除他们以外还有别的力量——帝国主义集团，这些集团把他们在殖民地惯用的奴役各民族的方法搬到本国内部，因而成了土地贵族的天然同盟者。跟在他们后面的是小资产阶级、一部分知识分子和一部分工人上层分子，他们也分享掠夺的果实。这样，就形成了一个以土地贵族和财政贵族为首的、包括各种支持民族压迫的社会力量的合唱队。要建立真正的民主制度，首先必须扫净地基，把这个合唱队从政治舞台上清扫出去。（宣读决议案）

第一个问题：怎样安排被压迫民族的政治生活？对于这个问题必须这样回答：应当使俄国国内各被压迫民族有权利自己决定，愿意留在俄罗斯国家内还是愿意分离为独立的国家。现在我们面前摆着芬兰人民和临时政府之间的实际冲突。芬兰人民的代表，社会民主党的代表，要求临时政府把芬兰人民在并入俄国以前所享有的权利归还他们。临时政府拒绝这个要求，不承认芬兰人民有自主权。我们应当站在哪一方面呢？显然应当站在芬兰人民方面，因为承认把任何一个民族强留在统一的国家范围内是不可思议的。我们提出民族自决权的原则，也就把反对民族压迫的斗争提到了反对我们的共同敌人——帝国主义的斗争的高度。不这样做，我们就会成为帝国主义者的帮凶。如果我们社会民主党人拒绝承认芬兰人民有表示其分离意志的权利和实现这种意志的权利，那我们就会变成沙皇制度的政策的继承人。

决不容许把民族有权利自由分离的问题和某一民族在某一时期是否一定要实行分离的问题混为一谈。对于这个问题，无产阶级政党在每个不同的场合应当根据具体情况截然有别地加以解决。我们承认被压迫民族有分离的权利，有决定自己的政治命运的权利，但这并不是说这样我们就解决了某个民族在目前是否应当和俄罗斯国家分离的问题。我可以承认某一民族有分离的权利，但这还不是说我一定要它这样做。一个民族有分离的权利，但是根据具体条件它也可以不行使这种权利。而我们有根据无产阶级的利益，根据无产阶级革命的利益来鼓动赞成分离或反对分离的自由。总之，分离的问题在每个不同的场合要根据具体情况分别加以解决，正因为如此，不应当把承认分离权的问题和在某些条件下实行分离是否适当的问题混为一谈。比如说，从南高加索和俄国的共同发展以及无产阶级斗争的一些条件等等着想，我个人是反对南高加索分离的。但是，如果南高加索各民族仍旧要求分离，那末它们当然可以分离，而且它们是不会遭到我们的反对的。（继续宣读决议案）

其次，对于那些愿意留在俄罗斯国家范围内的民族怎么办？如果说各民族过去不信任俄罗斯，那末这种不信任首先是由沙皇制度的政策培植的。既然沙皇制度已经不存在了，既然它的压迫政策已经不存在了，那末对俄罗斯的不信任就必然减弱，对它的向心力就必然增长。我认为在沙皇制度被推翻之后，十分之九的民族是不愿意分离的。所以党主张，凡是不愿意分离而具有特殊的生活习惯和语言的区域，如南高加索、土耳其斯坦、乌克兰等，都可以实行区域自治。这种自治区域的边界应当由当地居民根据经济、生活习惯等条件来自行决定。

和区域自治相对峙的有另外一个方案，这个方案是崩得而首先是石普林格尔和鲍威尔在很早以前就推荐的，他们都提出了民族文化自治原则。我认为这个方案是社会民主党所不能接受的。它的实质是：俄国应当成为民族联盟，而民族应当成为个人联盟，不管这些个人居住在国内哪一个地区，都应当凑成统一的共同体。所有俄罗斯人，所有亚美尼亚人等，不分地域，都组织在自己的特别的民族联盟中，然后加入全俄国的民族联盟。这个方案是极端不适宜和不妥当的。因为资本主义的发展已经驱散了整批整批的人，使他们离开本民族而散居在俄国的各个角落。在经济条件所造成的民族散居的情形下，硬把各该民族的各个人凑在一起就是用人工方法来组织民族，建立民族。而用人工方法把人们凑成民族，就是陷于民族主义的观点。崩得所提出的这个方案是社会民主党所不能赞同的。这个方案在1912年我们党的代表会议上已经被否决，而且除了崩得以外，它在社会民主党人中间一般是不受欢迎的。这个方案又叫做文化自治，因为它从和民族有利害关系的各种问题中分出了一类文化问题，并把这种问题交给民族联盟去处理。这种分法的出发点是认为文化可以把民族联合成统一的整体。这个方案认为在民族内部一方面有分裂民族的利益，例如经济利益，另一方面又有把民族结成一个整体的利益，文化问题正是这样的问题。

最后，还有少数民族（национальные меньшинства）问题。少数民族的权利应当给以特别保护。因此，党要求在学校、宗教等问题上给少数民族（нацменьшинства）以完全平等的权利，取消对他们的任何限制。

第九条规定了各民族权利平等。但是实现这一条所必需的条件只有到整个社会完全民主化的时候才能具备。

我们还应当解决如何把各个不同民族的无产阶级组成一个共同政党的问题。有一种方案主张按民族来组织工人，就是说，有几个民族就有几个政党。这个方案被社会民主党否决了。实践表明，把同一国家的无产阶级按民族组织起来只能使阶级团结的思想归于毁灭。同一国家内一切民族的所有无产者应当组成一个不可分的无产阶级的集体。

总之，我们在民族问题上的观点可以归结为以下几条：

（甲）承认各民族有分离权；

（乙）留在同一国家范围内的各民族实行区域自治；

（丙）为少数民族（национальные меньшинства）制定特别的法律以保障它们的自由发展；

（丁）同一国家内一切民族的无产者组成一个统一而不可分的无产阶级的集体，组成一个统一的政党。

三 关于民族问题的结论

（4月29日）

两个决议案大体上是一致的。除了"承认分离权"一条外，皮达可夫照抄了我们决议案中的一切条文。二者必居其一：或者我们否认各民族有分离权，那末应当直截了当地说出这一点；或者我们不否认这一权利。现在芬兰正在进行保障民族自由的运动，而临时政府正在反对这个运动。这就产生了支持谁的问题。或者我们支持临时政府的政策，赞成把芬兰强留在俄国，把它的权利减到最低限度，那末我们就成了兼并主义者，因为我们帮助了临时政府；或者我们支持芬兰的独立。这里应当肯定地表明支持前者还是后者，只限于承认权利是不行的。

爱尔兰正在进行争取独立的运动。同志们，我们支持谁呢？或者我们支持爱尔兰，或者我们支持英帝国主义。请问，我们支持那些反对压迫的人民呢，还是支持那些压迫他们的阶级？我们说，社会民主党既然采取社会主义革命的方针，就应当支持各国人民反对帝国主义的革命运动。

或者我们认为，我们必须支持奋起反抗民族压迫的各族人民，给社会主义革命的先锋队建立后方，那末我们就在西方和东方之间架起了一座桥梁，那末我们就真正采取了世界社会主义革命的方针；或者我们不这样做，那末我们就要陷于孤立，那末我们就放弃了利用被压迫民族内部一切革命运动以消灭帝国主义的策略。

我们应当支持一切反对帝国主义的运动。否则芬兰工人会对我们说什么呢？皮达可夫和捷尔任斯基对我们说，任何民族运动都是反动的运动。

同志们，这是不对的。难道爱尔兰反对英帝国主义的运动不是一种打击帝国主义的民主运动吗？难道我们不应当支持这个运动吗？……

第一次载于《1917年4月俄国社会民主工党（布）彼得格勒市代表会议和全国代表会议》一书
1925年莫斯科—列宁格勒版

选自《斯大林全集》第3卷，第47~53页

在赫尔辛福斯芬兰社会民主工党代表大会上的演说(摘录)

(1917年11月14日)

……

最后,有人拿俄国要崩溃,俄国要分裂成许多独立国家来吓唬我们,并且暗示说人民委员会宣布民族自决权是一个"招致灭亡的错误"。但是,我必须非常肯定地说,如果我们不承认俄国各民族有自由自决的权利,那我们就不是民主主义者了(更谈不上社会主义了!)。我认为,如果我们不采取一切办法来恢复芬兰工人和俄罗斯工人之间的兄弟般的信任,那我们就是背叛了社会主义。但是谁都知道,不坚决承认芬兰人民有自由自决的权利,就不可能恢复这种信任。这里重要的不是在口头上(即使是正式地)承认这种权利,重要的是这种口头上的承认将由人民委员会以行动来证实,这种承认将毫不犹豫地实现。因为讲空话的时代已经过去了。因为"全世界无产者,联合起来!"这个老口号应当实现的时代已经来到了。

芬兰人民和俄国其他各族人民都有安排自己生活的充分自由!芬兰人民和俄罗斯人民应该结成自愿的真诚的联盟!不应该对芬兰人民实行任何托管和任何来自上面的监督!这就是人民委员会的政策的指导原则。

只有实现这种政策,俄国各族人民之间的相互信任才能建立起来。只有在这种信任的基础上,俄国各族人民才能团结成一支大军。只有实现这种团结,十月革命的成果才能巩固,国际社会主义革命事业才能向前推进。

这就是为什么每当有人向我们说到俄国必将因实现民族自决权思想而崩溃的时候,我们总是一笑置之。

这就是敌人过去用来吓唬我们而且现在还继续用来吓唬我们的那些困难,但是,随着革命的发展,我们正在逐渐克服这些困难。

载于1917年11月16日《真理报》第191号

选自《斯大林全集》第4卷,第5~6页

答后方和前线的乌克兰同志们(摘录)

自从和乌克兰拉达①的关系恶化以来,我接到乌克兰同志们寄来的许多关于和拉达的冲突问题的决议和信件。分别答复每一个决议和每一封信,我认为是不可能的和不必要的,因为这些决议和信件的内容几乎完全相同。所以,我决定选出其中最常遇到的几个问题给以明确肯定的答复。这些问题是大家都知道的:

(1) 冲突是怎样发生的?
(2) 冲突是在哪些问题上发生的?
(3) 必须采取什么措施来和平解决冲突?
(4) 难道两个兄弟民族要流血吗?

接着一致表示相信,两个亲如骨肉的民族之间的冲突是会不经过兄弟之间的流血而和平解决的。

首先必须指出乌克兰同志们的某些混乱观念。他们有时把和拉达的冲突说成乌克兰人民和俄罗斯人民之间的冲突。这是不对的。在乌克兰人民和俄罗斯人民之间没有而且不可能有冲突。乌克兰人民和俄罗斯人民以及俄国其他各族人民都是由工人和农民,士兵和水兵构成的。他们会一起反

---

① 乌克兰中央拉达是1917年4月由资产阶级和小资产阶级党派联盟在基辅建立的。十月社会主义革命胜利后,拉达拒绝承认苏维埃政府,并支持顿河的卡列金和其他白卫将军,走上公开反对苏维埃政权的道路。1918年4月德占领军以斯柯罗帕茨基的统领府代替了拉达。

对沙皇制度和克伦斯基统治,反对地主和资本家,反对战争和帝国主义。他们一起为争取土地和和平、争取自由和社会主义流过血。在同地主和资本家作斗争中,他们都是兄弟和同志。在争取自己切身利益的斗争中,他们没有而且不可能有冲突。当然,把和拉达的冲突说成俄罗斯人民和乌克兰人民之间的冲突是有利于劳动人民的敌人的,因为这样最容易唆使两个亲如骨肉的民族的工人和农民互相攻击,而使这两族人民的压迫者拍手称快。凡是对人民的压迫者有利的事情,对人民都是有害的,这一点难道觉悟的工人和农民很难理解吗?

冲突并不是发生在俄罗斯人民和乌克兰人民之间,而是发生在人民委员会和拉达总书记处之间。

冲突是在哪些问题上发生的呢?

有人说,冲突是在中央集权制和自决问题上发生的,人民委员会不让乌克兰人民自己掌握政权和自由决定自己的命运。这种说法对不对呢?不,不对。人民委员会所力求达到的正是使乌克兰的全部政权归乌克兰人民,即归乌克兰的工人和士兵,农民和水兵。苏维埃政权,即没有地主和资本家参加的工人和农民、士兵和水兵的政权,这正是人民委员会在努力争取的那种人民政权。总书记处不要这种政权,因为它不愿离开地主和资本家。全部实质就在这里,而不在中央集权制。

人民委员会一开始就主张而且现在仍然主张自由的自决。即使乌克兰人民分离出去成立独立的国家,它也丝毫不反对。关于这一点,它曾经正式声明过好几次。但是,当有人把人民的自决和卡列金专制混为一谈的时候,当拉达总书记处企图把哥萨克将军们的反革命暴行说成是人民自决的表现的时候,人民委员会就不能不指出:总书记处是在打出自决的幌子来掩饰自己同卡列金和罗将柯的联盟。我们主张各民族实行自决,但是,我们反对在自决的旗号下用走私的方法偷运昨天还主张扼杀芬兰的卡列金专制。

有人说,冲突是在乌克兰共和国问题上发生的,人民委员会不承认乌克兰共和国。这种说法对不对呢?不,不对。人民委员会在"最后通牒"

和给彼得格勒乌克兰司令部的"复文"① 中正式承认了乌克兰共和国。它准备承认俄国任何民族区域的共和国，只要那个区域的劳动人民希望这样做。它准备承认我国政治生活中的联邦制度，只要俄国各区域的劳动人民希望这样做。但是，当有人把人民共和国和卡列金的军事专政混为一谈的时候，当拉达总书记处企图把保皇派卡列金和罗将柯捧为共和国的台柱的时候，人民委员会就不能不指出：总书记处是在打出共和国的幌子来掩饰它对豪门保皇派的完全依附。我们主张成立乌克兰共和国，但是我们反对拿共和国的旗号来掩护人民的死敌，掩护昨天还主张恢复旧制度和对士兵恢复死刑的保皇派卡列金和罗将柯。

不，中央集权制和自决问题是和同拉达的冲突没有关系的。争执不是发生在这些问题上。总书记处故意把中央集权制和自决扯进来是打算作为一种战略手腕向乌克兰人民群众隐瞒冲突的真正原因。

载于《真理报》，1917年12月13日，第213号

选自《斯大林全集》第4卷，第7～10页

---

① 在弗·伊·列宁起草的人民委员会的"最后通牒"或称"告乌克兰人民并向乌克兰拉达提出最后要求"中说道："……我们人民委员会承认乌克兰人民共和国，承认它有同俄国完全分离或同俄罗斯共和国缔结建立联邦或其他类似的相互关系的条约的权利。

我们人民委员会无保留无条件地立即承认有关乌克兰人民的民族权利和民族独立的一切事项。"

人民委员会在给代表中央拉达同人民委员会进行谈判的彼得格勒乌克兰司令部（确切些说，是乌克兰彼得格勒区军事拉达司令部）的"复文"中说："至于拉达所提出的条件，其中带有原则性（自决权）的几条过去和现在都不是争论或冲突的原因，因为人民委员会完全承认并在彻底贯彻这些原则。（见《消息报》，1917年12月7日，第245号）"

关于乌克兰拉达

(1917年12月14日在全俄中央
执行委员会会议上的演说)

也许有人会觉得奇怪：一向坚决坚持自决原则的人民委员会竟和也以自决原则为出发点的拉达发生了冲突。为了弄清这个冲突的起因，必须研究一下拉达的政治面貌问题。

拉达是以资产阶级同无产阶级和农民分掌政权的原则为出发点的。而苏维埃则反对这种分掌政权，主张把全部政权交给人民（不包括资产阶级）。这就是拉达拿自己的"全部政权归城市和地方自治机关"（即人民和资产阶级）的口号来对抗"全部政权归苏维埃"（即人民）的口号的原因。

有人说，冲突是在自决问题上发生的。这是不对的。拉达主张在俄国建立联邦制。而人民委员会比拉达更进一步，直到承认分离权。可见人民委员会和拉达之间的分歧并不在这个问题上。拉达硬说中央集权制是分歧点，这也是完全不对的。按照人民委员会的型式建立起来的各区域中央（西伯利亚、白俄罗斯、土耳其斯坦）曾经向人民委员会请求指示。人民委员会答复说：你们自己就是当地的权力机关，自己就应当制定指示。可见分歧也不在这里。人民委员会和拉达的真正分歧是在以下三方面。

第一个问题：把乌克兰部队调往南方战线。毫无疑问，本民族的军队能够最好地保卫本民族的领土。但是，目前我们的战线不是按照民族标志部署的。在运输遭到破坏的情况下,按照民族标志来重新部署战线就会使战线彻底瓦解。这样,和平事业就会遭到破坏。乌克兰的战士们要比总书记处明智和忠诚,因为大部分乌克兰部队都不愿意服从拉达的命令。

第二个问题:关于解除乌克兰苏维埃军队的武装。乌克兰拉达维护乌克兰地主和资产阶级的利益,以解除苏维埃军队的武装来打击革命。拉达在这方面的行动同科尔尼洛夫—卡列金的行动没有任何本质的区别。不用说,人民委员会将以全力反对拉达的这种反革命政策。

最后,第三个问题:关于不让苏维埃军队过境去消灭纠集着俄国一切反革命力量的卡列金。拉达不让苏维埃军队过境的理由是拉达对"实行自决的"卡列金保持"中立"。可是,拉达在这里是用卡列金专制代替哥萨克劳动人民的自决。拉达阻碍苏维埃军队过境,就是帮助卡列金向北推进。同时,拉达却允许卡列金的哥萨克部队自由地开往顿河。当我们的同志在罗斯托夫和顿巴斯遭到枪杀的时候,拉达阻碍我们去援助他们。不用说,对拉达的这种叛逆行为是不应当宽容的。

人民委员会不能放弃反对卡列金的斗争。卡列金的反革命巢穴一定要捣毁。这是必然的。如果拉达要阻碍我们去消灭卡列金,掩护卡列金,那末对卡列金的打击就会落到拉达的头上。人民委员会不惜对拉达进行坚决斗争,因为它知道拉达和卡列金结成了秘密联盟。人民委员会截获了一封密码电报,从这封电报中可以明白看出:为了把和谈拖延到春天,拉达直接和法国使团建立了联系,并通过法国使团和卡列金建立了联系。这个联盟是反对和平和革命的。这个联盟必须粉碎,而且一定会被粉碎。

有人责备我们对拉达实行了坚决的政策。然而,正是这种坚决的政策使乌克兰工人和农民睁开了眼睛,揭露了拉达的资产阶级本质。这一点就从承认苏维埃政权并反对资产阶级拉达的新的乌克兰革命政权在乌克兰已告成立的电报[1]中也可以看出。(鼓掌)

载于《消息报》,1917年12月17日,第254号

选自《斯大林全集》第4卷,第15~17页

注释：

[1] 电报中说，1917年12月13日全乌克兰工兵代表苏维埃和部分农民代表苏维埃代表大会选出的苏维埃中央执行委员会，掌握了乌克兰全部政权（见《消息报》，1917年12月15日，第252号）。

关于芬兰的独立

（1917年12月22日在全俄中央执行
委员会会议上的报告）

（报纸纪要）

最近芬兰代表要求我们立即承认芬兰的完全独立并确认芬兰脱离俄国的事实。人民委员会已经做出决议答应他们的要求，并决定颁布关于芬兰完全独立的法令，此项法令已经在报纸上公布。

人民委员会的决定原文如下：

> 对芬兰政府请求承认芬兰共和国独立一事，人民委员会完全按照民族自决权原则做出决议，向中央执行委员会提出下列提案：（甲）承认芬兰共和国的国家独立；（乙）和芬兰政府协商成立特别委员会（由双方代表组成），以拟定有关芬兰脱离俄国的实际措施。

很明显，人民委员会不能有别的做法，因为既然一个民族通过自己的代表要求承认自己的独立，那末无产阶级政府就应当根据赋予各民族自决权的原则答应它的要求。

资产阶级报刊说我们把国家弄得分崩离析，失去了许多国家，其中包括芬兰。但是，同志们，我们不可能失去芬兰，因为实际上它从来就不归我们所有。如果我们用暴力手段留住芬兰，那也决不是说我们得到了芬兰。

我们知道得很清楚，威廉是怎样用强力和横暴手段"得到"许多国家的，因而给人民及其压迫者的相互关系造成了怎样的基础。

社会民主党的原则，它的口号和意愿，就是要造成一种期待已久的各族人民相互信任的气氛，也只有在这个基础上才能实现"全世界无产者，联合起来！"的口号。这一切都是早就说过的，尽人皆知的。

如果我们更仔细地看看芬兰获得独立的情形，那末我们就会看出，实际上人民委员会是违背自己的意愿把自由交给了芬兰资产阶级，而不是交给芬兰人民，不是交给芬兰无产阶级的代表；由于各种情况的巧合，芬兰资产阶级夺取了政权，并从俄国社会主义者手里取得了独立。芬兰的工人和社会民主党人陷入了这样的境地：他们必须仰仗芬兰资产阶级得到自由，而不是直接从俄国社会主义者手里得到自由。我们认为这是芬兰无产阶级的悲剧，因此不能不指出：芬兰社会民主党人只是由于优柔寡断和令人不解的怯懦而没有采取坚决措施使自己掌握政权，并从芬兰资产阶级手中夺取自己的独立。

可以责骂人民委员会，可以对它采取批评态度，但是没有人能够断言人民委员会没有履行自己的诺言，因为世界上没有一种力量能够迫使人民委员会背弃自己的诺言。我们用事实证明了这一点：我们十分公正地对待了芬兰资产阶级关于让芬兰独立的要求，并且立即颁布了关于芬兰独立的法令。

愿芬兰的独立能够促进芬兰工人和农民的解放事业，为我们两国人民之间的友谊打下牢固的基础。

载于《真理报》，1917年12月23日，第222号

选自《斯大林全集》第4卷，第21～23页

关于"土耳其属亚美尼亚"

所谓"土耳其属亚美尼亚"要算是俄国"按战争的权利"占领的唯一国家。这就是那个多年来成为（而且现在还是）西方实现其贪得无厌的外交野心和东方实施其血腥统治的对象的"天府之国"。一方面蹂躏和残杀亚美尼亚人，另一方面各国外交家以假仁假义的"保护"来掩护新的残杀，结果亚美尼亚血迹遍野，受尽欺骗和奴役，——谁不知道"文明"强国的外交"艺术"所创造的这些"平常的"图画呢？

亚美尼亚的儿女是自己祖国的英勇保卫者，但是远不是有远见的政治家，他们曾经不止一次地受到帝国主义外交强盗的欺骗。现在他们不能不看到，走外交折冲的老路并不是解放亚美尼亚的道路。现在很清楚：被压迫民族解放的道路是通过俄国十月革命所开始的工人革命。现在谁都明白：俄国各族人民的命运，特别是亚美尼亚人民的命运是和十月革命的命运休戚相关的。十月革命扭断了民族压迫的锁链。十月革命撕毁了束缚各族人民手脚的沙皇密约。十月革命，也只有十月革命才能把俄国各族人民的解放事业进行到底。

人民委员会根据这些理由决定颁布关于"土耳其属亚美尼亚"自由自决的专门法令。在目前，当具有彻头彻尾的帝国主义本性的德国—土耳其当局毫不掩饰他们想用暴力控制占领区的意图的时候，这样做尤其必要。让俄国各族人民知道，俄国革命及其政府是决没有侵略野心的。让大家都知道，人民委员会是以彻底解放被压迫民族的政策来对抗帝国主义的民族压迫政策的。

人民委员　约·斯大林

载于《真理报》，1917 年 12 月 31 日，第 227 号

选自《斯大林全集》第 4 卷，第 24~25 页

在全俄工兵农代表苏维埃第三次代表大会[1]上的讲话(摘录)

(1918年1月10日至18日)

一 关于民族问题的报告

(1月15日)

(报纸纪要)

报告人指出,民族问题是目前俄国特别关心的问题之一。由于大俄罗斯人不占俄国人口的绝大多数并被居住在俄国边疆地区的其他"弱小"民族（нароцы）团团包围着,这个问题就显得更加严重。

沙皇政府鉴于民族问题的严重性,曾经极力严酷处理民族事务。它实行了强迫边疆地区各民族俄罗斯化的政策,它的方法是禁止使用本族语言、蹂躏和其他迫害。

克伦斯基的联合政府消灭了这些民族障碍,但是由于它的阶级性,没有能够彻底解决民族问题。革命初期的政府不但没有走上彻底解放各民族的道路,而且往往不惜采取高压手段来镇压民族运动,像对乌克兰和芬兰那样。

只有苏维埃政权才公开宣布了一切民族都有直到同俄国完全分离的自决权。在这一方面,新政权甚至比某些民族内部的民族集团还要激进。

虽然如此,在人民委员会和各边疆地区之间仍然发生了许多冲突。不过,这些冲突不是围绕着民族问题,而恰恰是围绕着政权问题。讲演人举出许多例子,说明由有产阶级上层代表匆忙拼凑起来的各边疆地区资产阶级民族主义政府如何极力借口解决自己的民族问题而对苏维埃和其他革命组织进行一定的斗争。各边疆地区和中央苏维埃政权之间所发生的一切冲突的根源都在于政权问题。某些区域的资产阶级集团力图给这些冲突涂上民族的色彩,只是因为这样对他们有利,便于他们用民族的外衣来掩盖同本区域劳动群众的政权进行斗争。

讲演人详细说明了拉达的例子,令人信服地证明乌克兰资产阶级沙文主义集团如何利用自决原则来实现其本阶级的帝国主义目的。

这一切表明必须把自决原则解释为该民族的劳动群众的自决权,而不是资产阶级的自决权。自决原则应当是争取社会主义的手段,应当服从社会主义的原则。

关于俄罗斯共和国的联邦制度问题,讲演人指出:苏维埃联邦的最高机关应该是苏维埃代表大会。在代表大会闭会期间,中央执行委员会行使代表大会的职权。

二 关于俄罗斯共和国联邦机关的决议草案

(一)俄罗斯社会主义苏维埃共和国建立在俄国各民族自愿联盟的基础上,是这些民族的苏维埃共和国的联邦;

(二)联邦的最高权力机关是全俄工兵农代表苏维埃代表大会,代表大会会议至少每三个月举行一次;

(三)全俄工兵农代表苏维埃代表大会选举全俄中央执行委员会。在代表大会闭会期间,全俄中央执行委员会是最高机关;

(四)联邦政府即人民委员会的选举和罢免(全部或部分)由全俄苏维埃代表大会或全俄中央执行委员会执行;

(五)具有特殊生活习惯和民族成分的各个区域的苏维埃共和国参加联邦政府的方式以及俄罗斯共和国联邦机关和区域机关职权范围的划分,

在各区域苏维埃共和国成立之后,立即由全俄中央执行委员会和这些共和国的中央执行委员会确定。

……

载于1918年1月17日和18日《真理报》第12号和第13号

选自《斯大林全集》第4卷,第28~34页

注释:

[1] 全俄工兵农代表苏维埃第三次代表大会于1918年1月10日至18日在彼得格勒举行。出席大会的有1046名代表。弗·伊·列宁做了关于人民委员会的工作报告,雅·米·斯维尔德洛夫做了关于工兵农代表苏维埃中央执行委员会的工作报告。约·维·斯大林在大会上做了关于民族问题的报告。大会通过了赞同中央执行委员会和人民委员会的政策的决议,批准了弗·伊·列宁在约·维·斯大林参与下起草的《被剥削劳动人民权利宣言》,批准了人民委员会关于芬兰和亚美尼亚独立的法令,同时批准了约·维·斯大林所提出的关于俄罗斯共和国联邦机关的决议。

戴着社会主义假面具的
南高加索反革命分子(摘录)

在俄罗斯联邦各边疆地区中,就民族成分的繁多复杂来说,南高加索是最突出的一个地方。格鲁吉亚人和俄罗斯人,亚美尼亚人和阿塞拜疆鞑靼人,土耳其人和列兹金人,沃舍梯人和阿布哈兹人,——这就是南高加索700万居民的复杂民族成分的一幅远不完全的图景。

在这些民族集团中,无论哪一个民族集团都没有明确划定的民族境界,他们都是交错地杂居着,不仅在城市是这样,在农村也是这样。其实这也正说明为什么南高加索各民族集团相互之间的残酷斗争常常盖过他们反对俄罗斯中央的共同斗争。这种情况就给用民族的旗帜和装饰品来掩盖阶级斗争造成了极"方便的"条件。

南高加索的另一个同样突出的特点是它的经济落后。如果把巴库这个主要靠外资发展的全区工业绿洲除外,那末南高加索就是一个农业地区,只是在沿海一带边沿地方有比较发达的商业,而在中部则是还很牢固的纯粹农奴制度的残余。梯弗里斯省、叶里萨维特波里省和巴库省到今天还有很多农奴制的鞑靼公卿和封建制的格鲁吉亚王公,他们占有大地产,拥有专门的武装匪徒,掌握着鞑靼、亚美尼亚和格鲁吉亚农民的命运。其实这就说明为什么在那里农民的不满情绪往往酿成激烈的农民"骚动"。正应该在这里来寻找常常被农民"骚动"所盖过的南高加索(巴库除外)工人运动的软弱和不纯的原因。这一切就给有产阶级和所谓"社会主义"知识分子（其中大多数是贵族出身）结成政治同盟来反对目前国内爆发的工农革命造成了有利的基础。

二月革命并没有使边区劳动阶级的状况发生本质变化。农村中最革命的分子——士兵当时还在前线。而工人作为一个阶级来说，由于边区经济落后，一般还软弱，作为一个有组织的单位来说，还不巩固；他们陶醉于已得的政治自由，看样子不打算继续前进。全部政权仍然掌握在有产阶级手里。有产阶级死死抓住政权，等待时机，乐意让社会革命党和孟什维克的战略家们用俄国革命的资产阶级性质、社会主义革命不可能实现等等奇谈怪论来麻痹工人和农民。

十月革命急剧地改变了这种情况。它一下子就把一切关系倒转过来，提出了政权转到劳动阶级手中的问题。"全部政权归工人和农民！"的呼声像雷鸣一样响彻全国，唤起了被压迫的群众。当俄国北部发出的这种呼声在那里开始实现的时候，南高加索的有产阶级亲眼看到十月革命和苏维埃政权正给他们带来不可避免的死亡。因此，反对苏维埃政权的斗争就成了他们的生死存亡的问题。而已经尝到政权美味的"社会主义的"社会革命党和孟什维克的知识分子，现在面临着失掉政权的危险，于是就自然而然和有产阶级勾结起来了。

这样就形成了南高加索的反苏维埃同盟。

可汗霍伊斯基和哈斯马麦多夫之类的鞑靼公卿同饶尔丹尼亚和格格奇柯利之类的格鲁吉亚贵族知识分子所参加的南高加索行政委员会，就是这个反苏维埃同盟的活的化身。

为了把民族集团内部的各阶级联合起来，组织了格鲁吉亚、鞑靼、亚美尼亚等民族的"民族委员会"。它们的鼓舞者是孟什维克饶尔丹尼亚。

为了把南高加索一切主要民族的有产阶层联合起来，成立了南高加索行政委员会。它的领导者是孟什维克格格奇柯利。

为了把边区"全体居民"联合起来反对苏维埃政权，组织了所谓"南高加索议会"，由南高加索出席立宪会议的社会革命党、孟什维克、达什纳克党和可汗等等的代表组成。它的点缀品，不，应该说它的主席，是孟什维克齐赫泽。

这里既有"社会主义",又有"民族自决",还有比这些旧装饰品更实际的东西:有产阶层反对工农政权的实际联盟。

但是,靠装饰品过日子是不能长久的。联盟需要"行动"。当第一个实际危险刚一出现,"行动"就立刻出场了。我们说的是和平谈判开始以后从土耳其战线回来的革命士兵的事。这些士兵必须经过反苏维埃同盟的首都梯弗里斯。他们在布尔什维克手里对南高加索行政委员会的存在会形成严重的威胁。危险是非常实际的。于是就在这里,在这个危险面前,各种各样的"社会主义"装饰品都销声匿迹了。这个同盟的反革命性质暴露出来了。行政委员会和"民族委员会"对前线回来的部队进行了叛变性的射击,解除了他们的武装,而把野蛮的"民族"团练武装起来。为了使"行动"更有把握并保证自己北部的安全,南高加索行政委员会同卡拉乌洛夫和卡列金达成协议,给卡列金运去了整整几车厢弹药,帮助他解除那些他自己无力解除的部队的武装,总之,用各种手段支持他的反对苏维埃政权的斗争。不择手段地保护南高加索有产阶级,使他们不受革命士兵的侵犯,——这就是这种卑鄙"政策"的实质。唆使觉悟低的伊斯兰教武装队伍攻击俄罗斯士兵,把后者诱入预先布置好的埋伏地点,殴打和枪杀,——这就是这种"政策"的手段。在沙姆霍尔(位于叶里萨维特波里和梯弗里斯之间)附近枪杀从土耳其战线开来进攻卡列金的俄罗斯士兵,是这种可耻的解除武装"政策"的最明显的例证。

载于1918年8月26日和27日《真理报》第55号和第56号
署名:约·斯大林

选自《斯大林全集》第4卷,第47~50页

俄罗斯联邦共和国的组织

(和《真理报》记者的谈话)

由于近日在苏维埃报刊上对建立俄罗斯联邦的原则和方式问题展开了讨论,本报记者特请民族事务人民委员斯大林同志就这一问题发表意见。

斯大林同志对本报记者所提出的几个问题做了如下答复。

资产阶级民主制的联邦

在现有一切联邦制联合中,最能代表资产阶级民主制度的是美国和瑞士的联邦。这两个国家是在历史上由许多独立国家经过邦联而形成联邦的,但是它们实际上已经变成单一制的国家,仅仅保留了联邦制的形式。从独立到单一制的整个发展过程是经过许多次的暴力、压迫和民族战争的。只要回忆一下美国的南北战争[1]和瑞士的宗得崩德[2]同其余各邦的战争就够了。这里不能不指出,瑞士各邦和美国各州不是按照民族特征,甚至不是按照经济特征建立的,而是完全由于偶然,即由于外来移民或村社偶然占领了某些领土而建立的。

在形成中的俄罗斯联邦同这种联邦有什么区别

目前俄国正在建立的联邦将是而且应该是完全不同的东西。

第一、俄国分离出去的各区域就生活习惯和民族成分来说都是完全固定的单位。乌克兰、克里木、波兰、南高加索、土耳其斯坦、伏尔加河中游、吉尔吉斯边区和中部的不同不仅在于地理位置（是边疆地区！），而且还在于都是完整的经济地域，其居民具有一定的生活习惯和民族成分。

第二、这些区域并不是自由独立的地域，而是被强迫并入全俄政治机体的单位，它们现在渴望得到必要的行动自由，建立联邦关系或完全独立。这些地域"联合"的历史就是旧俄当局施行暴力和压迫的整幅图画。在俄国建立联邦制度将意味着这些地域和居住在这些地域的各族人民摆脱旧的帝国主义的压迫。从单一制走向联邦制！

第三、在西方的联邦国家那里，领导国家生活建设的是帝国主义资产阶级。"联合"不会没有暴力，这是并不奇怪的。在我们俄国这里则恰恰相反，领导政治建设的是帝国主义的死敌无产阶级。因此，俄国可以并且必须在各民族自由联盟的基础上建立联邦制度。

这就是俄国的联邦和西方的联邦之间的本质差别。

建立俄罗斯联邦的原则

斯大林同志接着说：由此可见，俄罗斯联邦不是各个独立城市的联盟（像资产阶级报刊的漫画家所想像的那样）或一般区域的联盟（像我们某些同志所揣度的那样），而是在历史上分离出来的、有特殊的生活习惯和民族成分的一定地域的联盟。这里问题决不在于某些区域的地理位置，甚至不在于某些地域有江河（土耳其斯坦）、山脉（西伯利亚）或草原（土耳其斯坦）和中部相隔。拉齐斯所宣传的这种地理联邦制和苏维埃第三次代表大会所宣布的联邦制毫无相同之处。波兰和乌克兰并没有山脉和江河同中部相隔，但是谁也不会武断地说，没有这些地理特征，上述区域就不能有自由自决的权利。

斯大林同志说：另一方面，毫无疑问，莫斯科的区域分离派的特殊联邦制（他们力图把莫斯科周围的十四个省人为地联合起来）也和苏维埃第三次代表大会关于联邦问题的人所共知的决议毫无相同之处。总共不过包括几个省的中部纺织区无疑是一个完整的经济单位，像这样的地区无疑将由自己的区域机关即最高国民经济委员会的一个独立部门来管理。可是在没落的卡卢加和工业区伊万诺沃—沃兹涅先斯克之间能有什么相同之处呢？现在的区域人民委员会根据什么特征要把它们"联合"起来呢？真是莫名其妙。

俄罗斯联邦共和国的成员

显然，应该而且可以成为联邦的主体的不是任何地区和单位，也不是任何地理上的地域，而只能是自然地具有特殊的生活习惯、特殊的民族成分和某种最低限度的经济地域的完整性的一定区域。这样的区域就是波兰、乌克兰、芬兰、克里木、南高加索（而南高加索还可以分成若干一定的民族地域单位，如格鲁吉亚、亚美尼亚、阿塞拜疆—鞑靼等等）、土耳其斯坦、吉尔吉斯边区、鞑靼—巴什基里亚地区和西伯利亚等等。

加入联邦的区域的权利。少数民族的权利

这些加入联邦的区域的权限将在整个苏维埃联邦的建设过程中非常具体地规定出来，但是这些权利的一般轮廓现在就可以钩划出来了。陆海军、外交、铁路、邮电、货币、通商条约和总的经济、财政、金融政策，——这一切大概将是中央人民委员会的职权范围。其余一切事宜，首先是一般法令的执行方式、学校、诉讼、行政管理等等，则归区域人民委员会负责。无论在诉讼方面或在学校中，都不得强制采用任何"国"语！每个区域选择一种或者几种适应当地居民民族成分的语言，并且在一切社会机关和政治机关中都要遵守少数民族语言和多数民族语言完全平等的原则。

中央政权的建立

中央政权的建立，它的组织方式是由俄罗斯联邦的特点决定的。美国和瑞士的联邦制实际上形成了两院制：一方面是根据普选原则选出的议会，另一方面是由各州或各邦组成的联邦院。这也就是事实上造成资产阶级立法滞缓的那种两院制。不用说，俄国的劳动群众是不会同意这种两院制的。至于这种制度和社会主义的基本要求完全不符合，那就更不用说了。

斯大林同志接着说：我们认为，俄罗斯联邦的最高权力机关将是由俄国全体劳动群众选出的苏维埃代表大会或代行其职权的中央执行委员会。并且必须抛弃那种认为普选制"原则"绝对正确的资产阶级偏见。选举权想必只给那些被剥削的或至少不剥削他人劳动的居民阶层，这是无产阶级和贫农专政这一事实的自然结果。

政权的执行机关

至于俄罗斯联邦政权的执行机关，即中央人民委员会，我们认为应该由苏维埃代表大会从中央和加入联邦的各区域所提出的候选人中选出。这样，在中央执行委员会和人民委员会之间就不会有而且不应该有所谓第二院了。毫无疑问，在建立政权方面，实践会创造出而且大概正在创造出使各区域的和中央的利益结合起来的其他更适宜和更有伸缩性的形式。但是有一点是毫无疑问的：无论实践创造出什么样的形式，它决不会复活已经被我们的革命铲除和埋葬了的两院制。

联邦制的过渡作用

我们的谈话人接着说：在我看来，这就是我们眼前正在形成的俄罗斯联邦的一般轮廓。很多人倾向于把联邦制度看做最稳固的甚至是理想的制度,并且时常以美国、加拿大和瑞士为例。可是,历史证明迷恋联邦制是不对的。第一、美国和瑞士已经不是联邦国家。它们在19世纪60年代曾经是联邦国家,从19世纪末全部政权由各州、各邦转归中央联邦政府的时候起,它们事实上已经变成单一制的国家了。

历史证明,美国和瑞士的联邦制是各州、各邦从独立走向完全联合的过渡阶段。联邦制作为从独立到帝国主义单一制的过渡阶段是一种完全适宜的形式,但是各州、各邦联合成统一的国家整体的条件一成熟,联邦制就被废除和抛弃了。

俄罗斯联邦政治建设的过程。
俄国的联邦制是走向社会主义单一制的过渡阶段

俄国的政治建设是相反地进行的。这里沙皇时代的强制性的单一制正被自愿的联邦制所代替,以便逐渐使联邦制让位给俄国各民族(нации)和各部落(племена)劳动群众的兄弟般的自愿联合。斯大林同志在结束谈话的时候说:俄国的联邦制也同美国和瑞士的联邦制一样注定要起过渡作用,过渡到将来的社会主义单一制。

载于1918年4月3日和4日《真理报》第62号和第63号

选自《斯大林全集》第4卷,第63~68页

注释:

[1] 美国南北战争发生在1861年至1865年,以北部各州获胜而告终。战争的结果之一,是克服了南部各州的分离主义,成立了中央集权的国家。

[2] 宗得崩德是瑞士七个天主教邦的反动联盟,成立于1845年。1847年,宗得崩德和主张政权集中的瑞士其他各邦间爆发了武装斗争。战争的结果是宗得崩德失败,瑞士从几个国家的联盟变成了一个统一的联盟国家。

当前任务之一

俄国革命发展的最近两个月,特别是签订对德和约和镇压国内资产阶级反革命以后的时期,可以说是巩固俄国苏维埃政权的时期,有计划地把衰朽的社会经济制度改造到新的社会主义规范上去的开端。工厂国有化的范围不断扩大,对主要贸易部门的控制日益加强,银行国有化,最高国民经济委员会这个即将到来的社会主义的组织细胞的各色各样业务一天比一天开展,——这一切都说明苏维埃政权正在深入社会生活的每个细小的地方。中部的政权已经成为从劳动群众中间成长起来的真正的人民政权。苏维埃政权的力量和威力就在于此。看来,连苏维埃政权从前的敌人,那些资产阶级知识分子——技师和工程师、职员和一般有专门知识的人们,也都感到了这一点;他们昨天还对苏维埃政权怠工,而今天已经准备为它效劳了。

但是在那些居民文化落后的边疆地区,苏维埃政权还没有能够成为这样的人民政权。在中部开始的革命扩展到边疆地区特别是东部边疆地区是比较晚了一些。由于这些边疆地区的生活条件和语言条件,再加上经济落后,使那里的苏维埃政权的巩固工作有些复杂了。为了使那里的政权成为人民的政权,使劳动群众成为社会主义的劳动群众,还必须采取特别的办法把这些边疆地区的劳动群众和被剥削群众吸引到革命发展的过程中来。必须把群众的觉悟提高到苏维埃政权的水平,使他们的优秀的代表和苏维埃政权融合起来。但是,如果这些边疆地区不实行自治,也就是说,不建立地方学校、地方法院、地方行政机关、地方政权机关、地方社会政治机关和教育机关，不保证在社会政治工作的各方面有使用地方的、为边区劳动群众所熟悉的语言的充分权利，那就不可能做到这一点。

为此目的，苏维埃第三次代表大会宣布了俄罗斯苏维埃共和国实行联邦制度。

去年11月和12月在巴什基里亚人、吉尔吉斯人、伏尔加河流域的鞑靼人所居住的各边疆地区和土耳其斯坦边区出现的资产阶级自治团体的真面目逐渐被革命进程揭露出来了。为了使"他们自己的群众"完全离开他们而团结在苏维埃的周围，必须从他们那里"夺取"自治，首先清除它身上的资产阶级的肮脏东西，使它由资产阶级的自治变为苏维埃的自治。资产阶级民族主义团体要求自治是为了使自治成为奴役"自己的"群众的工具。正因为如此，他们"承认中央苏维埃政权"，但是同时却不愿意承认地方苏维埃，要求不干涉他们的"内政"。因此，有些地方苏维埃就决定完全抛弃一切自治，宁愿用武力来"解决"民族问题。但是这种办法对苏维埃政权是完全不适用的。这种办法只能使群众团结在各民族资产阶级上层的周围，使这些上层显得是"祖国"的救星，"民族"的保卫者，这无论如何是不符合苏维埃政权的意图的。苏维埃政权当前的任务不是否认自治，而是承认自治。只是必须把这种自治建立在地方苏维埃的基础上。只有这样，政权才能成为人民的群众自己的政权。因此，必须使自治能保证政权不属于该民族的上层，而属于该民族的下层。全部实质就在这里。

正因为如此，苏维埃政权宣布了鞑靼—巴什基里亚地区实行自治。为了同样的目的还打算宣布吉尔吉斯地区和土耳其斯坦边区等地实行自治。这一切都是以承认这些边疆地区的乡、县、市地方苏维埃为基础的。

需要搜集为确定这些地区自治的性质和形式所必需的材料和各种资料。必须成立有各该民族的苏维埃和苏维埃机关参加的共和国成立大会筹备委员会，这些成立大会应当划定这些自治区域的境界。必须召开这些成立大会。这个必要的准备工作应当立即完成，以便使未来的全俄苏维埃代表大会能够制定俄罗斯苏维埃联邦的宪法。

鞑靼—巴什基里亚地区的各个苏维埃及其所属的伊斯兰教徒人民委员

部已经行动起来了。4月10日至15日将在莫斯科召开喀山、乌发、奥连堡、叶加特林堡等地苏维埃和伊斯兰教徒人民委员部的代表会议以组织鞑靼—巴什基里亚苏维埃共和国成立大会筹备委员会。

在吉尔吉斯边区和土耳其斯坦这种工作还刚刚开始。这些边疆地区的苏维埃必须立即行动起来，吸引有关各民族的一切苏维埃分子和革命分子参加工作。任何把居民划分为代表"少数"民族的和代表"多数"民族的民族集团的做法，像某些资产阶级民族主义集团所主张的那样，都是不能容许的。这种划分只能加深民族仇视，巩固各民族劳动群众之间的壁垒，堵塞落后民族走向光明、走向文化的道路。应该成为成立大会的选举原则和自治基础的不是把各民族的劳动群众和民主分子分隔为各个民族集团，而是把他们团结在各有关的苏维埃组织的周围。

总之，搜集关于边疆地区自治问题的材料，成立苏维埃直属民族社会主义人民委员部，组织各自治区域的苏维埃共和国成立大会筹备委员会，召开这些成立大会，使各个实行自决的民族的劳动阶层和各区域的苏维埃政权机关接近起来，——这就是各苏维埃的任务。

民族事务人民委员部将采取一切措施来帮助地方苏维埃进行这一困难而重要的工作。

人民委员　约·斯大林

载于《真理报》，1918年4月9日，第67号

选自《斯大林全集》第4卷，第69~72页

俄罗斯苏维埃联邦社会主义共和国宪法总纲

(全俄中央执行委员会苏维埃共和国宪法
起草委员会[1]通过的草案)

目前过渡时期俄罗斯苏维埃联邦社会主义共和国宪法的基本任务在于建立城乡无产阶级和贫农的专政，即强有力的全俄苏维埃政权，以彻底镇压资产阶级，消灭人剥削人的现象并建立既没有阶级区分也没有国家政权的社会主义制度。

一、俄罗斯共和国是联合在城乡工兵农代表苏维埃中的俄国全体劳动人民的自由的社会主义社会。

二、具有特殊生活习惯和民族成分的各区域的工兵农代表苏维埃联合成自治的区域联盟，受区域工兵农代表苏维埃代表大会及其执行机关领导。

三、各区域苏维埃联盟根据联邦原则联合成俄罗斯社会主义共和国，受全俄工兵农代表苏维埃代表大会领导，在代表大会闭会期间则受全俄中央执行委员会领导。

载于《消息报》，1918年4月25日，第82号

选自《斯大林全集》第4卷，第73~74页

注释：

[1] 全俄中央执行委员会俄罗斯苏维埃联邦社会主义共和国宪法草案起草委员会于1918年4月1日成立。委员会由约·维·斯大林和雅·米·斯维尔德洛夫领导。委员会以《被剥削劳动人民权利宣言》和苏维埃第三次代表大会根据约·维·斯大林的报告所通过的《关于俄罗斯共和国联邦机关的决议》为工作基础。约·维·斯大林的《俄罗斯苏维埃联邦社会主义共和国宪法总纲》草案在1918年4月19日举行的委员会会议上讨论并通过。

给土耳其斯坦边区苏维埃第五次代表大会[1]的电报

同志们，你们可以相信，人民委员会一定会支持你们边区根据苏维埃原则实行自治。我们欢迎你们的创举，深信你们会在全边区普遍建立起苏维埃，并同现有的苏维埃取得紧密联系，一致行动。请你们派遣你们已经着手组织的土耳其斯坦苏维埃共和国成立大会筹备委员会到莫斯科来，以便和我们共同研究关于确定你们边区的全权机关同人民委员会的关系问题。

谨向你们的代表大会祝贺，并希望大会胜任地完成历史交给它的任务。

列　宁

斯大林

一九一八年四月二十二日

载于《消息报》，1918年4月26日，第83号

选自《斯大林全集》第4卷，第75页

注释：

[1] 土耳其斯坦边区苏维埃第五次代表大会于1918年4月20日至5月1日举行。代表大会宣布土耳其斯坦苏维埃联邦共和国实行自治，并选出了土耳其斯坦中央执行委员会和人民委员会。

在鞑靼—巴什基里亚苏维埃共和国成立大会筹备会议[1]上的讲话

（1918年5月10日至16日）

一 开幕词

（5月10日）

同志们！这个会议是在民族事务人民委员部的倡议下，经人民委员会主席同意而召开的。

这个会议的目的是组织本区域苏维埃共和国成立大会筹备委员会。将来的成立大会的目的是确定鞑靼—巴什基里亚自治区的境界和性质。自治思想是给各民族带来自由的十月革命的本质产生的。人民委员会在十月的日子里发表的俄国各民族人民权利宣言和苏维埃第三次代表大会宣布俄国为具有特殊生活习惯和民族成分的居民的自治区联邦的著名决议，不过是十月革命的本质在形式上的表现。

苏维埃第三次代表大会提出了苏维埃共和国宪法的总纲，号召俄国各民族的劳动人民表示他们愿意在自己的区域内建立怎样的具体的政治组织形式，以及他们愿意和中央建立怎样的关系。在所有的区域中，似乎只有芬兰和乌克兰作了肯定的表示……表示要独立。而当人民委员会确信在这些国家中争取独立的不仅是资产阶级而且也有无产阶级分子之后，这些国家就毫无阻碍地获得了它们所要求的东西。

至于其他区域，它们的劳动人民在民族运动的问题上是有些消极的。而他们愈消极，资产阶级就表现得愈积极。几乎在所有的区域内都建立了资产阶级自治团体，它们组织了"民族委员会"，在自己的区域里划分了各个拥有民族部队、民族预算等的民族集团，这样就把自己的地区变成了民族斗争和沙文主义的舞台。这些自治团体（我指的是鞑靼、巴什基里亚、吉尔吉斯、格鲁吉亚、亚美尼亚等的"民族委员会"），所有这些"民族委员会"都追求一个目的：获得自治，使中央政权不干涉它们的事务，不监督他们。"让我们自治，那我们就承认中央苏维埃政权，可是地方苏维埃我们不能承认，它们不应当干涉我们的事情，我们要怎样组织就怎样组织，想怎样组织就怎样组织，我们愿意怎样对付本民族的工人和农民就怎样对付。"这实质上是资产阶级的自治，要求对自治区内"自己的"劳动者实行全权统治的资产者所追求的自治。

不言而喻，苏维埃政权不能批准这种自治。给予自治竟是为了使自治区的全部政权属于要求不受苏维埃干涉的民族资产阶级，把鞑靼、巴什基里亚、格鲁吉亚、吉尔吉斯、亚美尼亚等民族的工人交给鞑靼、格鲁吉亚、亚美尼亚以及其他民族的资产者去宰割，——不，苏维埃政权不能这样做。

自治是一种形式。全部问题在于这种形式包含的是什么样的阶级内容。苏维埃政权决不反对自治，它主张自治，但是它主张的是全部政权掌握在工人和农民手里的自治，是各民族的资产者不仅无权执政而且无权参加政府机关选举的自治。

根据苏维埃原则实行的自治就是这种自治。

有两种类型的自治。第一种类型是纯粹民族主义的自治。这种自治是超地域地根据民族主义原则建立起来的。"民族委员会"，由这些委员会支配的民族部队，居民划分为几个民族集团，由此必然发生的民族纷争，——这些就是这种类型的自治的结果。这种类型的自治必然使工农代表苏维埃灭亡。资产阶级拉达曾经追求过这种类型的自治。拉达为了自己的成长和发展自然不得不同工农苏维埃作战。在南高加索，由于存在着亚美尼亚、格鲁吉亚和鞑靼民族委员会,也造成了同样的结果。格格奇柯利向南高加索工兵农代表苏维埃和行政委员会所说的话是很对的:"你们是否知道,行政委员会和工兵农代表苏维埃已经形同虚设,因为全部权力实际上已经转到拥有自己民族部队的民族委员会手中了。"

这种类型的自治我们是根本反对的。

我们主张另一种类型的自治,即一个或几个民族在人数上占优势的区域的自治。没有任何民族集团,没有任何民族壁垒!自治应该是依靠工兵农代表苏维埃的苏维埃自治。这就是说,该区域的居民不应当按照民族特征划分,而应当按照阶级特征划分。具有阶级性的工兵农代表苏维埃是自治的基础,自治是这些工兵农代表苏维埃的意志的表现形式,——这就是我们所主张的苏维埃自治的性质。

资产阶级世界给自治区域对中央的关系确定了一种固定形式。我指的是北美、加拿大和瑞士。在这些国家里,中央政权是由各州(或各邦)全体居民所选出的全国议会和各州(或各邦)政府所选出的联邦院这两个平行的机关组成的。这样就形成了立法滞缓、扼杀任何革命事业的两院制。

我们反对在国内实行这种政权建设制度。我们反对它,不仅因为社会主义根本否定这种两院制,而且还因为实际考虑到目前的局势。问题在于:在目前过渡时期,资产阶级已被打垮,但还没有被镇压下去;由于资产阶级的阴谋诡计而加深了的经济破坏和粮食恐慌还没有消除;资本主义旧世界已经被摧毁,但是社会主义新世界还没有建成,——在这个时候,国家必须有一个能够彻底镇压社会主义的敌人,组织新的共产主义经济的强有力的全俄政权。简单地说,我们必须有一个通常所说的城乡无产阶级专政。在这个时候,如果建立同中央政权平行的地方的和区域的自主政权机关,那实际上就会使任何政权瓦解而倒退到资本主义。正因为如此,必须使中央政权掌握全国一切重要职权,而把纯系地方性的主要是行政、政治、文化方面的职权交给地方机关。诸如学校、法院、行政管理、必要的政治措施、实施适合于民族生活条件的一般法令的方式和方法,——这一切都要用当地居民懂得的本族语言。这就是为什么大家公认的由区域中央执行委员会领导的区域组织这一类型是这种自治最适当的形式。

这就是目前过渡时期所必需的那种自治,所以必需,是由巩固无产阶级专政的利益以及俄国各民族的无产阶级对资产阶级民族主义这一帝国主义最后堡垒所进行的共同斗争决定的。

这一切十分明白地确定了我们这次会议的任务。会议将听取各地的报告,以便了解本区域各族劳动群众的一般要求。其次,会议将制定初步的地域概图,这个地域的劳动人民将参加区域苏维埃共和国成立大会的选举,并且享有选举权的不仅是本自治地区的,而且还有邻近地区的组成苏维埃的劳动群众。最后,会议将选出负责召开本区域苏维埃共和国成立大会的筹备委员会。自治问题的解决,自治权限的确定和区域境界的最后划定等工作交给成立大会。

这个会议的任务就是如此。

当会议开幕之际,我谨表示深信:会议一定能胜任地完成它所负担的任务。

二 闭幕词

(5月16日)

请允许我代表中央苏维埃政权向你们声明:人民委员会一向认为而且现在还认为,援助东部各民族首先是受践踏最甚的东部伊斯兰教民族的被压迫被剥削群众的解放运动是自己神圣的职责。我国革命的全部性质,苏维埃政权的本质,整个国际环境,乃至俄国在帝国主义的欧洲和被压迫的亚洲之间所处的地理位置,都无疑地决定苏维埃政权应该采取兄弟般支持东部各被压迫民族解放斗争的政策。

在现有一切压迫形式中,民族压迫是最精巧最危险的一种形式。所以精巧,是因为它便于掩盖资产阶级的强盗面目。所以危险,是因为它挑起民族冲突来巧妙地使资产阶级免受打击。过去欧洲的掠夺者所以能够把工人抛到世界屠场上去互相残杀,至今他们所以还能够使这种屠杀继续下去，其原因之一就是麻醉欧洲工人头脑的资产阶级民族主义的力量还没有枯竭。民族主义——这是资产阶级最后的阵地；要彻底战胜资产阶级，就必须把它打出这个阵地。但是不谈民族问题，忽视和否定民族问题，像我们某些同志所做的那样，这还不就是摧毁民族主义。远远不是！民族虚无主义只能对社会主义事业有害，对资产阶级民族主义者有利。要摧毁民族主义，首先必须提出并解决民族问题。但是要公开地、用社会主义方式来解决民族问题，就必须把它放到苏维埃的轨道上来，使它完完全全服从组织在苏维埃中的劳动群众的利益。这样，也只有这样，才能击落资产阶级手中最后的精神武器。现在建立鞑靼—巴什基里亚自治共和国，就是实际解决对我国整个革命很重要的这一总问题。让这个自治共和国成为给东部伊斯兰教民族照耀摆脱压迫道路的活的灯塔吧！

请允许我宣布鞑靼—巴什基里亚苏维埃共和国成立大会筹备会议闭幕，并祝你们在组织你们自治共和国的事业中获得成功。

载于1918年5月18日和24日《真理报》第96号和第101号

选自《斯大林全集》第4卷，第79~84页

注释：

[1] 鞑靼—巴什基里亚苏维埃共和国成立大会筹备会议在约·维·斯大林主持下于1918年5月10日至16日在莫斯科召开。出席会议的有鞑靼人、巴什基里亚人、楚瓦什人和马里人的代表。会议选出了鞑靼—巴什基里亚苏维埃共和国成立大会筹备委员会。因内战爆发，没有召开成立大会。

十月革命和民族问题

民族问题不能认为是什么独立自在的、一成不变的问题。民族问题只是改造现存制度总问题的一部分，它完全是由社会环境的条件、国家政权的性质并且总的说来是由社会发展的全部进程决定的。这在俄国革命时期表现得特别明显，当时民族问题和俄国边疆地区的民族运动随着革命的进程和结局而迅速和明显地改变自己的内容。

一 二月革命和民族问题

在俄国资产阶级革命时代（1917年2月），各边疆地区的民族运动带有资产阶级解放运动的性质。世世代代受"旧制度"压迫和剥削的俄国各民族，初次感觉到自己的力量并奋起投入反对压迫者的战斗。"消灭民族压迫"，——这就是当时运动的口号。俄国各边疆地区转瞬间布满了"全民族"机关。领导运动的是各民族的资产阶级民主主义知识分子。拉脱维亚、爱沙尼亚边疆区、立陶宛、格鲁吉亚、亚美尼亚、阿塞拜疆、北高加索、吉尔吉斯和伏尔加河中游地区的"民族委员会"；乌克兰和白俄罗斯的"拉达"①，比萨拉比亚的"斯法图尔—采利"②；克里木和巴什基尔的

---

① 拉达，意即会议、代表会议。——原编者注
② 斯法图尔—采利，意即边疆区代表会议。——原编者注

"库鲁尔泰"①；土耳其斯坦的"自治政府"，——这些就是各民族的资产阶级把各种力量聚集在它周围的"全民族"机构。当时的问题是摆脱沙皇制度这一民族压迫的"基本原因"和成立资产阶级民族国家。当时民族自决权被解释为各边疆地区民族的资产阶级夺取政权并利用二月革命成立"自己的"民族国家的权利。革命进一步发展的问题，没有列入而且也不能列入上述资产阶级机构所考虑的范围之内。并且没有注意到，前来代替沙皇制度的是赤裸裸的、不戴假面具的帝国主义，这个帝国主义是各民族的更强大更危险的敌人，它是新的民族压迫的基础。

但是，沙皇制度的消灭和资产阶级的当政并没有使民族压迫消灭。旧的粗暴的民族压迫形式，被新的精致的因而是更危险的压迫形式所代替。李沃夫—米留可夫—克伦斯基政府不但没有放弃民族压迫的政策，而且还组织了反对芬兰（1917年夏季解散议会）和乌克兰（捣毁乌克兰的文化机关）的新进攻。不仅如此，这个本性是帝国主义的政府为了征服新的土地、新的殖民地和民族，还号召居民继续进行战争。推动这个政府这样做的，不仅是帝国主义的内在本性，而且还由于西方存在着老帝国主义国家，这些国家不可抑制地力图统辖新的土地和民族，有使这个政府势力范围缩小的危险。帝国主义国家为征服小民族而进行斗争（这些国家生存的条件），——这就是帝国主义战争进程中展现的一幅图景。沙皇制度的消灭和米留可夫—克伦斯基政府的上台，丝毫没有使这幅丑恶的图景改观。既然各边疆地区的"全民族"机构表现出实现国家独立的趋向，自然它们就遭到俄国帝国主义政府方面的猛烈反对。既然它们在建立民族资产阶级的政权的时候，把"自己的"工人和农民的根本利益置诸不顾，所以就引起了工人和农民的埋怨和不满。所谓"民族部队"只是火上加油：对付从上面来的危险，它们无能为力，而从下面来的危险，它们又只能使它加强和加深。"全民族"机构既无法抵御外来的打击，又无法对付内部的革命爆发。刚刚萌芽的资产阶级民族国家，还没有来得及开花，就开始凋

---

① 库鲁尔泰，意即大会、代表大会，——原编者注

谢了。

这样,旧的资产阶级民主主义对自决原则的解释就成了空谈,失去了它的革命意义。很明显,在这种情况下,就谈不到消灭民族压迫和确保小民族国家的独立了。显然,不同帝国主义决裂,不推翻"自己的"民族资产阶级,不由劳动群众自己来掌握政权,被压迫民族劳动群众是不能解放的,民族压迫是不能消灭的。

这在十月革命以后表现得特别明显。

二 十月革命和民族问题

二月革命包含着不可调和的内部矛盾。革命是由工人和农民(士兵)的努力完成的,但是革命的结果,政权不是归工人和农民,而是归资产阶级了。工人和农民进行革命是想要结束战争,取得和平。但是掌握了政权的资产阶级,却力图利用群众的革命热情来继续战争,反对和平。国内的经济破坏和粮食危机,要求为工人的利益剥夺资本和工业企业,为了农民的利益没收地主的土地,但是米留可夫—克伦斯基的资产阶级政府却保卫地主和资本家的利益,坚决保护他们,使他们不受工人和农民的侵害。这是靠工人和农民的手进行的有利于剥削者的资产阶级革命。

当时国家仍然呻吟在帝国主义战争、经济崩溃和粮食危机的重压之下。前线土崩瓦解。工厂时常停工。国内饥荒日益严重。内部矛盾重重的二月革命显然不足以"救国"了。米留可夫—克伦斯基政府显然没有能力来解决革命的根本问题了。

为了使国家摆脱帝国主义战争和经济崩溃的绝境,必须实行新的**社会主义**革命。

这个革命随着十月革命而到来了。

十月革命推翻了地主和资产阶级的政权,而代之以工人和农民的政府,一举而解决了二月革命的种种矛盾。废除地主富农的无限权力,把土地交给农村的劳动群众使用;没收工厂,把它们交给工人管理;同帝国主义决裂，结束掠夺性的战争；公布密约，揭穿侵占别国领土的政策；最后，宣布被压迫民族劳动群众实行自决，承认芬兰独立，——这些就是苏维埃政权在苏维埃革命初期所实施的主要措施。

这是真正的**社会主义**革命。

在中部开始的革命，是不能长久地停留在中部狭窄地域范围内的。革命在中部胜利后，就必然要扩展到各边疆地区去。果然，革命浪潮从革命的最初几天起就从北部泛滥到全俄国，席卷了一个又一个边疆地区。但是它在边疆地区碰到了堤坝，这就是在十月革命以前已经成立的"民族委员会"和区域"政府"（顿河、库班、西伯利亚）。原来这些"民族政府"连听都不愿意听社会主义革命。它们在本性上是资产阶级政府，根本不愿意破坏旧的资产阶级秩序，相反地，它们认为有义务来全力保存并巩固这一秩序。它们在本质上是帝国主义政府，根本不愿意同帝国主义决裂，相反地，只要有机会，它们从不放松去侵占或统辖"异"民族的几块或几小块领土。所以，各边疆地区的"民族政府"向中部的社会主义政府宣战是并不奇怪的。它们一经宣战，自然就成了纠集俄国一切反革命势力的反动基地。谁都知道，所有被驱逐出俄国的反革命分子都奔向这些基地，他们在这些基地上编成了白卫"民族"部队。

但是，除了"民族政府"，在各边疆地区还有各民族的工人和农民。他们在十月革命以前就已经仿照俄国中部的工兵农代表苏维埃组织了自己的革命的工兵农代表苏维埃，从来没有同自己的北部弟兄断绝过联系。他们同样力求战胜资产阶级，他们同样为社会主义的胜利而斗争。所以，他们和"自己的"民族政府的冲突与日俱增是并不奇怪的。十月革命只是巩固了边疆地区的工人和农民同俄国的工人和农民的联盟，鼓舞了他们对社会主义胜利的信心。而"民族政府"对苏维埃政权的战争则使各民族的群众同这些"政府"的冲突达到完全决裂的地步，达到以公开起义反对它们的地步。

这样就形成了全俄国工人和农民的社会主义联盟，以对付俄国各边疆地区民族资产阶级"政府"的反革命联盟。

有些人把各边疆地区"政府"的斗争描绘成反对苏维埃政权的"无情的中央集权制"、争取民族解放的斗争。这是完全不对的。世界上没有一个政权象俄国的苏维埃政权这样允许如此广泛的地方分权制,世界上没有一个政府象俄国的苏维埃政权这样给予各民族如此充分的民族自由。各边疆地区"政府"的斗争过去是而且现在仍然是资产阶级反革命势力反对社会主义的斗争。打出民族旗帜只是为了欺骗群众,因为它是一面便于掩盖民族资产阶级反革命阴谋的受人欢迎的旗帜。

但是,各"民族"政府和区域"政府"所进行的斗争是力量悬殊的斗争。"民族政府"两面受敌:外受俄国苏维埃政权攻击,内受"自己的"工人和农民攻击。因此,它们经过最初几次战斗以后就不得不退却了。芬兰工人、托尔帕利①的起义和资产阶级"上议院"的逃亡,乌克兰工农的起义和资产阶级"拉达"的逃亡,顿河、库班、西伯利亚工农的起义和卡列金、科尔尼洛夫、西伯利亚"政府"的崩溃,土耳其斯坦贫农的起义和"自治政府"的逃亡,高加索的土地革命和格鲁吉亚、亚美尼亚、阿塞拜疆的"民族委员会"的完全孤立无援,——这些就是表明各边疆地区"政府"完全脱离了"自己的"劳动群众的尽人皆知的事实,被彻底击溃的"民族政府""不得不"求助于西方帝国主义者,求助于全世界各民族数百年来的压迫者和剥削者来对付"自己的"工人和农民。

这样就开始了外国干涉和边疆地区沦陷的时期,这个时期再一次揭穿了"民族"政府和区域"政府"的反革命性。

只是现在大家才明白:民族资产阶级追求的并不是使"自己的人民"从民族压迫下解放出来,而是从人民身上榨取利润的自由,是保存自己的特权和资本的自由。

只是现在才知道:不和帝国主义决裂,不推翻被压迫民族的资产阶级,政权不转到这些民族的劳动群众的手里,被压迫民族就不能解放。

---

① 托尔帕利是芬兰的无地农民。——原编者注

对自决原则的旧的资产阶级的看法和"全部政权归民族资产阶级"的口号就这样被革命进程本身所揭穿了，抛弃了。对自决原则的社会主义的看法和"全部政权归被压迫民族劳动群众"的口号则获得了应用的全部权利和机会。

这样，十月革命结束了旧的资产阶级的民族解放运动，开辟了被压迫民族工人和农民的新的社会主义运动的纪元，这个运动的目的在于反对一切压迫（也包括民族压迫），反对"自己的"和异族的资产阶级政权，反对整个帝国主义。

三　十月革命的世界意义

十月革命在俄国中部胜利并蔓延到许多边疆地区后，就不能局限于俄国领土范围之内了。在帝国主义世界大战和下层民众普遍不满的气氛中，它不能不波及邻国。俄国同帝国主义决裂并摆脱掠夺性的战争；公布密约，庄严地废除侵占别国领土的政策；宣布民族自由，承认芬兰独立；宣告俄国为"苏维埃民族共和国联邦"，苏维埃政权向世界发出对帝国主义进行坚决斗争的战斗呼声，——所有这一切不能不对被奴役的东方和流血殆尽的西方发生重大影响。

果然，十月革命是世界上第一个打破了东方被压迫民族劳动群众数百年来的沉睡并把他们卷入反对世界帝国主义斗争的革命。在波斯、中国和印度效法俄国的苏维埃成立工农苏维埃的事实，十分有力地说明了这一点。

十月革命是世界上第一个成为西方工人和士兵解救自己的活榜样并推动他们走上真正摆脱战争和帝国主义压迫的道路的革命。奥匈帝国和德国的工人和士兵的起义，工兵代表苏维埃的成立，奥匈帝国没有充分权利的各族人民反对民族压迫的革命斗争，都十分雄辩地说明这一点。

问题完全不在于东方的斗争乃至西方的斗争还没有摆脱资产阶级民族主义的杂质；问题在于反帝国主义的斗争**开始了**，这个斗争正在继续进行并且一定会达到它的逻辑的结局。

外国干涉和"外国"帝国主义者的占领政策，只是使革命危机尖锐化，把更多的民族卷入斗争，扩大同帝国主义作革命搏斗的地区。

这样，十月革命就在落后的东方各族（народ）人民和先进的西方各族人民之间建立了联系，把他们拉进反对帝国主义的共同阵营。

这样，民族问题就从反对民族压迫的局部问题发展成为各民族、各殖民地和半殖民地从帝国主义下解放出来的总问题。

第二国际及其首领考茨基的极大的罪过之一，就是他们对民族自决问题的看法始终和资产阶级的看法相同，不了解民族自决的革命意义，不善于或是不愿意把民族问题放在和帝国主义进行公开斗争的革命基础上，不善于或是不愿意把民族问题和殖民地解放问题联系起来。

鲍威尔和伦纳一类奥地利社会民主党人愚蠢的地方，其实就在于他们不了解民族问题和政权问题的不可分割的联系，力图把民族问题和政治分开并把它限制在文化教育问题范围之内，忘记了存在着帝国主义和被帝国主义奴役的殖民地这样的"小事"。

有人说，在社会主义革命日益高涨的情势下，自决和"保卫祖国"的原则已经被事变进程本身废弃了。事实上，被废弃的不是自决和"保卫祖国"的原则，而是对这些原则的资产阶级的解释。只要看一看呻吟在帝国主义压迫之下和渴求解放的沦陷区，只要看一看为保卫社会主义祖国不受帝国主义强盗侵害而进行着革命战争的俄国，只要想一想奥匈帝国目前爆发的事变，只要看一看那些已经自行组织苏维埃的被奴役的殖民地和半殖民地（印度、波斯、中国），就足以理解按照社会主义解释的自决原则的全部革命意义了。

十月革命的伟大的世界意义主要在于：

（1）它扩大了民族问题的范围，使民族问题从欧洲反对民族压迫的局部问题变为各被压迫民族、各殖民地和半殖民地从帝国主义下解放出来的总问题；

（2）它给这一解放开辟了广泛的可能性和现实的道路，这就大大促进了西方和东方的被压迫民族的解放事业，把他们汇集到胜利的反帝国主义斗争的巨流中去；

（3）它从而在社会主义的西方和被奴役的东方之间架起了一座桥梁，建成了一条从西方无产者经过俄国革命到东方被压迫民族（народ）的新的**反对**世界帝国主义的革命战线。

这其实也就说明了为什么东方和西方的劳动人民和被剥削群众现在以难于描述的热情对待俄国的无产阶级。

这主要也就说明了为什么全世界的帝国主义强盗目前这样疯狂地攻击苏维埃俄国。

载于1918年11月6日和19日《真理报》第241号和第250号

署名：约·斯大林

选自《斯大林选集》上卷，第118～126页

政府对民族问题的政策

一年前,在十月革命前,俄国处在分崩离析的状态中。古老的"辽阔广大的俄罗斯强国",旁边有许多力图脱离俄国的新兴的小"国",——当时的情况就是这样。

十月革命和布列斯特和约只是加深和进一步促进了分裂的过程。人们已经开始说大俄罗斯,而不说俄罗斯了,同时各边疆地区成立的对中部的社会主义苏维埃政府满怀敌意的资产阶级政府也向苏维埃政府宣战了。

毫无疑问,除此以外在各边疆地区还有工农苏维埃力图和中部统一的强烈愿望。但是这种愿望被干涉内政的外国帝国主义者的相反意向所压制并且被压下去了。

当时充当首要角色的奥德帝国主义者巧妙地利用旧俄的分裂,大量供应各边疆地区政府反对中部所必需的一切,占领了某些边疆地区并一般地促进了俄国的彻底分裂。协约国帝国主义者不愿落在奥德的后面,也走上了同样的道路。

布尔什维克党的敌人当然(当然!)把分裂的罪过推到苏维埃政权身上。但是不难理解,苏维埃政权不能而且也不愿意阻止这种不可避免的暂时分裂过程。苏维埃政权知道,俄国用帝国主义的刺刀所维持的强制性的统一,必然会随着俄国帝国主义的崩溃而瓦解。苏维埃政权是不违背自己的本性的,它不能用俄国帝国主义的方法来维持统一。苏维埃政权懂得,社会主义所需要的不是随便一种统一,而是兄弟的统一;这种统一只有通过俄国各民族劳动阶级自愿联盟才能实现,否则就根本不能实现……

奥德帝国主义的溃败开辟了一个新局面。一方面，饱受沦陷灾难的各边疆地区产生了对俄罗斯无产阶级及其国家建设形式的强烈向往，这种向往压倒了各边疆地区政府分离的挣扎。另一方面，阻碍沦陷区劳动群众表现自己政治面貌的外国武装力量（奥德帝国主义）不再存在了。随后在沦陷区掀起的强大的革命高潮和许多工农民族共和国的成立，使人对沦陷区的政治趋向不再怀疑了。俄国苏维埃政权根据各民族苏维埃政府的请求无条件地承认了已经成立的各苏维埃共和国的完全独立。苏维埃政权这样做是遵守自己久经考验的老政策的，这个政策反对对各民族使用任何强力，要求各民族劳动群众有充分的发展自由。苏维埃政权知道，只有在相互信任的基础上才能产生相互了解，只有在相互了解的基础上才能建立各族人民的持久的、牢不可破的联盟。

苏维埃政权的敌人没有忘记再一次责备苏维埃政权，说它有分裂俄国的"新企图"。其中最反动的分子觉察到各边疆地区倾向于中部，就标榜出复兴"大俄罗斯"（当然用火和剑，用推翻苏维埃政权的办法）的"新"口号。昨天还企图把俄国分成许多独立反革命基地的克拉斯诺夫分子和邓尼金分子、高尔察克分子和柴可夫斯基分子，今天却突然满脑子"全俄国家的""思想"。昨天还在玩弄分裂俄国把戏的英法资本家代理人（不能否认他们有政治敏感），今天却猛然换了一套把戏，一下子就成立了整整两个"全俄"政府（在西伯利亚和南方）。这一切无疑地说明，各边疆地区不可遏止地倾向于中部，国内外反革命分子现在都在竭力利用这种倾向。

不用说，在俄国各民族劳动群众进行了一年半的革命工作之后，"旧俄国"（当然连同旧制度）复辟者的反革命野心是注定要破产的。而我们的反革命分子的计划愈空幻，苏维埃政权的完全以俄国各族人民兄弟般相互信任为依据的政策就显得愈现实。不仅如此，在目前国际环境下，这个政策是唯一现实唯一革命的政策。

最近白俄罗斯共和国苏维埃代表大会[1]关于同俄罗斯苏维埃共和国建立联邦关系的宣言就有力地证明了这一点。事情是这样的：不久以前被承认独立的白俄罗斯苏维埃共和国现在在他们的苏维埃代表大会上自愿宣布同俄罗斯共和国建立联盟。白俄罗斯苏维埃代表大会在其2月3日的宣言中声明:"只有一切现在独立的苏维埃共和国的劳动人民结成自由自愿的联盟,才能保证工人和农民在同整个其余的资本主义世界的斗争中获得胜利。"

"一切独立的苏维埃共和国的劳动人民结成自愿的联盟"……这正是苏维埃政权一向反复指出的各族人民联合的道路,这条道路目前正在产生着良好的效果。

此外,白俄罗斯苏维埃代表大会决定和立陶宛共和国联合,并且认为这两个共和国必须同俄罗斯苏维埃共和国建立联邦关系。据电讯,立陶宛苏维埃政府也持有同样的观点,而且在立陶宛所有政党中最有威信的立陶宛共产党的代表会议也确认立陶宛苏维埃政府的立场。有一切理由可以期望:目前正在筹备的立陶宛苏维埃代表大会[2]将走同样的道路。

这是苏维埃政权关于民族问题的政策的正确性的又一个证明。

俄国各族人民就是这样从旧的帝国主义统一的瓦解,经过独立的苏维埃共和国,达到新的自愿的兄弟的统一。

毫无疑问,这并不是一条最容易走的道路,但是它是导向俄国各民族劳动群众的持久的、牢不可破的社会主义联盟的唯一道路。

载于《消息报》,1919年2月9日,第30号

署名:约·斯大林

选自《斯大林全集》第4卷,第200~203页

注释:

[1] 白俄罗斯苏维埃第一次代表大会于1919年2月2日在明克斯开幕。出席代表大会的有230名代表。代表大会宣布白俄罗斯为独立的苏维埃社会主义共和国,批准了白俄罗斯苏维埃社会主义共和国的宪法,选出了中央执行委员会。全俄中央执行委员会主席雅·米·斯维尔德洛夫参加了代表大会的工作,他

宣读了全俄中央执行委员会关于承认白俄罗斯苏维埃社会主义共和国独立的决议。

[2] 立陶宛苏维埃第一次代表大会于1919年2月18日至20日在维尔纳举行。出席大会的有220名代表。代表大会讨论了立陶宛临时工农政府的总结报告、和白俄罗斯联合的问题以及其他问题。代表大会认为立陶宛苏维埃共和国必须同白俄罗斯苏维埃共和国联合并同俄罗斯苏维埃共和国建立联邦关系，因此它在决议中说："代表大会深深地感到自己同一切苏维埃社会主义共和国的不可分割的关系，因此，它委托立陶宛和白俄罗斯社会主义苏维埃共和国工农政府立即同俄罗斯苏维埃联邦社会主义共和国、拉脱维亚、乌克兰和爱斯兰诸工农政府进行谈判，以便使所有这些共和国组成统一的俄罗斯苏维埃联邦社会主义共和国。"

致土耳其斯坦工兵农代表
苏维埃和党组织

随着东部边疆地区的解放,在党和苏维埃的工作人员面前提出了吸引这些边疆地区各民族劳动群众参加建设社会主义国家的共同事业的任务。必须提高各劳动阶层的文化水平,对他们进行社会主义教育,发展当地语言的文学,使当地最接近无产阶级的人参加苏维埃组织,吸收他们参加管理边区的工作。

只有这样才能使苏维埃政权成为土耳其斯坦劳动人民所亲近和爱戴的政权。

应当注意到,土耳其斯坦按地理位置来说是连接社会主义俄国和东方各被压迫国家的桥梁,因此,土耳其斯坦苏维埃政权的巩固会对整个东方的革命化发生极大的影响。正因为如此,上述任务对土耳其斯坦具有特别重大的意义。

民族事务人民委员部提请注意党中央委员会、全俄苏维埃中央执行委员会和人民委员会的许多和这封指示信的精神相同的决议,并深信土耳其斯坦的党和苏维埃的工作人员,首先是各工兵农代表苏维埃的民族事务部门一定能光荣地完成他们所负的任务。

党中央委员会常务局委员、人民委员 约·斯大林

一九一九年二月十二日于莫斯科

载于《民族生活报》，1919年3月2日，第7号

选自《斯大林全集》第4卷，第204~205页

我们在东部的任务

随着红军向东部的推进和通往土耳其斯坦的道路的打开,在我们面前提出了一系列新的任务。

俄国东部的居民在成分上不像中部各省那样单纯,使社会主义建设易于进行,在文化上也不像西部和南部边疆地区那样成熟,能使苏维埃政权迅速而顺利地具有相应的民族形式。东部各边疆地区同西部南部边疆地区以及俄国中部不同,这里有鞑靼人和巴什基里亚人,吉尔吉斯人和乌兹别克人,土库曼人和塔吉克人,以及其他许多民族学上的集团(约有3000万人),民族成分非常复杂,文化落后,他们不是还没有脱离中世纪,就是不久以前才进入资本主义发展的阶段。

这种情况无疑地给苏维埃政权在完成东部的任务方面造成了障碍和一些困难。

除了纯粹属于内部生活性质的障碍,还有一种可以说是外来的"历史"性质的障碍。我们指的是沙皇政府的旨在扼杀东部各民族的帝国主义政策,以东部各边疆地区主人自居的俄罗斯商人的贪得无厌,以及不择手段地极力把各伊斯兰教民族拉入正教怀抱的俄罗斯神甫的阴险政策。这些情况给东部各民族造成了不信任和仇恨俄罗斯的一切心理。

诚然,俄国无产阶级革命的胜利和苏维埃政权对被压迫民族的解放政策无疑地清除了民族仇视的气氛,使俄罗斯无产阶级取得了东部各民族的信任和尊敬。并且有一切根据肯定说,东部各民族,它们的觉悟的代表,开始把俄罗斯看做他们挣脱帝国主义镣铐的支柱和旗帜。但是,文化不发达和生活落后的现象不是一下子就能消除的，这些现象在东部苏维埃政权的建设中仍然（将来还会）发生影响。

俄国共产党党纲草案起草委员会[1]正是注意到这些困难，所以它在草案中声明，在民族自由的问题上，"俄国共产党抱着历史观点和阶级观点，考虑到该民族处于历史发展的哪一阶段：是从中世纪制度进到资产阶级民主制，还是从资产阶级民主制进到苏维埃的民主制"，"曾经是压迫民族的那些民族的无产阶级，对于被压迫民族或没有充分权利的民族的劳动群众的民族感情残余，必须特别留心，特别注意"。

我们的任务是：

（一）竭尽全力提高落后民族（народ）的文化水平，广设学校和教育机关，用周围劳动居民所懂的本族语言开展口头的和文字的苏维埃宣传。

（二）吸引东部的劳动群众参加苏维埃国家的建设，用一切办法帮助他们建立由拥护苏维埃政权并接近当地居民的人组成的乡、县等工兵农代表苏维埃。

（三）取消旧制度所遗留下来的或者是在内战环境中所造成的各种各样形式上和实际上的限制，这些限制妨碍东部各民族在摆脱中世纪残余和已经被摧毁的民族压迫残余的道路上发挥最大的主动性。

只有这样才能使苏维埃政权成为辽阔的东部的被奴役民族所亲近和爱戴的政权。

只有这样才能在西方的无产阶级革命和东方的反帝国主义运动之间架起一座桥梁，从而在奄奄一息的帝国主义周围建立一个严密的包围圈。

在东部建立苏维埃政权的堡垒，在喀山和乌发，在撒马尔汗和塔什干竖起给受尽苦难的东部各民族照亮解放道路的社会主义灯塔，——这就是我们的任务。

我们毫不怀疑，肩负过无产阶级革命和反帝国主义战争的全部重担的党和苏维埃的有自我牺牲精神的工作人员，一定也能够光荣地完成历史交给他们的这个任务。

载于《真理报》，1919年3月2日，第48号

署名：约·斯大林

选自《斯大林全集》第4卷，第210～212页

注释：

[1] 俄共（布）党纲草案起草委员会于1918年3月8日在党的第七次代表大会上选出，由弗·伊·列宁、约·维·斯大林等人组成。该委员会拟定的草案成为党的第八次代表大会所通过的党纲的基础。

　　文中所引草案的一部分，未加更改地列入了党纲（见《苏共代表大会、代表会议和中央全会决议汇编》第1卷，1954，第417页）。

在全俄东部各民族共产党组织第二次代表大会上的开幕词

(1919年11月22日)

同志们!

共产党中央委员会委托我宣告东部各伊斯兰教民族共产党组织第二次代表大会[1]开幕。

从第一次代表大会到现在已经一年了。在这期间,社会主义的历史上发生了两个重大事件。第一个是西欧和美洲的革命化,共产党在西方的诞生;第二个是东方各民族的觉醒,东方各被压迫民族革命运动的增长。在那里,在西方,无产者大有消灭帝国主义列强的先锋队并夺取政权之势。在这里,无产者大有摧毁帝国主义的后方——东方这个财富的泉源之势,因为东方是帝国主义建立财富的基础,东方是帝国主义汲取力量的泉源,是他们一旦在西欧被击溃时的退路。

一年以前,在西方,世界帝国主义曾经以紧紧包围苏维埃俄国相威胁。现在看来,它自己被包围了,因为它无论在侧翼或后方都受到了打击。一年以前,东部各伊斯兰教民族第一次代表大会的代表在快要离开的时候,曾宣誓要尽一切力量把东部各民族从沉睡中唤醒,在西方革命和东方各被压迫民族之间架起一座桥梁。现在来看这个工作,可以很满意地肯定说,这个革命工作并没有落空,反对一切被压迫民族自由的扼杀者的桥梁已经建立起来了。

最后，我们的军队，我们的红军能如此神速地进入东部，当然，代表同志们，你们的工作是起了不小的作用的。现在，通往东部的道路已经打开了，革命也应当把这一点归功于在最近期间完成这一工作的我们代表同志们的极大努力。

东部的事变所以有我们现在所看到的这种发展速度，只能是因为东部各伊斯兰教民族（народы），首先是鞑靼、巴什基里亚、吉尔吉斯等民族以及土耳其斯坦各民族的共产党组织的团结一致。

同志们，这次代表大会，第二次代表大会，无论在数量方面或质量方面都胜过第一次代表大会，我深信，它一定能够把已经开始了的唤醒东部各民族和巩固西方与东方之间已经架起的桥梁的工作继续下去，一定能够使劳动群众摆脱帝国主义世世代代压迫的工作继续下去。

我们希望，各伊斯兰教民族共产党组织的工作人员把第一次代表大会所举起的解放东部劳动群众的旗帜，消灭帝国主义的旗帜光荣地高举到最后胜利。（鼓掌）

载于《民族生活报》，1919年12月7日，第46号

选自《斯大林全集》第4卷，第248～249页

注释：

[1] 全俄东部各民族共产党组织第二次代表大会于1919年11月22日至12月3日在莫斯科举行。出席代表大会的约有80名代表，他们是土耳其斯坦、阿塞拜疆、希瓦、布哈拉、吉尔吉斯、鞑靼、楚瓦什、巴什基里亚、高加索和某些城市（皮尔姆、维亚得卡、奥连堡等）各伊斯兰教民族的共产党组织的代表。弗·伊·列宁做了关于目前形势的报告。代表大会听取了俄共（布）伊斯兰教民族组织中央常务局的工作总结报告，讨论了东部问题和其他问题，并规定了党和苏维埃在东部的工作任务。

协约国对俄国的新进攻(摘录)

……

二 后方。突击地域

　　世界上任何一支军队没有稳固的后方就不能获得胜利（当然是指持久的牢固的胜利）。后方对于前线极为重要，因为它，也只有它，不仅以各种给养支援前线，而且还以人力——战士、情绪和思想来支援前线。不稳固的尤其是怀有敌意的后方，必定会使最精锐最团结的军队变成一群不稳固的乌合之众。高尔察克和邓尼金所以软弱，就是因为他们没有"自己的"后方，他们充满了纯俄罗斯的大国主义野心，但是又不得不在极大程度上依靠那些仇视这种野心的非俄罗斯人建立战线，供应和补充战线，不得不在分明是敌视他们军队的地域作战。自然，内部没有民族团结特别是阶级团结，并且又为敌视的气氛所包围的军队，一受到苏维埃军队强有力的打击就瓦解了。

　　在这方面，波兰军队的后方同高尔察克和邓尼金的后方大不相同，这对波兰是很有利的。同高尔察克和邓尼金的后方不同，波兰军队的后方是单纯的,民族方面团结的。因此，它的后方是统一的和坚固的。后方居民的普遍情绪——"祖国情感"通过很多条线传到波兰前线，在部队中造成了民族团结和坚定精神。因此，波兰军队是坚强的。当然，波兰后方在阶级方面不是单纯的（也不可能是单纯的！），但是，阶级冲突还没有达到使民族一致的感情被冲破并使阶级情况复杂的前线发生矛盾的程度。如果波兰军队是在波兰本土活动，和它们作战无疑是困难的。

但是波兰不愿局限在自己的地域内，它把军队向前推进，征服了立陶宛和白俄罗斯，侵入俄罗斯和乌克兰的腹地。这种情况根本改变了局势，对波兰军队的稳固性是大大不利的。

波兰军队越出波兰境界，深入和波兰毗邻的地域，这样就远离本国的后方，削弱了同后方的联系，陷入异族的而且大部分是敌视他们的居民中间。更糟糕的是，这种敌视日益加深，因为和波兰毗邻的地域（白俄罗斯、立陶宛、俄罗斯、乌克兰）的绝大多数居民是受波兰地主压迫的非波兰农民，这些农民把波兰军队的进攻看做波兰地主夺取政权的战争，看做反对被压迫的非波兰农民的战争。其实这也就说明，为什么苏维埃军队的"打倒波兰地主！"的口号在上述各地域的大多数居民中得到了强烈的反应，为什么这些地域的农民把苏维埃军队看做是使他们摆脱地主束缚的解放者，为什么他们等待苏维埃军队的到来，并且一有适当的机会就举行起义，从后方打击波兰军队。也就是这个原因，苏维埃军队的士气无比高涨，像我们所有军事工作人员和政治工作人员确认的那样。

这一切不能不在波兰军队内部造成没有信心和没有保障的气氛，不能不破坏波兰军队坚定的士气，破坏它们对自己事业的正义性的信念和胜利的信心，不能不使波兰军队的民族团结由积极因素变成消极因素。

载于1920年5月25日和26日《真理报》第111号和第112号
署名：约·斯大林

选自《斯大林全集》第4卷，第286～288页

苏维埃政权对俄国民族问题的政策

俄国三年来的革命和国内战争证明,如果没有俄国中部和俄国边疆地区的相互支持,革命就不可能胜利,俄国就不可能从帝国主义铁爪下解放出来。如果没有富产原料、燃料和食物的边疆地区的援助,俄国中部这个世界革命的策源地就不能维持长久。同样地,如果没有比较发达的俄国中部在政治上、军事上和组织上的援助,俄国边疆地区也必然要遭受帝国主义的奴役。比较发达的无产阶级的西方没有不大发达但富有原料和燃料的农民的东方的支持,就不能致世界资产阶级于死命,如果这个原理是正确的,那末另一个原理,即比较发达的俄国中部没有不大发达但富有必需资源的俄国边疆地区的支持,就不能把革命事业进行到底,同样是正确的。

协约国从苏维埃政府出现的最初几天起无疑地就考虑到了这种情况,当时它(协约国)实行了经济上包围俄国中部的计划,使最重要的边疆地区和俄国中部分离。后来,从1918年到1920年,经济上包围俄国的计划是协约国各次进攻俄国的始终不变的基础,目前协约国在乌克兰、阿塞拜疆和土耳其斯坦玩弄的阴谋诡计也不例外。

因此,保证俄国中部和边疆地区之间的巩固联盟具有很大的意义。

所以,在俄国中部和边疆地区之间必须建立一定的关系,建立一定的联系,以保证他们之间的紧密的牢不可破的联盟。

而这种关系应当是怎样的呢?它们应当具有什么样的形式呢?

换句话说,苏维埃政权对俄国民族问题的政策是怎样的呢?

要求把边疆地区同俄国分离作为中部和边疆地区之间的关系的形式,

这种要求应当摈弃，因为它不仅同中部和边疆地区之间建立联盟这一问题的提法本身是抵触的，而且首先因为它同中部和边疆地区人民群众的利益是根本抵触的。至于边疆地区的分离会破坏激发西方和东方解放运动的俄国中部的革命威力，而分离出去的边疆地区本身必然会受国际帝国主义的奴役，那就更不用说了。只要看一看从俄国分离出去的格鲁吉亚、亚美尼亚、波兰和芬兰等等（它们只保留了独立的外貌，而实际上已经变为协约国的十足的附庸国），只要回想一下乌克兰和阿塞拜疆不久以前的历史（前者被德国资本侵吞，后者被协约国侵吞），就会明白在目前的国际条件下要求边疆地区实行分离的全部反革命性。在无产阶级俄国和帝国主义协约国之间展开殊死斗争的环境中，边疆地区只能有两条出路：

或者和俄国在一起，那末边疆地区的劳动群众就能摆脱帝国主义的压迫；

或者和协约国在一起，那末必然就要受帝国主义的奴役。

第三条出路是没有的。

格鲁吉亚、亚美尼亚、波兰和芬兰等等这些所谓独立国家的所谓独立，只不过是掩饰这些所谓国家对某一帝国主义集团完全依附的骗人幌子而已。

当然，俄国的边疆地区，居住在这些地区的民族（нация）和部落（племя），也和其他一切民族一样，有同俄国分离的不可剥夺的权利；如果这些民族中的某一民族的大多数人民决定同俄国分离，像1917年芬兰所发生的那样，那末俄国大概必须确认事实而批准分离。但是，这里说的不是民族权利，这种权利是无可争辩的，这里说的是中部和边疆地区人民群众的利益以及由这种利益所决定的宣传的性质。如果我们党不愿意背弃自己，如果我们党想要根据一定的方向去影响各民族劳动群众的意志，它（党）就一定要进行这种宣传。而人民群众的利益告诉我们，在革命的现阶段要求边疆地区分离是极端反革命的。

要求把所谓民族文化自治作为俄国中部和边疆地区之间的联盟的形式，这种要求同样也应当摈弃。近十年来奥匈帝国（民族文化自治的故乡）的实践完全证明民族文化自治作为多民族国家各族劳动群众之间的联盟的形式是转瞬即逝的，不现实的。石普林格尔和鲍威尔这两个民族文化自治的创立者就是一个活的证据，现在他们的玄妙的民族纲领已经完全破产了。最后，俄国的民族文化自治的传布者——闻名一时的崩得，不久以前自己也不得不正式承认民族文化自治的无用，公开声明：

"在资本主义制度范围内提出的民族文化自治的要求，在社会主义革命的条件下失去了它的意义。"（见《崩得第十二次代表会议》，1920，第21页）

只有具有特殊的生活习惯和民族成分的边疆地区的区域自治，才是中部和边疆地区之间的联盟的唯一适当的形式；这种自治必须用联邦关系的纽带把俄国边疆地区和中部联结起来。这就是苏维埃政权从它出现的最初的日子里就宣布了的而且现在以行政公社和苏维埃自治共和国的形式在边疆地区所实行的那种苏维埃自治。

苏维埃自治并不是一种凝固的、一成不变的东西，它可以有各种各样的形式和不同的发展阶段。它从狭隘的行政自治（伏尔加河流域的德意志人、楚瓦什人、卡列里亚人）过渡到比较广泛的政治自治（巴什基里亚人、伏尔加河流域的鞑靼人、吉尔吉斯人），从广泛的政治自治过渡到更加扩大的自治形式（乌克兰、土耳其斯坦），最后，从乌克兰式的自治过渡到最高的自治形式即条约关系（阿塞拜疆）。苏维埃自治的这种伸缩性，是它的主要优点之一，因为它（伸缩性）可以照顾到俄国处在文化发展和经济发展的各种不同阶段的各式各样的边疆地区。三年来苏维埃政权对俄国民族问题的政策表明，苏维埃政权通过各种形式实行苏维埃自治的道路是正确的，因为只是由于实行了这种政策，苏维埃政权才给自己开辟了通向俄国边疆地区的穷乡僻壤的道路，发动了最落后的、民族成分最复杂的群众参加政治生活，通过各种各样的线索把这些群众同中部联结起来，——这样的任务，世界上不但没有一个政府解决过，而且也没有一个政府提出过（它们不敢提出！）。根据苏维埃自治原则重新划分俄国行政区域的工作还没有完成，北高加索人、卡尔梅克人、切列米斯人、沃加克人、布里亚特人和其他民族还在等待这个问题的解决。但是不管未来俄国行政区划图是什么样子，不管在这一方面有什么缺点（确实有过一些缺点），应当承认，俄国根据区域自治原则重新划分行政区域，就是已经在把边疆地区团结在无产阶级中部的道路上，在使政权接近边疆地区广大人民群众的道路上向前迈进了一大步。

但是，宣布某一种苏维埃自治的形式，颁布相应的法令和决议，甚至建立边疆地区的政府即自治共和国的区域人民委员会，都还远不足以巩固边疆地区和中部之间的联盟。要巩固这种联盟，首先必须消灭沙皇政府的野蛮政策留给边疆地区的遗产——疏远和闭塞，宗法制度和文化落后，对中部的不信任。沙皇政府故意在边疆地区培植宗法式的封建压迫，以使群众永被奴役，愚昧无知。沙皇政府故意把边疆地区的好地方塞满殖民分子，把当地各民族的群众挤到坏地方去而加深民族纠纷。沙皇政府限制而且有时干脆取消当地的学校、剧院和教育机关，以使群众愚昧无知。沙皇政府压制当地居民中的优秀人士的一切主动性。最后，沙皇政府扼杀边疆地区人民群众的一切积极性。沙皇政府的这一切办法在当地各民族群众中间造成了对俄罗斯的一切的极深刻的不信任，这种不信任有时变成敌视态度。要巩固俄国中部和边疆地区之间的联盟，就必须消灭这种不信任，就必须造成互相谅解和友好信任的气氛。而要消灭不信任，首先就必须帮助边疆地区人民群众摆脱宗法式封建压迫的残余，必须废除（真正废除，而不只是口头上废除）殖民分子的种种特权，必须使人民群众享受到革命的物质福利。

简单地说：必须向群众证明，无产阶级的俄国中部是保护他们的利益的，而且只是保护他们的利益；而要证明这一点，就必须不只是采取镇压殖民者和资产阶级民族主义者一种办法，这种办法往往完全不能为群众所了解，而首先是要采取循序渐进的和周密考虑的经济政策。

大家知道，自由派要求实行普遍义务教育。边疆地区的共产党员不能比自由派更右，如果这些共产党员想要消灭人民的愚昧无知，如果他们想要在精神上使俄国的中部和边疆地区接近起来，那就应该在那里实行普遍义务教育。但是为了做到这一点，必须发展当地的民族学校、民族剧院、民族教育机关，提高边疆地区人民群众的文化水平，因为几乎用不着证明，愚昧无知是苏维埃政权最危险的敌人。我们不知道，我们在这方面的工作一般成绩怎样，但是据我们所知，在一个非常重要的边疆地区，当地的教育人民委员部总共只拿它的经费的10%用在当地学校方面。如果这是确实的，那就必须承认，在这一方面，很遗憾，我们同"旧制度"相差无几。

不能把苏维埃政权看成是脱离人民的政权，恰恰相反，它是唯一的来自俄国人民群众并为他们所亲近和爱戴的一种政权。其实这也就说明，为什么苏维埃政权通常在危急关头会表现出空前未有的力量和韧性。

必须使苏维埃政权同样成为俄国边疆地区人民群众所亲近和爱戴的政权。但是，苏维埃政权要成为人民群众所亲近的政权，首先应该成为他们所了解的政权。因此，必须使边疆地区的一切苏维埃机关，即法院、行政机关、经济机关、直接政权机关（以及党的机关）尽可能由熟悉当地居民生活方式、风俗、习惯和语言的当地人组成，必须把当地人民群众中的一切优秀人士吸收到这些机关中来，必须把当地劳动群众吸引到国家各个管理部门（包括军事部门）里来，必须使群众看到苏维埃政权及其机关是他们自己努力的结果，是他们的愿望的体现。只有用这种办法才能在群众和政权之间建立不可摧毁的精神联系，只有用这种办法才能使苏维埃政权成为边疆地区劳动群众所了解和亲近的政权。

有些同志把俄国各自治共和国并且一般地把苏维埃自治看成虽然是必要的、但是毕竟是一种暂时的坏事情，认为由于某些情况不得不允许这种坏事情存在，但是必须同它作斗争，以便将来铲除它。几乎用不着证明，这种观点是根本不对的，无论如何同苏维埃政权对民族问题的政策没有任何相同之处。不能把苏维埃自治看成一种抽象的和臆造的东西，尤其不能认为它是宣言式的空洞诺言。苏维埃自治是边疆地区和俄国中部实行联合的一种最实际最具体的形式。谁也不会否认,既然乌克兰、阿塞拜疆、土耳其斯坦、吉尔吉斯、巴什基里亚、鞑靼及其他边疆地区要力求达到人民群众的文化繁荣和物质繁荣,那就不能没有本民族的学校,不能没有主要由当地人组成的法院、行政机关和政权机关。并且,不广泛设立地方学校,不成立由熟悉居民生活习惯和语言的人组成的法院、行政机关、政权机关等等,就不可能使这些区域真正苏维埃化,就不可能使这些区域变成苏维埃国家,同俄国中部紧密地结成一个国家整体。而设立使用本民族语言的学校、法院、行政机关和政权机关,也正就是真正实现苏维埃自治,因为苏维埃自治不是别的,正是所有这些具有乌克兰、土耳其斯坦、吉尔吉斯等等民族形式的机关的总和。

既然如此,怎么还能认真地说苏维埃自治是转瞬即逝的,必须同它作斗争之类的话呢?

二者必居其一:

或者乌克兰、阿塞拜疆、吉尔吉斯、乌兹别克、巴什基里亚及其他民族的语言是真实的现实,因此,这些区域绝对需要发展本民族的学校和由当地人组成的法院、行政机关和政权机关,那末苏维埃自治在这些区域里就应当无条件地彻底实行;

或者乌克兰、阿塞拜疆和其他民族的语言是凭空臆造,因此也就不需要使用本民族语言的学校和其他机关,那末苏维埃自治就应该当做废物抛掉。

想找第三条道路,不是不明事理,就是可悲的轻率。

在实现苏维埃自治的道路上的严重障碍之一,是边疆地区十分缺乏当地出身的知识分子,苏维埃和党的所有一切工作部门都缺乏指导员。这种缺乏不能不阻碍边疆地区的教育工作和革命建设工作。而正因为如此,丢开这些为数很少的地方知识分子是愚蠢的,是对事业有害的。这些知识分子也许愿意为人民群众服务,但是他们不能这样做,也许因为他们不是共产党员,他们认为自己被不信任的气氛所包围,怕可能遭到迫害。对于这种人,采取吸引他们参加苏维埃工作的政策,采取吸收他们在工业、农业、粮食及其他部门担任工作的政策，以便使他们逐渐苏维埃化，可能是有成效的。因为未必能够断定说，这些知识分子比那些反革命的军事专家还不可靠，而那些军事专家，尽管是反革命的，但是仍然被吸收参加了工作，并且后来在极重要的岗位上苏维埃化了。

但是，利用民族知识分子还远不足以满足对于指导员的需要。同时还必须在边疆地区大量开办训练班和学校来为一切管理部门培养当地人的指导干部。因为很明显，如果没有这种干部，要设立使用本民族语言的本民族的学校、法院、行政机关和其他机关是极端困难的。

在实现苏维埃自治的道路上的另一个同样严重的障碍，是某些同志在边疆地区苏维埃化的工作中所表现的那种急躁情绪，这种情绪常常变成粗暴无礼的行为。如果这些同志决意要在那些比俄国中部落后整整一个历史时期的地区，在那些还没有完全消灭中世纪经济结构的地区用"英雄的努力"来实行"纯粹的共产主义"，那末可以肯定地说，这种骑兵式袭击，这种"共产主义"是不会带来什么好处的。我们想提醒这些同志记住我们党纲中的人所共知的一条，这就是：

> 俄国共产党抱着历史观点和阶级观点，考虑到该民族处于历史发展的哪一阶段：是从中世纪制度进到资产阶级民主制，还是从资产阶级民主制进到苏维埃的或无产阶级的民主制等等。

又说：

> 在任何情况下，曾经是压迫民族的那些民族的无产阶级，对于被压迫民族或没有充分权利的民族的劳动群众的民族感情残余，必须特别留心，特别注意。（见《俄国共产党党纲》）

这就是说，例如在阿塞拜疆，采用直接增添住户到他人住宅里去的方法会使阿塞拜疆群众离开我们，因为他们认为住宅和家园是神圣不可侵犯的，很明显，这种直接增添住户的方法就需要代之以间接的迂回的方法，以达到同样的目的。再举一个例子来说，宗教成见很深的达吉斯坦群众是"根据沙利阿特①"跟着共产党人走的，很明显，在这个国家进行反宗教偏见的斗争，就应当以间接的比较慎重的方法来代替直接的方法。如此等等。

简单地说：必须放弃使落后人民群众"立即共产主义化"的骑兵式袭击，采取谨慎小心和深思熟虑的把这些群众逐步引入苏维埃发展总轨道的政策。

实现苏维埃自治的实际条件大致就是这样，执行这些条件，就能保证俄国中部和边疆地区在精神上接近并建立巩固的革命联盟。

苏维埃俄国正在进行世界上空前未有的实验：在统一的无产阶级国家范围内，根据相互信任的原则，根据自愿的、兄弟般的协议的原则组织许多民族（нации）和部落（нлемена）的合作。三年来的革命证明，这个实验有获得成功的一切条件。但是，只有我们在地方上实行的民族问题方面的实际政策同已经宣布的、具有各种形式和不同程度的苏维埃自治的要求相一致的情况下，只有我们在地方上实行的每一个实际措施都会促进边疆地区人民群众去接触符合他们生活习惯和民族面貌形式的最高的无产阶级精神文化和物质文化的情况下，才能指望这种实验获得完全胜利。

这就是巩固俄国中部和俄国边疆地区之间的革命联盟的保证。协约国的种种阴谋诡计在这个联盟面前都会彻底破产的。

载于《真理报》，1920年10月10日，第226号
署名：约·斯大林

选自《斯大林全集》第4卷，第312～321页

---

① 沙利阿特是伊斯兰教的法律，根据《可兰经》制定。——译者注

著者的话

（一九二〇年出版的民族问题论文集的序言）

编入这本小册子的总共只有三篇关于民族问题的论文。出版社选这三篇论文，大概有这样一个意思：所选的三篇文章反映着我们党在解决民族问题方面的三个最重要的时期，而整个小册子的目的显然是要比较完整地介绍我们党对民族问题的政策。

第一篇论文（《马克思主义和民族问题》，见 1913 年《启蒙》杂志）[1]反映着俄国社会民主党内在帝国主义战争开始前一年半的地主沙皇反动时代，即在俄国资产阶级民主革命发展时代对民族问题进行原则争论的时期。当时有两种民族理论相互斗争着，因而相应地也就有两个民族纲领：一个是奥国的即崩得和孟什维克所支持的纲领，一个是俄国的即布尔什维克的纲领。读者在这篇论文中可以看到对这两派的评述。后来的事变，特别是帝国主义战争和奥匈帝国分裂为各个民族国家，十分明显地证明了真理是在哪一方面。现在，在石普林格尔和鲍威尔的民族纲领完全破产的时候，有一点是无可怀疑的，这就是历史已经给"奥国学派"下了判决。连崩得也不得不承认："在资本主义制度范围内提出的民族文化自治（即奥国民族纲领。——斯大林注）的要求，在社会主义革命的条件下失去了它的意义。"（见《崩得第十二次代表会议》，1920）崩得也没有想到，它这样就承认了（无意中承认了）奥国民族纲领的理论基础根本没有根据，也就是说，奥国的民族理论根本没有根据。

第二篇论文（《十月革命和民族问题》[2]，见1918年《民族生活报》[3]）反映着十月革命以后的时期。当时苏维埃政权在战胜了俄国中部的反革命以后，和各边疆地区的资产阶级民族主义政府即和反革命策源地发生了冲突。当时协约国因苏维埃政权对它们（协约国）的殖民地的影响日益增长而感到不安，开始公开支持各资产阶级民族主义政府，以期扼杀苏维埃俄国。当时在同资产阶级民族主义政府作胜利斗争的进程中，在我们面前出现了关于苏维埃区域自治的具体形式、关于在各边疆地区成立苏维埃自治共和国、关于通过俄国东部各边疆地区扩大苏维埃俄国对东方各被压迫国家的影响、关于建立西方和东方反对世界帝国主义的革命统一战线等实际问题。这篇论文指出了民族问题和政权问题的不可分割的联系，说明民族政策是被压迫民族和殖民地这个总问题的一部分，这也就是"奥国学派"、孟什维克、改良主义者、第二国际通常所反对而后来为事变的全部进程所证实的那个东西。

第三篇论文（《苏维埃政权对俄国民族问题的政策》，见1920年10月《民族生活报》）属于目前这个时期，这个时期俄国根据苏维埃区域自治原则重新划分行政区域的工作还没有完成，这个时期在各边疆地区正在成立行政公社和苏维埃自治共和国这些俄罗斯苏维埃联邦社会主义共和国的组成部分。这篇论文的重心是关于真正实现苏维埃自治的问题，即关于保证中部和边疆地区结成革命联盟的问题，这个联盟是反对帝国主义干涉措施的保障。

这篇论文坚决反对各边疆地区同俄国分离的要求，认为这是反革命的计谋，这也许有人会觉得奇怪。但是实际上这没有什么可奇怪的。我们主张印度、阿拉伯、埃及、摩洛哥和其他殖民地同协约国分离，因为这种分离意味着这些被压迫国家从帝国主义压迫下解放出来，意味着削弱帝国主义阵地而加强革命阵地。我们反对各边疆地区同俄国分离，因为这种分离意味着使各边疆地区受帝国主义奴役，意味着削弱俄国的革命实力而加强帝国主义阵地。正因为如此，协约国反对印度、埃及、阿拉伯和其他殖民地实行分离，同时却争取各边疆地区同俄国分离。正因为如此，共产党人主张殖民地同协约国分离，同时又不能不反对各边疆地区同俄国分离。显然，分离问题是依据具体的国际条件，依据革命的利益来决定的。

第一篇论文本来可以删去一些只有历史意义的地方，但是由于这是一篇论战性的文章，应当不加修改地全部保留下来，第二篇和第三篇论文这次刊印时也未加修改。

一九二〇年十月

《斯大林论文集》，土拉国家出版社，1920

选自《斯大林全集》第4卷，第327～329页

注释：

[1]《马克思主义和民族问题》一文（见《斯大林全集》第2卷，人民出版社，1953，第289～358页）是约·维·斯大林于1912年底至1913年初在维也纳写的，该文第一次发表在1913年《启蒙》杂志第3期至第5期上，署名科·斯大林，题为《民族问题和社会民主党》。

《启蒙》（月刊）是布尔什维克的杂志，自1911年12月起在彼得堡出版，1914年6月被沙皇政府封闭。1917年秋，这个杂志又出过一次两期的合刊。弗·伊·列宁领导这杂志的工作。约·维·斯大林在留居彼得堡期间积极参加了这个杂志的工作。

[2]《十月革命和民族问题》一文（见《斯大林全集》第4卷，人民出版社，1956，第140～149页）曾发表在1918年11月9日《民族生活报》创刊号上。

《民族生活报》是民族事务人民委员部的机关报，于1918年11月9日至1922年2月16日在莫斯科每周出版一次。自1922年2月25日起该报改为杂志，仍用旧名称出版，1924年1月停刊。

达吉斯坦各族人民代表大会[1]

(1920年11月13日)

一 宣布达吉斯坦实行苏维埃自治

同志们!俄罗斯社会主义联邦共和国苏维埃政府直到最近一直忙于同南部和西部的外部敌人作战,同波兰和弗兰格尔作战,因此没有可能和时间拿出自己的力量来解决达吉斯坦人民深切关心的问题。

现在,弗兰格尔的军队已经被击溃,它的一小撮残余逃往克里木去了,我们同波兰也签订了和约,因此,苏维埃政府有可能来解决达吉斯坦人民的自治问题。

在过去,俄国的政权掌握在沙皇、地主和厂主手中。过去的俄国是沙皇和刽子手的俄国。那时俄国是靠压迫旧俄罗斯帝国境内的各民族而生存的。俄国政府是靠受它压迫的各民族(其中包括俄罗斯民族)的脂膏和劳力而生存的。

这是各族人民咒骂俄国的时代。但是现在这个时代已经过去了。它已经被埋葬,永远不会复活了。

在这个压迫者沙皇俄国的骸骨上诞生了新的俄国——工人和农民的俄国。

俄国境内各民族的新生活开始了。备受沙皇和富豪、地主和厂主压迫的各民族解放的时代开始了。

十月革命后，政权转到工人和农民手中，并且成为共产主义的政权。这个新时期不仅标志着俄国各族人民的解放，它还提出了解放所有一切民族的任务，其中也包括备受西方帝国主义者压迫的东方各民族。

俄国变成了解放运动的杠杆，它不仅使我国各民族动起来，而且也使全世界各民族动起来了。

苏维埃俄国是一把火炬，它给全世界各族人民照亮着摆脱压迫者的羁绊的解放道路。

现在，当我们战胜了敌人而有可能来解决内部发展问题的时候，苏维埃俄国认为有必要向你们宣布：达吉斯坦应该实行自治，达吉斯坦将享有内部自治权，同时和俄国各民族保持兄弟关系。

达吉斯坦应该根据自己的特点，根据自己的生活和习惯来管理自己。

有人告诉我们说，在达吉斯坦各族人民中，沙利阿特有着重大的意义。同时我们得到消息，苏维埃政权的敌人散布谣言，说苏维埃政权禁止奉行沙利阿特。

我受权在这里代表俄罗斯苏维埃联邦社会主义共和国政府声明，这些传闻是不正确的。俄国政府赋予每个民族以充分的权利根据自己的法律和习惯来管理自己。

苏维埃政府认为沙利阿特和居住在俄国的其他民族所有的习惯法一样，是一种有权能的习惯法。

如果达吉斯坦人民愿意保存自己的法律和习惯，那末这些法律和习惯就应该被保存下来。

同时我认为有必要声明，达吉斯坦实行自治并不表示而且不能表示它同苏维埃俄国分离。自治并不是独立。俄国和达吉斯坦应该保持相互的联系，因为只有这样达吉斯坦才能保持自己的自由。苏维埃政府让达吉斯坦实行自治是有一定目的的，就是从当地工作人员中选拔出热爱本民族的忠诚老实的人，把达吉斯坦的一切管理机关，不论是经济方面的或是行政方面的，都托付给他们。只有这样，只有用这种方法才能使达吉斯坦的苏维埃政权和人民接近起来。除了用吸引当地工作人员参加管理的方法来把达吉斯坦提到高度的文化水平以外，苏维埃政权没有任何别的目的。

苏维埃政权知道，愚昧无知是人民的第一个敌人。因此必须建立更多的使用当地语言的学校，建立使用当地语言的管理机关。

苏维埃政权希望用这种方法把达吉斯坦各族人民从旧俄国把他们抛入的那个愚昧无知的泥塘中拉上来。

苏维埃政府认为，在达吉斯坦实行像土耳其斯坦、吉尔吉斯共和国和鞑靼共和国所享有的那种自治是必要的。

苏维埃政权向你们——达吉斯坦各族人民的代表建议：责成你们的达吉斯坦革命委员会选举代表到莫斯科去，在那里和最高苏维埃政权的代表共同制定达吉斯坦的自治计划。

最近在达吉斯坦南部发生了一些事件。叛徒果秦斯基在那里执行弗兰格尔将军（就是在邓尼金时代镇压起义人民、毁坏北高加索山民的山村的那个弗兰格尔）的意志，反对达吉斯坦的自由。这些事件说明了很多问题。

我应当指出，以红色游击队为代表的达吉斯坦人民和果秦斯基进行战斗，保卫自己的苏维埃政权，从而证明自己对红旗是忠诚的。

如果你们能赶走达吉斯坦劳动人民的敌人果秦斯基，那你们就没有辜负最高苏维埃政权所给予的信任——让达吉斯坦实行自治。

苏维埃政府是第一个自愿地让达吉斯坦实行自治的政府。

我们希望达吉斯坦各族人民不辜负苏维埃政府的信任。

达吉斯坦各族人民和俄国各族人民的联盟万岁！

达吉斯坦苏维埃自治万岁！

二 结束语

同志们！现在当苏维埃政权的最后一个敌人被击溃的时候，苏维埃政府自愿让达吉斯坦实行自治的政治意义就愈来愈明显了。

应该注意到一种情况。沙皇政府以及世界上一切资产阶级政府通常都是在处于困难情况下，在迫不得已的时候才向人民让步或进行某些改革，苏维埃政权却恰恰相反，它是处在胜利高潮的时候完全自愿地让达吉斯坦实行自治的。

这就是说，达吉斯坦的自治将成为达吉斯坦共和国生活的牢固的不可摧毁的基础。因为只有自愿给予的东西才是巩固的。

最后我要强调一下，希望达吉斯坦各族人民在将来反对我们共同敌人的斗争中不会辜负苏维埃政权给予你们的高度信任。

自治的苏维埃达吉斯坦万岁！

载于《苏维埃达吉斯坦报》，1920年11月17日，第76号

选自《斯大林全集》第4卷，第347~351页

注释：

[1] 达吉斯坦各族人民代表大会于1920年11月13日在捷米尔汉舒拉举行。出席代表大会的代表将近300名。约·维·斯大林宣布达吉斯坦实行自治后，格·康·奥尔忠尼启泽在代表大会上致贺词。代表大会通过了决议，决议中宣布达吉斯坦各族人民和苏维埃俄国各族劳动人民结成牢不可破的联盟。

捷列克区域各族人民代表大会[1]

(1920年11月17日)

一 关于捷列克区域实行苏维埃自治的报告

同志们！召开今天的代表大会，是为了宣布苏维埃政府在捷列克各族人民的生活的安排和他们对哥萨克的态度这两个问题上的意旨。

第一个问题是对哥萨克的态度。

实际生活表明，哥萨克和山民共同居住在一个行政单位内产生了无休止的纠纷。

实际生活表明，要避免彼此欺侮和流血事件，必须把哥萨克群众和山民群众分开。

实际生活表明，划定界限对双方都是有利的。

因此，政府决定让大多数哥萨克特别成立一个省，让大部分山民成立一个自治的山民苏维埃共和国，以捷列克河为界。

苏维埃政权一向力求使哥萨克的利益不受损害。哥萨克同志们，苏维埃政权没有打算夺取你们的土地。它只有一个想法，就是把你们从沙皇将军和富豪们的压迫下解放出来。它从革命一开始就实行这个政策。

而哥萨克的行动却是非常令人可疑的。他们总是三心二意，不相信苏维埃政权。他们不是和比切拉霍夫搅在一起，就是和邓尼金、弗兰格尔勾勾搭搭。

不久以前，那时对波和约还没有签订，弗兰格尔正向顿巴斯进攻，就在这个时候，一部分捷列克哥萨克背信弃义（不能用别的话来表达），在后方举行了反对我军的暴动。

我说的是不久以前松查线上的暴动，这次暴动的目的是切断巴库和莫斯科的联系。

哥萨克的这个企图暂时是得逞了。

山民在这个时候表明自己是比较优秀的俄国公民，哥萨克应当感到羞耻。

苏维埃政权忍耐了很久，但是任何忍耐都是有限度的。因此，由于有些哥萨克背信弃义，苏维埃政权不得不对他们采取严厉措施，不得不把犯罪者全部赶出村庄，让彻岑人居住。

山民把这件事情了解为现在可以为所欲为地欺侮捷列克的哥萨克，可以掠夺他们，抢劫他们的牲畜，侮辱他们的妇女。

我要说明，如果山民是这样想的，那他们就大错特错了。山民应该知道，苏维埃政权对于俄国公民是不分民族一律加以保护的，不管他们是哥萨克还是山民。应该记住，如果山民不停止暴行，苏维埃政权将用革命政权最严厉的办法来惩罚他们。

今后，不论是到另行成立的省里去的哥萨克还是留在山民自治共和国的哥萨克，他们的命运将完全决定于他们自己的行为。如果哥萨克对工农俄国仍有背信弃义的行动，我必须指出，政府将不得不重新采取高压手段。

但是，如果哥萨克今后表现为俄国的忠实公民，我在这里向大会全体代表声明：哥萨克的头发一根也不会被碰掉。

第二个问题是对捷列克区域的山民的态度。

山民同志们！在俄国历史上的旧时期，沙皇和沙皇将军践踏你们的权利，摧残你们的自由，这个压迫和奴役的时期已经一去不复返了。现在，俄国政权已经转到工人和农民手中，俄国不应该再有被压迫者了。

俄国让你们实行自治，就是把吸血鬼沙皇和压迫者沙皇将军从你们手中夺去的自由归还你们。这就是说，你们的内部生活应该根据你们的生活方式、习惯和风俗加以安排，当然是要在俄国的共同宪法的范围内。

每个民族，彻岑人、英谷什人、沃舍梯人、卡巴尔达人、巴尔卡尔人、卡拉恰也夫人以及留在山民自治地区的哥萨克，都应该有按照本民族的生活习惯和特点来管理本民族事务的民族苏维埃。至于外乡人，他们过去是而且现在仍然是苏维埃俄国的忠实儿女，苏维埃政权将永远尽力保护他们，那就不用说了。

如果事实证明需要沙利阿特，那就让沙利阿特继续存在。苏维埃政权并不想向沙利阿特宣战。

如果事实证明肃反委员会和特别处不善于适应居民的生活习惯和特点，那末很明显，在这方面也应该作适当的改变。

领导各民族苏维埃的应当是由山民共和国苏维埃代表大会选出的、和莫斯科有直接联系的山民共和国人民委员会。

这是不是说，山民因此将同俄国分离，俄国将抛开他们，红军将撤回俄国，像山民担心地询问的那样呢？不，不是这个意思。俄国懂得，如果让捷列克的小民族自己管自己，那它们就不能保住自己的自由，就不能对抗世界强盗及其走狗——逃到格鲁吉亚并阴谋从那里反对山民劳动群众的山民地主。自治并不是分离，而是实行自治的山区各民族同俄国各民族结成联盟。这种联盟是山区的苏维埃自治的基础。

同志们！过去的情况通常是这样：很多政府只有当它们处在困难的时候，即处在因为被削弱而需要本国人民同情的时候，才答应实行一些有利于人民的改革和让步。沙皇政府和一般资产阶级政府向来是这样做的。苏维埃政府和它们不同，它是按照另一个原则行动的。苏维埃政府让你们实行自治不是在困难的时候，而是在战场上取得辉煌胜利的时候，是在克里木完全战胜了帝国主义的最后的支柱的时候。

实际生活表明，政府在危急的时候给予的东西是不巩固的，不可靠的，因为当危急时刻过去以后，这种东西往往就会被收回。只有在不是迫于暂时的片刻的需要，而是由于完全意识到改革的好处，并且是在政府力量强大的时候给予的改革和自由才是巩固的。现在苏维埃政府正是这样做的,把你们的自由归还你们。

苏维埃政权这样做是想说明,它完全信任你们山民同志们,它信任你们的自治能力。

我们希望你们不会辜负工农俄国的这一信任。

捷列克区域各族人民和俄国各族人民的联盟万岁!

二 结束语

同志们!我收到了几张有关自治问题的条子。我应当答复这些问题。

第一个是关于山民苏维埃共和国的疆界问题。共和国的境界大体上这样确定:北面以捷列克河为界,其他方面以捷列克区域各民族即彻岑人、英谷什人、卡巴尔达人、沃舍梯人、巴尔卡尔人、卡拉恰也夫人的地域为界,包括捷列克河这边的外乡人和哥萨克村镇。这就是山民自治共和国的领域。至于境界的详细轮廓,应该由山民共和国的代表和邻近各省的代表组成委员会来确定。

第二个问题:山民自治共和国的中心设在哪里,格罗兹内市和弗拉基高加索市是否划归共和国?当然划归共和国。任何一个城市都可以定为共和国的首都。我个人认为弗拉基高加索应当成为这样的中心,因为它是联系捷列克区域各民族的中心。

第三个是关于自治本身的权限问题。有人问我,山民共和国将实行哪种类型的自治?

自治有各种各样的:有像卡列里亚人、切列米斯人、楚瓦什人和伏尔加河流域的德意志人所实行的行政自治,也有像巴什基里亚人、吉尔吉斯人和伏尔加河流域的鞑靼人所实行的政治自治。山民共和国的自治是政治自治,当然也是苏维埃自治。这是巴什基里亚、吉尔吉斯和鞑靼型的自治。这就是说,山民苏维埃共和国将由苏维埃代表大会选出的苏维埃中央执行委员会来领导。中央执行委员会产生人民委员会,它和莫斯科直接联系。共和国的经费将从联邦共和国的总经费中支拨。管理经济和军事的各人民委员部直接同中央有关的人民委员部联系。其他人民委员部，如司法、农业、内务、教育等人民委员部，隶属山民苏维埃共和国中央执行委员会，共和国中央执行委员会则与全俄中央执行委员会联系。对外贸易和外交事务完全由中央政权掌管。

其次是关于实行自治的时间问题。为了制定详细的章程，用科学的说法，为了制定共和国的《宪法》，每个民族必须选出一名代表，由这些代表和莫斯科政府的代表共同拟定山民自治共和国的宪法。

你们不妨在这次代表大会上就从彻岑人、英谷什人、沃舍梯人、卡巴尔达人、巴尔卡尔人、卡拉恰也夫人和加入山民自治共和国的哥萨克村镇各选出1名代表，一共选出7名代表。

有人问我民族苏维埃的选举制度。选举应该根据宪法进行，就是说，只有劳动者享有选举苏维埃的权利。苏维埃应该是劳动人民的苏维埃。

在我们俄国大家都公认，不劳动者不得食。你们应该声明，不劳动者不得参加选举。这是苏维埃自治的基础。资产阶级自治和苏维埃自治的区别就在这里。

再其次是关于军队的问题。

军队应该绝对是共同的，因为山民共和国靠自己的一支很小的军队是保卫不住自己的自由的，是根本抵抗不了协约国所资助的军队的。

在结束讲话的时候，我想着重谈谈自治能够给予你们山民的主要东西。

使山民终身受压迫的主要祸害就是他们的落后，他们的愚昧无知。只有铲除这个祸害，只有使广大群众受到教育，才能拯救山民免于灭亡，才能使他们达到高度的文化。这就说明为什么山民在自己的自治共和国中必须首先从建立学校和文化教育机关做起。

实行自治的全部意义就在于吸引山民来管理自己的国家。在你们这里，能够管理本民族的本地人太少了。因此，在粮食委员会、肃反委员会、特别处和国民经济的各机关中工作的是不懂得你们生活习惯和语言的俄罗斯人。必须使你们的人参加国家各个管理部门。这里所说的自治应当这样理解,就是在一切管理机关中都是懂得你们的语言和生活习惯的自己人。

实行自治的意义就在这里。

自治应该使你们学会用自己的脚走路,——实行自治的目的就在这里。

实行自治的效果不会立刻就显现出来,因为决不能在一天内就从当地人中间造就出有经验的国家管理人员。但是,过不了两三年,你们就能学会管理自己国家的本领,就会从自己人中间产生出教师、经济工作人员、粮食工作人员、土地规划人员、军事工作人员、司法工作人员以及党的和苏维埃的工作人员。到那时你们就会看见,你们学会自治了。

山民自治一定能教会你们管理自己的国家,一定能帮助你们成为像俄国的工人和农民一样自觉的人,他们不仅学会了管理自己的国家,而且还学会了战胜自己的死敌。山民自治万岁!

载于1920年12月8日和15日《民族生活报》第39号和40号

选自《斯大林全集》第4卷,第352~359页

注释:

[1] 捷列克区域各族人民代表大会于1920年11月17日在弗拉基高加索举行。出席代表大会的有500多名代表。格·康·奥尔忠尼启泽和谢·米·基洛夫参加了代表大会的工作。在根据约·维·斯大林的报告所通过的决议中,表示确信"自治将使捷列克区域劳动群众和苏维埃俄国的友谊更加巩固"。

在俄罗斯苏维埃联邦社会主义共和国突厥语系民族共产党员会议[1]上的开幕词

(1921年1月1日)(记录)

斯大林同志宣布会议开幕,指出中央局的工作不能令人满意,中央局应当改选,接着他简短地说明了共产主义在俄罗斯苏维埃联邦社会主义共和国突厥语系民族中的发展情况。

俄罗斯共产主义的发展在俄罗斯社会主义内部有几十年理论工作和理论斗争的悠久历史。经过这种斗争,形成了团结一致的领导集团,他们在理论方面很强,并且能坚持原则,足以领导党员群众。

我国东部的共产主义则与此不同,它是不久前在为社会主义而进行实际革命斗争的过程中产生的,没有预先经过理论发展阶段。突厥语系民族的共产主义在理论方面差,就是由于这个缘故,只有用我国突厥语系民族各种语言出版有原则性的共产主义书刊,才能消除这种缺点。

在俄罗斯共产主义发展的历史中,同民族主义倾向作斗争从未有过重大的意义。所有的俄罗斯人,其中包括俄罗斯共产党员,过去都是统治民族,他们没有经受过民族压迫,除了某些"大国沙文主义"的情绪外,一般说来,他们中间没有发生过民族主义倾向,因此他们用不着,或者几乎用不着去克服这种倾向。

突厥语系民族的共产党员是经历过民族压迫阶段的被压迫民族的儿女，他们与此不同，他们中间过去和现在都存在着民族主义倾向和民族主义残余，因此克服这种倾向和铲除这些残余是突厥语系民族共产党员的当前任务。毫无疑问，这种情况阻碍了我国东部共产主义的形成。

但是东部的共产主义也有它有利的一面。俄罗斯共产党员在实行社会主义方面，没有或者几乎完全没有欧洲先进国家的经验可以利用（欧洲所提供的主要是国会斗争的经验），因此，他们就不得不用所谓自己的方法去开辟走向社会主义的道路，同时也不可避免地犯了许多错误。

突厥语系民族的共产主义则与此不同，它是在和俄罗斯同志并肩为社会主义而进行实际斗争的过程中产生的，它有可能利用俄罗斯同志的实际经验而避免犯错误。这种情况保证东部共产主义完全有可能迅速发展和巩固。

所有这些情况决定了党中央对还很年轻的突厥语系民族的共产主义采取比较缓和的政策，帮助东部坚定的共产主义分子同突厥语系民族共产主义的上述弱点和缺点进行斗争。

中央局是一个应当采取各种办法同民族主义残余进行斗争并在理论上加强我国东部共产主义的机关。

载于《真理报》，1921年1月12日，第6号

选自《斯大林全集》第5卷，第3～4页

注释：

[1] 俄共（布）中央召开的俄罗斯苏维埃联邦社会主义共和国突厥语系民族共产党员会议于1921年1月1日至2日在莫斯科举行。出席会议的有阿塞拜疆、巴什基里亚、土耳其斯坦、鞑靼、达吉斯坦、捷列克区域、吉尔吉斯和克里木等地的党的工作人员。会议讨论了东部各民族共产党组织中央常务局的报告以及组织问题等等。约·维·斯大林于1月2日做了关于组织问题的报告

（报告没有速记下来）。会议根据约·维·斯大林的报告通过了《关于中央常务局在俄罗斯苏维埃联邦社会主义共和国突厥语系民族中工作的条例》。按照这个《条例》，1918年成立的东部各民族共产党组织中央常务局改组为俄罗斯苏维埃联邦社会主义共和国中央突厥语系民族宣传鼓动局。

论党在民族问题方面的当前任务

[提交俄共（布）第十次代表大会讨论并经党中央批准的提纲[1]]

一 资本主义制度和民族压迫

（一）现代民族是一定时代即资本主义上升时代的产物，封建主义消灭和资本主义发展的过程同时就是人们形成为民族的过程。英吉利人、法兰西人、德意志人、意大利人都是在资本主义打破封建割据局面而胜利发展时形成民族的。

（二）凡民族的形成和中央集权国家的建立在时间上大体一致的地方，那里的民族自然就具有国家的外貌，发展成独立的资产阶级民族国家。英国（爱尔兰除外）、法国、意大利的情形都是如此。东欧却与此相反，由于自卫（抵御土耳其人、蒙古人和其他人的侵犯）的需要而加速的中央集权国家的建立早于封建主义的消灭，因而也早于民族的形成。所以这些地方的民族没有发展成也不能发展成民族国家，而建立了一些混合的多民族的资产阶级国家，这些国家通常都由一个强大的统治民族和几个弱小的从属民族组成。奥地利、匈牙利、俄国就是这样。

（三）像法国和意大利这种最初主要是依靠本民族力量的民族国家，一般说来是没有民族压迫的。而建筑在一个民族（确切些说是这个民族的统治阶级）对其余民族的统治上面的多民族国家则与此相反，它们是民族压迫和民族运动的发源地和主要舞台。统治民族的利益和从属民族的利益之间的矛盾如果不解决，多民族的国家就不能稳固地存在。多民族的资产阶级国家的悲剧就在于它无力解决这些矛盾，它想在保存私有制和阶级不平等的情况下使各民族"平等"并"保护"少数民族（национальные меньшинства），结果每一次总是失败，民族冲突更加尖锐化。

（四）欧洲资本主义的进一步发展，对新的销售市场的需要，对原料和燃料的寻求，帝国主义的发展，资本的输出以及海上和铁路交通干线的必须保证，一方面促使旧的民族国家去夺取新的领土，促使旧的民族国家变成必然有民族压迫和民族冲突的多民族（殖民）国家（英国、法国、德国、意大利），另一方面加强了旧的多民族国家的统治民族的野心，它们不仅想保持原有的国界，还想向外扩张，靠侵占邻国使新的（弱小的）民族隶属于自己。于是民族问题扩大了，并且终于自然而然地同整个殖民地问题融合起来了，而民族压迫就由国内的问题变成国际的问题，变成帝国主义"大"国为征服弱小的没有充分权利的民族而进行斗争（和战争）的问题。

（五）帝国主义战争彻底揭露了资产阶级多民族国家的不可调和的民族矛盾和内部的软弱，它使战胜的殖民国家（英国、法国、意大利）内部的民族冲突极端尖锐化，使战败的旧的多民族国家（奥地利、匈牙利、1917年的俄国）彻底崩溃，最后，使新的资产阶级民族国家（波兰、捷克斯洛伐克、南斯拉夫、芬兰、格鲁吉亚、亚美尼亚等）组织起来，——这是资产阶级解决民族问题的最"激进的"办法。但是新的独立的民族国家的组成并没有确立也不可能确立各民族的和睦共处，没有消除也不可能消除民族不平等和民族压迫，因为建立在私有制和阶级不平等基础上的新的民族国家自己要存在下去，那就必须——

（甲）压迫自己的少数民族（национальные меньшинства）（波兰压迫白俄罗斯人、犹太人、立陶宛人、乌克兰人；格鲁吉亚压迫沃舍梯人、阿布哈兹人、亚美尼亚人；南斯拉夫压迫克罗地亚人、波斯尼亚人等等）；

（乙）靠侵占邻国来扩张自己的领土，这就会引起冲突和战争（波兰侵犯立陶宛、乌克兰、俄罗斯；南斯拉夫侵犯保加利亚；格鲁吉亚侵犯亚

美尼亚、土耳其等等);

(丙)在财政、经济和军事方面依附帝国主义"大"国。

(六)这样,战后时期便展现了一幅令人不愉快的图画——民族仇视,不平等,压迫,冲突,战争,文明国家各民族相互之间以及它们对没有充分权利的各民族所进行的帝国主义野蛮行为。一方面,几个"大"国压迫和剥削所有附属的和"独立的"(实际上完全是附属的)民族国家,这些强国彼此间为争夺剥削各民族国家的独占权而斗争;另一方面,附属的和"独立的"民族国家为反对"大"国的难以忍受的压迫而斗争;民族国家彼此间为扩张自己的民族领土而斗争;民族国家各自为压迫自己的被压迫少数民族(национальные меньшинства)而斗争。最后,殖民地反对"大"国的解放运动日益加强,这些"大"国内部以及一般都有几个少数民族的民族国家内部的民族冲突日益尖锐。

帝国主义战争所遗留下来的"和平图画"就是这样。

资产阶级社会在解决民族问题方面完全破产了。

二 苏维埃制度和民族自由

(一)私有制和资本必然使人们离散,燃起民族纷争,加强民族压迫,而集体所有制和劳动却必然使人们接近,去除民族纷争,消灭民族压迫。没有民族压迫,资本主义的存在是不可思议的,同样,没有被压迫民族的解放,没有民族自由,社会主义的存在也是不可思议的。只要充满民族主义偏见的农民(以及整个小资产阶级)跟着资产阶级走,沙文主义和民族斗争就必不可免,相反地,如果农民跟着无产阶级走,也就是说如果无产阶级专政有了保证,那就可以认为民族和平和民族自由有了保证。因此,苏维埃的胜利和无产阶级专政的确立是消灭民族压迫、确立民族平等、保证少数民族权利的基本条件。

(二)苏维埃革命的经验完全证实了这个原理。苏维埃制度在俄国的确立和各民族有国家分离权的宣布,根本改变了俄国各民族劳动群众之间的关系，消除了过去的民族仇视，摧毁了民族压迫的基础，因而不仅取得了俄国其他民族工人兄弟对俄罗斯工人的信任，也取得了欧洲和亚洲各民族工人兄弟对俄罗斯工人的信任，并且已经把这种信任化为为共同事业奋斗的热情和决心。苏维埃共和国在阿塞拜疆和亚美尼亚的成立也获得了同样的结果，民族冲突消灭了，土耳其和亚美尼亚劳动群众间、亚美尼亚和阿塞拜疆劳动群众间的"百年"仇视也消除了。苏维埃在匈牙利、巴伐利亚和拉脱维亚的暂时胜利也是一样。另一方面，可以确信地说，不消灭自己家里的民族仇视和民族压迫，没有西方和东方各民族劳动群众对俄罗斯工人的信任和热情支援，俄罗斯工人就不能战胜高尔察克和邓尼金，而阿塞拜疆共和国和亚美尼亚共和国也就不能立足。各苏维埃共和国的巩固和民族压迫的消灭，是劳动人民摆脱帝国主义奴役的同一过程的两个方面。

（三）各苏维埃共和国的存在，即使是面积很小的苏维埃共和国的存在，对帝国主义都是致命的威胁。这个威胁不仅在于各苏维埃共和国同帝国主义断绝关系后已经由殖民地和半殖民地变成真正独立的国家，因而使帝国主义者失去了一块额外的领土和额外的收入，而首先在于各苏维埃共和国的存在本身，这些共和国在镇压资产阶级和巩固无产阶级专政的道路上所走的每一步，都是反对资本主义和帝国主义的最有力的鼓动，都是号召附属国摆脱帝国主义奴役的鼓动，都是使各色各样的资本主义瓦解和解体的不可克服的因素。因此，帝国主义"大"国就必然要反对苏维埃共和国，力图消灭这些共和国。"大"国同苏维埃俄国斗争的历史，"大"国嗾使一个个边疆地区的资产阶级政府和一群群反革命将军反对苏维埃俄国，严密封锁它和竭力设法在经济上孤立它的历史，雄辩地说明在目前的国际关系中，在资本主义包围的情况下，任何一个单独的苏维埃共和国都不能认为自己能保证不会在经济上枯竭，不会在军事上被世界帝国主义打败。

（四）因此，各个苏维埃共和国孤立的存在是不稳固不牢靠的，因为资本主义国家威胁着它们的生存。第一、各苏维埃共和国国防的共同利益，第二、恢复被战争破坏的生产力的任务，第三、产粮的苏维埃共和国给予不产粮的苏维埃共和国必要的粮食帮助，——这三者绝对要求各个苏维埃共和国建立国家联盟，这是免遭帝国主义奴役和民族压迫的唯一道路。从"本族的"和"异族的"资产阶级手中解放出来的各民族苏维埃共和国，只有联合成紧密的国家联盟才能使自己生存下去，才能战胜帝国主义的联合力量，否则就要完全失败。

（五）以军事和经济事务的共同要求为基础的苏维埃共和国联邦，是国家联盟的一般形式，这种形式可以——

（甲）保证各个共和国和整个联邦的完整性和经济发展；

（乙）把不同发展阶段上的不同民族（нации）和部族（народности）的一切不同的生活习惯、文化和经济状况包罗在一起，并根据这种不同情况采用这种或那种联邦形式；

（丙）建立那些把自己的命运同联邦的命运这样或那样联系起来的民族和部族的和睦共处和兄弟合作。

俄国采用各种形式的联邦的经验，从以苏维埃自治（吉尔吉斯、巴什基里亚、鞑靼、山民、达吉斯坦）为基础的联邦，过渡到以与各独立苏维埃共和国（乌克兰、阿塞拜疆）建立条约关系为基础的联邦以及介于这二者之间的形式（土耳其斯坦、白俄罗斯）的经验，完全证实把联邦作为各苏维埃共和国国家联盟的一般形式是很适当很灵活的。

（六）但是，只有依靠加入国相互信任和自愿协议，联邦才能巩固，才能得到实际的效果。俄罗斯苏维埃联邦社会主义共和国是世界上对许多民族和部族和睦共处及兄弟合作的试验获得成功的唯一国家，因为这里既没有统治者，也没有从属者；既没有宗主国，也没有殖民地；既没有帝国主义，也没有民族压迫，——这里联邦是以各民族劳动群众的相互信任和自愿联合的愿望为基础的。联邦的这种自愿性质今后还必须继续保持，因为只有这样的联邦才能成为一种过渡形式，使世界各国劳动人民达到在统一的世界经济范围内的高度团结，这种团结的必要性已愈来愈明显了。

三　俄国共产党的当前任务

（一）俄罗斯苏维埃联邦社会主义共和国和同它联盟的各苏维埃共和国约有1.4亿人口。其中非大俄罗斯人（乌克兰人、白俄罗斯人、吉尔吉斯人、乌兹别克人、土库曼人、塔吉克人、阿塞拜疆人、伏尔加河流域的鞑靼人、克里木的鞑靼人、布哈拉人、希瓦人、巴什基里亚人、亚美尼亚人、彻岑人、卡巴尔达人、沃舍梯人、切尔克斯人、英谷什人、卡拉恰也夫人、巴尔卡尔人①、卡尔梅克人、卡列里亚人、阿瓦里亚人、达尔根人、卡集·库穆赫人、库林人、库梅克人②、马里人、楚瓦什人、沃加克人、伏尔加河流域的日耳曼人、布里亚特人、雅库特人等）约有6500万。

沙皇政府，地主和资产阶级对这些民族的政策是：铲除它们中间任何国家制度的萌芽，摧残它们的文化，限制它们的语言，使它们愚昧无知，尽量使它们俄罗斯化。实行这种政策的结果，使这些民族不能充分发展并造成了它们政治上的落后。

现在，当这些地区的地主和资产阶级也已经被推翻，人民群众宣布建立苏维埃政权的时候，党的任务就是帮助非大俄罗斯各族劳动群众赶上走在前面的俄国中部，帮助他们：

（甲）在他们那里发展和巩固适合他们民族面貌的形式的苏维埃国家制度；

（乙）在他们那里设立使用本族语言的、由熟悉当地居民生活习惯和心理的本地人组成的法院、行政、经济和政权机关；

（丙）在他们那里发展使用本族语言的报刊、学校、剧院、文娱事业以及一般文化教育机关。

（二）在6500万非大俄罗斯人口中，除了在某种程度上已经经过工业

---

① 后面七个部族统称为"山民"。
② 后面五个部族统称为"达吉斯坦人"。

资本主义时期的乌克兰、白俄罗斯、阿塞拜疆的一小部分和亚美尼亚以外，剩下的约2500万主要是突厥语系人口（土耳其斯坦、阿塞拜疆大部分、达吉斯坦、山民、鞑靼人、巴什基里亚人、吉尔吉斯人等），他们还没有来得及经过资本主义的发展，没有或者几乎没有自己的工业无产阶级，多半还保存着游牧经济和父权制氏族生活方式（吉尔吉斯、巴什基里亚、北高加索），或者还没有脱离半父权半封建的原始生活方式（阿塞拜疆、克里木等），但是已被纳入苏维埃发展的总轨道。

党对这些民族（народы）的劳动群众的任务（除第一点所指出的以外），就是帮助他们消灭父权制封建关系的残余，并且以劳动农民苏维埃为基础，通过在这些民族中间建立坚强的共产党组织的办法帮助他们参加苏维埃经济建设，这些共产党组织要能够利用俄罗斯工人和农民在苏维埃经济建设方面的经验，同时要能够在自己的建设工作中估计到每个民族（народы）的具体经济状况、阶级结构、文化和生活习惯的一切特点，而不是机械地搬用只适用于另一种经济发展较高阶段的俄国中部的经济措施。

（三）在2500万主要是突厥语系人口中，除了阿塞拜疆、土耳其斯坦大部分、鞑靼人（伏尔加河流域的和克里木的）、布哈拉、希瓦、达吉斯坦、一部分山民（卡巴尔达人、切尔克斯人、巴尔卡尔人）和其他某些已经定居并固定在一定地域的民族（национальность）以外，剩下的约600万是吉尔吉斯人、巴什基里亚人、彻岑人、沃舍梯人、英谷什人，他们的土地直到最近还是俄罗斯移民的殖民对象，这些俄罗斯移民夺去了他们较好的耕地，一步步地把他们排挤到贫瘠的荒地上去。

沙皇政府、地主和资产阶级的政策就是在这些地区的俄罗斯农民和哥萨克中间培植更多的富农分子，把他们变成满足大国野心的可靠支柱。实行这种政策的结果就是当地的土著居民（吉尔吉斯人、巴什基里亚人）被排挤到穷乡僻壤而逐渐死亡。

党对这些民族的劳动群众的任务（除了第一点和第二点所说的以外），就是把他们和当地俄罗斯居民中的劳动群众为摆脱富农、特别是为摆脱掠夺成性的大俄罗斯富农的压迫而进行斗争的力量联合起来,用一切力量和一切手段帮助他们打倒富农殖民者,从而保证他们有可耕的、为过人的生活所必需的土地。

(四)除了上述那些具有一定阶级结构和占有一定地域的民族(нации)和部族(народности)以外,俄罗斯苏维埃联邦社会主义共和国境内还有一些流动的民族集团和少数民族(национальные меньшинства)(拉脱维亚人、爱沙尼亚人、波兰人、犹太人以及其他少数民族(нацменьшинства)),它们掺杂在其他聚居的民族中,多半没有一定的阶级结构,也没有一定的地域,沙皇政府的政策就是采用一切手段,直到采用蹂躏的手段(蹂躏犹太人)来消灭这些少数民族。

现在,当民族特权已经消灭,民族平权已经实现,少数民族自由发展的权利已为苏维埃制度性质本身所保证的时候,党对这些民族集团的劳动群众的任务就是帮助他们充分利用这个给他们保证了的自由发展的权利。

(五)边疆地区共产党组织的发展是在某些特殊条件下进行的,这些条件阻碍了党在这些地区的正常成长。一方面,在边疆地区工作的大俄罗斯共产党员是在"统治"民族存在的条件下成长起来的,他们不知道什么是民族压迫,往往缩小民族特点在党的工作中的意义,或者完全不重视民族特点,在自己的工作中不考虑某一民族的阶级结构、文化、生活习惯和过去历史的特点,因而把党在民族问题方面的政策庸俗化和歪曲了。这种情况就使他们脱离共产主义而倾向于大国主义、殖民主义、大俄罗斯沙文主义。另一方面,当地土著居民中的共产党员经历过民族压迫的苦难时期,他们还没有完全摆脱民族压迫的魔影,往往夸大民族特点在党的工作中的意义,抹杀劳动者的阶级利益,或者把某一民族劳动者的利益和这一民族"全民族的"利益简单地混淆起来,不善于把前者同后者区别开来,根据劳动者的利益进行党的工作。这种情况也就使他们脱离共产主义而倾向于资产阶级民主的民族主义,这种民族主义有时具有大伊斯兰主义、大突厥主义[2]的形式(在东方)。

代表大会坚决斥责了这两种对共产主义事业有害的和危险的倾向,认为必须指出第一种倾向即大国主义、殖民主义倾向是特别危险和特别有害的。代表大会提醒大家，不铲除党的队伍中的殖民主义和民族主义残余，就不可能在边疆地区建立在国际主义基础上把当地居民和俄罗斯居民中的无产阶级分子团结在自己队伍中的坚强的、联系群众的、真正的共产党组织。因此，代表大会认为，消除共产主义中的民族主义的、首先是殖民主义的动摇，是党在边疆地区最重要的任务之一。

（六）由于军事战线上的胜利，特别是在消灭弗兰格尔以后，在一些没有或者几乎没有工业无产阶级的落后边疆地区，市侩民族主义分子为了升官发财而纷纷争取入党。这些人考虑到党实际上占着统治地位，常常涂上共产主义的色彩，整批整批地钻到党里来，把掩饰不周的沙文主义和腐化思想带到党里来，边疆地区的党组织一般说来是软弱的，它们并不总是能够抵挡得住通过吸收新党员来"扩大"党的那种诱惑。

代表大会号召同一切混进无产阶级政党里来的冒牌共产党员作坚决斗争，警告党不要靠吸收知识分子中市侩民族主义分子来"扩大"自己的队伍。代表大会认为，应当主要依靠吸收边疆地区的无产者、贫农和劳动农民来充实边疆地区的党，同时，应当用改善边疆地区党组织成员质量的办法来进行巩固党组织的工作。

载于《真理报》，1921年2月10日，第29号

选自《斯大林全集》第5卷，第14～24页

注释：

[1]《论党在民族问题方面的当前任务》这一提纲在1921年2月5日俄共（布）中央政治局会议上进行了讨论。会上决定成立以弗·伊·列宁和约·维·斯大林为首的委员会来最后修订这个提纲。提纲发表在1921年2月10日《真理报》第29号上，并于同年出版了单行本。

[2] 大伊斯兰主义是一种宗教政治思想，它宣传一切信奉伊斯兰教（回教）的民族联合成一个整体。19世纪末叶，这种思想在东方各国的剥削阶级中间广泛

传播；土耳其曾利用这种思想来达到使全世界回教徒服从于土耳其苏丹这个"全体穆斯林的哈利发"的目的。弗·伊·列宁评论说，大伊斯兰主义是企图"把反对欧美帝国主义的解放运动同巩固可汗、地主、毛拉等的地位结合起来"的一个流派（见《列宁全集》俄文第四版第三十一卷，第127页；《列宁文选》第二卷，人民出版社，1957，第794页——编者注）。

大突厥主义所抱的目的就是使突厥语系一切民族受土耳其的统治。它产生在巴尔干战争时期（1912年至1913年），在1914年至1918年大战期间发展成一种极力主张侵略的沙文主义思想。十月社会主义革命后，俄国反革命分子曾利用大伊斯兰主义和大突厥主义来反对苏维埃政权。

俄共(布)第十次代表大会[1](摘录)

(1921年3月8日至16日)

一 关于党在民族问题方面的当前任务的报告

(3月10日)

在直接谈到党在民族问题方面当前的具体任务以前,必须确定几个前提,没有这些前提,民族问题就不能解决。这些前提涉及民族的出现、民族压迫的产生、民族压迫在历史发展进程中的形式以及民族问题在各个不同发展时期的解决方式等问题。

这样的时期有三个。

第一个时期是西方封建主义消灭和资本主义胜利的时期。人们就是在这个时期形成民族的。我指的是英国(爱尔兰除外)、法国和意大利这样的国家。在西方,即在英国、法国、意大利和德国的部分地区,封建主义消灭和人们形成为民族的时期与中央集权国家出现的时期在时间上大体是一致的,因此那里的民族在其发展时就具有国家的形式。这些国家内部没有其他比较大的民族集团,因此那里也就没有民族压迫。

在东欧恰恰相反,民族形成和封建割据消灭的过程与中央集权国家建立的过程在时间上不是一致的。我指的是匈牙利、奥地利和俄国。在这些国家中,资本主义的发展还没有开始,也许刚刚开始,然而为了抵御土耳其人、蒙古人和其他东方人的侵犯,必须立即建立能够抵御外侮的中央集权国家。由于东欧中央集权国家出现的过程比民族形成的过程要快些，所以在那里就建立了混合的国家，这些国家是由尚未形成为民族（нации）但已结合在一个国家中的几族（народы）人民组成的。

这样，第一个时期的特征就是在资本主义初期出现了民族（нации），并且在西欧产生了没有民族压迫的纯粹的民族国家，在东欧则产生了多民族国家。在这些多民族国家里，有一个比较发达的民族居于统治地位，其余不大发达的民族则在政治上以至后来在经济上都受统治民族支配。东欧的这些多民族国家成了民族压迫的发源地，而民族压迫产生了民族冲突、民族运动、民族问题和解决这一问题的各种方式。

民族压迫和反抗民族压迫的斗争方式发展的第二个时期，是西方帝国主义出现的时期。这时，资本主义为了寻求销售市场、原料、燃料和廉价劳动力，为了争取输出资本和获得铁路与海上的交通干线而跳出了民族国家的范围，靠侵占远近各邻国来扩张自己的领土。在这第二个时期，西方的旧民族国家英国、意大利和法国已不再是民族国家了，就是说，它们因夺得了新的领土而变成了多民族的殖民国家，因而也就成了在东欧早已存在的那种民族压迫和殖民压迫的舞台。在东欧，这个时期的特征是从属民族（捷克人、波兰人，乌克兰人）觉醒和兴起了，这种情况在帝国主义战争以后就造成了旧的资产阶级多民族国家的崩溃和在所谓的列强奴役下的新的民族国家的成立。

第三个时期是苏维埃时期，是资本主义消灭和民族压迫消除的时期，这时，统治民族和从属民族、殖民地和宗主国的问题都放到历史档案库里去了。这时，我们看到在俄罗斯苏维埃联邦社会主义共和国的领土上有许多民族站起来了，它们有着同等发展的权利，但是由于经济、政治和文化的落后，还保存着历史上遗留下来的某些不平等。这种民族不平等的实质是：由于历史的发展，我们从过去继承了一种遗产，这就是一个民族即大俄罗斯民族在政治上和工业上比其他民族发达些。因此就产生了事实上的不平等，这种不平等不是一年之内就能铲除的，但是，只要在经济、政治和文化方面帮助各落后民族和部族就一定能够把它铲除。

这就是历史上所经过的民族问题发展的三个时期。

前两个时期有一个共同的特征。那就是在这两个时期内，有些民族受到压迫和奴役，因此民族斗争仍然存在，民族问题没有解决。然而它们之间是有差别的。在第一个时期，民族问题并没有越出个别多民族国家的范围，只是涉及不多的几个民族，主要是欧洲的一些民族；而在第二个时期，民族问题就由国内的问题变成国际的问题，变成帝国主义国家彼此间为了控制没有充分权利的民族（национальност），为了使欧洲境外的新的部族（народности）和部落（племена）隶属于自己而进行战争的问题了。

这样，过去仅仅对那些文明国家有意义的民族问题，在这个时期就失去了它的孤立性，而同整个殖民地问题融合起来了。

民族问题发展成整个殖民地问题，并不是历史上的偶然事件。这一发展首先是因为在帝国主义战争时期，各交战国的帝国主义集团本身不得不求助于殖民地，从殖民地获得人力来建立军队。毫无疑问，这一过程，即帝国主义者必然求助于殖民地各落后部族的过程，不能不唤醒这些部落和部族去谋求解放，进行斗争。其次第二个因素是各帝国主义集团瓜分土耳其并且使它亡国的尝试，这一因素使民族问题扩大和发展成了整个殖民地问题，使它由解放运动的星星之火变成燎原烈火，蔓延到全球各地。土耳其在国家制度方面是伊斯兰教民族中比较发达的一个国家，它不堪忍受这种前途，于是就举起了斗争的旗帜，把东方各民族团结在自己周围来反对帝国主义。第三个因素是苏维埃俄国的出现。苏维埃俄国反对帝国主义的斗争已经取得了一系列的胜利，这就自然而然地鼓舞了东方各被压迫民族，唤醒了它们，发动它们去进行斗争，从而为建立一条从爱尔兰到印度的被压迫民族的共同战线提供了可能性。

民族压迫发展的第二个阶段的这一切因素造成了这样的结果：资产阶级社会不仅没有解决民族问题，不仅没有奠定民族之间的和平，反而使民族斗争的星星之火燃烧成被压迫民族、殖民地和半殖民地反对世界帝国主义斗争的燎原烈火。

很明显，唯一能够解决民族问题的制度，唯一能够创造条件保证不同民族（нации）和部落（племена）和睦共处、兄弟合作的制度，是苏维埃政权的制度，是无产阶级专政的制度。

未必用得着证明，在资本统治下，在生产资料私有制和阶级存在的情况下，民族权利平等是不可能得到保证的，只要资本政权还存在，只要争夺生产资料的斗争还在进行，就不可能有任何的民族权利平等，也不可能有各民族劳动群众之间的合作。历史证明，消灭民族权利不平等的唯一方法，建立被压迫民族和非被压迫民族劳动群众兄弟合作的制度的唯一方法，就是消灭资本主义和建立苏维埃制度。

其次，历史表明，虽然某些民族已经从本民族的资产阶级以及从"异族的"资产阶级压迫下解放出来，就是说，虽然它们自己已经建立了苏维埃制度，但是在帝国主义存在的情况下，没有邻近的苏维埃共和国在经济和军事方面的援助，它们就不能单独存在和顺利地捍卫自己的单独存在。匈牙利的例子雄辩地证明：如果没有各苏维埃共和国的国家联盟，如果它们没有团结成统一的军事经济力量，那末无论在军事战线上或经济战线上都不可能抵挡住世界帝国主义的联合力量。

苏维埃共和国联邦是国家联盟最适当的形式，俄罗斯苏维埃联邦社会主义共和国就是这一形式活的体现。

同志们，这就是我首先要在这里谈到的一些前提，目的是为了在下面论证我们党在解决俄罗斯苏维埃联邦社会主义共和国境内的民族问题方面采取某些步骤的必要性。

虽然俄罗斯和同它联盟的各共和国在苏维埃制度下已经没有统治民族和无权民族、宗主国和殖民地、被剥削者和剥削者了，但是民族问题在俄罗斯仍然存在。俄罗斯苏维埃联邦社会主义共和国的民族问题的实质就是要消灭过去遗留下来的某些民族的事实上的落后性（经济的、政治的、文化的），使各落后民族有可能在政治、文化和经济方面赶上俄国中部。

在旧制度下，沙皇政权不努力也不可能努力发展乌克兰、阿塞拜疆、土耳其斯坦和其他边疆地区的国家制度，它反对发展边疆地区国家制度，也反对发展它们的文化，力图用暴力同化当地的土著居民。

其次，旧的国家、地主和资本家留下了像吉尔吉斯人、彻岑人、沃舍梯人这些被摧残的部族（народности），它们的土地过去是俄罗斯哥萨克和富农分子的殖民对象。它们过去注定要遭到浩劫和灭亡。

其次，大俄罗斯民族过去是统治民族，它的这种地位甚至在俄罗斯共产党员中间也留下了一些影响，这些俄罗斯共产党员不善于或者不愿意去接近当地居民中的劳动群众，不善于或者不愿意去了解他们的需要并帮助他们摆脱落后和不文明。我指的是为数不多的一些俄罗斯共产党员，他们在自己的工作中忽视边疆地区的生活习惯和文化的特点，有时表现出俄罗斯大国沙文主义的倾向。

再次，非俄罗斯民族受过民族压迫，它们的这种地位对当地居民中的共产党员也不无影响，这些共产党员有时不善于把本民族劳动群众的阶级利益同所谓"全民的"利益区别开来。我指的是有时在非俄罗斯共产党员中间可以看到的地方民族主义倾向，这种倾向在东方就表现为大伊斯兰主义、大突厥主义。

最后，必须把吉尔吉斯人、巴什基里亚人和一些山民部落（племена）从死亡中拯救出来，剥夺富农殖民者以保证他们得到必要的土地。

构成我国民族问题实质的一些问题和任务就是这样。

在说明了党在民族问题方面的这些当前的任务之后，我想来谈谈一般的任务，即谈谈使我们共产党在边疆地区的政策适合于那些主要存在于东部的经济生活的特殊条件的任务。

问题在于：有许多部族（народности），主要是突厥语系各部族（它们大约有2500万人），还没有经过或者还没有来得及经过工业资本主义时期，因此，它们没有或者几乎没有工业无产阶级，它们必须越过工业资本主义，从原始经济形态转到苏维埃经济阶段。为了进行这项艰巨的但决不是不可能的工作，必须考虑到这些部族的经济状况，甚至要考虑到它们过去的历史、生活习惯和文化的一切特点。把那些在俄国中部行之有效的有意义的措施搬到这些部族里去,是不可思议的和危险的。显然,在实行俄罗斯苏维埃联邦社会主义共和国的经济政策时,一定要注意到我们在这些边疆地区所碰到的经济状况、阶级结构和过去历史方面的一切特点。更不用说有些荒唐的事情是必须消除的,例如吉尔吉斯伊斯兰教居民从来不养猪,而粮食人民委员部却按摊派方式要他们交猪。从这个例子中可以看出,有些人是多么不愿意注意初到那里去的人一眼就可以看出的生活习惯的特点。

刚才有人递了一张条子给我,要我答复契切林同志的论文。同志们,契切林的论文我仔细地读过了,我认为他的论文除了舞文弄墨以外,别的什么也没有。这篇论文中有四点错误或者说四点误解。

首先,契切林同志有否认帝国主义国家之间矛盾的倾向,他过高估计了帝国主义者的国际联合,而忽略了和过低估计了各帝国主义集团之间和各帝国主义国家(法国、美国、英国、日本等)之间的内部矛盾,可是这种矛盾存在着,并且正酝酿着战争。他过高估计了帝国主义上层联合的因素,而过低估计了这个"托拉斯"内部的矛盾。可是这些矛盾存在着,外交人民委员部的活动正是以这些矛盾为依据的。

其次,契切林同志犯了第二个错误。他过低估计了占统治地位的列强同不久前成立的在财政上和军事上受这些列强支配的民族国家(捷克斯洛伐克、波兰、芬兰等)之间的矛盾。契切林同志完全忽略了这样的事实:尽管这些民族国家隶属于列强,或者确切些说,正是由于这种隶属关系,列强同这些国家之间才存在着各种矛盾,例如在列强同波兰、爱沙尼亚等国的谈判中就显露出了这些矛盾。外交人民委员部存在的作用就在于估计这一切矛盾,以这些矛盾为依据,并在这些矛盾的范围内随机应变。契切林同志竟过低估计了这一点,令人大为吃惊。

契切林同志的第三个错误,就是他过多地谈论民族自决这个实际上已变成便于帝国主义者利用的空洞口号。奇怪的是契切林同志竟忘记了我们抛弃这个口号已经两年了。在我们党纲中已经不再有这个口号了。我们党纲中所说的已经不是民族自决这个十分含糊的口号,而是各民族有国家分离权这个更清楚更明确的口号。这是两个不同的东西。奇怪的是契切林同志在他的论文中没有考虑到这一点,因此,他对那个已经是含糊不清的口号提出的一切反对意见都是无的放矢,因为不论在我的提纲中或者在党纲中,一个字也没有提到"自决"。那里谈到的只是关于各民族的国家分离权问题。而现在,在殖民地的解放运动蓬勃发展的时候,这个口号对我们来说是革命的口号。因为各苏维埃国家是根据自愿原则联合成联邦的,所以加入俄罗斯苏维埃联邦社会主义共和国的各民族按照自己的意志没有使用分离权。因为我们所说的是那些受英国、法国、美国、日本压制的殖民地,是阿拉伯、美索不达米亚、土耳其、印度斯坦这类从属国家,即那些殖民地国家或半殖民地国家,所以各民族有分离权的口号就是革命的口号,抛弃这个口号就是为帝国主义者效劳。

第四个误解就是在契切林同志的论文中缺少实际的意见。写文章当然是容易的,但是,既然文章的标题是《反对斯大林同志的提纲》,那就应当提出一些重要的东西,至少应当提出几个实际的反建议。可是我在他的论文中并没有找到一个值得倾听的实际建议。

同志们,我就要讲完了。我们可以得出如下的结论:资产阶级社会不仅不能解决民族问题,反而在"解决"民族问题的尝试中使民族问题扩大为殖民地问题了,并且造成了一条从爱尔兰到印度斯坦的反对自己的新战线。唯一能够提出和解决民族问题的国家是以生产资料和生产工具集体所有制为基础的国家,即苏维埃国家。在苏维埃联邦国家内,不再有被压迫民族和统治民族,民族压迫已经消灭,但是,由于文化较发达的民族(нации)和文化不大发达的民族之间还存在着旧的资产阶级制度遗留下来的事实上的不平等(文化的、经济的、政治的),民族问题就具有一种形式,这种形式要求规定一些措施来帮助各落后民族和部族的劳动群众在经济、政治和文化上繁荣起来,使他们有可能赶上走在前面的无产阶级的俄国中部。由此就产生了一些实际建议,这些建议构成了我所提出的关于民族问题提纲中第三部分的内容。(鼓掌)

二　结论

（3月10日）

同志们！这次代表大会在民族问题的讨论方面最大的特征，就是我们已经从发表关于民族问题的宣言，经过重新划分俄国行政区域，进到在实践上提出问题了。在十月革命初期，我们只是宣布了民族分离权。在1918年和1920年，为了使各落后民族的劳动群众接近俄罗斯无产阶级，我们按照民族特征重新划分了俄国的行政区域。而现在，在这次代表大会上，我们则把党对各自治区和同俄罗斯联盟的各独立共和国的劳动群众和小资产阶级分子应当采取的政策问题完全提到实践上来了。因此，查东斯基的关于提交大家的提纲带有抽象性质的说法使我感到惊奇。我手头有他自己的提纲，不知道他为什么没有把这个提纲提交代表大会审查。在他的提纲中，我没有找到一个实际建议，除了提出用"东欧"一词代替"俄罗斯苏维埃联邦社会主义共和国"，用"俄罗斯"或"大俄罗斯"一词代替"俄国"以外，没有任何其他的建议。我在这个提纲中没有找到其他实际建议。

现在来谈谈下面一个问题。

应当说，我本来对发言的代表抱的希望很大。俄国共有22个边疆地区，在这些边疆地区中，有的工业非常发达，在工业方面和俄国中部很少有差别，有的还没有经过资本主义阶段，同俄国中部有根本的差别，另一种则是完全闭塞的。要把边疆地区这一切不同的情况都非常具体地包括在提纲内是不可能的。决不能要求有全党意义的提纲仅仅带有土耳其斯坦的性质，仅仅带有阿塞拜疆或乌克兰的性质。必须撇开细节，抓住各个边疆地区的共同特点，把它们列入提纲。其他起草提纲的方法在天地间是没有的。

必须把非大俄罗斯民族划分为几类，这在提纲中已经做了。非俄罗斯民族大约有6500万人。所有这些非俄罗斯民族的共同特点是它们在国家制度的发展方面都落后于俄国中部。我们的任务是尽一切力量帮助这些民族，帮助它们的无产阶级分子和劳动者发展使用本族语言的苏维埃国家机关。这种共同之点在提纲中，在提纲的实践部分中，都已经提到了。

其次，如果要使各边疆地区的特点更加具体化，就必须从大约6500万非俄罗斯民族的总人口中划出2500万左右还没有经过资本主义的突厥语系民族人口。米高扬同志说阿塞拜疆的发展程度在某些方面比俄罗斯各省高，这是不对的。他显然是把巴库和阿塞拜疆混为一谈了。巴库不是从阿塞拜疆内部发展起来的，而是经过诺贝尔、路特希尔德、维沙乌等人的努力从上面建造起来的。至于阿塞拜疆本身，那它是一个最落后的父权制封建关系的国家。因此，我把整个阿塞拜疆列入没有经过资本主义的一类边疆地区，对于这类边疆地区，必须采用特殊的方法把它们纳入苏维埃经济的轨道。关于这一点提纲里也说到了。

其次，还有第三类，这一类的人口不超过600万，主要是还保留着氏族生活方式的游牧部落（племя），它们还没有进入农业经济。这主要是吉尔吉斯人、土耳其斯坦北部、巴什基里亚人、彻岑人、沃舍梯人、英谷什人。对于这一类民族（национальность），首先必须保证它们有土地。这里没有让吉尔吉斯人和巴什基里亚人发言就停止了讨论。他们对于居于山地的巴什基里亚、吉尔吉斯和山民因无土地而日渐死亡的痛苦，是能够谈得更多一些的。而萨发罗夫关于这一点所说的只能涉及600万人口的这一类。因此，把萨发罗夫的实际建议运用到一切边疆地区还是不可想像的，因为对其余的约有6000万人口的非俄罗斯民族来说，这些修正是毫无意义的。正因为如此，我不反对把萨发罗夫对某些民族所提出的某几点意见加以具体化、补充和修正，但是必须说明，决不能到处运用这些修正。其次，我必须对萨发罗夫的一项修正提出批评。在他这项修正中有一句关于"民族文化自决"的话。

那里写道："在十月革命以前，由于实行帝国主义的政策，俄国东部边疆地区的殖民地和半殖民地各族人民无法通过实行本民族文化自决和用本族语言进行教育的方法来利用资本主义文明的文化成果"等等。

我必须说，我不能接受这项修正，因为它带有崩得主义的色彩。民族文化自决是崩得的公式。我们早就抛弃了那些含糊不清的自决口号，恢复它们是没有必要的。而且这整句话不过是一些字的矫揉造作的堆砌。

其次，我接到一张条子，上面说我们共产党员似乎在人为地培植白俄罗斯民族。这是不对的，因为白俄罗斯民族存在着，它有和俄罗斯语言不同的语言，因此，只有使用白俄罗斯本族的语言，才能提高白俄罗斯人民的文化。大约五年前，关于乌克兰，关于乌克兰民族，也有人说过同样的话。就在不久以前还有人说，乌克兰共和国和乌克兰民族是德国人臆造出来的。可是很明显，乌克兰民族存在着，发展它的文化是共产党员的义务。违背历史是不行的。很明显，如果乌克兰的各个城市至今还是俄罗斯人占优势，那末随着时间的推移，这些城市必然会乌克兰化。大约四十年前，里加是一个德国人的城市，但是，由于城市是依靠农村发展的，而农村又是民族的保存者，因此里加现在就成了纯粹拉脱维亚人的城市了。大约五十年前，匈牙利所有的城市都带有德国性质，可是它们现在都马札尔化了。白俄罗斯将来也会这样，虽然现在在它的各个城市中非白俄罗斯人还占优势。

在结束我的讲话时，我建议代表大会选举一个由各区域代表组成的委员会，以便讨论提纲中我们所有边疆地区都感到兴趣的实际建议，使它们更加具体化。（鼓掌）

俄国共产党第十次代表大会
速记记录1921年莫斯科版

选自《斯大林全集》第5卷，第27～39页

注释：

[1] 俄共（布）第十次代表大会于1921年3月8日至16日举行。代表大会讨论了中央委员会的总结报告和中央监察委员会的总结报告，讨论了关于工会及其在国家经济生活中的作用的报告、关于实物税的报告、关于党的建设的报告、关于党在民族问题方面的当前任务的报告、关于党的统一和无政府工团

主义倾向的报告等等。弗·伊·列宁做了中央委员会的政治报告、关于实物税的报告以及关于党的统一和无政府工团主义倾向的报告。代表大会做了关于工会的争论的总结，并以绝大多数通过了列宁的纲领。代表大会在弗·伊·列宁起草的《关于党的统一》的决议中斥责了一切派别集团，责令他们立即解散，并指出党的统一是无产阶级专政取得胜利的基本条件。代表大会通过了弗·伊·列宁提出的《关于我们党内的工团主义和无政府主义倾向》的决议，在这个决议中斥责了所谓"工人反对派"，并认为宣传无政府工团主义倾向的思想和共产党员的党籍不能相容。第十次代表大会通过了关于从余粮收集制过渡到粮食税，过渡到新经济政策的决议。3月10日听取了约·维·斯大林《论党在民族问题方面的当前任务》的报告。代表大会一致通过以约·维·斯大林的提纲为基础，选出一个委员会来进一步加工。约·维·斯大林在3月15日下午会议上报告了该委员会的工作结果。代表大会一致通过了约·维·斯大林代表该委员会提出的决议。代表大会斥责了民族问题方面的反党倾向即大国（大俄罗斯）沙文主义和地方民族主义，指出这两种倾向对共产主义和无产阶级国际主义都是有害而危险的。代表大会集中火力批判了大国沙文主义这一主要危险。［关于俄共（布）第十次代表大会，见《苏联共产党（布）历史简明教程》，人民出版社，1954，第336~342页。代表大会的各项决议，见《苏共代表大会、代表会议和中央全会决议汇编》第1卷，1954，第515~572页］。

论民族问题的提法

共产党人对民族问题的提法,和第二国际及第二半国际[1]的活动家、各式各样的"社会主义的"政党、"社会民主主义的"政党、孟什维克党、社会革命党等有本质的不同。

指出作为民族问题新提法的最显著的特征的四个要点是特别重要的,因为它们在对民族问题的新旧理解之间划了一条分界线。

第一个要点是作为局部的民族问题和作为整体的殖民地解放的总问题融合起来了。在第二国际时代,通常都把民族问题限制在只和"文明"民族有关的问题的狭隘范围内。爱尔兰人、捷克人、波兰人、芬兰人、塞尔维亚人、亚美尼亚人、犹太人以及欧洲其他一些民族,——第二国际所关心的就是这些没有充分权利的民族的命运。而那些遭受最粗暴最残酷的民族压迫的千百万亚洲人民和非洲人民,通常都不放在"社会主义者"的眼里。他们不敢把白种人和黑种人、"不文明的"黑人和"文明的"爱尔兰人、"落后的"印度人和"有教养的"波兰人相提并论。当时人们都默默地认为:如果也需要为欧洲没有充分权利的民族的解放而斗争,那末"正派的社会主义者"就完全不应当真正谈到为"保存""文明"所"必需"的殖民地的解放。这些所谓社会主义者甚至并不认为,如果亚洲和非洲殖民地人民不摆脱帝国主义的压迫,欧洲民族压迫的消灭是不能想像的,他们并不认为前者和后者是有机地联系着的。共产党人首先揭示了民族问题和殖民地问题的联系,从理论上论证了这一联系,并且把它作为自己革命实践的基础。因而,白种人和黑种人之间、帝国主义的"文明的"奴隶和

"不文明的"奴隶之间的那堵墙就被推倒了。这种情况大大地促进了把落后的殖民地的斗争和先进的无产阶级的斗争配合起来反对共同敌人、反对帝国主义的事业。

第二个要点是各民族和殖民地有国家分离权、有成立独立国家的权利这一明确的革命口号代替了含糊不清的民族自决权口号。第二国际的活动家在谈到自决权的时候，通常总是不提国家分离权，至多只把自决权解释为一般自治权。民族问题"专家"石普林格尔和鲍威尔甚至把自决权变成欧洲被压迫民族的文化自治权，就是说，被压迫民族在全部政治（和经济）权力仍旧掌握在统治民族手中的条件下有设立自己的文化机关的权利。换句话说，就是把没有充分权利的民族的自决权变成统治民族享有政治权力的特权，而关于国家分离的问题则撇开不谈。第二国际的思想首领考茨基基本上同意石普林格尔和鲍威尔对自决所做的这个实质上是帝国主义的解释。帝国主义者抓住这个对他们有利的自决口号的特点并把它宣布为自己的口号，这是不足为奇的。大家知道，以奴役各族人民为目的的帝国主义战争，就是在自决的旗帜下进行的。因此，含糊不清的自决口号就从民族解放、民族权利平等的工具变成驯服各民族的工具，变成使各民族顺从帝国主义的工具了。最近几年的世界事物的进程，欧洲革命的逻辑以及殖民地解放运动的增长，都要求抛弃这个已变成反动的口号，而代之以另一个革命的口号，即能够消除没有充分权利的民族的劳动群众对统治民族无产者不信任的气氛的口号，能够为民族权利平等和这些民族劳动者的团结扫清道路的口号。共产党人提出的各民族和殖民地有国家分离权的口号就是这样的口号。

这个口号的优点就在于它能够——

（一）消灭某一民族劳动者怀疑另一民族劳动者有掠夺意图的任何根据，从而为相互信任和自愿联合打下基础；

（二）摘下帝国主义者一面虚伪地谈论自决，一面却力图使没有充分权利的民族和殖民地顺从自己并把它们强留在自己的帝国主义国家范围内的假面具，从而加强没有充分权利的民族和殖民地反对帝国主义的解放斗争。

未必用得着证明，如果俄罗斯工人在取得政权以后不宣布各民族有国家分离权，如果他们不用事实证明自己有实现各民族的这个不可剥夺的权利的决心，如果他们不放弃对芬兰的"权利"（1917年），如果他们不从波斯北部撤出军队（1917年），如果他们不放弃对蒙古、中国某些领土的野心等等，那末他们就不会得到西方和东方其他民族的同志对自己的同情。

同样不容置疑，用自决的旗帜巧妙地掩盖起来的帝国主义者的政策，近来在东方仍然接二连三地遭到失败的原因之一，就是这种政策在那里遇到了在以各民族有国家分离权的口号的精神进行鼓动的基础上成长起来的日益发展的解放运动。这一点是那些因巴库"行动和宣传委员会"[2]犯了一些不关紧要的过错而拼命辱骂它的第二国际和第二半国际的英雄们所不了解的，但是任何一个愿意知道上述"委员会"成立一年以来的活动和近两三年来亚洲和非洲殖民地的解放运动的人，都一定会了解的。

第三个要点是对民族殖民地问题同资本政权、推翻资本主义和无产阶级专政问题之间的有机联系的揭示。在第二国际时代，民族问题的范围被缩小到极点，通常被看做是孤立的、同未来的无产阶级革命没有联系的。人们当时都默默地认为，在无产阶级革命以前，只要在资本主义范围内实行一些改良的办法，民族问题就会"自然而然地"解决，认为不根本解决民族问题，无产阶级革命也能实现，相反地，不推翻资本政权，没有无产阶级革命的胜利和在无产阶级革命胜利以前，民族问题也能解决。这种实质上是帝国主义对事物的看法像一根红线贯穿在石普林格尔和鲍威尔关于民族问题的人所共知的著作中。但是最近十年以来，对民族问题的这种理解被证明是完全错误的和十分腐朽的。帝国主义战争表明，近几年来的革命实践也再次证实——

（一）民族问题和殖民地问题是同摆脱资本政权问题分不开的；

（二）帝国主义（资本主义的最高形式）不在政治上和经济上奴役没有充分权利的民族和殖民地就不能生存；

（三）没有充分权利的民族和殖民地不推翻资本政权就不能获得解放；

（四）没有充分权利的民族和殖民地不摆脱帝国主义的压迫，无产阶级的胜利就不能巩固。

如果欧洲和美洲可以叫做社会主义和帝国主义之间进行主要战斗的前线和舞台，那末具有原料、燃料、粮食和大批人力的没有充分权利的民族（нация）和殖民地就应当算做帝国主义的后方和后备军。为了赢得战争的胜利，不仅要在前线打胜仗，而且要使敌人的后方、敌人的后备军革命化。因此，只有在无产阶级善于把自己的革命斗争同没有充分权利的民族和殖民地劳动群众的解放运动结合起来反对帝国主义者政权和争取无产阶级专政的情况下，世界无产阶级革命的胜利才能认为有保证。第二国际和第二半国际的活动家忽略了这件"小事"，把民族殖民地问题同在西方日益高涨的无产阶级革命时代的政权问题分割开来了。

第四个要点是给民族问题加进了新的因素，即加进了使各民族在事实上（不只是在法律上）平等的因素（帮助和协助落后民族提高到走在它们前面的民族的文化水平和经济水平），这是建立各民族（нация）劳动群众之间兄弟合作的条件之一。在第二国际时代，通常只限于宣布"民族权利平等"。至多也不过是要求实现这种权利平等。但是民族权利平等本身是很重要的政治成果，如果没有足够的手段和可能来行使这个极重要的权利，那它就有变成空谈的危险。毫无疑问，落后民族（народы）的劳动群众没有力量像先进民族（нация）的劳动群众那样享用"民族权利平等"给他们的权利，因为某些民族（нация）从过去继承下来的落后性（文化的、经济的）不是一两年内就能消灭的，人们还是能感觉得到的。这种情况在俄国也可以感觉得到，这里有许多民族还没有来得及经过资本主义，而有些民族根本没有进入资本主义，没有或者几乎没有自己的无产阶级，这里民族权利平等虽然已经完全实现，但是，由于文化上和经济上的落后，这些民族（национальности）的劳动群众还没有力量充分使用他们已经取得的权利。这种情况在西方无产阶级胜利后的"第二天"还将更强烈地使人感觉得到，因为那时处于各个极不相同的发展阶段的无数落后的殖民地和半殖民地都必将登上舞台。正因为如此，胜利了的先进民族的无产阶级必须帮助，真正地和长期地帮助落后民族的劳动群众发展文化和经济，帮助他们提高到高级发展阶段，赶上走在前面的民族。没有这种帮助，就不可能建立为社会主义最终胜利所十分必需的不同民族和部族的劳动者在统一的世界经济范围内的和睦共处和兄弟合作。

由此应当得出结论说，不能只限于"民族权利平等"，必须从"民族权利平等"转到采取使各民族事实上平等的办法，转到制定并实行下列实际措施：

（一）研究落后民族和部族的经济状况、生活习惯和文化；

（二）发展它们的文化；

（三）对它们进行政治教育；

（四）把它们逐步地无痛苦地引向高级的经济形式；

（五）建立落后民族劳动者和先进民族劳动者之间的经济合作。

说明俄国共产党人对民族问题的新提法的四个要点就是这样。

一九二一年五月二日

载于《真理报》，1921年5月8日，第98号

署名：约·斯大林

选自《斯大林全集》第5卷，第42~47页

注释：

[1] 第二半国际，即"国际社会党工人联盟"，于1921年2月在维也纳成立，参加这次成立大会的是在具有革命情绪的工人群众的压力下暂时退出第二国际的各中派政党和集团的代表。第二半国际的首领们（弗·阿德勒、奥·鲍威尔、拉·马尔托夫等人）口头上批评第二国际，实际上却在无产阶级运动的一切重大问题上实行机会主义政策，并竭力利用这一联盟来抵制共产党人对工人群众的日益扩大的影响。1923年第二半国际重新和第二国际合并。

[2] "东方民族行动和宣传委员会"是根据1920年9月在巴库举行的东方民族第一次代表大会的决议成立的。该委员会的宗旨是援助和联合东方的解放运动；该委员会存在将近一年。

关于共产主义在格鲁吉亚和南高加索的当前任务

(在格鲁吉亚共产党梯弗里斯党组织全体党员大会[1]上的报告)

(1921年7月6日)

……

但要确定苏维埃国家的策略（这里指的是确定苏维埃格鲁吉亚的策略），单考虑到总的情况是不够的。为了确定每一个苏维埃国家共产党员的策略，还必须考虑到这些国家存在的特殊的具体的条件。而苏维埃格鲁吉亚存在的特殊的具体的条件（格鲁吉亚共产党必须在这些条件下进行活动）究竟是怎样的呢？

可以毫不怀疑地举出一些说明这些情况的事实。

第一、毫无疑问，由于资本主义国家对各苏维埃国家极端仇视，因此无论从军事方面或从经济发展方面来看，苏维埃格鲁吉亚和其他一切苏维埃国家都不可能完全孤立地存在。各苏维埃国家在军事上和经济上的互相支援是这些国家发展的不可缺少的条件。

第二、很明显，格鲁吉亚缺少粮食，它需要俄罗斯的粮食，没有是不行的。

第三、格鲁吉亚没有液体燃料，为了维持运输业和工业，显然需要阿塞拜疆的石油产品，没有是不行的。

第四、同样毫无疑问，格鲁吉亚的出口商品不足，它需要俄罗斯用黄金来帮助它弥补商品预算的赤字。

最后，不能不考虑到格鲁吉亚居民中民族成分的特殊情况，亚美尼亚人在格鲁吉亚居民中占很大的百分比，而在梯弗里斯，即在格鲁吉亚首都甚至约占全部居民的半数。毫无疑问，这就要求格鲁吉亚在任何管理形式下，特别是在苏维埃制度下，要同格鲁吉亚的亚美尼亚人以及同亚美尼亚保持无条件的和平和兄弟合作。

未必用得着证明，这些以及诸如此类的具体条件要求苏维埃格鲁吉亚、苏维埃亚美尼亚和阿塞拜疆彼此间在经济方面共同行动，在经济活动方面联合一致，比如说，共同加强运输，在国外市场上一致行动，布置土壤改良工作（灌溉、排水）等等。至于一旦需要抵御外侮时，南高加索各独立苏维埃共和国之间和这些共和国同苏维埃俄罗斯之间必须互相支援和联系，那就更不用说了。这一切都是很清楚的、无可争辩的。我所以又提到这些老生常谈的道理，是因为最近两三年以来，有一些情况妨碍着这种联合，并且有使这种联合的尝试遭到破坏的危险。我说的是格鲁吉亚的、亚美尼亚的、阿塞拜疆的民族主义，这种民族主义最近几年来在南高加索各共和国内极为猖獗，妨碍着联合事业。

我记得在1905年至1917年期间，南高加索各民族的工人和全体劳动者中间呈现出一片兄弟般团结的景象，当时亚美尼亚工人、格鲁吉亚工人、阿塞拜疆工人和俄罗斯工人兄弟般地团结在一个社会主义大家庭中。而现在，当我到达梯弗里斯之后，使我感到惊奇的是南高加索各民族工人之间过去的那种团结已经没有了。民族主义在工人和农民中间增长了，对其他民族同志的不信任情绪加深了：反亚美尼亚的、反鞑靼的、反格鲁吉亚的、反俄罗斯的和其他种种民族主义现在极其盛行。旧的兄弟般的信任的关系破裂了，或者至少是大大地削弱了。显然，格鲁吉亚民族主义政府（孟什维克）、阿塞拜疆民族主义政府（木沙瓦特党人[2]）和亚美尼亚民族主义政府（达什纳克党人[3]）存在三年之久不是没有影响的。这些民族主义政府实行自己的民族主义政策，向劳动者灌输侵略性的民族主义精神，以致民族主义的仇视气氛包围住了这些小国中的每个国家，使格鲁吉亚和亚美尼亚得不到俄罗斯的粮食和阿塞拜疆的石油，使阿塞拜疆和俄罗斯得不到经过巴土姆运来的商品。至于武装冲突（格鲁吉亚和亚美尼亚的战争）和互相残杀（亚美尼亚和鞑靼的互相残杀），那就更不用说了，这都是民族主义政策的必然结果。在这种充满民族主义毒素的环境里，原有的国际主义关系破裂了，工人的意识遭到了民族主义毒素的侵害，这是不足为怪的。由于这种民族主义残余在工人中间还没有被铲除，这种情况（民族主义）就成了使南高加索各苏维埃共和国在经济（和军事）活动方面联合起来的极大障碍。我已经说过，没有这种联合，南高加索各苏维埃共和国，特别是苏维埃格鲁吉亚在经济上就不可能繁荣起来。因此，格鲁吉亚共产党员当前的任务就是：同民族主义作无情的斗争，恢复孟什维克民族主义政府出现以前原有的那种兄弟般的国际主义关系，从而造成一种使南高加索各苏维埃共和国的经济活动得以联合起来并使格鲁吉亚的经济得以恢复所必需的相互信任的健康气氛。

当然这并不是说，不再需要独立的格鲁吉亚或独立的阿塞拜疆等等了。在某些同志中间流传着一种计划，主张恢复旧省制（梯弗里斯省、巴库省、埃里温省），由南高加索政府统一领导。我认为这是空想，而且是一种反动的空想，因为这个计划的出发点无疑是想扭转历史车轮。恢复旧省制和废除格鲁吉亚、阿塞拜疆和亚美尼亚的民族政府，就无异于恢复地主的土地所有制和葬送革命成果。这和共产主义毫无共同之处。正因为要消除互相不信任的气氛和恢复高加索各民族工人同俄罗斯工人之间兄弟般的关系，——正因为这样，就必须保持格鲁吉亚、阿塞拜疆和亚美尼亚的独立。这并不是排斥，相反地，这是预计到必须在经济方面和其他方面互相支援，必须按照自愿协议原则和协商原则把各独立的苏维埃共和国的经济活动联合起来。

我得到的消息说，最近莫斯科决定给格鲁吉亚、亚美尼亚和阿塞拜疆一个小小的援助，即贷给它们650万金卢布。此外，我知道格鲁吉亚和亚美尼亚是无偿地从阿塞拜疆得到石油产品的,这种事情在资产阶级国家生活中,即使是在用有名的"诚意协定"(entente cordiale[4])联系起来的资产阶级国家生活中也是不可想像的。未必用得着证明,这些以及诸如此类的行动不是在削弱而是在巩固这些国家的独立。

总之,要肃清民族主义残余,无情地铲除这些残余,并且在南高加索各民族劳动者中间造成一种相互信任的健康气氛,以便在保持苏维埃格鲁吉亚独立的情况下促进和加速南高加索各苏维埃共和国经济活动方面的联合(没有这种联合,苏维埃格鲁吉亚的经济就不可能恢复),——这就是格鲁吉亚的具体条件要求格鲁吉亚共产党员当前应当担负的第二项任务。

最后,是当前的第三项任务,这项任务也同样重要和同样必要,这就是要保持格鲁吉亚共产党的纯洁性、坚定性和灵活性。

……

同志们,我的报告就要结束了。现在来做几点结论:

(一)开展全面的经济建设工作,把自己的全部力量贡献给这项工作,同时利用西方资本家集团和本国小资产阶级集团的人力和物力。

(二)消灭民族主义这条九头蛇,造成国际主义的健康气氛,以便在保持南高加索各苏维埃共和国独立的条件下促进这些国家经济活动方面的联合。

(三)保护党,不让市侩分子涌进党来,保持党的坚定性和灵活性,不断地改善党员的质量。

这就是格鲁吉亚共产党当前的三项基本任务。

格鲁吉亚共产党只有完成这些任务才能掌稳船舵,战胜经济破坏。

(鼓掌)

载于格鲁吉亚《真理报》(梯弗里斯),1921年7月13日,第108号

选自《斯大林全集》第5卷,第75~80页

注释：

[1] 约·维·斯大林于1921年6月底从纳尔契克（当时他在那里治病）到达梯弗里斯，参加有地方党组织和工会组织代表参加的俄共（布）中央委员会高加索局全体会议的工作。全会于7月2日至7日举行，讨论了南高加索各苏维埃共和国建设中最重要的经济问题和政治问题。全会在约·维·斯大林主持拟定的关于政治形势的报告的决议中规定了南高加索共产党员的任务，并给予民族主义倾向分子以坚决打击。全会通过了关于组织一个委员会来联合南高加索各苏维埃共和国的经济活动的决议，讨论了关于南高加索的铁路状况、关于南高加索各苏维埃共和国内的货币流通、关于纳果尔内卡拉巴赫的自治、关于阿札里亚、关于阿布哈兹的情况等问题。约·维·斯大林在7月6日的梯弗里斯党组织全体党员大会上做了《关于共产主义在格鲁吉亚和南高加索的当前任务》的报告。报告发表在1921年7月13日《格鲁吉亚真理报》第108号上，并于同年由俄共（布）中央委员会高加索局出版单行本。

[2] 木沙瓦特（"木沙瓦特"党）是阿塞拜疆资产阶级和地主的民族主义政党，成立于1912年。在十月革命和国内战争时期是阿塞拜疆的主要反革命力量，木沙瓦特党人在土耳其武装干涉者支持下，后来又在英国武装干涉者支持下，于1918年9月至1920年4月在阿塞拜疆执政。1920年4月，木沙瓦特党政府被巴库工人、阿塞拜疆农民和前来帮助他们的红军合力推翻。

[3] 达什纳克（"达什纳克楚纯"党）是亚美尼亚资产阶级民族主义政党，成立于19世纪90年代。1918年至1920年间，达什纳克党人领导了亚美尼亚资产阶级民族主义政府，把亚美尼亚变成了英国武装干涉者反对苏维埃俄国的据点。达什纳克党政府于1920年11月被红军支持下的亚美尼亚劳动人民的起义所推翻。

[4] 指1904年英国和法国签订的军事政治协定，这个协定是成立协约国（英国、法国和沙皇俄国的帝国主义同盟）的开端。

十月革命和俄国共产党人的民族政策

十月革命的力量之一，就在于它和西方的历次革命不同，它把千百万小资产阶级群众，首先是把他们中间最强大的人数最多的阶层——农民团结在俄国无产阶级的周围。因此，俄国资产阶级就陷于孤立，失去了军队，而俄国无产阶级就变成了国家命运的主宰者。不这样，俄国工人就保持不住政权。

和平、土地革命和民族自由——这就是使幅员广阔的俄国的二十多个民族集合在俄国无产阶级红旗周围的三个基本要素。

头两个要素在这里没有必要谈了，因为在书刊上已经谈得够多了，而且不谈也是很清楚的。至于第三个要素，即俄国共产党人的民族政策，看来，它的重要性人们还没有完全了解。因此，不妨简单地谈谈。

首先，在俄罗斯苏维埃联邦社会主义共和国（芬兰、爱沙尼亚、拉脱维亚、立陶宛、波兰除外）的1.4亿人口中，大俄罗斯人不超过7500万，其余的6500万人都是非大俄罗斯民族。

其次，这些民族主要是居住在边疆地区，即军事上最容易被攻破的地方，这些边疆地区富产原料、燃料和粮食。

此外，这些边疆地区在工业方面和军事方面没有俄国中部发达（或者完全不发达），因此，没有俄国中部军事和经济方面的帮助，它们就无力捍卫自己的独立生存，正像俄国中部没有边疆地区在燃料、原料和粮食方面的帮助就不能保持自己军事和经济的威力一样。

这些情况加上共产主义民族纲领的某些原理，就决定了俄国共产党人的民族政策的性质。

这个政策的实质可以用下面几句话来表述：放弃对非俄罗斯民族居住地区各种各样的"要求"和"权利"；承认（不是在口头上，而是在事实上）这些民族有成立独立国家的权利；使这些民族同俄国中部在军事和经济方面建立自愿的联盟；帮助落后民族发展文化和经济，否则所谓"民族权利平等"就会变成空谈；这一切都是以农民的彻底解放和把全部政权集中在边疆地区各民族的劳动者手中为基础的，——俄国共产党人的民族政策就是如此。

不用说，如果执掌政权的俄罗斯工人不用事实证明自己有实行这种民族政策的决心，如果他们不放弃对芬兰的"权利"，如果他们不从波斯北部撤出军队，如果他们不打消俄国帝国主义者对蒙古和中国某些地区的野心，如果他们不帮助旧俄帝国的落后民族使用本族语言发展文化和国家制度，那末他们就不会取得本国的其他民族的同志，首先是没有充分权利的民族的被压迫群众对自己的同情和信任。

只有在这种信任的基础上，俄罗斯苏维埃联邦社会主义共和国各族人民的牢不可破的联盟才能产生，这种联盟是各式各样的"外交"诡计和处心积虑地实行的"封锁"所无力反对的。

不仅如此，俄罗斯工人如果没有旧俄边疆地区的被压迫群众对自己的这种同情和信任，就不能战胜高尔察克、邓尼金和弗兰格尔。不应当忘记，这些叛乱将军的活动地区只限于那些以非俄罗斯民族为主的边疆地区，由于高尔察克、邓尼金和弗兰格尔实行帝国主义的和俄罗斯化的政策，这些边疆地区的非俄罗斯民族不能不憎恨他们。协约国干预这件事并支持这些将军时所能依靠的只是边疆地区的俄罗斯化分子。这样，协约国只能挑起边疆地区居民对叛乱将军的憎恨并加深他们对苏维埃政权的同情。

这种情况决定了高尔察克、邓尼金和弗兰格尔后方的软弱性，也决定了他们前线的软弱性，归根到底也就是决定了他们的失败。

但是俄国共产党人的民族政策，并不只是在俄罗斯苏维埃联邦社会主义共和国和同它联盟的各苏维埃共和国范围内获得了良好的效果。事实上,这种效果也在各邻国同俄罗斯苏维埃联邦社会主义共和国的关系上间接地表现出来了。过去把俄国看做妖魔鬼怪的士耳其、波斯、阿富汗、印度和东方其他国家同俄国的关系的根本改善,就是一件连克逊爵士那样勇敢的政治家也不敢反驳的事实。未必用得着证明,如果在苏维埃政权建立四年以来,在俄罗斯苏维埃联邦社会主义共和国内没有一贯实行上述的民族政策,那末上面所说的各个邻国同俄国关系的根本改变就是不可能的。

一般说来,俄国共产党人的民族政策所获得的结果就是如此。正是在现在,在苏维埃政权建立四周年的时候,当沉重的战争已经结束,大规模的建设工作已经开始,为了一眼看清过去而不由自主地回顾一下已经走过的道路的时候,这些结果就看得特别清楚了。

载于《真理报》,1921 年 11 月 6 日、7 日,第 251 号

署名:约·斯大林

选自《斯大林全集》第 5 卷,第 91~94 页

关于各独立民族共和国的联合问题

(和《真理报》记者的谈话)

斯大林同志对本报记者提出的关于成立苏维埃社会主义共和国联盟的一些问题作了如下的说明[1]。

各独立共和国联合的运动是由谁发起的?

运动是由各共和国自己发起的。大约在三个月以前,南高加索各共和国的领导集团就提出了关于建立各苏维埃社会主义共和国统一的经济战线和把各共和国联合成一个联盟国家的问题。当时在阿塞拜疆、格鲁吉亚和亚美尼亚的一些地区把这个问题提交党员群众广泛地进行了讨论,从有关的决议中可以看出,这个问题激起了空前未有的热情。几乎与此同时,在乌克兰和白俄罗斯也提出了联合的问题,这个问题在那里的广大党员群众中间,也和南高加索一样,引起了极热烈的反应。

这些情况无疑说明这个运动富有生命力,也说明各共和国的联合问题确实已经成熟了。

这个运动是怎样引起的,它的主要原因是什么?

主要是经济方面的原因。帮助农民经济,发展工业,改进交通联络工具,财政问题,关于租让制和其他经济协定的问题,作为商品买卖者在国外市场上一致行动,——这就是产生成立共和国联盟的运动的一些问题。一方面内战使我们各共和国内部的经济资源枯竭,另一方面没有较多的外资流入,这就造成这样一种情况:我们各苏维埃共和国中没有一个能够靠本身的力量来恢复自己的经济。现在,当各苏维埃共和国在内战结束后第一次认真着手解决经济问题的时候,当在工作过程中第一次感到单靠各个共和国孤军作战十分不够而完全有必要联合行动并在经济方面联合起来的时候,当感到这种联合是真正恢复工业和农业的唯一途径的时候,这种情况就特别显著了。

但是要把各个共和国的经济活动真正联合起来,直到把它们联合成统一的经济联盟,就必须建立一些能够沿着一条确定的道路指导这些共和国的经济生活的相当的常设联盟机关,正因为如此,这些共和国之间原有的经济协定和贸易协定现在就显得不够了。正因为如此,建立共和国联盟的运动的发展超过了这些协定并提出了各共和国的联合问题。

你认为这种联合趋向是一种崭新的现象,还是有它的历史?

各独立共和国的联合运动并不是一种什么突如其来的和"空前未有的"新现象。它有自己的历史。这个联合运动经过了两个发展的阶段,现在它已进入第三个阶段。

第一个阶段是1918年至1921年,也就是武装干涉和内战时期,当时致命的危险威胁着各共和国的生存,当时这些共和国为了保卫自己的生存不得不在军事方面联合起来。这个阶段是以各苏维埃共和国的军事联合、军事联盟而告结束的。

第二个阶段是1921年底到1922年初,也就是热那亚会议和海牙会议时期,当时西方资本主义列强对武装干涉的力量丧失了信心,试图不用军事方式而用外交方式在各苏维埃共和国内恢复资本主义所有制,当时各苏维埃共和国的统一的外交战线是抵挡西方列强攻击必不可少的手段。在这个基础上就产生了八个友好的独立共和国和俄罗斯苏维埃联邦社会主义共和国在热那亚会议开幕前签订的著名协定[2],这个协定不是别的,正是各苏维埃共和国的外交联合。第二个阶段即我们各共和国的外交联盟阶段就是这样结束的。

现在各民族共和国的联合运动已进入第三个阶段即经济联合阶段。不难理解,第三个阶段是联合运动的前两个阶段发展的结果。

是否应当由此得出结论说,各共和国联合的结果,和远东共和国一样，必定是同俄罗斯合并，同俄罗斯融合？

不，不是这个意思！远东共和国[3]和上述各民族共和国之间有原则的差别：

（甲）前者完全不是按照民族特征，而是根据策略上的理由（考虑到资产阶级民主的形式可以成为反对日本和其他列强的帝国主义野心的可靠保障）用人工建立起来的（当作缓冲地带）；后者则相反，它们是各有关民族发展的自然产物，主要是以民族特征为基础的；

（乙）远东共和国可以取消，这丝毫不会触犯该共和国多数居民的民族利益（因为他们同俄罗斯大多数居民一样都是俄罗斯人），但是取消各民族共和国就是要求取消非俄罗斯民族和使它们俄罗斯化的一种反动的荒谬举动，就是反动的唐·吉诃德式的举动，这种举动连黑帮分子叔尔根这样的俄罗斯沙文主义黑暗势力派也会反对的。

正因为如此，在远东共和国确信资产阶级民主的形式不适于作为反对帝国主义者的保障以后，它就能自行消亡，成为俄罗斯的一个组成部分，成为像乌拉尔或西伯利亚那样的不设立人民委员会和中央执行委员会的地区；而民族共和国是完全建立在另一种基础上的，只要产生它们的各民族还存在，只要民族语言、民族文化、生活方式和风俗习惯还存在，它们就不能取消，就不能没有自己的中央执行委员会和人民委员会，就不能没有自己的民族基础。这就说明为什么各民族苏维埃共和国联合成一个联盟国家的结果，不可能是它们同俄罗斯合并，同俄罗斯融合。

在你看来，各共和国联合成统一的联盟的性质和形式是怎样的？

联合的性质应当是自愿的，完全自愿的，每个民族共和国都应当有退出联盟的权利。因此，自愿原则应当作为签订成立苏维埃社会主义共和国联盟的条约的基础。

签订联合条约的有：俄罗斯苏维埃联邦社会主义共和国（是一个完整的联邦单位）、南高加索联邦[4]（也是一个完整的联邦单位），乌克兰和白俄罗斯。布哈拉和花剌子模[5]不是社会主义共和国，而只是人民苏维埃共和国，当自然发展还没有使它们变成社会主义共和国以前，它们还可能留在这个联合以外。

苏维埃社会主义共和国联盟的最高机关是联盟中央执行委员会和联盟人民委员会，前者由各加盟共和国按它们所代表的人口的比例选出；后者是联盟中央执行委员会的执行机关，由联盟中央执行委员会选出。

联盟中央执行委员会的职权是：制定加入联盟的各共和国和各联盟的政治生活和经济生活的基本领导原则。

联盟人民委员会的职权是：

（甲）直接和统一管理联盟的军事、外交、对外贸易、铁路和邮电各项事务；

（乙）领导加入联盟的各共和国和各联邦的财政、粮食、国民经济、劳动和检查等委员部的工作，而这些共和国和联邦的内务、农业、教育、司法、社会救济、人民保健各委员部仍由这些共和国和联盟统一和直接管辖。

在我看来，这就是联合成共和国联盟的一般形式，在各民族共和国的联合运动进程中所能摸索到的也就是这样的形式。

有一种意见认为除了两个联盟机关（中央执行委员会和人民委员会）以外，还必须设立介于二者之间的第三个联盟机关，即所谓各民族都有同等名额的代表参加的上议院。毫无疑问，这种意见是得不到各民族共和国的赞同的，这至少是因为没有上议院的两院制起码是和目前发展阶段上的苏维埃建设不相容的。

在你看来，共和国联盟是否很快就能实现，它的国际意义如何？

我认为共和国联盟成立的日子为时不远了。完全可能，联盟的成立和即将到来的俄罗斯苏维埃联邦社会主义共和国苏维埃第十次代表大会的召开会在同一个时间。

至于这个联盟的国际意义，那就几乎用不着特别说明了。如果说各苏维埃共和国的军事联盟在内战时期使我们能够打退我们敌人的军事干涉，它们的外交联盟在热那亚会议和海牙会议时期有助于我们抵抗协约国的外交进攻，那末毫无疑问，各苏维埃共和国联合成一个联盟国家将创立一种军事的和经济的全面合作形式，这种形式能够根本促进各苏维埃共和国的经济繁荣，使它们变成反对国际资本主义侵犯的堡垒。

载于《真理报》，1922年11月18日，第261号

选自《斯大林全集》第5卷，第114~119页

注释：

[1] 约·维·斯大林领导了1922年10月6日由俄共（布）中央全会成立的关于俄罗斯苏维埃联邦社会主义共和国、乌克兰苏维埃社会主义共和国、南高加索联邦和白俄罗斯苏维埃社会主义共和国联合成苏维埃社会主义共和国联盟的法案起草委员会。该委员会领导了苏维埃社会主义共和国联盟苏维埃第一次代表大会的全部筹备工作。

[2] 指阿塞拜疆、亚美尼亚、格鲁吉亚、白俄罗斯、乌克兰、花剌子模、布哈拉、远东等独立共和国的全权代表和俄罗斯苏维埃联邦社会主义共和国代表其他共和国出席热那亚全欧经济会议的协定。

[3] 远东共和国于1920年4月成立，1922年11月取消。远东共和国包括贝加尔湖沿岸地区、外贝加尔湖地区、阿穆尔省、沿海区、堪察加和库页岛北部。

[4] 南高加索联邦，即南高加索各苏维埃社会主义共和国联邦制同盟，于1922年3月12日在格鲁吉亚、阿塞拜疆和亚美尼亚中央执行委员会全权代表会议上成立。1922年12月联邦制同盟改为南高加索苏维埃联邦社会主义共和国。南高加索联邦存在到1936年。根据1936年苏维埃宪法的规定，亚美尼亚、阿塞拜疆和格鲁吉亚等苏维埃社会主义共和国作为加盟共和国加入苏联。（关于南高加索联邦，见《斯大林全集》第五卷，人民出版社，1957，第184~188页，第203~208页）。

[5] 布拉哈人民苏维埃共和国和花剌子模人民苏维埃共和国是从前布哈拉汗国和希瓦汗国境内的人民起义胜利后于1920年成立的。1924年底和1925年初，由于中亚细亚各国按民族特征划分疆界，布哈拉共和国和花剌子模共和国的领土被划入新成立的土库曼苏维埃社会主义加盟共和国和乌兹别克苏维埃社会主义加盟共和国、塔吉克苏维埃社会主义自治共和国和卡拉—卡尔帕克自治区。

论各苏维埃共和国的联合

(在全俄苏维埃第十次代表大会[1]上的报告)

(1922年12月26日)

同志们！前几天，在这次代表大会开幕以前，全俄中央执行委员会主席团收到了南高加索各共和国、乌克兰和白俄罗斯的苏维埃代表大会的一些决定，其中陈述了这些共和国有联合成一个联盟国家的愿望和必要。全俄中央执行委员会主席团对这个问题进行了讨论，认为现在联合起来是适时的。由于这个决定，各共和国的联合问题便提到这次代表大会的日程上来了。

各苏维埃社会主义共和国的联合运动还在三四个月以前就开始了。首先发起的是阿塞拜疆共和国、亚美尼亚共和国和格鲁吉亚共和国，后来乌克兰共和国和白俄罗斯共和国也响应了。这个运动意味着，旧的条约关系，即俄罗斯苏维埃联邦社会主义共和国和其他苏维埃共和国之间的协定关系，已经完成了自己的使命，已经显得不够了。这个运动意味着，旧的条约关系必然要过渡到更紧密的联合关系，即过渡到以建立设有相当的联盟执行机关和联盟立法机关（联盟中央执行委员会和联盟人民委员会）的统一的联盟国家为前提的关系。简单地说：从前在协定关系范围内暂时解决了的东西，现在要在运动进程中使它成为一种固定的东西。

推动各共和国走上联合道路的原因是什么呢？确定必须联合起来的情况有哪些呢？

确定各苏维埃共和国必须联合成一个联盟国家的情况有三类。

第一类情况是有关我国内部经济状况的一些事实。

第一、由于进行了七年的战争，我们各共和国现有的经济资源极为贫乏，这就迫使我们把这些贫乏的资财集中起来，更合理地使用它们，用它们来发展各共和国苏维埃政权的脊椎骨——各主要经济部门。

第二、在我们联邦的各个不同地区和共和国之间，历史上形成了一种天然的分工，即经济的分工。例如，北方供给南方和东方布匹；南方和东方供给北方棉花、燃料等等。各区域之间所确立的这种分工是不能一笔勾销的，因为它是联邦经济发展的整个历史进程所造成的。同时，在各共和国独立存在的情况下，这种分工使各个地区不可能得到充分发展，它要求各共和国在经济上团结成一个统一的整体。

第三、全联邦的基本交通工具必须统一起来，因为交通工具是各种可能联合的神经和基础。不言而喻，交通工具决不能由各个共和国单独支配和只服从于各共和国的利益，因为这样会把经济生活的神经中枢——运输变成不能按计划使用的许多单独部分。这种情况也要求各共和国联合成一个国家。

最后是我们财力的拮据。同志们，应当坦率地说，在目前，在苏维埃政权建立后的第六年，我们在财政方面大规模发展的可能性比在旧制度时小得多了。例如，旧制度每年有5亿卢布的烧酒税，而我们没有；旧制度能借到数亿卢布的外债，我们却不能。这一切说明，在我国财政发展的可能性如此小的情况下，如果各个共和国的力量不团结起来，各个共和国的财政力量不联合成一个整体，我们就不能解决我们各共和国在财政方面当前的基本任务。

推动我们各共和国走上联合道路的第一类情况就是如此。

确定各共和国联合起来的第二类情况就是同我国外部状况有关的一些事实。我指的是我们的军事状况。我指的是我们通过对外贸易人民委员部同外国资本发生的关系。最后，我指的是我们和资产阶级国家的外交关系。同志们，应当记住，虽然我们各共和国都幸运地摆脱了内战状态，但是外敌入侵的危险还远没有消除。这种危险要求我们的军事战线必须绝对统一，军队必须无条件地统一，特别是在现在，在我们已经走上真正在物质上裁减军备（当然不是在精神上解除武装）的道路的时候。我们现在既然已经把军队裁减到60万，那就特别需要有一个能够保证各共和国外部安全的统一的不可分割的军事战线。

其次，除了军事性质的危险以外，还有使我们的联邦在经济上陷于孤立的危险。你们知道，在热那亚会议，海牙会议以及同乌尔卡尔特谈判[2]以后，对我们共和国实行经济抵制虽然没有成功，但是满足我国经济需要的外资大量流入的情形却看不到了，使我们各共和国在经济上陷于孤立的危险还是存在的。这种新的干涉形式的危险性并不亚于军事干涉，要消除这种危险，只有建立我们各苏维埃共和国统一的经济战线来对付资本主义包围。

最后是我们的外交状况。你们都亲眼看到，不久以前，在洛桑会议[3]开幕前夕，协约国各国千方百计地力图孤立我们联邦。可是它们在外交上并没有做到这一点。反对我们联邦的有组织的外交抵制已经被打破了。协约国不得不重视我们联邦，不得不后退，不得不稍作让步。但是没有理由指望在外交上孤立我们联邦的诸如此类的事实不会再发生。因此，在外交方面也必须有一条联合战线。

推动各苏维埃社会主义共和国走上联合道路的第二类情况就是如此。

无论第一类情况或第二类情况，直到现在，在苏维埃政权建立以来的整个时期内，都是起作用的、有效的。我刚才说过的我们在经济上的需要以及我们在对外政策方面在军事上和外交上的需要，在过去无疑也是起作用的。然而，只是到现在，在内战结束后，当各共和国第一次有了着手进行经济建设的可能性，第一次看到自己的经济资源极为贫乏，看到无论在内部经济方面或在对外方面都完全有联合的必要时，这些情况才具有特殊的力量。正因为如此，在目前，在苏维埃政权建立后的第六年，各独立苏维埃社会主义共和国的联合问题就提到日程上来了。

最后，第三类事实也要求联合，这类事实是同苏维埃政权结构的性质和苏维埃政权的阶级本质相联系的。苏维埃政权按其本质来说是国际主义的，它用各种方法在群众中培植联合的思想，因此它本身就推动群众走联合的道路。如果说资本、私有制和剥削把人们分开，把人们分裂成互相敌对的阵营（在这方面，大不列颠、法国，甚至像波兰、南斯拉夫这样的多民族小国都可以做例子，这些国家的不可调和的民族矛盾腐蚀着它们的基础本身），如果说在那里，在资本主义民主占统治的以私有制为国家基础的西方，国家的基础本身就在制造民族纠纷、冲突和斗争，那末在这里，在政权不是建筑在资本上而是建筑在劳动上，不是建筑在私有制上而是建筑在集体所有制上，不是建筑在人剥削人而是建筑在同这种剥削作斗争上的苏维埃世界里，则恰恰相反，政权的性质本身在促使劳动群众自然而然地力求联合成一个社会主义的大家庭。

在那里，在西方，在资产阶级民主的世界里，我们看到的是多民族国家的日渐衰落和瓦解成几个组成部分（如大不列颠，我不知道它将怎样处理印度、埃及、爱尔兰；又如波兰，我也不知道，它将怎样处理本国的白俄罗斯人和乌克兰人），而在这里，在我们这个联合了不少于30个民族的联邦内，则恰恰相反，我们看到的是各独立共和国之间的国家联系日益加强，各独立民族日益紧密地结成一个独立国家。这种情况难道没有重大意义吗？这就是国家联合的两种类型，第一种是资本主义类型，是促使国家崩溃的类型，第二种是苏维埃类型，和第一种相反，它是使早先独立的民族逐渐而巩固地结成独立国家的类型。

推动各共和国走上联合道路的第三类事实就是如此。

各共和国联合的形式应当怎样呢？联合的原则在全俄中央执行委员会主席团收到的乌克兰、白俄罗斯、南高加索各苏维埃共和国的一些决议中已经扼要地规定出来了。

联合起来的有四个共和国：俄罗斯苏维埃联邦社会主义共和国（是一个完整的联邦单位）、南高加索共和国（也是一个完整的联邦单位）、乌克兰和白俄罗斯。花剌子模和布哈拉这两个独立的苏维埃共和国不是社会主义共和国，而是人民苏维埃共和国，这两个共和国所以暂时还留在这个联合以外，只是而且完全是因为它们还不是社会主义共和国。同志们，我不怀疑，希望你们也不要怀疑，这两个共和国随着它们内部向社会主义方面的发展，也一定会加入现在成立的联盟国家。

有人以为，如果俄罗斯苏维埃联邦社会主义共和国不是作为一个完整的联邦单位加入共和国联盟，而且作为俄罗斯苏维埃联邦社会主义共和国所属的共和国分别加入共和国联盟，也许会更恰当些，显然，这就事先要把俄罗斯苏维埃联邦社会主义共和国分解成几个组成部分才行。我认为这条道路是不合理的，不恰当的，并且是运动进程本身所排斥的。第一、它会造成这样的结果：除了各共和国的联合过程以外，还会有使已建立的联邦分离的过程，就是说，还会有和各共和国已经开始的革命的联合过程完全相反的过程。第二、如果我们走这条不正确的道路，那就会造成这样的情况：除了八个自治共和国以外，我们还必须从俄罗斯苏维埃联邦社会主义共和国内分出特殊的俄罗斯全俄中央执行委员会和俄罗斯人民委员会，这就会造成组织上的大变动，这种变动在目前是完全没有必要的和有害的；无论内部状况或外部状况都丝毫没有要求这样做。正因为如此，我认为联盟的主体应该是下面四个共和国：俄罗斯苏维埃联邦社会主义共和国、南高加索联邦、乌克兰和白俄罗斯。

起草联合条约的原则应当是这样的：对外贸易、陆海军、外交、交通、邮电各人民委员部只设立在联盟人民委员会内。财政、经济、粮食、劳动、检查各人民委员部设立在各缔约共和国内。但必须按照联盟中央的相当的人民委员部的指示办事。为了使各共和国的劳动群众在粮食、最高国民经济委员会、财政人民委员部或劳动方面的力量在联盟中央领导下联合起来，这样做是必要的。最后，内务、司法、教育、农业等其余一些人民委员部（总共有六个）因为同各共和国内各族人民的生活方式、风俗习惯、土地规划的特殊形式、法院组织的特殊形式以及语言和文化有直接关系，应当成为独立的人民委员部，受各缔约共和国中央执行委员会和人民委员会领导。这样做是必要的，这是保证各苏维埃共和国内的各族人民有民族发展自由的实际条件。

在我看来，这些原则都应当成为我们各共和国之间最近就要签订的条约的基础。

根据这一点，我提出一个已由全俄中央执行委员会主席团批准的决议草案：

一、认为俄罗斯苏维埃联邦社会主义共和国、乌克兰苏维埃社会主义共和国、南高加索苏维埃联邦社会主义共和国和白俄罗斯苏维埃社会主义共和国联合成苏维埃社会主义共和国联盟是适时的。

二、联合建立在各共和国的自愿平等的原则上，每个共和国都有自由退出共和国联盟的权利。

三、委托俄罗斯苏维埃联邦社会主义共和国代表团会同乌克兰、南高加索共和国和白俄罗斯各国代表团起草共和国联盟成立宣言草案，说明要求各共和国联合成联盟国家的种种情况。

四、委托俄罗斯苏维埃联邦社会主义共和国代表团起草俄罗斯苏维埃联邦社会主义共和国加入共和国联盟的条件，责成该代表团在审查联盟条约时坚持下列各项原则：

（甲）成立相当的联盟立法机关和执行机关；

（乙）陆海军、交通、外交、对外贸易、邮电各人民委员部必须合并；

（丙）各缔约共和国的财政、粮食、国民经济、劳动和工农检查各人民委员部必须服从共和国联盟相当的人民委员部的指示；

（丁）充分保证各缔约共和国内各族人民的民族发展利益。

五、条约草案在提交共和国联盟第一次代表大会以前，必须呈请全俄中央执行委员会主席团批准。

六、授权俄罗斯苏维埃联邦社会主义共和国代表团根据全俄中央执行委员会所批准的联合条件，缔结俄罗斯苏维埃联邦社会主义共和国同乌克兰、南高加索和白俄罗斯各苏维埃社会主义共和国成立苏维埃社会主义共和国联盟的条约。

七、条约必须提交共和国联盟第一次代表大会批准。

这就是我提请你们审查的决议草案。

同志们！从各苏维埃共和国成立时起，世界各国就分裂成两个阵营：社会主义阵营和资本主义阵营。在资本主义阵营里，我们看到的是帝国主义战争、民族纠纷、压迫、对殖民地的奴役和沙文主义。相反地，在苏维埃阵营里，在社会主义阵营里，我们看到的是相互信任、民族权利平等、和睦共处和兄弟合作。几十年以来，资本主义民主力图把各民族自由发展的利益同剥削制度结合在一起来解决民族矛盾。但是直到现在还没有做到，将来也不会做到，相反地，民族矛盾的线团愈搞愈乱了，大有扼杀资本主义之势。只有在这里，在苏维埃世界里，在社会主义阵营，才根除了民族压迫，树立了各族人民间的相互信任和兄弟合作。也只有在苏维埃做到这一点以后，我们才有了可能建成我们的联邦和抵御国内外敌人的进攻。

五年以前，苏维埃政权奠定了各族人民和睦共处和兄弟合作的基础。现在，当我们在这里解决联合的愿望和必要性的问题的时候，我们的任务就是要建造一座新的大厦，建立一个新的、强大的、劳动人民的联盟国家来完成这一事业。不久以前，我们各共和国的各族人民都召开了自己的代表大会，一致通过了成立共和国联盟的决议，他们的这种意志肯定地表明，联合事业所走的道路是正确的，是建筑在自愿和民族权利平等的伟大原则上的。同志们，我们希望我们联盟共和国的成立将竖立起反对国际资本主义的可靠支柱，希望新的联盟国家在把全世界的劳动者联合到世界苏维埃社会主义共和国里去的道路上，将成为新的有决定意义的一步。（鼓掌多时，高唱《国际歌》。）

载于《真理报》，1922 年 12 月 28 日，第 295 号

选自《斯大林全集》第 5 卷，第 120~128 页

注释：

[1] 全俄苏维埃第十次代表大会于 1922 年 12 月 23 日至 27 日在莫斯科举行。出席代表大会的代表共 2215 人，其中包括南高加索苏维埃联邦社会主义共和国、

乌克兰社会主义共和国和白俄罗斯苏维埃社会主义共和国等缔约国的代表488人，他们到莫斯科来参加苏维埃社会主义共和国联盟苏维埃第一次代表大会的工作，他们被邀请作为贵宾出席全俄第十次代表大会。全俄苏维埃第十次代表大会讨论了下列几个问题：全俄中央执行委员会和人民委员会关于共和国国内政策和对外政策的总结报告、关于工业状况的报告、农业人民委员部的报告（发展农民经济的工作总结）、教育人民委员部的报告、财政人民委员部的报告、各缔约苏维埃共和国关于成立苏维埃社会主义共和国联盟的提案。约·维·斯大林于12月26日做了关于各苏维埃共和国的联合的报告。代表大会一致通过了约·维·斯大林提出的决议案。约·维·斯大林做报告后，乌克兰、阿塞拜疆、格鲁吉亚、亚美尼亚和白俄罗斯的代表发言，他们代表本国人民拥护各苏维埃共和国联合成一个统一的联盟国家——苏维埃社会主义共和国联盟。

[2] 指苏维埃政府同英国工业家乌尔卡尔特就开采乌拉尔和哈萨克斯坦的矿产签订租让合同的谈判。由于乌尔卡尔特提出的苛刻条件和英国保守党政府对苏维埃俄国的敌视政策，人民委员会于1922年10月6日否决了合同草案。资产阶级报刊利用苏维埃政府拒绝同乌尔卡尔特签订合同这件事大肆进行反苏宣传。

[3] 洛桑会议（于1922年11月20日至1923年7月24日举行）是由法国、英国和意大利发起，为讨论近东问题（缔结希土和约、确定土耳其疆界、通过关于海峡航行制度的协定等等）而召开的。参加会议的除上述国家外，还有日本、罗马尼亚、南斯拉夫、希腊、保加利亚、土耳其（美国代表以观察员身分列席会议）。苏维埃俄国只是在讨论海峡（博斯普鲁斯海峡、达达尼尔海峡）问题时才被邀请参加会议。在会议上，在海峡问题委员会里，苏维埃俄国代表团发言反对无论平时或战时都让军舰通过海峡的草案，并提出了自己的草案，主张除土耳其以外任何国家的军舰都绝对不能通过海峡。苏维埃俄国代表团的草案被委员会否决了。

党和国家建设中的民族问题

[提交俄共（布）第十二次代表大会讨论并
经党中央批准的提纲[1]]

一

一、资本主义的发展早在前一世纪就呈现出一种趋向：生产方式和交换方式国际化，民族闭关自守状态消灭，各民族在经济上接近，广大领土逐渐联合成一个相互联系的整体。资本主义的进一步发展，世界市场的扩大，海上和铁路交通干线的敷设和资本的输出等等，更加强了这种趋向，并且用国际分工和各方面相互依赖的纽带把各个极不相同的民族联系起来了。既然这一过程反映了生产力的蓬勃发展，既然它促进了民族隔阂和不同民族利益对立性的消灭，那末它过去是现在仍然是一个进步过程，因为它在准备未来世界社会主义经济的物质前提。

二、但是这种趋向是通过各种与其内在的历史意义完全不相适应的特殊形式发展起来的。在资本主义发展进程中，各民族（народы）的相互依赖和各个地域的经济联合，不是通过作为平等单位的各民族合作建立起来的，而是通过一些民族征服另一些民族、比较发达的民族压迫和剥削不大发达的民族建立起来的。对殖民地的掠夺和侵略，民族的压迫和不平等，帝国主义的专横暴虐，对殖民地的奴役和民族的毫无权利，以及"文明的"民族为了统治"不文明的"民族而进行的斗争，——这些就是各民族经济上接近的过程所通过的形式。因此，除了联合趋向以外，还产生了消灭这种强制联合形式的趋向，产生了被压迫的殖民地和附属民族争取摆脱帝国主义压迫的斗争。既然这第二种趋向是表明被压迫群众对帝国主义的联合形式的愤怒，既然它要求各民族根据合作和自愿联合的原则联合起来，那末它过去是现在仍然是一种进步趋向，因为它在准备未来世界社会主义经济的精神前提。

三、在多民族资产阶级国家近五十年来的历史中，充满了以资本主义固有的形式表现出来的这两种基本趋向之间的斗争。在资本主义发展的范围内，这两种趋向之间的不可调和的矛盾是各资产阶级殖民国家内部的软弱和固有的不稳定的基础。这些国家内部不可避免的冲突和这些国家间不可避免的战争；老殖民国家的崩溃和新殖民国家的形成；对殖民地的新的角逐和多民族国家的新的崩溃，这种崩溃所引起的对世界政治地图的重新绘制，——这就是这个基本矛盾所引起的后果。一方面，旧俄、奥匈帝国和土耳其的瓦解，另一方面，大不列颠和旧德意志这些殖民国家的历史，以及帝国主义（大）战、殖民地民族和没有充分权利的民族的革命运动的增长，——这一切以及诸如此类的事实清楚地说明多民族资产阶级国家是不稳定的，不巩固的。

因此，各民族在经济上的联合过程和这种联合的帝国主义方式之间的不可调和的矛盾决定资产阶级没有能力、没有办法、也没有力量找到解决民族问题的正确途径。

四、我们党估计到了这种情况，它以民族自决权，以各民族有成立独立国家的权利作为自己的民族政策的基础。党在它一成立的时候，在它的第一次代表大会（1898年）上，当资本主义在民族问题方面的矛盾还没有十分明显地确定的时候，就承认各民族有这个不可剥夺的权利。后来，直到十月革命，它在它的历次代表大会和代表会议的专门决议和决定中毫不更改地确认了自己的民族纲领。帝国主义战争以及同它相联系的声势浩大的殖民地革命运动，只不过再次确认了党关于民族问题的决议。这些决议的要点是：

（甲）坚决摈弃对各民族的种种强制形式；

（乙）承认各民族有安排自己命运的平等权利和主权；

（丙）承认只有根据合作和自愿原则才能实现各民族的牢固联合这一原理；

（丁）宣布只有推翻资本政权才能实现这种联合的真理。

我们党在自己的工作中不倦地拿这个民族解放纲领同沙皇政府的公开压迫政策以及孟什维克和社会革命党人的不彻底的半帝国主义政策相对抗。沙皇政府的俄罗斯化政策在沙皇政府和旧俄各民族之间挖掘了一条鸿沟，孟什维克和社会革命党人的半帝国主义政策使这些民族的优秀分子离开了克伦斯基统治，而我们党的解放政策则取得了这些民族的广大群众在他们反对沙皇制度和俄国帝国主义资产阶级的斗争中对自己的同情和支持。毫无疑问，这种同情和支持是我们党取得十月革命胜利的决定性因素之一。

五、十月革命给我们党关于民族问题的决议做出了实践的总结。十月革命推翻了民族压迫的主要代表地主和资本家的政权，使无产阶级掌握了政权，从而一下子扭断了民族压迫的锁链，根本改变了各民族间的旧关系，消除了过去的民族仇视，为各民族的合作扫清了地盘，不仅取得了俄国其他民族兄弟对俄罗斯无产阶级的信任，而且取得了欧洲和亚洲各民族兄弟对俄罗斯无产阶级的信任。未必用得着证明，没有这种信任，俄罗斯无产阶级就不能战胜高尔察克、邓尼金、尤登尼奇和弗兰格尔。另一方面，毫无疑问，如果在俄国中部不建立无产阶级专政，各被压迫民族就不能获得解放。只要资本掌握着政权，只要充满民族主义偏见的过去"统治"民族的小资产阶级首先是农民跟着资本家走，民族仇视和民族冲突就必不可免；相反地，如果农民和其他小资产阶级阶层跟着无产阶级走，也就是说，如果无产阶级专政有了保证，那就可以认为民族和平和民族自由有了保证。因此，苏维埃的胜利和无产阶级专政的确立，是各民族在统一的国家联盟内能够藉以建立兄弟合作的基础。

六、但十月革命的成果不只限于消灭民族压迫和建立民族联合的基础。十月革命在自己的发展过程中还制定了这种联合的形式,规定了各民族联合成一个联盟国家所应遵循的基本路线。在革命初期,各民族的劳动群众初次感到自己是独立的民族单位,而外国干涉的威胁还没有成为实际危险,这时各民族的合作还没有完全固定的严格确定的形式。在国内战争和武装干涉时期,各民族共和国军事自卫的利益已提到首要地位,而经济建设问题还没有提到日程上来,这时合作采取了军事联盟的形式。最后,在战后时期,恢复被战争破坏的生产力问题已提到首位,这时军事联盟就用经济联盟补充了。各民族共和国联合成苏维埃社会主义共和国联盟是合作形式发展的最终阶段,这一次已经具有各民族在军事、经济和政治上联合成一个统一的多民族的、苏维埃国家的性质了。

因此,无产阶级在苏维埃制度中找到了正确解决民族问题的钥匙,发现了根据民族权利平等和自愿的原则组织稳固的多民族国家的道路。

七、但是找到正确解决民族问题的钥匙,还不能说是完全地彻底地解决了民族问题,还不能说这一解决已经完全具体而实际地实现了。要正确实现十月革命所提出的民族纲领,还必须克服过去民族压迫时期遗留给我们的那些障碍,这些障碍在短时期内是不能一下子铲除掉的。

第一、这种遗产是大国沙文主义残余,大国沙文主义是大俄罗斯人过去的特权地位的反映。这种残余还存在于我们中央和地方的苏维埃工作人员头脑中,盘踞在我们中央和地方的国家机关里,它们得到因实行新经济政策而日益猖獗的"新"路标转换派[2]的大俄罗斯沙文主义思潮的支援。这种残余在实践中的表现是俄罗斯苏维埃官僚对各民族共和国的需要和要求采取傲慢轻视态度和冷酷无情的官僚主义态度。只有在我们国家机关的实际工作中毅然决然地消灭这种残余,多民族的苏维埃国家才能成为真正巩固的国家,各民族的合作才能成为真正兄弟般的合作。因此,同大俄罗斯沙文主义残余作坚决斗争是我们党当前的第一项任务。

第二、这种遗产是共和国联盟各民族在事实上即在经济上和文化上的不平等。十月革命所获得的各民族在法律上的平等是各民族的伟大胜利,但是这种平等本身不能解决整个民族问题。许多共和国和民族没有经过或者几乎没有经过资本主义，没有或者几乎没有自己的无产阶级，因而在经济上和文化上都很落后，不能充分享用民族权利平等给它们的权利和可能，它们得不到外来的真正而长期的帮助，就不能提高到高级发展阶段，因而也不能赶上走在前面的民族。产生这种事实上不平等的原因，不仅在于这些民族的历史，也在于沙皇政府和俄国资产阶级的政策，沙皇政府和俄国资产阶级力图使边疆地区变成受工业发达的中部地区剥削的纯原料产地。在短时期内铲除这种不平等现象，在一两年内消灭这种遗产是不可能的。我们党的第十次代表大会就已指出："消灭民族在事实上的不平等是一个长期的过程，要求我们同民族压迫和对殖民地实行奴役的一切残余作不屈不挠的斗争。"[3]但是，我们一定要把它铲除掉。而且只有通过俄罗斯无产阶级给予联盟各落后民族真正的长期的帮助，使它们在经济和文化方面繁荣起来，才能把它铲除掉。不这样，就没有理由指望在统一的联盟国家范围内建立各民族的正确的巩固的合作。因此，为消灭各民族在事实上的不平等而斗争，为提高各落后民族的文化和经济水平而斗争，是我们党当前的第二项任务。

最后，这种遗产是许多民族中间的民族主义残余，这些民族曾经受过沉重的民族压迫，还没有摆脱过去的民族耻辱感。民族之间的某种疏远和过去被压迫民族对俄罗斯人采取的措施的不完全信任，就是这种残余的实际表现。但是，在某些有几个民族的共和国内，这种防御性的民族主义往往变成进攻性的民族主义，变成这些共和国内较强大的民族反对弱小民族的顽固的沙文主义。反对亚美尼亚人、沃舍梯人、阿札里人和阿布哈兹人的格鲁吉亚沙文主义（在格鲁吉亚）；反对亚美尼亚人的阿塞拜疆沙文主义（在阿塞拜疆）；反对土库曼人和吉尔吉斯人的乌兹别克沙文主义（在布哈拉和花剌子模），——这种种形式的沙文主义是一种极大的祸害，它们因受新经济政策和竞争的条件的激励而日益猖獗，有使某些民族共和国变成争吵和纠纷的舞台的危险。不用说，所有这些现象都阻碍着各民族真正联盟成一个统一的国家联盟的事业。既然民族主义残余是反对大俄罗斯沙文主义的一种特殊防御形式，那末同大俄罗斯沙文主义作坚决斗争就是铲除民族主义残余的最可靠的手段。既然这种残余在变成反对各个共和国的弱小民族集团的地方沙文主义，那末同这种残余作直接斗争就是党员的义务。因此，同民族主义残余首先是同这种残余的沙文主义形式作斗争，是我们党当前的第三项任务。

八、中央和地方很大一部分苏维埃官僚不是把共和国联盟看做旨在保证各民族共和国自由发展的各平等国家单位的联盟，而是把它看做取消这些共和国的一个步骤，看做成立所谓"统一而不可分的整体"的开端，这一事实应当认为是旧遗产的鲜明表现之一。代表大会斥责了这种看法，认为它是反无产阶级的、反动的，同时号召党员密切注意，不要让有沙文主义情绪的苏维埃官僚利用各共和国的联合和各人民委员部的合并来掩盖他们忽视各民族共和国经济和文化需要的企图。各人民委员部的合并是对苏维埃机关的考验：如果这一实验在实践中产生了大国主义倾向，那末党就不得不采取最坚决的办法来反对这种歪曲，甚至提出撤销某些人民委员部的合并问题，直到苏维埃机关经过适当的改造，能够用真正无产阶级和真正兄弟般的精神注意小民族和落后民族的需要和要求为止。

九、既然共和国联盟是各民族共处的新形式，是各民族在统一的联盟国家内合作的新形式，而在这个联盟国家内应当在各民族共同工作过程中铲除上述残余，那末联盟的最高机关就应当不仅要充分反映联盟内各民族的共同需要和要求，而且要充分反映个别民族的特殊需要和要求。因此，除了现存的代表整个联盟劳动群众的不分民族的联盟中央机关以外，还应当根据平等原则设立代表各民族的专门机关。这样组织联盟中央机关会使我们有充分可能倾听各民族的需要和要求，及时给它们必要的帮助，造成完全相互信任的环境，从而用最无痛苦的方法消灭上述遗产。

十、代表大会根据上述各点，建议党员采取下列实际措施：

（甲）在联盟最高机关系统内，根据平等原则设立一个代表所有民族共和国和民族地区的专门机关；

（乙）联盟各人民委员部应根据保证满足联盟各民族的需要和要求的

原则来建立；

（丙）各民族共和国和各民族地区的机关主要应当由熟悉各该民族的语言、生活方式和风俗习惯的本地人组成。

二

一、在大多数民族共和国里，我们的党组织是在不十分有利于自己成长和巩固的条件下发展的。这些共和国在经济上落后，民族无产阶级人数很少，缺乏甚至没有本地的党的老干部，缺乏用本族语言出版的有内容的马克思主义书刊，党的教育工作很差，还存在着激进民族主义传统（至今还没有消灭）的残余，——这一切在当地共产党员中间产生了过高估计民族特点、过低估计无产阶级利益的一定倾向，即民族主义倾向。这种现象在有几个民族的共和国里表现得特别危险，在那里，这种现象往往具有较强民族的共产党员反对弱小民族（格鲁吉亚、阿塞拜疆、布哈拉、花剌子模）的共产党员的沙文主义倾向的形式。民族主义倾向的害处在于：它阻碍民族无产阶级摆脱民族资产阶级思想影响的过程，它给各民族的无产者团结成一个统一的国际主义组织的事业带来困难。

二、另一方面，在党中央机关和各民族共和国的共产党组织中，俄罗斯民族的党的老干部人数很多，他们不熟悉这些共和国劳动群众的风俗习惯和语言，因此不能经常关心劳动群众的需求，这就使我们党产生了在党的工作中过低估计民族特点和民族语言的倾向，产生了对这种特点采取傲慢轻视的态度，即大俄罗斯沙文主义倾向。这种倾向所以有害，不仅因为它阻碍了本地的通晓民族语言的共产党干部的形成，造成了使党脱离各民族共和国无产阶级群众的危险，而且首先因为它滋养和培植上面所说的民族主义倾向，增加了我们同这种倾向作斗争的困难。

三、代表大会斥责了这两种倾向，认为它们对共产主义事业都是有害的、危险的，并且提醒党员注意大俄罗斯沙文主义倾向是特别有害和特别危险的，同时号召全党迅速消灭我们党的建设中的这些旧的残余。

代表大会责成中央委员会实行下列各项实际措施：

（甲）成立由各民族共和国当地党的工作人员组成的高级马克思主义学习小组；

（乙）增加用本族语言出版的有原则性的马克思主义书刊；

（丙）加强东方民族大学和它各地的分校；

（丁）在各民族共产党中央委员会下设立由当地工作人员组成的指导组；

（戊）增加用本族语言出版的党的群众性书刊；

（己）加强各共和国的党的教育工作；

（庚）加强各共和国的青年工作。

《真理报》，1923年3月24日，第65号　　选自《斯大林全集》第5卷，第149～158页
署名：约·斯大林

注释：

[1] 提交党的第十二次代表大会的民族问题提纲草案于1923年2月21日在俄共（布）中央全会上讨论。当时成立了以约·维·斯大林为首的委员会来修订这个提纲。这个提纲于3月22日经俄共（布）中央政治局审查批准，3月24日发表在《真理报》第65号上

[2] 路标转换派是一个资产阶级政派，1921年在流亡国外的俄国白卫分子中间组成，由出版《路标转换》杂志（最初曾以此名出版过一本文集）的尼·乌斯特里雅洛夫、尤·克柳奇尼柯夫等人的集团领导。路标转换派的思想反映了那些放弃同苏维埃政权进行公开武装斗争的资产阶级的观点。路标转换派分子指望苏维埃制度由于苏维埃俄国实行新经济政策而逐渐变为资产阶级民主制度。

[3] 见俄共（布）第十次代表大会的决议《论党在民族问题方面的当前任务》（见《苏共代表大会、代表会议和中央全会决议汇编》第1卷，1954，第553页）。

俄共(布)第十二次代表大会(摘录)

(1923年4月17日至25日)

三　关于党和国家建设中的民族问题的报告

(4月23日)

同志们！自十月革命以来，我们已经是第三次讨论民族问题了。第一次是在第八次代表大会上，第二次是在第十次代表大会上，第三次就是在这次代表大会上。这是不是表明我们对民族问题的看法发生了什么根本的改变呢？不是的，我们对民族问题的根本看法仍然和十月革命以前和以后一样。但是，自第十次代表大会以来，从已经成为重要的革命后备力量的东方各国的作用日益增长这点来说，国际形势是改变了。这是第一。第二、自第十次代表大会以来，我们党的内部状况因实行新经济政策也有了某些改变。这一切新的因素必须估计到并加以总结。在这个意义上应当说，在第十二次代表大会上是重新提出了民族问题。

民族问题的国际意义。同志们，你们知道，由于历史命运的支配，我们苏维埃联邦目前是世界革命的先进部队。你们知道，我们首先突破了整个资本主义战线，由于命运的支配，我们走在别人的前面。你们知道，我们在前进中曾经一直走到华沙，后来我们退却了，在我们认为最牢固的阵地上站稳了脚。从那时起，我们过渡到新经济政策，从那时起，我们考虑到应当放慢国际革命运动的速度，从那时起，我们实行的已经不是进攻政策，而是防御政策了。我们在华沙遭到失败（不必掩盖真相）以后，就不能再前进了。因为会有脱离后方的危险，而我们的后方是农民的后方，此外，我们跑得太远，就有脱离命运所给予我们的革命后备力量即西方和东方的后备力量的危险。正因为如此，我们对内转变到实行新经济政策，对外转变到实行缓步前进的方针，我们决定必须略事休息，医治一下自己的创伤，医治一下先进部队无产阶级的创伤，同农民的后方建立联系，并继续在落后于我们的后备力量即西方后备力量和作为世界资本主义主要后方的重要的东方后备力量中进行工作。这些后备力量，这些重要的而且是作为世界帝国主义后方的后备力量，正是我们在讨论民族问题时所要谈的问题。

二者必居其一：或者我们把帝国主义的大后方——东方殖民地国家和半殖民地国家发动起来，使它们革命化，从而加速帝国主义的崩溃；或者我们在这方面遭到失败，因而巩固了帝国主义，削弱了我们运动的力量。问题就是这样摆着的。

问题在于整个东方把我们共和国联盟看做实验场。或者我们在这个联盟范围内在实践中正确地解决民族问题，就是说，或者我们在这里，在这个联盟范围内，在各民族之间建立起真正兄弟般的关系，建立起真正的合作，那末整个东方就会看到，我们的联邦是它的解放的旗帜，是它的先进部队，它应当跟随这支部队前进，——这将是世界帝国主义崩溃的开端。或者我们在这方面犯错误，破坏过去被压迫民族对俄国无产阶级的信任，失掉共和国联盟在东方心目中的吸引力，那末帝国主义就会胜利，我们就会失败。

民族问题的国际意义就在这里。

从内部状况方面来说，民族问题对我们也是很重要的，这不仅因为在数量上过去的统治民族大约有7500万人，其余的民族大约有6500万人（这毕竟是一个不小的数目），不仅因为过去的被压迫民族占据着经济发展方面最需要的地区和军事战略方面最重要的据点，而首先因为这两年来我们实行了所谓新经济政策，大俄罗斯民族主义就日益发展，日益猖獗，产生了路标转换派的思想，出现了通过和平方式建立邓尼金所未能建立的东西即所谓"统一而不可分的整体"的意图。

这样，由于实行新经济政策，在我们内部生活中正在产生一种新的力量——大俄罗斯沙文主义，这种沙文主义盘踞在我们的机关里，它不仅透进了苏维埃机关而且透进了党的机关，它在我们联邦的各个角落里蔓延着，并在形成这样一种情况：如果我们不坚决回击这种新的力量，如果我们不把它连根拔掉（新经济政策的条件在培植它），就会使过去统治民族的无产阶级和过去被压迫民族的农民有分裂的危险，而这就意味着无产阶级专政的垮台。

可是新经济政策不仅在培植大俄罗斯沙文主义，而且还在培植地方沙文主义，特别是在有好几个民族的共和国里。我指的是格鲁吉亚、阿塞拜疆、布哈拉和土尔（耳）其斯坦部分地区，这些共和国都有好几个民族，这些民族的先进分子大概不久就要开始互争雄长。当然，这种地方沙文主义就其力量来说没有大俄罗斯沙文主义那样危险。但它毕竟是一种危险，它会使某些共和国变成民族纠纷的舞台，会切断那里的国际主义联系。

这就是说明民族问题在一般情况下，特别是在目前时期具有头等重要意义的一些国际和国内方面的理由。

民族问题的阶级实质是什么呢？在现今苏维埃发展的条件下，民族问题的阶级实质就是在过去统治民族的无产阶级和过去被压迫民族的农民之间建立正确的相互关系。结合问题在这里已经讨论得很充分了，但是根据加米涅夫、加里宁、索柯里尼柯夫、李可夫、托洛茨基等人的报告讨论结合问题时，主要涉及的是俄罗斯无产阶级对俄罗斯农民的关系。在这里，在民族问题方面，有更复杂的关系。在这里，我们涉及的问题，是在过去统治民族的无产阶级（它是我们全联邦无产阶级中最有文化的一个阶层）和农民（主要是过去被压迫民族的农民）之间建立正确的相互关系。这就是民族问题的阶级实质。如果无产阶级能同其他民族的农民建立一种关系，这种关系能够摧毁对全部俄罗斯人不信任（这种不信任是数十年来沙皇政府的政策造成的，是它种下的恶根）的一切残余，此外，如果俄罗斯无产阶级不仅能使无产阶级和俄罗斯农民之间,而且使无产阶级和过去被压迫民族的农民之间得到充分的相互了解和信任,建立真正的联盟,那末任务就算解决了。为此,就必须使无产阶级政权对于其他民族的农民也像对于俄罗斯的农民一样是亲近的。为了使苏维埃政权成为对其他民族的农民同样亲近的政权,就必须使苏维埃政权成为其他民族的农民所了解的政权,它必须使用本族语言办事,学校和政权机关必须由熟悉非俄罗斯民族的语言、风俗习惯和生活方式的本地人组成。只有这些共和国的政权机关用本族语言说话和工作的时候,苏维埃政权(直到最近还是俄罗斯的政权)才不仅能够成为俄罗斯的政权,而且能够成为各民族的政权,成为过去被压迫民族的农民所亲近的政权。

这就是在一般情况下,特别是在苏维埃环境下民族问题的基础之一。

现在,在1923年,解决民族问题的特征是什么呢?在1923年,民族方面需要解决的问题采取的是什么形式呢?采取的形式是在我们联邦的各民族之间建立经济、军事、政治方面的合作。我指的是各民族之间的关系。民族问题根本上要解决的任务是在过去统治民族的无产阶级和其他民族的农民之间建立正确的关系,而且以前所采取的是特殊形式,即在过去被分离而现在联合在统一国家范围内的各民族之间建立合作和兄弟般共处的关系。

这就是1923年民族问题所采取的形式的实质。

这种国家联合的具体形式就是共和国联盟,我们去年年底在苏维埃代表大会上就讨论过并且建立了这个联盟。

这个联盟的基础是联盟成员的自愿联合和法律上的平等。所以要做到自愿和平等,是因为我们的民族纲领是从各民族有成立独立国家的权利(过去叫做自决权)这一点出发的。从这一点出发,我们应当肯定地说,任何民族联盟,任何组成统一国家的民族联合,如果它不以完全自愿为基础,如果各民族自己不愿意联合,那是决不能牢固的。第二个基础是加入联盟的各民族在法律上的平等。这是很容易理解的。现在不谈事实上的平等,这个问题我在后面再谈,因为在先进民族和落后民族之间确立事实上的平等是一件很复杂很艰巨的工作，需要很多年才能完成。我现在谈谈法律上的平等。这种平等表现在：加入联盟的各个共和国，即南高加索、白俄罗斯、乌克兰和俄罗斯苏维埃联邦社会主义共和国这四个共和国都在同样程度上享受联盟的利益，同时也都在同样程度上为了联盟的利益放弃自己的某些独立的权利。如果俄罗斯苏维埃联邦社会主义共和国、乌克兰、白俄罗斯和南高加索共和国都不设立外交人民委员部，那就很明显，撤销各共和国的外交人民委员部而在共和国联盟内设立统一的外交人民委员部，必然会使这些共和国原有的独立受到同等程度的某种限制。很明显，过去这些共和国都设有自己的对外贸易人民委员部，现在为了在共和国联盟内设立共同的对外贸易人民委员部，就把俄罗斯苏维埃联邦社会主义共和国和其他各共和国对外贸易人民委员部撤销了，这样，这些共和国过去充分享有的独立就受到了某种限制，但是缩小这种独立是为了联盟的共同利益，如此等等。有些人提出了一个纯经院式的问题：各共和国在联合以后是否还是独立的？这是一个经院式的问题。各共和国的独立是要受到限制的，因为任何一种联合都会使联合者原有的权利受到某些限制。不过每个共和国都无条件地保留着独立的基本因素，这至少是因为每个共和国都有单方面退出联盟的权利。

总之，在目前，在我们所处的情况下，民族问题的具体形式可归结为建立各民族经济、外交和军事方面的合作问题。我们应当在这几方面把这些共和国联合成一个统一的联盟——苏维埃社会主义共和国联盟。目前民族问题的具体形式可归结为这一点。

但是说话容易做事难。因为在我们所处的情况下，不仅有许多促进各民族联合成一个国家的因素，也有许多阻碍这种联合的因素。

促进联合的因素你们是知道的，这首先是苏维埃政权建立以前所确立的并由苏维埃政权巩固了的各民族在经济上的接近，是我们苏维埃政权建立以前所确立的并由我们苏维埃政权巩固了各民族之间的某种分工。这就是促进各共和国联合成联盟的基本因素。促进联合的第二个因素应当认为是苏维埃政权的性质。这是很容易理解的。苏维埃政权是工人的政权，是无产阶级专政，苏维埃政权的性质促使联盟内的各共和国和各民族的劳动者彼此友好相处。这是很容易理解的。促进联合的第三个因素就是帝国主义的包围，共和国联盟不得不在这种包围的环境下进行活动。

但是也有妨碍和阻碍这种联合的因素。我已经说过，阻碍各共和国联合成一个统一联盟的主要力量就是在新经济政策条件下在我国日益发展的大俄罗斯沙文主义。同志们，路标转换派受到大批苏维埃官僚的拥护决不是偶然的。这决不是偶然的。路标转换派先生们夸奖共产党布尔什维克也不是偶然的，他们好象在说：你们尽情谈论布尔什维克主义吧，尽情谈论你们的国际主义趋向吧，不过我们知道，你们是要建立邓尼金所未能建立起来的东西，你们布尔什维克已经恢复了大俄罗斯思想，或者至少将来要恢复大俄罗斯思想。这一切都不是偶然的。这种思想甚至透进了我们党的某些机关，这也不是偶然的。在二月全会上第一次提出设立第二院的问题时，我亲眼看到中央委员中有人发表与共产主义不符的演说，发表了完全违背国际主义的演说。所有这些都是一种时代的现象，都是一种流行病。由此产生的主要危险是：由于新经济政策的实行，大国沙文主义在我们这里不是与日俱增而是与时俱增，它竭力排斥一切非俄罗斯的东西，竭力使一切管理机关都掌握在俄罗斯人手中，并竭力压制非俄罗斯的东西。主要的危险是：在这种政策下我们有丧失过去被压迫民族对俄罗斯无产者的信任的危险，这种信任是俄罗斯无产者在十月革命的日子里取得的，当时他们打倒了地主和俄罗斯资本家，摧毁了俄国内部的民族压迫，从波斯、蒙古撤出军队，宣布芬兰、亚美尼亚独立，总之，把民族问题提到了崭新的基础上。如果我们大家不武装起来反对这种新的——再说一遍——大俄罗斯沙文主义，不反对这种正在扩展蔓延，正在一点一滴地渗入我们工作人员的耳目，一步一步地腐蚀我们工作人员的大俄罗斯沙文主义，我们就会把十月革命的日子里所取得的信任丧失无遗。同志们，这种危险我们无论如何要把它们铲除掉。否则我们就会有丧失过去被压迫民族工农的信任的危险，我们就会有使这些民族和俄罗斯无产阶级之间的关系破裂的危险，因而我们就会有在我们专政体系中造成裂口的危险。

同志们，不要忘记，我们所以能举着展开的大旗反对克伦斯基并推翻临时政府，其原因之一就在于我们背后有那些期待俄罗斯无产者来解放它们的被压迫民族的信任。不要忘记被压迫民族这样的后备力量，虽然它们沉默着，但是它们的沉默压制着和决定着很多东西。人们往往感觉不到这一点，但是这些民族活着，存在着，决不能把它们忘记。不要忘记，如果在高尔察克、邓尼金、弗兰格尔和尤登尼奇的后方没有所谓"异族人"，如果没有过去被压迫民族用它们对俄罗斯无产者的那种默默的同情来破坏这些将军的后方（同志们，默默的同情是我们发展中的一种特殊因素，这种因素谁也看不到、听不见，但它决定着一切），如果我们没有这种同情，那末我们就打不倒这些将军中的任何一个。当我们向这些将军进攻的时候，他们的后方便开始瓦解了。为什么呢？因为这些将军依靠的是哥萨克中的殖民分子，他们在被压迫民族面前描绘了一幅继续压迫它们的远景，使被压迫民族不得不投入我们的怀抱而我们是高举大旗解放这些被压迫民族的。这就是决定这些将军命运的东西，这就是被我军的胜利所掩盖了的然而终究还是决定一切的综合因素。这一点是决不能忘记的。正因为如此，我们在同新的沙文主义情绪作斗争时必须来一个急剧的大转弯，必须当众揭露我们机关中那些忘记我们在十月革命中所获得的成果，忘记我们应该珍视的过去被压迫民族的信任的官僚和党员同志。

应该懂得，如果听任大俄罗斯沙文主义这种力量蓬勃发展，猖獗横行，我们就得不到过去被压迫民族的任何信任，就不能在统一的联盟内建立起任何合作，也就没有任何共和国联盟。

这就是阻碍各民族和各共和国联合成统一联盟的第一个因素，也是最危险的因素。

同志们，妨碍过去被压迫民族团结在俄罗斯无产阶级周围的第二个因素，是沙皇统治时期遗留下来的各民族事实上的不平等。

我们已经宣布了法律上的平等，并且正在实现这种平等，这种平等虽然在各苏维埃共和国的发展史上有极重大的意义，但是它毕竟同事实上的平等还相距很远。所有落后的民族（национальности）和部族（народы）

在形式上和我们联邦内其他一切先进民族享有同等权利。可是不幸的是：有些民族（национальности）没有自己的无产者，没有经过其至还没有开始工业的发展，文化上极端落后，完全没有力量享用革命给它们的权利。同志们，这是一个比学校问题更重要的问题。我们有些同志认为，只要把学校和语言问题放在第一位，问题就解决了。同志们，这是不对的，单靠学校是无济于事的，学校本身在发展，语言也在发展，可是事实上的不平等仍然是一切不满和摩擦的根源。在这里单靠学校和语言不能解决问题，还需要我们给文化上和经济上落后的各民族的劳动群众以真实的、经常的、真诚的和真正无产阶级的帮助。除了学校和语言以外，俄罗斯无产阶级必须采取一切办法在边疆地区、在文化上落后的各共和国（它们落后并不是它们自己的过错，而是人们过去把它们当做原料产地的缘故）内建立工业基地。在这方面已经做了一些尝试。格鲁吉亚已经从莫斯科搬去了一个工厂。这个工厂大概很快就会开工。布哈拉也搬去了一个工厂，而且还可以搬去四个。土尔其斯坦正在搬一个大工厂。总之，一切事实表明，这些在经济上落后和没有无产阶级的共和国必须在俄罗斯无产阶级的帮助下建立自己的工业基地，哪怕是很小的工业基地，以便在这些基地产生一批当地的无产者，使他们成为俄罗斯无产者和农民同这些共和国劳动群众沟通关系的桥梁。因此，我们在这方面应当认真工作，在这里单靠学校是不能解决问题的。

但是还有阻碍各共和国联合成一个联盟的第三个因素，就是各个共和国的民族主义。新经济政策不仅对俄罗斯居民，而且对非俄罗斯居民发生作用。新经济政策不仅使俄罗斯中部的私营工商业，而且使各个共和国的私营工商业得到发展。正是这个新经济政策本身和同它相联系的私人资本使格鲁吉亚、阿塞拜疆、乌兹别克等地的民族主义发育滋长。当然，如果没有大俄罗斯沙文主义（这种沙文主义是进攻性的，因为它现在很强大，过去也很强大，它还保存着压迫人和鄙视人的习惯），那末地方沙文主义（这是对大俄罗斯沙文主义的答复）也许只会有最小限度的、极微小的表现，因为归根到底反俄罗斯的民族主义只是一种防御性的形式，只是一种反对大俄罗斯民族主义、反对大俄罗斯沙文主义的畸形的防御形式。如果这种民族主义只是防御性的，那就用不着为它喊叫了。那就可以集中自己活动的全部力量和斗争的全部力量来反对大俄罗斯沙文主义，并且相信只要打垮这个强敌，也就会接着打垮反俄罗斯的民族主义，因为这种民族主义，再说一遍，归根到底是大俄罗斯民族主义的反应，是对它的答复，是一种防御。是的，如果各地的反俄罗斯民族主义只不过是对大俄罗斯民族主义的反应，那末情形确实是如此。可是不幸的是：在某些共和国里，这种防御性的民族主义正在变成进攻性的民族主义。

就拿格鲁吉亚来说。那里百分之三十以上是非格鲁吉亚居民，其中有亚美尼亚人、阿布哈兹人、阿札里人、沃舍梯人、鞑靼人，为首的是格鲁吉亚人。在格鲁吉亚一部分共产党员中间产生了并且正在发展着一种不大重视这些小民族的思想，认为他们文化较低，不太发达，可以不必重视他们。这是一种沙文主义，有害而危险的沙文主义，因为它可以把小小的格鲁吉亚共和国变成纠纷的舞台。而且已经把它变成纠纷的舞台了。

再拿阿塞拜疆来说。主要是阿塞拜疆族，可是也有亚美尼亚人。在部分阿塞拜疆人中间也有这样的倾向，这种倾向有时很露骨，他们认为阿塞拜疆人是土著居民，而亚美尼亚人是外来的，因此可以把他们放到较次要的地位，不必重视他们的利益。这也是沙文主义。这种沙文主义会破坏民族平等这个苏维埃政权的基础。

再拿布哈拉来说。在布哈拉那里有三个民族：乌兹别克人，是主要民族；土库曼人，从布哈拉的沙文主义观点看来，是一个"次要"的民族；吉尔吉斯人。在那里吉尔吉斯人很少，看来也是"次要"的民族。

花剌子模的情况也是这样，那里有土库曼人和乌兹别克人。乌兹别克人是主要民族，土库曼人是"次要"的民族。

这一切都导致冲突，导致苏维埃政权的削弱。这种地方沙文主义倾向也是应当根除的。当然，同在民族问题总体系中占四分之三的大俄罗斯沙文主义比较起来，地方沙文主义并不那末严重，但是，它对于当地的工作、当地的居民和各民族共和国本身的和平发展却有头等重要的意义。

这种沙文主义有时会发生很有趣的演变。我指的是南高加索。你们知道，南高加索是由包括十个民族的三个共和国组成的。南高加索早就是一个互相残杀和纠纷的舞台，后来，在孟什维主义和达什纳克党人统治时期，又成了战争的舞台。格鲁吉亚和亚美尼亚的战争你们是知道的。1905年年初和年底在阿塞拜疆发生的互相残杀你们也是知道的。我可以举出许多地区占多数的亚美尼亚人把其余的鞑靼居民杀光的事实，例如赞格祖尔。还可以拿另一个省份——纳希切万做例子。那边鞑靼人占优势，他们把所有的亚美尼亚人都杀光了。这正是在亚美尼亚和格鲁吉亚挣脱帝国主义枷锁以前发生的。（有人喊道："这是他们解决民族问题的办法。"）当然，这也是解决民族问题的一种方式。但这不是苏维埃的解决方式。这种民族之间互相仇视的情况当然和俄罗斯工人无关，因为互相斗争的是鞑靼人和亚美尼亚人，俄罗斯人并没有参加。正因为如此，必须在南高加索设立一个能调整各民族之间的相互关系的专门机关。

可以大胆地说，过去统治民族的无产阶级和其余一切民族的劳动者之间的相互关系问题要占整个民族问题的四分之三。而过去被压迫民族的相互关系问题则仅占这个问题的四分之一。

在这种互相不信任的环境里，如果苏维埃政权不能在南高加索设立一个可以调解摩擦和冲突的民族和平机关，那末我们就会回到人们互相烧杀的沙皇统治时代或达什纳克党人、木沙瓦特党人、孟什维克的时代。正因为如此，中央曾三次确认有必要保存南高加索联邦这个维护民族和平的机关。

我们过去和现在都有这样一批格鲁吉亚共产党员，他们不反对格鲁吉亚同共和国联盟联合，但是，他们反对通过南高加索联邦实行这一联合。你们看到没有，他们愿意跟联盟更接近些，他们说在我们格鲁吉亚人和共和国联盟之间不需要南高加索联邦这样的中间物，说联邦是多余的。这听起来似乎很革命。

但这是别有用心的。第一、这种论调表明，在格鲁吉亚，同俄罗斯人的关系在民族问题方面仅有次要意义，因为这些倾向分子同志（大家都这样称呼他们)丝毫不反对格鲁吉亚直接同联盟联合,也就是说,他们并不害怕大俄罗斯沙文主义,认为它反正是要被砍倒的,或者它是没有决定意义的。显然,他们更害怕南高加索联邦。为什么呢?为什么过去厮杀很久、互相残杀、互相掠夺的南高加索三个主要民族,在现在,在苏维埃政权终于在它们之间建立了联邦这种兄弟般的联盟关系的时候,在这个联邦已结出良好的果实的时候,一定要切断这种联邦关系呢?同志们,原因何在呢?

原因在于南高加索的联邦关系使格鲁吉亚丧失了因地理位置可以获得的那些特权。请你们自己判断吧。格鲁吉亚有自己的港口——巴土姆,从这里可以输入西方的商品;格鲁吉亚有梯弗里斯这样的铁路枢纽站,这是亚美尼亚人的必经之路,同时也是阿塞拜疆从巴土姆取得商品的必经之路。如果格鲁吉亚是一个单独的共和国,如果它不加入南高加索联邦,那它就可以向不能不利用梯弗里斯的亚美尼亚和不能不利用巴土姆的阿塞拜疆提出某种小小的最后通牒。这对格鲁吉亚是有一些好处的。人所共知的粗暴的边防法令正是格鲁吉亚制定的,这并不是偶然的。现在人们把这一过错推在谢烈布利雅柯夫身上。就算是他的过错吧,但是要知道这项法令是在格鲁吉亚产生的,而不是在阿塞拜疆或亚美尼亚产生的。

其次,这里还有另一个原因。梯弗里斯是格鲁吉亚的首都,但是那里的格鲁吉亚人不超过百分之三十,而亚美尼亚人不下于百分之三十五,其次是其他民族。你们看,这就是格鲁吉亚首都的情况。如果格鲁吉亚是一个单独的共和国,那就可以迁走一些居民,比如说,把亚美尼亚人从梯弗里斯迁走。格鲁吉亚曾经通过一项人所共知的"调整"梯弗里斯人口的法令,据马哈拉泽同志说,这项法令并不是用来对付亚美尼亚人的。迁走一些居民的目的就是使梯弗里斯的亚美尼亚人逐年少于格鲁吉亚人,从而把梯弗里斯变成真正的格鲁吉亚首都。即使他们取消了关于迁徙的法令。可是他们还有许多办法,许多灵活的方式(例如"疏散"),依靠它们就可以在遵守国际主义的幌子下使梯弗里斯的亚美尼亚人减少。

这就是格鲁吉亚倾向分子不愿意丢掉的一些地理上的有利条件和格鲁

吉亚人在梯弗里斯因人数比亚美尼亚人少而处的不利地位,这些情况促使我们的倾向分子为反对联邦而斗争。孟什维克曾经毫无顾忌地把亚美尼亚人和鞑靼人逐出梯弗里斯。而现在,在苏维埃政权下,不能再驱逐了,所以就要退出联邦,那时将获得法律上的可能单独进行一些活动,就能充分利用格鲁吉亚人的有利地位来对付阿塞拜疆和亚美尼亚。这样一来,就会造成格鲁吉亚人在南高加索内部的特权地位。全部危险就在这里。

我们能不能忽视南高加索民族和平的利益而创造一种使格鲁吉亚人对亚美尼亚和阿塞拜疆两共和国处于特权地位的条件呢?不,我们不能容许这样做。

有一种旧的管理民族的特别制度,就是资产阶级政权笼络一些民族,给它们特权,鄙视其余的民族,不肯同它们打交道。这样,它笼络了一个民族,就可以通过它去践踏其余的民族。例如奥地利就是这样做的。大家还记得奥地利的一个部长贝斯特的言论吧,他把匈牙利的一个部长请去说:"你管你们的一群,我来对付我们的一群。"这就是说,你压榨和践踏你们匈牙利的民族,我来践踏我们奥地利的民族。你和我都是特权民族,让我们来践踏其余的民族。

奥地利也是这样对待国内的波兰人的。奥地利人笼络波兰人,给他们特权,使波兰人帮助奥地利人巩固他们在波兰的阵地,因此让波兰人有可能扼杀加里西亚。

分出几个民族,给它们特权,以便对付其余的民族,这种制度是一种特殊的纯粹奥地利式的制度。从官僚制度的观点来看,这是一种"经济的"管理方式,因为这只要同一个民族打交道就够了;但是从政治的观点来看,这必然招致国家的灭亡,因为破坏民族平等原则,容许一个民族有某些特权,就是置自己的民族政策于死地。

现在英国也完全是这样管理印度的。为了从官僚制度的观点来更容易地对付印度的各民族(национальности)和各部落(племена),英国把印度划分为英属印度(2.4亿人口)和土著印度(7200万人口)。为什么呢?因为英国想分出一部分民族,给它们特权,以便于管理其余的民族。印度有几百个民族，于是英国决定：与其同这些民族打交道，不如分出几个民族，给它们某些特权，通过它们来管理其他民族，因为第一、在这种情况下，其余民族的不满就会针对这些特权民族，而不会针对英国；第二、同两三个民族"打交道"要合算些。

这也是一种管理制度，英国式的管理制度。这种制度会造成什么结果呢？会使机关"省钱"，这是对的。但是，同志们，如撇开官僚主义的方便不说，那末英国在印度的统治就必然死亡，在这种制度下英国的管理和英国的统治都必然死亡，正如二乘二等于四一样。

我们的同志，格鲁吉亚的倾向分子正在把我们推上这条危险的道路，因为他们违反党的一切规章反对联邦，因为他们想退出联邦以保持他们的有利地位。他们把我们推上给他们某些特权而牺牲亚美尼亚和阿塞拜疆两共和国的利益的道路。我们不能走这条道路，因为这必然会使我们的全部政策和南高加索的苏维埃政权死亡。

我们格鲁吉亚的同志已经觉察到了这个危险，这不是偶然的。这是格鲁吉亚的沙文主义对亚美尼亚人和阿塞拜疆人采取了攻势，使格鲁吉亚共产党感到不安。格鲁吉亚共产党自公开以来召开过两次代表大会，每次都一致否决了倾向分子同志们的观点，这是完全可以理解的，因为在目前条件下，不建立南高加索联邦，就无法在高加索维护和平和建立平等。决不容许一个民族比另一个民族享有更多的特权。我们的同志已经觉察到这一点。这就说明为什么穆吉万集团斗争了两年还只是一小撮人，而且常常为格鲁吉亚共产党所摈弃。

列宁同志那样着急和那样坚持立即成立联邦，也不是偶然的。我们中央曾三次确认建立南高加索联邦的必要性，这个联邦要有自己的中央执行委员会和执行机关，它的决定各共和国必须执行，这也不是偶然的。捷尔任斯基同志领导的以及加米涅夫和古比雪夫领导的两个委员会到莫斯科以后说非成立联邦不可，这也不是偶然的。

最后，《社会主义通报》[1]的孟什维克对我们的倾向分子同志反对联邦的斗争大加称赞，并对他们爱护备至，这也不是偶然的，因为他们臭味相投。

现在来分析一下我们必须用来克服阻碍联合的三个因素——大俄罗斯沙文主义、各民族事实上的不平等、地方民族主义（特别是当它变成沙文主义的时候）的手段或方法。在能够帮助我们无痛苦地铲除全部阻碍各民族接近的旧遗产的手段中，我提出三个来谈谈。

第一个手段是采取一切办法使各共和国的苏维埃政权成为人们所了解和亲近的政权，使它不仅成为俄罗斯的政权，而且成为各民族的政权。为此就必须不仅使学校，而且使一切机关，一切党的机关和苏维埃机关逐步民族化，使用群众所懂得的语言，在适合本民族生活习惯的条件下进行工作。只有在这种条件下，我们才有可能把苏维埃政权从俄罗斯的政权变成各民族的政权，变成所有共和国特别是那些在经济上和文化上落后的共和国的劳动群众所亲近、了解和爱戴的政权。

第二个能够有助于我们无痛苦地铲除沙皇制度和资产阶级所留下的遗产的手段，就是共和国联盟各人民委员部应当这样来组织：至少使各个主要民族在部务会议中都有自己的人参加，造成一种使各个共和国的需要和要求都能无条件得到满足的环境。

第三个手段是必须在我们的中央最高机关中设立一个能够反映所有的共和国和民族的需要和要求的机关。

我希望你们特别注意最后这一点。

如果我们能在联盟中央执行委员会内设立两个平等的院，第一院由联盟苏维埃代表大会选出，不分民族，第二院由各共和国和各民族地区选出（各共和国的代表人数相等，各民族地区的代表人数也相等），并由共和国联盟苏维埃代表大会批准，我想那时我们的最高机关就能不仅反映所有劳动者的阶级利益，而且反映纯粹民族的需求。这样我们就会有一个能反映共和国联盟境内各民族（национальность）、各部族（народы）和各部落（племена）特殊利益的机关。同志们，联盟总共不下1.4亿人，其中约有6500万是非俄罗斯人，在这种条件下，如果在这里，在莫斯科，在最高机关内没有这些民族派来的代表，没有这种不仅反映整个无产阶级的共同利益,而且反映特殊的独特的民族利益的代表,那就不可能管理这样的国家。同志们,没有这个条件就不可能进行管理。没有这种晴雨表,没有这种能够表达各个民族特殊需要的人,就不可能进行管理。

有两种管理国家的方式:一种方式是使机关"简单化",比如说,以一个集团或一个人为首领,他的耳目是各地的省长。这是最简单的管理形式,在这种形式下,首领依靠从省长那里能够得到的消息管理国家,他拿一种希望来安慰自己,希望自己是真诚而正确地管理国家的。后来发生摩擦,摩擦转为冲突,冲突又转为起义。然后起义被镇压下去。这种管理制度不是我们的制度,虽然它很简单,但是代价太大。还有另一种管理制度,即苏维埃制度。我们在苏维埃国家内实行的是另一种管理制度,这种管理制度使人们能准确地预测农民、少数民族、所谓"异族人"和俄罗斯人的一切变化、一切情况,使最高机关系统内有许多晴雨表可以预测各种变化,估计和预防巴斯马奇运动[2]、土匪骚动、喀琅施塔得叛乱以及一切可能的风暴和不幸。这就是苏维埃的管理制度。它所以叫做苏维埃政权、人民政权,是因为它依靠的是下层的群众,它能最先觉察到各种变化,如果路线被歪曲,它就能采取相应的措施及时纠正路线,它能进行自我批评纠正路线。这种管理制度就是苏维埃制度,它要求在我们的最高机关系统内有能够彻底反映民族需要和要求的机关。

有一种反对意见,认为这种制度将使管理工作复杂化,并将增加许多新机关。这是对的。以前我们有俄罗斯苏维埃联邦社会主义共和国中央执行委员会,后来设立了联盟中央执行委员会,而现在联盟中央执行委员会又要分成两部分。这有什么办法呢。我已经说过,最简单的管理制度是让一个人执政,给他一些省长。但是在十月革命以后已经不能再做这种实验了。制度复杂了,但是这种制度可以促进管理工作,使一切管理工作大大苏维埃化。正因为如此,我认为代表大会应当批准在联盟中央执行委员会内设立一个专门机关——第二院,因为这是绝对必需的机关。

我不是说,这是联盟各族人民之间合作的完善形式。我不是说,这是科学上的最新成就。我们还将不止一次地提出民族问题，因为国内和国际的情况在变化，而且以后还会变化。我不能否认还可能有这样的情况，如果经验证明某些人民委员部合并后产生的效果不好，我们也许还要把合并在共和国联盟内的某些人民委员部重新分开。不过有一点是很明显的：在目前的条件下，在目前的环境下我们还找不到更好的方法和其他更适宜的机关。除了设立第二院外，我们目前还没有更好的手段和其他办法来成立能够反映各个共和国内部的一切动态和一切变化的机关。

不言而喻，第二院内不仅应当有这四个已经联合起来的共和国的代表，还应当有各民族的代表，因为这不仅与已经正式联合起来的四个共和国有关，而且还与共和国联盟内的一切民族和部族有关。因此我们必须有一种能够反映所有民族和共和国的需求的形式。

同志们，我来概括地谈一谈。

总之，民族问题的重要性是由新的国际形势决定的，是由下面的事实决定的：我们必须在这里，在俄国，在我们联邦内正确地模范地解决民族问题，以便给东方的那些重要的革命后备力量做出榜样，从而增强它们对我们联邦的信心和向往。

从内部状况来说，新经济政策的条件，日益猖獗的大俄罗斯沙文主义和地方沙文主义也都使我们不得不强调民族问题的特殊重要性。

其次，我说过，民族问题的实质就是在过去统治民族的无产阶级和过去被统治民族的农民之间建立正确的关系，从这个观点来看，目前民族问题的具体形式就是寻求在共和国联盟内、在统一国家内建立各族人民合作的途径和手段。

其次，我谈过促进这种民族接近的各种因素。我也谈过阻碍这种联合的各种因素。我特别谈到大俄罗斯沙文主义，认为它是一种日益猖獗的力量。这种力量是主要的危险，因为它能破坏过去各被压迫民族对俄罗斯无产阶级的信任。这是我们最危险的敌人，我们必须把它打倒，因为打倒了它就是把某些共和国内过去保存下来的、现在正在发展的民族主义打倒十分之九。

其次，我们还面临着一种危险，就是有一些同志会把我们推上给一些民族特权而损害其他民族的利益的道路。我已经说过，我们不能走这条道路，因为它会破坏民族和平，摧毁其他民族群众对苏维埃政权的信任。

其次，我说过，在中央执行委员会内设立第二院是使我们可能最无痛苦地铲除这些阻碍联合的因素的主要手段。关于第二院我在中央二月全会上谈得比较露骨，而在提纲中谈得比较含蓄，目的是使同志们也许有可能找出其他更灵活的方式，找出其他能反映各民族利益的更适当的机关。

结论就是这样。

我认为，只有走这条道路，我们才能正确地解决民族问题，才能高举无产阶级革命的大旗，才能把在未来的无产阶级同帝国主义的搏斗中将起决定作用的重要革命后备力量——东方各国的同情和信任集合在这一旗帜的周围。（鼓掌）

四 关于党和国家建设中的民族问题的报告的结论

（4月25日）

同志们！在报告民族问题组的工作以前，请允许我先对那些就我的报告、就两个主要问题发言的人提出反对意见。大约至多只要二十分钟就够了。

第一个问题是以布哈林和拉柯夫斯基为首的一些同志过分强调了民族问题的意义，夸大了民族问题，并且因民族问题而忽视社会问题，即工人阶级的政权问题。

我们共产党员看得很清楚，我们全部工作的基础是巩固工人政权的工作，只有在这个前提下我们才能谈另一个问题——民族问题，这是一个很重要的问题，但它是从属于前一个问题的。有人对我们说，不能委屈少数民族。这是完全正确的,我同意这一点,不应当委屈少数民族。但是如果因此而创造出一种新的理论,说必须使大俄罗斯无产阶级在对过去被压迫民族的关系上处于不平等的地位,——那就是胡说八道了。在列宁同志的一篇著名论文中只是文字上的一种表现方法,布哈林竟把它变成了完整的口号。可是很明显,无产阶级专政的政治基础首先而且主要是中部地区即工业地区,而不是边疆地区即农民地区。如果我们矫枉过正地偏向农民的边疆地区而损害无产阶级地区的利益,那就会造成无产阶级专政体系的裂痕。同志们,这是危险的。在政策上既不能过左,也不能过右。

应当记住,除了民族自决权以外,还有工人阶级巩固自己政权的权利,自决权从属于后一权利。有时候会发生自决权同另一个权利,即同最高权利——执政的工人阶级巩固自己政权的权利相抵触的情况。在这种情况下,——必须直截了当地说——自决权不能而且不应当成为工人阶级实现自己专政权利的障碍。前者必须向后者让步。例如1920年的情况就是这样,当时我们为了保卫工人阶级的政权,不得不进军华沙。

因此,在对各少数民族许下种种诺言的时候,在奉承各民族代表的时候,如像某些同志在这次代表大会上所做的那样,不应当忘记,应当记住:在我们国内外条件下,民族问题的活动范围和所谓管辖范围要受制于"工人问题"这个一切问题中的基本问题的活动范围和管辖范围。

许多人引证弗拉基米尔·伊里奇的札记和论文中的话。我本来不想引证我的导师列宁同志的话,因为他不在这里,我怕可能引证得不正确,不恰当。然而我必须引证一段已成为公理的不会引起任何误解的话,以便使同志们对于民族问题所占的比重不发生怀疑。列宁同志在论民族自决权这篇论文中分析马克思关于民族问题的一封信时,做了这样的结论:

> 民族问题和"工人问题"比较起来,只有从属的意义,这在马克思看来是无可置疑的。[3]

这里总共只有一行字,但是它解决了一切问题。这是某些热心过度的同志应当牢牢记住的。

第二个问题是关于大俄罗斯沙文主义和地方沙文主义问题。拉柯夫斯基和布哈林都在这里发了言,特别是布哈林,他建议删去关于地方沙文主义危害性的那一点。他们说用不着为地方沙文主义这样的蛆虫操心,因为我们有大俄罗斯沙文主义这样的"歌利亚"①。一般说来,布哈林有忏悔的情绪。这是可以理解的,因为他几年来一直否认自决权,对民族有罪,现在该是他忏悔的时候了。可是他在忏悔之后,又走上了另一个极端。奇怪的是布哈林竟号召党也仿效他的榜样来忏悔,虽然全世界都知道,这和党毫不相干,因为党一成立(1898年)就承认自决权,因此它没有什么可忏悔的。问题在于布哈林不了解民族问题的实质。当人民说在民族问题上必须把反对大俄罗斯沙文主义的斗争放在首位的时候,那是想指出俄罗斯的共产党员的义务,想说明俄罗斯的共产党员有同俄罗斯的沙文主义进行斗争的义务。如果从事反对俄罗斯沙文主义斗争的不是俄罗斯的共产党员而是土耳其斯坦或格鲁吉亚的共产党员,那末这种斗争就会被认为是反俄罗斯的沙文主义了。这会把全部事情弄糟,并且会使大俄罗斯沙文主义变本加厉。只有俄罗斯的共产党员才能从事反对大俄罗斯沙文主义的斗争,并把它进行到底。

当人们建议同地方沙文主义进行斗争的时候,那是想要说明什么呢?那是想指出地方共产党员的义务,指出非俄罗斯共产党员有同自己的沙文主义进行斗争的义务。难道能否认反俄罗斯沙文主义倾向存在的事实吗?要知道,整个代表大会亲眼看到,地方的沙文主义,即格鲁吉亚、巴什基里亚等等的沙文主义存在着,需要同它进行斗争。俄罗斯的共产党员不能同鞑靼的、格鲁吉亚的、巴什基里亚的沙文主义进行斗争,因为如果俄罗斯的共产党员担负起反对鞑靼的或格鲁吉亚的沙文主义斗争的艰巨任务,那末这一斗争就会被认为是大俄罗斯沙文主义者反对鞑靼人或格鲁吉亚人

---

① 据《旧约》记载,歌利亚是一个巨人。——译者注

的斗争。这会把全部事情弄糟。只有鞑靼、格鲁吉亚等等的共产党员才能反对鞑靼、格鲁吉亚等等的沙文主义,只有格鲁吉亚的共产党员才能顺利地同自己的格鲁吉亚的民族主义或沙文主义进行斗争。这就是非俄罗斯共产党员的义务。正因为如此,在提纲中必须指出两方面的任务,即俄罗斯共产党员的任务(我指的是反对大俄罗斯沙文主义的斗争)和非俄罗斯共产党员的任务(我指的是他们反对反亚美尼亚的、反鞑靼的、反俄罗斯的沙文主义的斗争)。否则提纲就是片面的,不论在国家建设中或党的建设中都没有任何国际主义。

如果我们只是同大俄罗斯沙文主义进行斗争,那末这一斗争就会遮盖住鞑靼等等沙文主义者所进行的斗争。后一种斗争正在各地展开,而且在现在,在新经济政策条件下是特别危险的。我们不能不进行两条战线的斗争,只有进行两条战线的斗争——一方面同我们建设工作中的主要危险大俄罗斯沙文主义作斗争;另一方面同地方沙文主义作斗争——我们才能取得胜利,不进行这两方面的斗争,俄罗斯的工农和其他民族的工农之间就不会有任何团结。不这样,就会助长地方沙文主义的气焰,造成奖励地方沙文主义的政策,这是我们不能容许的。

让我在这里引证一下列宁同志的话。我本来不想这样做,但是因为在我们的代表大会上有许多同志随便引证列宁同志的话,歪曲了他的话,那就让我来读一下列宁同志的一篇人所共知的论文中的几句话:

> 无产阶级应当要求被"它的"民族所压迫的殖民地和民族有政治分离的自由。不这样,无产阶级的国际主义就仍然是一句空话,被压迫民族的工人和压迫民族的工人之间的相互信任和阶级团结就不可能实现。[4]

这可以说是统治民族或过去统治民族的无产者的义务。其次,列宁谈到过去被压迫民族的无产者或共产党员的义务时说:

另一方面，被压迫民族的社会主义者必须特别坚持和实现被压迫民族的工人和压迫民族的工人之间的无条件的（包括组织上的）大团结。否则在资产阶级的各式各样的诡计、叛变和欺骗下就不可能捍卫住无产阶级的独立政策和它同其他国家无产阶级的阶级团结。因为各被压迫民族的资产阶级经常把民族解放的口号变成欺骗工人的手段。

可见，如果要追随列宁同志前进（在座的有些同志是向他宣过誓的），那就必须把同大俄罗斯沙文主义作斗争和同地方沙文主义作斗争这两个提纲保留在决议案中，并把它们看做一种现象的两个方面，看做同沙文主义作斗争的提纲。

我就以此结束我对发言人提出的反对意见。

其次，让我来报告一下民族问题组的工作。民族问题组采纳了中央的提纲作为决议的基础。它未加修改地保留了这个提纲中的六点：第一、第二、第三、第四、第五和第六各点。组内首先在下面这个问题上展开了争论：是否应该先把各自治共和国从俄罗斯苏维埃联邦社会主义共和国内分出去。再把高加索各独立共和国从南高加索联邦内分出去。让它们分别加入共和国联盟。这个建议是格鲁吉亚的一部分同志提出的，大家知道，这个建议并没有得到格鲁吉亚、亚美尼亚和阿塞拜疆的代表团的支持。民族问题组讨论了这个问题，绝大多数主张保留提纲中所发挥的那个论点，就是说，俄罗斯苏维埃联邦社会主义共和国应该是一个完整的单位，南高加索联邦也应该是一个完整的单位，它们就用这种形式加入共和国联盟。格鲁吉亚的这一部分同志提出的建议并没有一一进行表决，因为提这些建议的人看到他们的建议没有得到支持就把它们撤回了。在这个问题上，争论是激烈的。

展开争论的第二个问题是关于如何组织第二院的问题。一部分同志（少数）建议第二院不应当由各共和国、各民族和各地区的代表组成，而应当只由俄罗斯苏维埃联邦社会主义共和国、南高加索联邦、白俄罗斯和乌克兰这四个共和国的代表来组成。多数否决了这个建议，民族问题组也反对这个建议，认为这样来设立第二院比较适当：根据平等原则各共和国（不管是独立的还是自治的）和各民族地区都有代表参加。现在我不想陈述理由，因为这少数人的代表拉柯夫斯基将在这里发言论证他的那个在组内没有通过的建议。等他发表了意见，我再来谈我的看法。

对是否应当给提纲加进一个修改意见，即指出在解决民族问题时必须不仅指靠东方而且要指靠西方的问题，也进行了不很激烈的争论。民族问题组对这个修改意见进行了表决。这个少数人的修改意见就是拉柯夫斯基的修改意见。民族问题组否决了这个修改意见。等拉柯夫斯基发表意见以后，我还要谈这个问题。

现在我来读一下我们已经采纳的那些修改意见。前六点我们是无条件地采纳了。在第七点第二段第三行"因此坚决反对"这几个字前面加进下面一段话：

若干民族共和国（乌克兰、白俄罗斯、阿塞拜疆和土耳其斯坦）内的情况所以日益复杂，是因为作为苏维埃政权主要支柱的工人阶级的很大一部分属于大俄罗斯民族。在这些地区内，城乡之间的结合、工农之间的结合受到党的机关和苏维埃机关内大俄罗斯沙文主义残余的极大阻挠。在这种情况下，谈论俄罗斯文化的优越性和提出水平较高的俄罗斯文化必然战胜较落后民族的（乌克兰的、阿塞拜疆的、乌兹别克的、吉尔吉斯等等的）文化的论点，无非是企图巩固大俄罗斯民族的统治。

我所以采纳这个修改意见，是因为它可以使提纲更加完善。

第二个修改意见也是关于第七点的。在"否则就没有根据指望"这句话前面加进下面一段话：

这种帮助首先应当表现在：采取一系列实际措施在过去被压迫民族的共和国内建立工业基地，并且尽量吸引当地居民参加这一工作。

最后，根据第十次代表大会的决议，这种帮助应当同劳动群众反对当地的和外来的上层剥削分子（这种剥削分子因实行新经济政策而日益增多），争取巩固自己的社会阵地的斗争相辅而行。因为这些共和国多半是农业地区，所以内部的社会措施首先应当沿着把国有的闲置土地分给劳动群众这条道路前进。

下面还是关于第七点的。在第二段中间讲到格鲁吉亚、阿塞拜疆等等的沙文主义的地方加进"亚美尼亚等等的沙文主义"几个字。亚美尼亚的同志希望不要委屈亚美尼亚人，希望也提到他们的沙文主义。

其次，在提纲的第八点"统一而不可分的整体"几个字后面插进下面一段话：

俄罗斯苏维埃联邦社会主义共和国的某些主管机关企图使各自治共和国的独立的委员部也受它们的管辖并为撤销这些委员部开辟道路，这也应该认为是旧遗产带来的一种后果。

其次，在第八点插进下面一句话：

并宣布各民族共和国有存在和进一步发展的绝对必要性。

其次是第九点。开头的几句话应当是：

各共和国的工人和农民根据平等和自愿的原则建立起来的共和国联盟，是无产阶级在调整各独立国家之间的相互关系方面所做的第一次实验，也是建立未来的全世界苏维埃劳动共和国的第一个步骤。

第十点有一个"甲"项，在"甲"项前面插进一个"甲"项，其内容如下：

（甲）在设立联盟中央机关时，必须保证各共和国在它们的相互关系上和对联盟中央权力机关的关系上，权利和义务一律平等。

其次，把原来"甲"项的内容作为"乙"项的内容：

（乙）在联盟最高机关系统内，根据平等原则设立一个代表所有民族共和国和民族地区的专门机关，并尽可能考虑到使这些共和国内一切民族都有代表参加。

其次，把原来"乙"项的内容作为现在"丙"项的内容：

（丙）联盟执行机关应根据下述原则建立：保证各共和国都有代表实际参加并满足联盟内各族人民的需要和要求。

其次，增加"丁"项：

（丁）赋予各共和国相当广泛的财政权（其中包括预算权），以保证它们能够发挥自己在国家行政、文化和经济方面的主动性。

其次，把原来的"丙"项当作"戊"项：

（戊）各民族共和国和各民族地区的机关主要应由熟悉各该民族的语言、生活方式和风俗习惯的当地人组成。

其次，另外增加一项，作为"己"项：

（己）颁布特别法令，在为当地居民、民族居民和少数民族服务的一切国家机关和一切机构内，保证使用本民族语言；颁布法律，对一切侵犯民族权利,特别是少数民族权利的人,用最严厉的革命手段予以追究和惩治。

其次,增补一项"庚":

(庚)加强红军的教育工作,以联盟各族人民友爱和团结的思想教育红军,采取实际措施组织民族部队,遵行各项为保证各共和国有充分国防力量而必需的措施。

这就是民族组所采纳的各项补充,我不反对这些补充,因为它们可以使提纲更加具体。

至于第二部分,并没有作比较重大的修改。有一些不大的修改,民族问题组所选出的委员会决定把它们转交下届中央委员会。

因此,第二部分仍照原来印发的材料,没有改动。

五 对决议案的修改意见的答复

(4月25日)

虽然拉柯夫斯基把他在组内所提出的那个决议案改动了三分之二,删去了四分之三,可是我仍然坚决反对他的修改意见,理由如下。我们的民族问题提纲是这样拟定的:我们是面向东方,注意的是东方那些打瞌睡的重要的后备力量。我们是把整个民族问题和伊里奇的文章联系起来的,伊里奇似乎一个字也没有谈到西方,因为民族问题的中心不是在那里,而是在东方的殖民地和半殖民地。拉柯夫斯基要我们在转向东方的同时也转向西方。但是,同志们,这是不可能的,是反常的,因为人们通常总是不面向这一方,就面向另一方;在同一个时间内要面向两方是不可能的。我们不能而且也不应该破坏提纲的总的精神,破坏它的面向东方的精神。正因为如此,我认为必须否决拉柯夫斯基的修改意见。

* * *

我认为这个修改意见就其意义来说是带根本性的。如果代表大会通过这个修改意见,那我必须说,提纲就完全本末倒置了。拉柯夫斯基建议根据各个国家联合都有代表参加的原则来设立第二院。他认为乌克兰是一个国家联合,而巴什基里亚不是。为什么呢?要知道我们现在还没有撤销各共和国的人民委员会。难道巴什基里亚中央执行委员会不是国家机关吗?!为什么巴什基里亚不是一个国家呢?难道乌克兰加入联盟以后就不再是一个国家了吗?国家拜物教把拉柯夫斯基弄糊涂了。如果各民族有平等的权利,如果它们有自己的语言、风俗、生活方式和习惯,如果这些民族已经建立了自己的国家机关——中央执行委员会,那末所有这些民族就都是国家联合,这难道还不明白吗?我认为我们应该坚持一个观点,即各共和国和各民族特别是东部各民族在第二院的地位是平等的。

看来,拉柯夫斯基迷恋于普鲁士的联邦制。德意志联邦是根据国家之间完全没有平等的原则建立的。我建议除了阶级代表机关,即除了全联盟苏维埃代表大会所选出的第一院以外,我们还要根据平等原则建立一个民族代表机关。东部各民族同中国、印度有机地联系着,它们在语言、宗教和习惯等等方面同这些国家是有联系的,因此,它们对于革命是极重要的。这些小部族(народности)的重要性比乌克兰大得多。

如果我们在乌克兰犯个小错误,这对东方影响并不大。但是只要在阿札里斯坦(12万人口)这样一个小国内犯一个小错误,那就会影响到土耳其,影响到整个东方,因为土耳其和东方有极密切的联系。只要在同西藏和中国接壤的卡尔梅克人的小地区内犯一个小错误,那对我们工作所起的坏影响比在乌克兰犯一个错误要糟得多。我们要面临着东方即将到来的声势浩大的运动,我们的工作首先应当是唤醒东方,而不应当采取任何即使是轻微地间接地忽视东部边疆地区各个最小部族(народность)的作用的措施。正因为如此,我认为从管理拥有1.4亿人口的共和国联盟这样一个大国着眼,使各共和国和各民族地区都有同等数量的代表参加第二院是比较公正合理的、对革命比较有利的办法。我们有八个自治共和国、有八个独立共和国;俄罗斯也作为一个共和国参加；有十四个地区。这些共和国和地区组成第二院就能够反映各民族的一切要求和需要，并使我们易于管理这样大的一个国家。正因为如此，我认为必须否决拉柯夫斯基的修改意见。

六　对民族问题委员会的报告的补充

(4月25日)

同志们，我在向你们报告民族问题组的工作时，还忘记提到两点不能不提到的小补充。在第十点的"乙"项中谈到根据平等原则设立一个代表所有民族共和国和民族地区的专门机关的地方，必须加一句"并尽可能考虑到这些共和国内的一切民族"，因为有些要派代表参加第二院的共和国里有好几个民族。例如土耳其斯坦，在那里除了乌兹别克人，还有土库曼人、吉尔吉斯人和其他部族（народности），因此在规定代表资格时必须使这些部族（народности）中的每一个部族都有代表参加。

在第二部分的结尾再补充一段话，这就是：

> 由于各自治共和国、各独立共和国和一般边疆地区的负责工作人员的活动有极大的重要性（建立某一共和国的劳动者和整个联盟的其余劳动者的联系），代表大会责成中央特别仔细地挑选这些工作人员，以便能够完全保证真正贯彻党在民族问题方面的决议。

其次，就拉狄克发言中的一个意见谈一两句话。这是亚美尼亚的同志要求我谈的。在我看来，这个意见是不符合事实的。拉狄克在这里说，亚美尼亚人在阿塞拜疆压迫或可能压迫阿塞拜疆人，或者相反，阿塞拜疆人在亚美尼亚可能压迫亚美尼亚人。我必须说，天地间根本没有这样的现象。相反的现象倒是有的：在阿塞拜疆占多数的阿塞拜疆人压迫和屠杀亚美尼亚人，像在纳希切万所发生的那样，那里亚美尼亚人几乎全被杀光；而亚美尼亚人在他们的亚美尼亚也几乎把所有的鞑靼人都杀光了。这种事情在赞格祖尔就发生过。但是少数人要在别的国家里压迫多数人,——这种反常的事情从未有过。

俄国共产党(布)第十二次代表大会速记记录1923年莫斯科版	选自《斯大林全集》第5卷,第192~228页

注释:

[1]《社会主义通报》是白俄孟什维克的机关刊物,于1921年2月由马尔托夫创办,1933年3月前在柏林出版,1933年5月至1940年6月在巴黎出版,后在美国出版。《社会主义通报》是最反动的帝国主义集团的喉舌。

[2] 巴斯马奇运动是1918年至1924年中亚细亚(土耳其斯坦、布哈拉、花剌子模)的一种反革命的民族主义运动,它以公开的政治性的土匪活动的形式出现,由巴依和毛拉领导,其目的是使中亚细亚各共和国脱离苏维埃俄国并恢复剥削阶级的统治。英帝国主义者积极支持巴斯马奇运动,力图把中亚细亚变成自己的殖民地。

[3] 见弗·伊·列宁的《论民族自决权》(《列宁全集》第25卷,人民出版社,1988,第223页;《列宁文选》两卷集第1卷,人民出版社,1956,第859页——编者注)。

[4] 弗·伊·列宁的《社会主义革命和民族自决权》(见《列宁全集》第27卷,人民出版社,1990,第259页——编者注)。

有各民族共和国和各民族地区负责工作人员参加的俄共(布)中央第四次会议[1]

(1923年6月9日至12日)

一 提交第四次会议讨论并经中央政治局批准的民族问题纲领草案[2]

党在民族问题方面工作的总路线

从反对离开党的第十二次代表大会的立场的意义上来说,党在民族问题方面的工作路线应当由这次代表大会关于民族问题决议中有关的几点,即决议中第一部分的第七点和第二部分的第一、第二、第三各点来确定。

党的根本任务之一就是在当地居民的无产阶级分子和半无产阶级分子中培育和发展各民族共和国和各民族地区的年轻的共产党组织,用一切办法协助这些组织站稳脚跟、受到真正的共产主义教育并把即使在开始时为数不多然而是真正国际主义的共产党干部团结起来。只有当真正名副其实的共产党组织在各共和国和各地区巩固的时候,苏维埃政权才能在这些地方巩固起来。

但是各共和国和各地区的共产党员应当记住,单是拿居民的社会成分不同这一点来说,他们那里的情况就已经和共和国联盟各工农中心大不相同了,因此在边疆地区必须常常采用不同的工作方法。特别是在这里,在竭力争取当地居民中的劳动群众的支持时,必须比在中部地区更加热诚地欢迎那些革命民主人士、甚至欢迎那些仅仅忠顺于苏维埃政权的分子。各共和国和各地区内,本地的知识分子的作用在许多方面同共和国联盟中部地区的知识分子是不同的。边疆地区本地的知识分子工作人员极感缺乏,所以应当尽一切力量把他们每一个人都吸引到苏维埃政权方面来。

边疆地区的共产党员应当记住:我是共产党员,因此我应当根据当地的情况来行动,向当地民族中的那些愿意和能够在苏维埃制度范围内忠顺地工作的分子让步。这并不是排斥而是预计到要有系统地进行维护马克思主义原则、维护真正的国际主义、反对民族主义倾向的思想斗争。只有这样,才能顺利地铲除地方民族主义,使当地的广大居民阶层转到苏维埃政权方面来。

同设立联盟中央执行委员会第二院和组织共和国联盟各人民委员部有关的问题

根据还不够完全的材料,这样的问题共有七个:

(甲)关于第二院的成员问题。这个院应当由各自治共和国、各独立共和国的代表(每个共和国四名或四名以上)和各民族地区的代表(每个地区一名就够了)组成。最好能做到第一院的成员一般不兼第二院的成员。各共和国和各地区的代表应当由共和国联盟苏维埃代表大会批准。第一院称为联盟苏维埃,第二院称为民族苏维埃。

(乙)关于第二院同第一院关系上的权利问题。应当规定第一院和第二院享有平等权利,每院都有创制法律的权利,并遵守凡提交第一院或第二院审查的法案如未经两院同意(两院分别进行表决)不得成为法律这一规定。有分歧的问题交由两院协商委员会解决,不能达成协议时在两院联席会议上重付表决,如果有争论的法案经过这样修正后仍没有得到两院多数通过,就必须提交共和国联盟苏维埃非常代表大会或通常代表大会解决。

(丙)关于第二院的权限问题。凡苏联宪法第一条所载明的问题都应由第二院（第一院也一样）处理。联盟中央执行委员会主席团和联盟人民委员会的立法职能仍然存在。

（丁）关于共和国联盟中央执行委员会主席团问题。中央执行委员会主席团应当只有一个。它应当由中央执行委员会两院选出，当然必须保证各民族至少其中最大的民族有代表参加。乌克兰人建议在中央执行委员会两院中每院都设立一个具有立法职能的主席团以代替联盟中央执行委员会单一的主席团，这个建议是不适当的。主席团是在两届常会之间常设的联盟最高权力机关。设立两个具有立法职能的主席团就是把最高权力机关分成两部分，这势必造成工作上很大的困难。两院应当分别设立自己的主席团，但不能具有立法职能。

（戊）关于统一的人民委员部的数量问题。根据以往几次中央委员会全体会议的决定，统一的人民委员部应当有五个（外交人民委员部、对外贸易人民委员部、军事人民委员部、交通人民委员部和邮电人民委员部）；直属的人民委员部也应当有五个（财政人民委员部、最高国民经济委员会、粮食人民委员部、劳动人民委员部、工农检查院）；其余的人民委员部应当完全自治。乌克兰人建议把外交人民委员部和对外贸易人民委员部从统一的一类移到直属的一类，就是说，让各共和国的这两个人民委员部与联盟的外交人民委员部和对外贸易人民委员部同时并存，并使它们服从后者的指示。如果我们确实要建立一个对外能够以联合的整体出现的联盟国家，这个建议是不能接受的。关于租让合同的情况也是这样，订立这种合同的权力应当集中于共和国联盟。

（己）关于共和国联盟各人民委员部的机构问题。应当扩大这些人民委员部的部务会议，吸收最重要的民族的代表参加。

（庚）关于各共和国的预算权问题。在分给各共和国的份额（其数量应特别加以规定）范围内，各共和国在预算方面应当有更大的独立性。

吸收当地居民中的劳动分子参加党的建设和苏维埃建设的办法

根据不完全的材料，现在已经可以提出四个办法：

（甲）清洗国家机关和党机关中的民族主义分子（首先是大俄罗斯民族主义分子，以及反俄罗斯的民族主义分子和其他民族主义分子）。清洗工作应当在党中央监督下根据审查过的材料慎重进行。

（乙）不断地坚定不移地使各共和国和各地区内的国家机关和党机关民族化，就是说在文牍工作方面逐步使用当地语言，负责工作人员有义务学会当地语言。

（丙）挑选和吸收当地知识界中多少对我们忠顺的分子参加苏维埃机关工作，同时我们各共和国和各地区的负责工作人员应当从党员中培养苏维埃的和党的工作干部。

（丁）召开非党工农代表会议，由人民委员和党的一般负责工作人员报告苏维埃政权的各项最重要的措施。

关于改善当地居民文化生活状况的措施

大致必须采取下列措施：

（甲）开办使用当地语言的俱乐部（非党的）和其他教育机关；

（乙）扩大使用当地语言的各级学校网；

（丙）吸收当地的多少对我们忠顺的人民教师参加教学工作；

（丁）建立使用当地语言的识字普及协会网；

（戊）组织出版工作。

根据民族生活习惯的特点进行各民族共和国和各民族地区的经济建设

大致必须采取下列措施：

（甲）调整移民，有些地方如有必要可停止移民；

（乙）尽可能把国有土地分配给当地劳动居民，保证他们都有土地；

（丙）发放低息农业贷款给当地居民；

（丁）加强水利工作；

（戊）大力帮助合作社，其中包括工艺合作社（为了吸引手工业者）；

（己）把工厂迁到富产所需原料的共和国去；

（庚）为当地居民开办工艺学校和技术学校；

（辛）为当地居民开办农业训练班。

关于组织民族部队的实际措施

必须立即着手在各共和国和各地区开办军事学校，以便在一定时期内从本地人中间培养出以后能够成为组织民族部队核心的指挥人员。同时很明显，必须充分保证民族部队特别是指挥人员的党的成分和社会成分。凡在本地人中间有老军事干部的地方（鞑靼、巴什基里亚部分地区），可以立即组织民族民军团。在格鲁吉亚、亚美尼亚和阿塞拜疆似乎都已经有一个师了，在乌克兰和白俄罗斯（特别是在乌克兰）都可以立即建立一个民军师。

建立民族部队的问题不论从防御可能来自土耳其、阿富汗、波兰等国的侵犯来说，或者从共和国联盟对邻国可能采取迫不得已的行动来说，都具有头等重要的意义。从共和国联盟的内部状况来看，民族部队的意义也是无须证明的。预计我们军队的数量一定会因此而增加2万到2.5万名。

组织党的教育工作

大致必须采取下列措施：

（甲）创办使用本族语言的政治常识学校；

（乙）用本族语言出版马克思主义书刊；

（丙）用本族语言出版办得很好的定期刊物；

（丁）扩大东方民族大学在中央和地方的活动，给该大学以物质上的保证；

（戊）在东方民族大学设立党的争论俱乐部，吸收住在莫斯科的中央委员参加；

（己）加强各共和国和各地区的共青团工作和妇女工作。

为贯彻第十二次代表大会关于民族问题的决议挑选党和苏维埃的工作人员

必须吸收一定数量的民族干部参加中央登记分配局、中央宣传鼓动部、中央组织部、中央妇女部和中央指导机关的工作（每个机关两个或三个），以便在他们帮助下促进中央在边疆地区的党的日常工作，并以保证实现俄共第十二次代表大会关于民族问题的路线的精神，把党和苏维埃的工作人员合理地分配给各共和国和各地区。

二 关于各民族共和国和各民族地区内的右派和"左派"

〔关于会议第一项议程"苏丹—加里也夫事件"的演说（摘录）〕

（6月10日）

……

现在来谈"左派"和右派。

在各地区和各共和国的共产党组织中有没有"左派"和右派呢？当然有。这是无可否认的。

右派的罪过在哪里？右派的罪过在于他们不是也不可能是消除因实行新经济政策而变本加厉的民族主义思潮的解毒剂和反对这种思潮的可靠堡垒。苏丹—加里也夫主义的产生以及它在东部各共和国特别是在巴什基里亚和鞑靼能够得到一批人拥护的事实，毫无疑问地说明右倾分子在这些共和国内占绝大多数，他们不是反对民族主义的坚强堡垒。

应当记住，各边疆地区、各共和国和各地区的共产党组织只有把民族主义铲除掉，才能发展和站稳脚跟，才能成为真正国际主义的马克思主义组织。民族主义是在各边疆地区和各共和国培养马克思主义干部，培养马克思主义先锋队道路上的主要思想障碍。我们党的历史说明，布尔什维克党的俄罗斯部分是在反对孟什维主义的斗争中成长和巩固起来的，因为孟什维主义是资产阶级思想,孟什维主义是向我们党输送资产阶级思想的传导者,不战胜孟什维主义,党就不能站稳脚跟。这一点伊里奇曾经谈过好几次。只有在组织上和思想上战胜孟什维主义,布尔什维克主义才能成长和巩固起来,才能成为真正的起领导作用的党。关于民族主义和我们各边疆地区和各共和国的共产党组织的关系也应当这样说。民族主义对这些组织所起的作用和孟什维主义过去对布尔什维克党所起的作用一样。各式各样的资产阶级影响,包括孟什维克的影响在内,只有在民族主义的掩护下才能渗入我们各边疆地区的组织。我们各共和国的组织只有抵抗住闯入我们各边疆地区党的民族主义思潮,才能成为马克思主义的组织,这种思潮所以能闯入,是因为资产阶级正在复活,新经济政策正在成长,民族主义正在发展,并且还存在着大俄罗斯沙文主义残余(这种残余也推动地方民族主义)和千方百计支持民族主义的外国势力。如果我们各民族共和国的共产党组织想要坚强起来,成为真正马克思主义的组织,那就必须在各共和国和各地区经过同这种敌人作斗争的阶段。其他道路是没有的。而右派在这一斗争中是软弱的。他们所以软弱,是因为他们染上了对党怀疑的毛病,因而很容易受民族主义的影响。这就是各共和国和各地区共产党组织里的右翼的罪过。

　　边疆地区"左派"的罪过不能说更大,也不能说更小。如果说不铲除民族主义,边疆地区的共产党组织就不能巩固和发展成真正的马克思主义组织,那末这些组织本身要能够成为群众性的组织,要能够把大多数劳动群众团结在自己的周围,就只有学会十分灵活地吸收各民族中一切比较忠顺的分子参加我们的国家机关工作,向他们让步,学会既能灵活地同党内的民族主义作坚决斗争,又能为吸收本地人和知识界等等中间的一切多少对我们忠顺的分子来参加苏维埃工作而进行同样坚决的斗争。边疆地区的"左派"对党的怀疑比较少,并且没有那末容易受民族主义的影响。但是"左派"的罪过在于他们不善于灵活地对待居民中的资产阶级民族主义分子和仅仅对我们忠顺的分子,他们不善于也不愿意灵活地去吸收这些分子,他们歪曲了党的掌握国内大多数劳动人民的路线,可是这种既能灵活地同民族主义作斗争,又能灵活地吸收比较忠顺的分子加入我们国家机关队伍的灵活性和本领,无论如何必须培养和锻炼出来。只有估计到我们在我们各地区和各共和国内所遇到的全部复杂性和特殊性,只有不简单地搬用在中部工业区所创造的一套办法(这套办法是不能机械地搬到边疆地区去的),只有不抛开居民中有民族主义情绪的分子和有民族主义情绪的小资产者,只有学会吸收这些分子参加一般的国家工作,才能培养和锻炼出这种灵活性和本领。"左派"的罪过在于他们沾染了宗派主义习气,不了解党在各民族共和国和各民族地区内的这些复杂任务的头等重要性。

如果右派的危险在于他们容易受民族主义的影响,因而会阻碍我们边疆地区的共产党干部的成长,那末"左派"对于党的危险就在于他们醉心于他们的简单的轻率的"共产主义",会使我们党脱离农民和当地居民中的广大阶层。

这两种危险中哪一种最危险呢?如果"左"倾的同志们今后还想在各地实行用人工方法划分居民阶层的政策,——这一政策不仅在彻岑和雅库特区实行了,不仅在土耳其斯坦实行了……(伊布拉吉莫夫:"这是分化的策略。")现在伊布拉吉莫夫想用分化的策略来代替分层的策略(但这丝毫不能改变事情的本质),——我说,如果他们今后还想从上面实行分层政策,如果他们以为可以把俄罗斯的一套办法机械地搬到特殊的民族环境里去,不考虑那里的生活习惯和具体条件,如果他们以为同民族主义作斗争就必须抛弃一切民族的东西,一句话,如果边疆地区的"左派"共产党员还不想改正错误,那末我应当说,在这两种危险中"左"倾危险可能成为最大的危险,这就是我在"左派"和右派问题上所要说的一切。我稍微冒进了一些,但这是因为整个会议冒进了,预先讨论第二项议程了。

必须鞭策右派,迫使和教会他们去同民族主义作斗争,以便从本地人中间培养出真正的共产党干部。但是也必须鞭策"左派",教会他们机动灵活,善于随机应变,以便掌握广大的居民群众。这一切都必须做到,因为正如霍札诺夫所正确指出的,真理在"中间",在右派和"左派"之间。

三　贯彻党的第十二次代表大会关于民族问题的决议的实际措施

（关于第二项议程的报告）（6月10日）

同志们！中央政治局关于民族问题的纲领草案①你们大概都已经收到了。（喊声："不是每个人都收到了。"）这个纲领同第二项议程的所有各项都有关联。中央用密码电报发出的会议议程大家一定都收到了。

政治局的建议可以分为三类。

第一类问题是关于加强各共和国和各地区本地的共产党干部的问题。

第二类问题是同实际贯彻第十二次代表大会关于民族问题的具体决议有关的一切问题，这就是：关于吸收当地居民中的劳动分子参加党的建设和苏维埃建设的问题；关于提高当地居民的文化水平所必须采取的措施问题；关于按照生活习惯的特点改善各共和国和各地区的经济状况的问题；最后是关于各地区和各共和国的合作社问题，关于迁移工厂、建立工业基地的问题等等。这一类问题涉及到各地区和各共和国根据当地情况所提出的经济、文化和政治方面的任务问题。

第三类问题是关于共和国联盟的宪法问题，特别是关于因设立共和国联盟中央执行委员会第二院而修改这个宪法的问题。大家知道，最后一类问题是同共和国联盟中央执行委员会即将召开的会议有关的。

……

但是应当指出，虽然我们党过去的经历同目前我们边疆地区党组织的经历有类似之处，但是我们党在各民族共和国和各民族地区的发展仍然有某些重要的特点，我们必须考虑到这些特点，如果不周密地考虑这些特点，我们在规定从边疆地区本地人当中培养马克思主义干部的任务时，就

---

① 见《斯大林全集》第5卷，人民出版社，1957，第239～245页。——编者注

有犯一系列极严重的错误的危险。

现在来研究一下这些特点。

同我们边疆地区组织中的右倾分子和"左"倾分子作斗争是必需的、必要的，否则我们就培养不出密切联系群众的马克思主义干部。这是很明显的。边疆地区的特点以及我们党的发展和过去不同的地方在于：在边疆地区锻炼干部并把他们变成群众性的政党的工作，并不是像我们党过去那样在资产阶级制度下进行的，而是在苏维埃制度下，在无产阶级专政下进行的。在那时，在资产阶级制度下，根据当时的条件是可以而且必须首先打击孟什维克（为了锻炼马克思主义干部），然后打击召回派（为了把这些干部变成群众性的政党），反对这两种倾向的斗争充满了我党历史上的整整两个时期。根据目前的情况来说，我们绝对不能这样做，因为现在党已经执政，执政党需要在边疆地区拥有同广大居民群众有联系的、可靠的本地马克思主义干部，现在我们不能像在我们党过去所做的那样首先利用"左派"来击败右的危险，然后利用右派来击败"左"的危险，现在我们应当同时进行两条战线的斗争，力求击败这两种危险，以便能够在边疆地区得到同群众有联系的、有马克思主义修养的本地干部。那时可以说干部还没有同广大群众联系起来，应当在下一个发展时期同广大群众联系起来，而现在连提这一点都是可笑的，因为在苏维埃政权下不能设想马克思主义干部同广大群众没有某种联系。这样的干部只能认为是和马克思主义以及群众性政党毫不相干的。这一切使问题大大复杂化了，并且要求我们边疆地区的党组织必须同时同右派和"左派"进行斗争。由此就产生了我们党在两条战线上同时反对两种倾向的立场。

其次应当指出一个情况，就是我们边疆地区共产党组织的发展并不是像我们党的俄罗斯部分过去那样孤立地进行的，而是在我们党的基本核心的直接影响下进行的，这个核心不仅在造就马克思主义干部方面受过考验，而且在使这些干部同广大居民群众联系方面，在争取苏维埃政权的斗争中的革命的机动灵活性方面也受过考验。边疆地区在这方面的特点是：由于边疆地区苏维埃政权发展的条件，我们在这些地区的党组织可以而且应当机动地运用自己的力量并利用我们党前一时期的丰富经验来加强同广大居民群众的联系。直到最近,俄共中央通常总是越过边疆地区的共产党组织,有时甚至绕过这些组织,直接在边疆地区机动地吸收各民族中一切多少对我们忠顺的分子来参加苏维埃建设的一般工作。现在这项工作应当由边疆地区党组织自己来做了。它们可以做这项工作,应当做这项工作,要记住这条道路是把本地的马克思主义干部变成能够领导本地大多数居民的真正群众性政党的最好手段。

这就是在确定我们党在边疆地区培养马克思主义干部并通过这些干部掌握广大居民群众方面的路线时,所应当周密考虑的两个特点。

现在来谈第二类问题。因为不是每个同志都收到纲领草案,所以我来把它读一下并加以解释。

第一、"吸收无产阶级分子和半无产阶级分子参加党的建设和苏维埃建设的办法"。为什么要这样做呢?为的是使党的机关特别是苏维埃机关接近居民。必须使这些机关使用广大居民群众所懂得的语言进行工作,否则就不可能使它们接近居民。既然我们党的任务是使苏维埃政权成为群众所亲近的政权,那末只有使这个政权成为群众所了解的政权,才能完成这项任务。国家机关的领导人员以及机关本身都必须用居民懂得的语言进行工作。必须把破坏共和国联盟各族人民间的友谊和团结精神的沙文主义分子从机关里驱逐出去,必须把这类分子从我们莫斯科的机关和各共和国的机关里清除出去,指派通晓居民的语言和习惯的本地人领导各共和国国家机关的工作。

我记得两年前吉尔吉斯共和国人民委员会主席培斯特柯夫斯基就没有掌握吉尔吉斯语言。这种情况在当时就给加强吉尔吉斯共和国政府和吉尔吉斯农民群众之间的联系方面造成了巨大的困难。所以党尽力争取到使吉尔吉斯人担任了现在吉尔吉斯共和国人民委员会的主席。

此外,我记得去年有一些巴什基里亚的同志建议派俄罗斯的同志担任巴什基里亚人民委员会主席。党当时断然否决了这个建议,决定派巴什基里亚人担任这个职务。

任务就是在各民族共和国和各民族地区内，首先是在乌克兰这样重要的共和国内，贯彻这条路线，贯彻使政府机关逐步民族化的路线。

第二、"挑选和吸收当地知识界中多少对我们忠顺的分子，同时应当从党员中培养苏维埃干部"。这一点不需要特别解释。现在，当工人阶级执掌政权，并把大多数居民团结在自己周围的时候，害怕吸收多少对我们忠顺的分子甚至从前的"十月党人"参加苏维埃建设是没有根据的。相反地，必须吸收所有这些分子参加各民族地区和各民族共和国的工作，以便在工作过程中改造他们并使他们苏维埃化。

第三、"召开非党工农代表会议，由政府委员报告苏维埃政权的各项措施"。我知道在有些共和国内，例如在吉尔吉斯共和国内，有许多人民委员不愿意到各地去视察，不愿意出席农民的会议，不愿意在群众大会上讲演，不愿意向广大群众报告党和苏维埃政权在对农民有特别重要意义的问题上所进行的工作。这种情况必须结束。必须召开非党工农代表会议，向群众报告苏维埃政权的活动。不这样做就休想使国家机关同人民接近。

其次，"改善当地居民文化生活状况的措施"。提出了一些措施，这些措施当然不能认为很全面。这就是：（甲）"开办使用当地语言的俱乐部（非党的）和其他教育机关"；（乙）"扩大使用当地语言的各级学校网"；（丙）"吸收多少对我们忠顺的人民教师"；（丁）"建立使用当地语言的识字普及协会网"；（戊）"组织出版工作"。所有这些措施都是很清楚很容易理解的。因此不需要特别加以解释。

其次，"根据民族生活习惯的特点进行各民族共和国和各民族地区的经济建设"。政治局所提出的有关措施是：（甲）"调整移民，有些地方如有必要可停止移民"；（乙）"把国有土地分配给当地劳动居民，保证他们都有土地"；（丙）"发放低息农业贷款给当地居民"；（丁）"加强水利工作"；（戊）"把工厂迁到富产原料的共和国去"；（己）"开办工艺学校和技术学校"；（庚）"开办农业训练班"；最后，（辛）"大力帮助合作社，其中包括工艺合作社（为了吸引手工业者）"。

我应当谈一谈最后一点，因为它有特殊的意义。过去，在沙皇时代，发展的方式是：富农成长，农业资本增长，中农群众处于不稳定的平衡状态，而广大农民群众，广大农业小业主群众不得不在破产和贫困的逆境中挣扎；而现在，在无产阶级专政下，当信贷、土地和政权都掌握在工人阶级手里的时候，就不会沿着旧道路发展了，尽管新经济政策的条件还存在，尽管私人资本在复活。有些同志断言由于继续实行新经济政策，我们似乎不得不重演靠大多数农民的普遍破产来培植富农的旧历史，这是完全错误的。这条道路不是我们的道路。在新的条件下，当无产阶级执掌政权并掌握经济命脉的时候，就必须沿着另一条道路发展，即沿着把农村小业主联合成各种形式的合作社（这些合作社同私人资本斗争时得到国家的支持）的道路发展，沿着通过合作社逐步吸引千百万农村小业主参加社会主义建设的道路发展，沿着逐步改善小业主的经济状况（而不是使他们陷于贫困）的道路发展。从这个意义上来说，在边疆地区，在这些主要是农民的地区，"大力帮助合作社"对共和国联盟未来的经济发展有头等重要的意义。

其次，"关于组织民族部队的实际措施"。我认为，这方面的措施我们制定得太迟了。我们必须建立民族部队。当然，民族部队不是一天就能建立起来的，但是现在可以而且必须着手在各共和国和各地区开办军事学校，以便在一定时期内从本地人中间培养出以后能够成为组织民族部队核心的指挥人员。开始进行并向前推进这项工作是绝对必要的。如果我们在土耳其斯坦、乌克兰、白俄罗斯、格鲁吉亚、亚美尼亚、阿塞拜疆这样的共和国内有可靠的民族部队和可靠的指挥人员，那末我们共和国无论在防御方面或在采取迫不得已的行动方面就要比现在有保障得多。我们必须马上开始这项工作。当然，我们军队的数量一定会因此而增加2万到2.5万名，但是不能把这种情况看做不可克服的障碍。

关于其余各项（见纲领草案）我就不谈了，因为它们本身就很清楚，没有解释的必要。

第三类问题是同设立联盟中央执行委员会第二院和组织共和国联盟各人民委员部有关的问题。在这里，基本问题，最惹人注目的问题已经提出来了，可是当然不能认为这些问题已经很全面了。

政治局认为第二院是苏联中央执行委员会的组成部分。曾经有人建议，除了现有的中央执行委员会以外，再成立一个不属于中央执行委员会的最高民族苏维埃。这个方案被否决了，政治局认为把中央执行委员会本身分成两个院比较适宜，其中第一院可以称为联盟苏维埃，由共和国联盟苏维埃代表大会选出，第二院应当称为民族苏维埃，由各共和国中央执行委员会和各民族地区的区域代表大会选出，每一共和国选举代表五人，每一地区选举代表一人，而选出的代表应经共和国联盟苏维埃代表大会批准。

至于第二院同第一院关系上的权利问题，我们主张两院享有平等权利。两院应各有一个主席团，可是这两个主席团都不能具有立法职能。两院开会选举一个共同的主席团作为中央执行委员会常会闭会期间最高权利的代表。凡提交某一院的任何一项法案，如未经两院通过，都不生法律效力。就是说，应当确立两院的完全平等。

其次，关于中央执行委员会主席团问题。这个问题我已经简略地谈过了。政治局认为，不能容许两个具有立法权的主席团同时并存。既然主席团是最高权力机关，那末就不能把它分成两部分或更多的部分，最高权力机关必须是单一的，因此认为设立一个共同的苏联中央执行委员会主席团是适当的，这个主席团由第一院和第二院的两个主席团以及两院联席会议即中央执行委员会全体会议选出的几个人组成。

其次，关于统一的人民委员部的数量问题。你们知道，根据去年共和国联盟苏维埃代表大会通过的旧宪法的规定，军事、外交、对外贸易、邮电和铁路五项事务由共和国联盟人民委员会集中掌管，其他五个人民委员部是直属的，就是说，最高国民经济委员会、粮食人民委员部、财政人民委员部、劳动人民委员部和工农检查院带有双重的从属性，而其余六个人民委员部是独立的。这个方案曾经受到拉柯夫斯基、斯克雷普尼克等部分乌克兰人的批评。但是政治局否决了乌克兰人关于把外交人民委员部和对外贸易人民委员部从统一的人民委员部一类移到直属的一类的建议，根据去年的各项决议的精神基本上通过了宪法的主要条文。

一般说来，政治局在制定纲领草案时所持的见解就是这样。

我认为，关于共和国联盟的宪法和第二院的问题，会议只限于简单地交换意见就够了，何况中央全会委员会[3]正在研究这个问题。关于贯彻第十二次代表大会各项决议的实际措施问题，我认为应该谈得更详细些。至于提高本地的马克思主义干部问题，则应该着重讨论一下。

我认为，在展开讨论以前，先听取各共和国和各地区的同志根据本地的材料所做的报告是适当的。

四　结　论

（6月12日）

首先我想谈一下同志们的报告并根据这些报告一般地谈谈会议的性质。虽然这次会议是苏维埃政权建立以来的第四次会议，但是这次会议是过去一切会议中唯一完满的会议，会上听取了各共和国和各地区的比较完满的和有根据的报告。从报告中可以看出，各地区和各共和国的共产党员干部成长了，并且在学习独立工作。我认为，同志们在这里所提供的丰富材料，同志们在这里所介绍的各地区和各共和国的工作经验，一定能够用这次会议的记录形式保存下来，成为我们全党的财富。人们成长了并且在前进，他们在学习管理，——这就是从报告中得到的第一个结论，第一个印象。

如果谈到报告的内容，那末可以把提供的材料分成两类：一类是社会主义共和国的报告，一类是非社会主义的人民共和国（布哈拉、花剌子模）的报告。

现在来看看第一类报告。从报告中可以看出，在党的机关特别是国家机关接近人民的语言和生活习惯方面，应该认为格鲁吉亚是最发达最先进的共和国。格鲁吉亚后面是亚美尼亚。它们后面是其余的共和国和地区。我认为这是无可争辩的结论。产生这种现象的原因是格鲁吉亚和亚美尼亚的文化水平很高。格鲁吉亚识字人的百分数相当高——百分之八十，亚美尼亚至少占百分之四十。这就是这两个国家走在其他共和国前面的秘密。由此应当得出结论：识字人愈多和文化水平愈高的国家、共和国或地区，党的机关和苏维埃机关就愈接近人民，愈接近人民的语言和生活习惯。当然，这要在其他条件相同的情况下。这是很明显的，这个结论并没有什么新东西，正因为如此，这个结论经常被遗忘，人们往往竭力把文化的落后，国家的落后归咎于党的政策"错误"，归咎于纠纷等等，然而这一切的根源是缺乏识字的人，没有文化。要想使自己的国家成为先进国家，即想使自己的国家制度发达，就必须提高居民的识字能力，提高本国的文化水平，而其他一切也就好办了。

如果从这方面观察问题和根据这些报告估计各个共和国的状况，那就必须承认，土耳其斯坦的状况，土耳其斯坦目前的情况是最不好最令人不安的。文化落后，识字人的百分数低得可怕，国家机关脱离土耳其斯坦各族人民的语言和生活习惯，发展速度慢得可怕，——情况就是这样。然而很明显，从使东方革命化的意义上看，土耳其斯坦是所有苏维埃共和国中最重要的共和国，这不仅因为土耳其斯坦是同东方有最密切联系的民族的总汇，而且因为从地理位置来看，它正插入最受剥削的，储藏了大量反帝国主义火药的东方的心脏。正因为如此，目前的土耳其斯坦是苏维埃政权最薄弱的地方。任务就是要把土耳其斯坦变成模范共和国，变成使东方革命化的前哨。正因为如此，必须把注意力集中在提高土耳其斯坦群众的文化水平，使其国家机关民族化等等方面。我们应当不惜任何力量，不怕任何牺牲，无论如何也要实现这项任务。

苏维埃政权的第二个薄弱的地方应当认为是乌克兰。这里的文化、识字能力等等方面的情况和土耳其斯坦一样或者几乎一样。国家机关也和土耳其斯坦一样，很少接近人民的语言和生活习惯。同时，乌克兰对西方各民族也具有土耳其斯坦对东方各民族那样的意义。乌克兰的工业发展的某些特点使它的情况更为复杂。因为乌克兰基本工业部门（煤矿工业和冶金工业）不是从下面产生的，不是国民经济自然发展的结果，而是从上面产生的，是输入的，是用人工法从外面建立的。因此这些部门的无产阶级成员都不是本地人，都不说乌克兰话。这种情况使城市对农村的文化影响和无产阶级与农民的结合因无产阶级和农民在民族成分上的这些差异而遇到很大困难。在进行把乌克兰变成规范共和国的工作时，这一切情况都应当估计到。由于乌克兰对西方各民族有巨大的意义，把它变成模范共和国是绝对必要的。

现在来谈关于花剌子模和布哈拉的报告。我不打算谈花剌子模，因为花剌子模的代表没有出席，而且只根据中央所掌握的材料来批评花剌子模共产党和花剌子模政府的工作是不恰当的。布罗多在这里所说的关于花剌子模的事情都是过去的。这和花剌子模的当前的情况很少有关系。在谈到党的时候，他说百分之五十的党员是商人等等。也许过去的情况是这样，可是现在那里正在清党，还没有发给花剌子模一张"统一的党证"，实际上那里还没有党，只有在清党以后才谈得上有党。据说那里有几千个党员。我想在清党以后那里至多剩下几百个党员。去年布哈拉的情况也正是这样，当时那里有1.6万个党员，但在清党以后剩下了不到1000个党员。

现在来谈关于布哈拉的报告。在谈布哈拉的时候，我应当首先谈关于所听取的报告的总的精神和性质。我认为，关于各共和国和各地区的报告一般是真实的，符合实际情况的。只有一个报告根本不符合实际情况，这就是关于布哈拉的报告。这甚至不是报告，而是一套外交手腕，因为把布哈拉的一切不好的东西都掩盖起来，粉饰起来，而把一切外表上光辉夺目的东西都提到首位，加以宣扬。结论是布哈拉一切都很好。我认为，我们来参加这次会议不是为了彼此玩弄外交手腕，互相恭维，背后互相瞒骗，而是为了说出全部真相，用共产党员的精神揭露一切脓疮，割开它们并且开出治病的药方。只有在这种条件下我们才能向前迈进。从这一点来看，关于布哈拉的报告和其他一切报告不同的地方就是它不真实。我在这里向报告人提出关于布哈拉纳季罗夫苏维埃的成员问题并不是偶然的。纳季罗夫苏维埃就是人民委员会。在这里面是否有杰赫坎即农民呢？报告人没有答复。但是据我了解，在布哈拉政府里一个农民也没有。在九个或十一个政府委员中，有富商的儿子、商人、知识分子、毛拉、知识分子，但没有一个杰赫坎。可是，大家知道，布哈拉是一个十足的农民国家。

有各民族共和国和各民族地区负责工作人员参加的俄共中央第四次会议速记记录 1923年斯科版

选自《斯大林全集》第5卷，第239~270页

注释：

[1] 有各民族共和国和各民族地区负责工作人员参加的俄共（布）中央第四次会议由约·维·斯大林发起，于1922年6月9日至12日在莫斯科举行。参加会议的除俄共（布）中央委员和候补中央委员以外，还有各民族共和国和各民族地区的代表58人。会议议程上的主要问题是约·维·斯大林《贯彻党的第十二次代表大会关于民族问题的决议的实际措施》的报告。各民族共和国和各民族地区的20个党组织的代表分别做了关于地方情况的报告。会议也审查了中央监察委员会关于苏丹—加里也夫反党反苏维埃活动的报告（会议的各项决议，见《苏共代表大会、代表会议和中央全会决议汇编》第一卷，1954，第759~766页）。

[2] 民族问题纲领草案是约·维·斯大林在1923年5月底为筹备第四次会议而起草的，6月4日由俄共（布）中央政治局批准。该草案由会议作为关于约·维·斯大林《贯彻党的第十二次代表大会关于民族问题的决议的实际措施》的报告的决议而通过。

[3] 俄共（布）中央全会关于苏维埃社会主义共和国联盟的实际提案起草委员会是根据俄共（布）中央全会1923年2月24日的决议成立的。委员会由约·维·斯大林领导，其成员有各加盟共和国党组织的代表。委员会领导了苏联宪法草案的起草工作。

十月革命和中间阶层问题

毫无疑问，中间阶层问题是工人革命的基本问题之一。中间阶层就是农民和城市小劳动者。被压迫民族也应该算在里面，因为它们中间十分之九是中间阶层。可见，按经济地位来说，这是一些介于无产阶级和资产阶级之间的阶层。这些阶层的重要性是由下面两种情况决定的：第一，这些阶层是现今各国人口中的大多数，或者至少是数量很大的少数；第二，它们是资产阶级从中招募军队以反对无产阶级的重要后备力量。如果没有中间阶层首先是农民的同情和支持，无产阶级就不能保持政权，在我们共和国联盟这样的国家内尤其是如此。如果没有使这些阶层至少保持中立，如果这些阶层还没有脱离资本家阶级，如果这些阶层的大多数还是资本的军队，那末无产阶级就休想夺取政权。由此就产生了争取中间阶层的斗争，争取农民的斗争，这一斗争象一根红线贯穿在我们1905年到1917年的全部革命中，这一斗争还远没有结束，还将继续进行下去。

1848年法国革命失败的原因之一，就是它没有得到法国农民的同情和响应。巴黎公社崩溃的原因之一，就是它遇到了中间阶层首先是农民的抗拒。1905年俄国革命的情形也是如此。

以考茨基为首的一些庸俗的马克思主义者，根据欧洲历次革命的经验得出这样一个结论：中间阶层，首先是农民，好象生来就是工人革命的敌人，因此必须采取比较长期发展的方针，使无产阶级成为各民族中的大多数，从而为工人革命的胜利创造实际条件。这些庸俗的马克思主义者根据这个结论，警告无产阶级不要"过早"发动革命。根据这个结论，他们出于"原则上的考虑"就把中间阶层完全交给资本支配。根据这个结论,他们向我们预言俄国十月革命必遭失败;他们的论据是:无产阶级在俄国人口中占少数,俄国是个农民国家,因此工人革命在俄国不可能取得胜利。

值得注意的是,马克思本人对中间阶层首先是对农民的评价完全不是这样。庸俗的马克思主义者把农民抛开,让他们在政治上完全受资本支配,并且大叫大嚷地夸耀自己"原则性很强";可是马克思,这位所有的马克思主义者中间原则性最强的马克思主义者,却坚定不移地劝告共产党不要忽视农民,要把他们争取到无产阶级方面来,要保证在未来的无产阶级革命中取得他们的支持。大家知道,在五十年代,在法国和德国的二月革命失败以后,马克思写信给恩格斯并通过恩格斯转告德国共产党说:

> 德国的全部问题将取决于是否有可能由某种再版的农民战争来支持无产阶级革命。[①]

这是对五十年代的德国这个农民国家所说的话,当时德国的无产阶级人数极少,并且不如1917年俄国的无产阶级那样有组织,德国的农民由于自己所处的地位,不如1917年俄国的农民那样愿意支持无产阶级革命。

毫无疑问,十月革命是"农民战争"和"无产阶级革命"的完满结合,关于这种结合,马克思已经不顾一切"有原则性的"空谈家的反对而论述过了。十月革命证明,这种结合是可能的,而且是可以实现的。十月革命证明,只要无产阶级能够使中间阶层首先是农民脱离资本家阶级,能够使这些阶层由资本的后备力量变为无产阶级的后备力量,它就能够夺取政权并保持政权。

简单地说:十月革命是世界上一切革命中第一次把中间阶层问题首先是农民问题提到首要地位的革命,它不顾第二国际英雄们的一切"理论"

---

① 见《马克思恩格斯选集》第4卷,人民出版社,1995,第334页。——编者注

和哭诉而胜利地解决了这个问题。

这就是十月革命的第一个功绩，如果这里可以叫功绩的话。

但是，问题不限于此。十月革命还更进一步，它力求把各被压迫民族团结在无产阶级的周围。上面已经说过，各被压迫民族中十分之九是农民和城市小劳动者。但是，这还没有把"被压迫民族"这一概念概括无遗。被压迫民族通常不仅作为农民和城市劳动者受压迫，而且作为民族，即作为属于一定的民族，具有一定的语言、文化、生活方式、风俗习惯的劳动者受压迫。双重压迫的压力不能不使被压迫民族的劳动群众革命化，不能不推动他们去同压迫的基本力量作斗争，去同资本作斗争。这种情况就成了无产阶级不仅能够实现"无产阶级革命"同"农民战争"结合，而且能够实现"无产阶级革命"同"民族战争"结合的基础。这一切不能不使无产阶级革命的活动范围大大地超出俄国国境，不能不使资本的最深远的后备力量受到打击。如果说争取统治民族内部的中间阶层的斗争是争取资本的最接近的后备力量的斗争，那末争取被压迫民族解放的斗争就不能不成为争取资本的某些最深远的后备力量的斗争，就不能不成为殖民地各族人民和没有充分权利的各族人民摆脱资本压迫的斗争。后面这一种斗争还远没有结束，它甚至还没有取得第一批有决定意义的胜利。但是，由于十月革命，这个争取深远的后备力量的斗争已经开始了，并且它一定会随着帝国主义的发展，随着我们共和国联盟的实力的增长，随着西方无产阶级革命的进展而一步步扩展开来。

简单地说：十月革命真正使无产阶级从被压迫的和主权不完整的国家的人民群众中争取资本的深远的后备力量的斗争开始了，十月革命第一次举起了争取这些后备力量的斗争旗帜，——这就是十月革命的第二个功绩。

我们是在社会主义旗帜下把农民争取过来的。农民从无产阶级手中得到了土地，在无产阶级帮助下战胜了地主，在无产阶级领导下参加了政权，因此，他们不能不感觉到，不能不了解到他们的解放过程过去是而且将来还会是在无产阶级的旗帜下，在无产阶级的红旗下进行。这种情况就不能不使从前农民所害怕的社会主义旗帜变成了吸引他们注意并促使他们摆脱愚昧、贫困和压迫的旗帜。

关于被压迫民族也应该这样说，而且更应该这样说。争取民族解放的呼声，这个由解放芬兰、撤回驻波斯和中国的军队、成立共和国联盟以及给土耳其、中国、印度斯坦和埃及人民公开的道义上的援助等等事实证实了的呼声，是从十月革命的胜利者口中第一次发出的。在被压迫民族的眼里，俄国从前是一面压迫的旗帜，而现在，在它已成为社会主义国家之后，就变成了一面解放的旗帜，这一事实决不能认为是偶然的。十月革命的领袖列宁同志的名字，现在成了殖民地国家和主权不完整的国家里受压抑受摧残的农民和革命知识分子口中最爱戴的名字，这也不是偶然的。如果说从前，在极辽阔的罗马帝国内，基督教被认为是受压迫受摧残的奴隶的救星，那末现在的情形是：在帝国主义的极广大的殖民地国家中，社会主义可以成为（而且已经开始成为!）千百万群众解放的旗帜。不用怀疑，这种情况大大促进了同一切反社会主义的偏见作斗争的事业，并给社会主义思想开辟了一条通向被压迫国家最遥远的角落的道路。从前社会主义者很难在被压迫国家或压迫国家的非无产阶级的中间阶层中公开露面，现在他们却可以公开地在这些阶层中宣传社会主义思想，希望人们倾听他们的话，希望人们也许会听从他们，因为他们已经有了象十月革命这样一个有力的论据。这也是十月革命的成果。

简单地说：十月革命为社会主义思想扫清了通向各民族和各部落内的中间的、非无产阶级的农民阶层的道路，十月革命把社会主义旗帜变成了这些阶层所欢迎的旗帜。这就是十月革命的第三个功绩。

载于《真理报》，1923年11月7日，第253号
署名：约·斯大林

选自《斯大林选集》上卷，第139～143页

附　录

附录一　苏维埃社会主义共和国联盟成立宣言

从各苏维埃共和国成立时起，世界各国就分成两个阵营：资本主义阵营和社会主义阵营。

在资本主义阵营里，是民族仇视和不平等，是对殖民地的奴役和沙文主义，是民族压迫和蹂躏，是帝国主义的兽行和战争。

在社会主义阵营里，是相互信任和和平，是民族自由和平等，是各族人民的和睦共处和兄弟合作。

数十年来，资本主义世界企图用各族人民的自由发展同人剥削人的制度结合的办法来解决民族问题，但是没有得到结果。相反地，民族矛盾的线团愈搞愈乱，它威胁到资本主义的存在本身。资产阶级显然已无力建立各族人民的合作了。

只有在苏维埃阵营里，只有在把大多数人民团结在自己周围的无产阶级专政的条件下，才有可能彻底消灭民族压迫，创造相互信任的环境，奠定各族人民兄弟合作的基础。

只是由于这些情况，各苏维埃共和国才击退了全世界帝国主义者即国内外帝国主义者的侵犯。

只是由于这些情况，各苏维埃共和国才胜利地扑灭了国内战争，保障了自己的生存，并着手进行和平的经济建设。

可是连年战争并不是没有留下痕迹。战争所遗留下来的田地荒芜、工厂停工、生产力遭到破坏和经济资源枯竭的现象，使得各个共和国在经济建设方面仅仅靠单独努力就不够了。在各个共和国单独存在的情况下，国民经济的恢复显然是不可能的。

另一方面，国际形势的不稳定和新的侵犯的威胁，使得各个苏维埃共和国必然要建立统一战线来对付资本主义的包围。

最后，就阶级本质来说，苏维埃政权是国际主义的政权，因此它的结构本身就推动各个苏维埃共和国的劳动群众走上联合成一个社会主义大家庭的道路。

所有这些情况都无条件地要求各苏维埃共和国联合成一个联盟国家，这个国家既能保证外部的安全和内部的经济繁荣，又能保证各族人民的民族发展自由。

不久以前，各苏维埃共和国的各族人民都举行了自己的苏维埃代表大会，一致通过了成立"苏维埃社会主义共和国联盟"的决议，他们的这种意志就是一个可靠的保证，它保证这个联盟是各个平等民族的自愿联合，保证每个共和国有自由退出联盟的权利，保证现有的或将来产生的一切苏维埃社会主义共和国都可以加入联盟。新的联盟国家将是早在1917年10月就已确立的各族人民和睦共处和兄弟合作原则的辉煌实现，它将成为反对世界资本主义的可靠堡垒，将是各国劳动者联合为世界苏维埃社会主义共和国的新的有决定意义的一个步骤。

苏维埃政权的基础已经体现在授予我们全权的各个苏维埃社会主义共和国的宪法里面。当我们，这些共和国的代表们，把这一切向全世界宣告，并庄严地宣布苏维埃政权的基础不可动摇的时候，根据授予我们的全权，决定签订"苏维埃社会主义共和国联盟"成立条约。

附录二　苏维埃社会主义共和国联盟成立条约

俄罗斯苏维埃联邦社会主义共和国、乌克兰苏维埃社会主义共和国、白俄罗斯苏维埃社会主义共和国和南高加索苏维埃联邦社会主义共和国

（由格鲁吉亚、阿塞拜疆和亚美尼亚三共和国组成）以下列各点为基础缔结本联盟条约，联合成一个联盟国家——"苏维埃社会主义共和国联盟"。

一、苏维埃社会主义共和国联盟由其最高机关行使下列职权：

（一）代表联盟发生国际关系；

（二）变更联盟的国界；

（三）缔结接收新共和国加入联盟的条约；

（四）宣战和媾和；

（五）订借外债；

（六）批准国际条约；

（七）规定对外贸易和国内商业制度；

（八）规定全联盟国民经济的原则和总计划，并缔结租让合同；

（九）调整运输和邮电工作；

（十）规定苏维埃社会主义共和国联盟武装力量的组织原则；

（十一）批准苏维埃社会主义共和国联盟统一的国家预算，规定铸币制度、货币制度和信贷制度，并规定全联盟的、共和国的和地方的税收制度；

（十二）规定全联盟境内的土地规划和土地使用以及矿藏、森林、水流使用的一般原则；

（十三）制定全联盟的移民法；

（十四）规定法院组织和诉讼程序的原则，并制定联盟的民法和刑法；

（十五）制定基本的劳动法；

（十六）规定国民教育的一般原则；

（十七）规定人民保健方面的一般办法；

（十八）规定度量衡制度；

（十九）组织全联盟的统计；

（二十）制定联盟国籍和外籍人权利的基本法律；

（二十一）决定大赦；

（二十二）撤销各加盟共和国苏维埃代表大会、中央执行委员会、人民委员会与联盟条约相抵触的决议。

二、苏维埃社会主义共和国联盟苏维埃代表大会是苏维埃社会主义共和国联盟最高权力机关,在代表大会闭会期间,苏维埃社会主义共和国联盟中央执行委员会是联盟最高权力机关。

三、苏维埃社会主义共和国联盟苏维埃代表大会由市苏维埃代表和省苏维埃代表大会代表组成。市苏维埃代表每2.5万选民选举1人,省苏维埃代表大会代表每12.5万居民选举1人。

四、苏维埃社会主义共和国联盟苏维埃代表大会代表由省苏维埃代表大会选出。

五、苏维埃社会主义共和国联盟苏维埃代表大会会议每年举行一次,由苏维埃社会主义共和国联盟中央执行委员会召集。如果苏维埃社会主义共和国联盟中央执行委员会认为必要,或者有两个以上加盟共和国的提议,可以召集非常代表大会。

六、苏维埃社会主义共和国联盟苏维埃代表大会按各加盟共和国的人口比例从各加盟共和国的代表中选出中央执行委员会,该委员会委员共371人。

七、苏维埃社会主义共和国联盟中央执行委员会会议每年举行三次。如果联盟中央执行委员会主席团认为必要,或者有苏维埃社会主义共和国联盟人民委员会或某一加盟共和国中央执行委员会的提议,可以召集非常会议。

八、苏维埃社会主义共和国联盟苏维埃代表大会和中央执行委员会会议,按照苏维埃社会主义共和国联盟中央执行委员会主席团所规定的程序依次在各加盟共和国首都举行。

九、苏维埃社会主义共和国联盟中央执行委员会选出主席团,在联盟中央执行委员会会议闭会期间,中央执行委员会主席团是联盟最高权力机关。

十、苏维埃社会主义共和国联盟中央执行委员会主席团由19人组成,联盟中央执行委员会按照加盟共和国的数目从中选出联盟中央执行委员会主席 4 人。

十一、苏维埃社会主义共和国联盟人民委员会是联盟中央执行委员会的执行机关，由联盟中央执行委员会选出，其任期由联盟中央执行委员会确定；该委员会由下列人员组成：

联盟人民委员会主席，

副主席若干人，

外交人民委员，

陆海军人民委员，

对外贸易人民委员，

交通人民委员，

邮电人民委员，

工农检查人民委员，

最高国民经济委员会主席，

劳动人民委员，

粮食人民委员，

财政人民委员。

十二、为了确立苏维埃社会主义共和国联盟境内的革命法制并把各加盟共和国同反革命作斗争的力量联合起来，在苏维埃社会主义共和国联盟中央执行委员会下设立最高法院，执行最高审判监督权；而在联盟人民委员会下设立国家政治保卫总局，其主席参加联盟人民委员会，有发言权。

十三、苏维埃社会主义共和国联盟人民委员会的法令和决议各加盟共和国必须执行，并直接在全联盟境内施行。

十四、联盟中央执行委员会和人民委员会的法令和决议用各加盟共和国通用的文字（俄罗斯文、乌克兰文、白俄罗斯文、格鲁吉亚文、亚美尼亚文、突厥语系各种文字）公布。

十五、各加盟共和国中央执行委员会可以向苏维埃社会主义共和国联盟中央执行委员会主席团提出对联盟人民委员会的命令和决议的异议，但不得停止执行。

十六、苏维埃社会主义共和国联盟人民委员会的决议和命令只有苏维埃社会主义共和国联盟中央执行委员会和联盟中央执行委员会主席团才能撤销；苏维埃社会主义共和国联盟各人民委员的命令只有苏维埃社会主义共和国联盟中央执行委员会、联盟中央执行委员会主席团和联盟人民委员会才能撤销。

十七、苏维埃社会主义共和国联盟各人民委员的命令只有在特殊情况下，即在该命令显然与苏维埃社会主义共和国联盟人民委员会或中央执行委员会的决议相抵触的情况下，才能由各加盟共和国中央执行委员会或中央执行委员会主席团停止执行。各加盟共和国中央执行委员会或中央执行委员会主席团应将停止执行命令这一情况立即报告苏维埃社会主义共和国联盟人民委员会和苏维埃社会主义共和国联盟有关的人民委员。

十八、各加盟共和国人民委员会由下列人员组成。

人民委员会主席，

副主席若干人，

最高国民经济委员会主席，

农业人民委员，

粮食人民委员，

财政人民委员，

劳动人民委员，

内务人民委员，

司法人民委员，

工农检查人民委员，

教育人民委员，

卫生人民委员，

社会救济人民委员，

民族事务人民委员，

联盟的外交、陆海军、对外贸易、交通、邮电各人民委员部的特派员，也有发言权。

十九、各加盟共和国最高国民经济委员会以及粮食、财政、劳动、工农检查各人民委员部直属各加盟共和国中央执行委员会和人民委员会，并遵照苏维埃社会主义共和国联盟相应的人民委员的命令办事。

二十、各加盟共和国都有自己的预算，此项预算是联盟中央执行委员会所批准的全联盟预算的组成部分。各共和国预算的收入和支出由联盟中央执行委员会规定。列入各加盟共和国预算的收入项目以及每项收入的数额由联盟中央执行委员会确定。

二十一、对于各加盟共和国公民规定统一的联盟国籍。

二十二、苏维埃社会主义共和国联盟有自己的国旗、国徽及国印。

二十三、苏维埃社会主义共和国联盟首都是莫斯科城。

二十四、各加盟共和国按照本条约修改自己的宪法。

二十五、联盟条约的批准、修改和补充权属于苏维埃社会主义共和国联盟苏维埃代表大会。

二十六、每个加盟共和国都有自由退出联盟的权利。

选自《斯大林全集》第 5 卷，第 321～330 页

悼列宁（摘录）

（1924年1月26日在全苏苏维埃第二次
代表大会[1]上的演说）

……

我国各民族劳动者的联盟是苏维埃共和国的第二个基石。俄罗斯人和乌克兰人，巴什基尔人和白俄罗斯人，格鲁吉亚人和阿塞拜疆人，亚美尼亚人和达吉斯坦人，鞑靼人和吉尔吉斯人，乌兹别克人和土库曼人，——他们都同样和无产阶级专政的巩固休戚相关。不仅无产阶级专政使这些民族摆脱枷锁和压迫，而且这些民族也以他们对苏维埃共和国的无限忠诚，以他们为苏维埃共和国牺牲的决心来使我们苏维埃共和国免遭工人阶级的敌人的暗算和袭击。正因为如此，列宁同志始终不倦地对我们说明我国各族人民自愿联盟的必要性，说明我国各族人民在共和国联盟内实行兄弟合作的必要性。

……

载于《真理报》，1924年1月30日，第23号

选自《斯大林选集》上卷，第171页

注释：

[1] 全苏苏维埃第二次代表大会于1924年1月26日～2月2日在莫斯科举行。

大会的第一次会议是列宁追悼会，斯大林在会上代表布尔什维克党庄严地宣誓要忠实执行列宁的遗嘱。大会就列宁逝世发布了《告劳动人民书》。大会为永久纪念列宁作出了下列各项决议：出版《列宁全集》，规定列宁逝世纪念日，将彼得格勒改为列宁格勒，在莫斯科红场建造列宁墓，在各加盟共和国首都以及列宁格勒和塔什干建立列宁纪念像。代表大会讨论了苏联政府的工作报告、苏联预算问题和设立中央农业银行问题。1月31日，代表大会批准了第一部苏联宪法，选举了中央执行委员会——联盟院和民族院。斯大林被选为联盟院成员。

论列宁主义基础（摘录）

（在斯维尔德洛夫大学[1]的讲演）

献给为纪念列宁而吸收入党的同志们

……

六 民族问题

关于这个题目我来讲两个主要问题：

（一）问题的提法；

（二）被压迫民族解放运动和无产阶级革命。

1. **问题的提法**。最近二十年来，民族问题发生了许多极重大的变化。第二国际时期的民族问题和列宁主义时期的民族问题远不是一回事。不仅按范围来说，而且按内在性质来说，它们都是大不相同的。

从前，通常都把民族问题限制在主要和"文明"民族有关的问题的狭隘范围内。爱尔兰人、匈牙利人、波兰人、芬兰人、塞尔维亚人以及欧洲其他一些民族，——第二国际的活动家所关心的就是这些没有充分权利的民族的命运。而那些遭受最粗暴最残酷的民族压迫的千百万亚洲人民和非洲人民，通常都不放在他们的眼里。他们不敢把白种人和黑种人，"文明人"和"不文明人"相提并论。两三个空空洞洞、不痛不痒、竭力回避殖民地解放问题的决议，——这就是第二国际的活动家所能借以自夸的一切。现在，民族问题方面的这种两重性和不彻底性可以说已经被消灭了。列宁主义揭露了这种极不相称的现象，拆毁了横在白种人和黑种人，欧洲人和亚洲人，帝国主义的"文明"奴隶和"不文明"奴隶之间的墙壁，因而把民族问题和殖民地问题联结起来了。于是民族问题就由局部的和国内的问题变成了一般的和国际的问题，变成了附属国和殖民地被压迫民族摆脱帝国主义桎梏的世界问题。

从前，民族自决原则通常都被曲解，往往把它缩小为民族自治权。第二国际的某些首领甚至把自决权变成文化自治权，就是说，被压迫民族有设立自己的文化机关的权利，而让全部政权仍旧掌握在统治民族手中。结果就使民族自决的思想有从反对兼并政策的工具变成替兼并政策辩护的工具的危险。现在，这种糊涂观念可以说已经被克服了。列宁主义扩大了民族自决的概念，把它解释为附属国和殖民地被压迫民族有完全分离的权利，各民族有成立独立国家的权利。于是就排除了把自决权解释为自治权来替兼并政策辩护的可能。于是民族自决原则就由欺骗群众的工具（在帝国主义战争时期，它无疑是被社会沙文主义者用来做这种工具的）变成了揭露一切帝国主义野心和沙文主义阴谋的工具，变成了用国际主义精神对群众进行政治教育的工具。

从前，通常都把被压迫民族问题看做纯粹法的问题。冠冕堂皇地宣布"民族的平等权利"，发表无数关于"民族平等"的宣言，——这就是第二国际各党所心满意足的事情。它们抹杀了这样一个事实，就是在帝国主义时代，当某一些民族（少数）靠剥削另一些民族生存的时候，所谓"民族平等"不过是对于被压迫民族的嘲弄。现在，民族问题方面的这种资产阶级的法的观点可以说已经被揭穿了。列宁主义把民族问题从大吹大擂的宣言的天空拉到地上来，指出如果无产阶级政党不直接援助被压迫民族的解放斗争，"民族平等"的宣言就是空洞的虚伪的宣言。于是被压迫民族问题就成了支援，帮助，真正地经常地帮助被压迫民族反对帝国主义，争取真正的民族平等，争取成立独立国家的问题。

从前，通常都用改良主义的观点来看民族问题，把它看作一个单独的孤立的问题，看作和资本政权、推翻帝国主义、实现无产阶级革命这一总问题无关的问题。人们当时都默默地认为：欧洲无产阶级不和殖民地解放运动直接结成联盟也能取得胜利；民族殖民地问题可以离开无产阶级革命的大道，可以不进行反帝的革命斗争，而悄悄地"自流地"得到解决。现在，这种反革命的观点可以说已经被揭穿了。列宁主义已经证明，帝国主义战争和俄国革命也已经证实：民族问题只有和无产阶级革命相联系并在无产阶级革命的基础上才能得到解决，西方革命必须同殖民地和附属国反帝解放运动结成革命的联盟才能取得胜利。民族问题是无产阶级革命总问题的一部分，是无产阶级专政问题的一部分。

问题是这样：被压迫国家革命解放运动所含有的革命的可能性**是否已经用完**？如果还没有用完，是否有希望、有根据把这种可能性用于无产阶级革命，把附属国和殖民地国家由帝国主义资产阶级的后备军变为革命无产阶级的后备军，变为革命无产阶级的同盟者？

列宁主义对这个问题的答复是肯定的，即认为被压迫国家民族解放运动含有革命能力，认为可以把这种革命能力用于推翻共同的敌人，用于推翻帝国主义。帝国主义发展的内幕、帝国主义战争和俄国革命完全证实了列宁主义关于这一点的结论。

由此可见，"统治"民族的无产阶级必须援助，必须坚决地积极地援助各被压迫民族和附属国人民的民族解放运动。

这当然不是说，无产阶级在任何地方和任何时候，在每个具体情况下，都应当援助**任何一种**民族运动。这里所说的是要援助目的在于削弱帝国主义、推翻帝国主义，而不在于巩固和保持帝国主义的那种民族运动。有时候，个别被压迫国家的民族运动会和无产阶级运动发展的利益相冲突。不言而喻，在这种情况下是谈不到什么援助的。民族权利问题并不是一个独立自在的问题，而是无产阶级革命总问题的一部分，它服从整体，要求从整体的观点来观察。马克思在十九世纪四十年代拥护波兰人和匈牙利人的民族运动，而反对捷克人和南方斯拉夫人的民族运动。为什么呢？因为当时捷克人和南方斯拉夫人是"反动民族"，是欧洲的"俄国前哨"，是专制制度的前哨，而当时波兰人和匈牙利人却是反对专制制度的"革命民族"。因为当时援助捷克人和南方斯拉夫人的民族运动就是间接援助欧洲革命运动的最危险的敌人沙皇制度。

列宁说："民主运动的个别要求，包括自决在内，并不是什么绝对的东西，而是**世界**一般民主主义（现在是一般社会主义）运动中的**一小部分**。在个别的具体情况下，部分可能和总体相矛盾，那时就必须抛弃这一部分。"（见《列宁全集》俄文第3版第19卷，第257～258页）①

关于个别的民族运动问题，关于这些运动可能具有的反动性问题（当然，如果不是从形式上，不是从抽象的法的观点，而是从革命运动的利益的观点来具体地估量这些运动）就是这样。

关于一般民族运动的革命性也应该这样说。极大多数民族运动所无疑具有的革命性，也和某些个别的民族运动所可能具有的反动性一样，是相对的和独特的。在帝国主义压迫的情况下，民族运动的革命性完全不一定要以这个运动有无产阶级分子参加、有革命的或共和的纲领、有民主的基础为前提。阿富汗的艾米尔为阿富汗独立而进行的斗争在客观上是**革命的**斗争，因为这个斗争能够削弱、瓦解和毁坏帝国主义，虽然阿富汗的艾米尔及其战友抱有君主制的观点；可是象克伦斯基和策烈铁里、列诺得尔和谢德曼、切尔诺夫和唐恩、韩德逊和克莱因斯这些"激烈的"民主主义者和"社会主义者"、"革命家"和共和主义者在帝国主义战争时期所进行的斗争却是**反动的**斗争，因为这个斗争的结果是粉饰并巩固帝国主义，使帝国主义取得胜利。埃及的商人和资产阶级知识分子为埃及独立而进行的斗争，由于同样的原因，在客观上也是**革命的**斗争，虽然埃及民族运动的首

---

① 《列宁全集》第28卷，人民出版社，1990，第38页。——编者注

领是资产阶级出身，具有资产阶级身分，并反对社会主义；然而英国"工人"政府为保持埃及的附属地位而进行的斗争，由于同样的原因，却是**反动的**斗争，虽然这个政府的阁员是无产阶级出身，具有无产阶级身分，并"拥护"社会主义。更不必说其他较大的殖民地和附属国，如印度和中国的民族运动了。这些国家在争取解放的道路上的每一步骤，即使违反形式上的民主的要求，也是对帝国主义的一个非常沉重的打击，就是说，毫无疑问是**革命的**步骤。

列宁说得对，在估量被压迫国家的民族运动时不要以形式上的民主为标准，而要以反帝国主义斗争总结算中的实际结果为标准，就是说："从世界范围来看，而不应当孤立地来看。"（见《列宁全集》俄文第3版第19卷，第257页）①

2. 被压迫民族解放运动和无产阶级革命。列宁主义在解决民族问题时是从下列原理出发的：

（一）世界已经分成两个阵营：一个是拥有金融资本并剥削地球上绝大多数居民的为数极少的文明民族的阵营，另一个是组成这个绝大多数的殖民地和附属国被压迫被剥削民族的阵营；

（二）被金融资本压迫和剥削的殖民地和附属国是帝国主义最巨大的后备力量和最重要的实力来源；

（三）附属国和殖民地国家被压迫民族所进行的反帝革命斗争是他们摆脱压迫和剥削的唯一道路；

（四）最重要的殖民地和附属国已经走上民族解放运动的道路，这个运动不能不引起全世界资本主义的危机；

（五）发达的国家的无产阶级运动和殖民地民族解放运动的利益，要求把这两种革命运动结合成一条反对共同的敌人、反对帝国主义的共同的战线；

---

① 见《列宁全集》第28卷，人民出版社，1990，第37页。——编者注

（六）如果不建立并巩固共同的革命战线，那末发达的国家中的工人阶级就不能胜利，被压迫民族就不能从帝国主义的桎梏下解放出来；

（七）如果压迫民族的无产阶级不直接而坚决地支援被压迫民族的解放运动来反对"本国的"帝国主义，那末就不可能建立共同的革命战线，因为"压迫其他民族的民族是不能获得解放的"（**恩格斯**）；

（八）这种援助就是坚持、维护和实行下列口号：民族有分离权，有成立独立国家的权利；

（九）不实行这个口号，就不能保证各民族在统一的世界经济中的联合和合作，而这种统一的世界经济是世界社会主义胜利的物质基础；

（十）这种联合只能是自愿的，是在各民族相互信任和友爱的基础上产生的。

由此就产生了民族问题上的两个方面，即两个趋向：一个趋向是在帝国主义压迫和殖民地剥削的基础上产生的，它力求在政治上摆脱帝国主义束缚而成立独立的民族国家；另一个趋向是因世界市场和世界经济的形成而产生的，它力求使各民族在经济上彼此接近。

> 列宁说："在资本主义的发展过程中，可以看出在民族问题上有两个历史趋向。第一个趋向是民族生活和民族运动的觉醒，反对一切民族压迫的斗争，民族国家的建立。第二个趋向是民族之间各种联系的发展和日益频繁，民族壁垒的破坏，资本、整个经济生活、政治、科学等等的国际统一的形成。
>
> 这两个趋向都是资本主义的世界规律。第一个趋向在资本主义发展初期占优势，第二个趋向标志着资本主义已经成熟，正在向社会主义社会转变。"（见《列宁全集》俄文第3版第17卷，第139～140页）①

---

① 见《列宁选集》第2卷，人民出版社，1995，第340页。——编者注

对于帝国主义，这两个趋向是一个不可调和的矛盾，因为帝国主义如果不剥削殖民地，如果不用暴力把殖民地束缚在"统一的整体"范围内，就不能生存；因为帝国主义只有靠兼并和夺取殖民地才能使各民族互相接近，否则它根本就不成其为帝国主义了。

对于共产主义，恰恰相反，这两个趋向不过是一个问题即被压迫民族摆脱帝国主义压迫这一问题的两个方面，因为共产主义知道：各民族在统一的世界经济中的联合，只有根据相互信任和自愿协定的原则才能实现；各民族的自愿联合，只有经过使殖民地从"统一的"帝国主义"整体"分离出来的道路，经过使殖民地变为独立国家的道路才能达到。

因此，必须顽强地、不断地、坚决地反对各统治民族（英、法、美、意、日等）的"社会主义者"的大国沙文主义，这些"社会主义者"不愿意反对本国帝国主义政府，不愿意援助"他们的"殖民地被压迫民族的摆脱压迫、争取国家独立的斗争。

不进行这样的斗争，就不能以真正的国际主义精神、以接近附属国和殖民地劳动群众的精神、以真正准备无产阶级革命的精神来教育统治民族的工人阶级。如果俄国无产阶级没有得到前俄罗斯帝国内各被压迫民族的同情和援助，那末俄国革命就不会胜利，而高尔察克和邓尼金也就不会被击溃。但是要取得这些民族的同情和援助，俄国无产阶级当时首先必须打断俄国帝国主义的锁链，使这些民族摆脱民族压迫。

不这样做，就不能巩固苏维埃政权，就不能树立真正的国际主义，就不能建立各民族合作的卓越组织，这个组织叫做苏维埃社会主义共和国联盟，它是各民族将来在统一的世界经济中联合的实际榜样。

因此，必须反对各被压迫国家社会党人的民族闭关自守、狭隘观点和隔离状态，这些社会党人不愿意超出自己的民族狭隘眼界，不了解本国解放运动和统治国无产阶级运动之间的联系。

不进行这样的斗争，就不能保持被压迫民族无产阶级的独立政策，就不能保持它和统治国无产阶级在推翻共同的敌人、推翻帝国主义的斗争中的阶级团结。

不进行这样的斗争，就不能实现国际主义。

这就是以革命的国际主义精神来教育统治民族和被压迫民族的劳动群众的道路。

请看列宁对于共产主义运动以国际主义精神教育工人的这个两方面的工作是怎样说的：

> 这种教育工作……在压迫的大民族中和被压迫的小民族中，在兼并的民族中和被兼并的民族中，能够**具体地相同**吗？
>
> 显然不能。要达到使**一切**民族完全平等、密切接近和进而**融合**的共同目的，显然要走各不相同的具体道路，就拿达到一张纸的中心点的方法来说吧，可以从纸的一端向左走，也可以从纸的相对的一端向右走，反正都会达到。如果压迫的、兼并的大民族中的社会民主党人仅仅一般地鼓吹民族融合，而忘记了，哪怕是一分钟忘记了"他的"尼古拉二世、"他的"威廉、乔治、彭加勒等等**也主张**和小民族**融合**（用兼并手段），忘记了尼古拉二世主张和加里西亚"融合"、威廉二世主张和比利时"融合"等等，那末，这样的社会民主党人在理论上是可笑的学理主义者，在实践上是帝国主义的帮凶。
>
> 在压迫国家里，工人的国际主义教育的重心必须是宣传并且要工人坚持被压迫国家有分离的自由。不这样，就**没有**国际主义。如果压迫民族的任何一个社会民主党人**不**进行这种宣传，那末我们就可以而且应该鄙视他，把他看作帝国主义者，看作坏分子。这是绝对的要求，哪怕在社会主义未实现以前，分离的**机会**只有千分之一是可能的和"可以实现的"。……
>
> 相反地，小民族的社会民主党人应当以我们这个总公式——各民族"**自愿联合**"的末尾两个字为其鼓动工作的重心。他**既**可以赞成本民族的政治独立，**又**可以赞成本民族加入邻近某个国家，同时又不违反他的作为国际主义者的义务。可是，他在任何场合都应当**反对**小民族的狭隘观点、闭关自守和隔离状态，而主张顾全整体和总体、部分

利益服从全体利益。

不仔细考虑问题的人，会以为压迫民族的社会民主党人坚持"**分离自由**"而被压迫民族的社会民主党人坚持"**联合自由**"是"矛盾的"。可是，只要稍微思索一下，就可以知道要达到国际主义和民族融合这一目的，**除了这种**状况**以外**，没有也不可能有**别**的道路。（见《列宁全集》俄文第3版第19卷，第261～262页）①

载于1924年4月26、30日和5月9、11、14、15、18日《真理报》第96、97、103、105、107、108、111号

选自《斯大林选集》上卷，第236～245页

注释：

[1] 斯维尔德洛夫大学即斯维尔德洛夫工农共产主义大学，是苏联培养党政干部的第一所高级党校。它的前身是1918年雅·米·斯维尔德洛夫倡议成立的全俄中央执行委员会附属鼓动员和指导员训练班。1919年1月该训练班改组为全俄中央执行委员会附属苏维埃工作学校。根据俄共（布）第八次代表大会的决定，在这个学校的基础上成立了中央苏维埃工作和党务工作学校。1919年7月，根据俄共（布）中央组织局的决定，这个学校改为斯维尔德洛夫工农共产主义大学。

---

① 见《列宁全集》第28卷，人民出版社，1990，第42～44页。——编者注

论南斯拉夫的民族问题

(1925年3月30日在共产国际执行委员会
南斯拉夫委员会会议上的演说)

同志们！我认为谢米奇没有完全理解布尔什维克对民族问题的提法的实质。无论在十月革命以前或在十月革命以后，布尔什维克从来没有把民族问题和革命总问题分开。布尔什维克对民族问题的看法的实质，就是始终把民族问题和革命前途密切联系起来。

谢米奇引证了列宁的话，说列宁曾经主张把解决民族问题的某种办法规定在宪法中。显然，谢米奇想以此来说明列宁似乎曾经认为民族问题是立宪问题，即不是革命问题而是改良问题。这完全不对。列宁从来没有陷入而且也不可能陷入立宪的幻想。只要看一看他的著作，就会深信这一点。列宁谈到过宪法，但他所指的并不是解决民族问题的立宪道路，而是革命道路，也就是说，他把宪法看做革命胜利的成果。在我们苏联也有宪法，并且它反映了解决民族问题的某种办法。可是这个宪法的问世不是和资产阶级妥协的结果，而是革命胜利的结果。

其次，谢米奇援引了斯大林在1912年所写的那本大家都知道的关于民族问题的小册子，竭力想从那里找到哪怕只能间接证实他正确的一些话。但是，这种引证是枉费心机的，因为不仅这些话，就连稍微能证实他对民族问题的"立宪"观点正确的间接暗示，他也没有找到，而且不可能找到。为了证实这一点，我可以提醒谢米奇注意斯大林那本小册子中的一段话，那里是把奥国解决民族问题的办法（立宪的）和俄国马克思主义者的办法（革命的）对照起来谈的。

这段话就是：

> 奥国人是想用微小的改良、缓慢的步骤来实现"民族自由"的。他们提出民族文化自治作为实际办法时，完全没有指望根本的改变，没有指望他们远景中所没有的民主解放运动。然而，俄国的马克思主义者把"民族自由"的问题和可能的根本改变联系在一起，和民主解放运动联系在一起，他们没有理由指望改良。这就使俄国各民族可能的命运问题发生根本的变化。

看来是很明白了。

这并不是斯大林个人的观点，而是俄国马克思主义者共同的观点，俄国马克思主义者过去和现在都把民族问题和革命总问题密切联系起来看。

可以毫不勉强地说，民族问题的提法在我国马克思主义历史上有两个阶段：第一是十月革命以前的阶段，第二是十月革命阶段。在第一个阶段，民族问题被看成是资产阶级民主革命总问题的一部分，即无产阶级和农民专政问题的一部分。在第二个阶段，民族问题已经扩大和转变为殖民地问题，民族问题已经从国内问题变成世界问题，因而民族问题已经被看成是无产阶级革命总问题的一部分，无产阶级专政问题的一部分。可见，无论第一个阶段或第二个阶段的看法都是极其革命的。

我认为谢米奇还没有把这一切完全弄清楚。因此，他企图把民族问题贬低为立宪问题，即把民族问题看成改良问题。

这个错误使他产生了另一个错误，就是他不愿意把民族问题看成实质上是农民问题。不是土地问题，而是农民问题，因为这是两个不同的问题。不能把民族问题和农民问题混为一谈，这是完全正确的，因为民族问题除了包含农民问题以外，还包括民族文化问题、民族国家问题等等。但是民族问题的基础，它的内在实质仍然是农民问题，这也是毫无疑义的。

这也就说明农民是民族运动的主力军，没有农民这支军队，就没有而且也不可能有声势浩大的民族运动。所谓民族问题实质上是农民问题，正是指这一点说的。我认为谢米奇不愿意接受这种说法，是由于他过低估计了民族运动的内部威力，不了解民族运动的深刻的人民性和深刻的革命性。这是很危险的，因为这实际上意味着过低估计蕴藏在运动中，比如蕴藏在克罗地亚人争取民族自由的运动中的潜在力量，会使南斯拉夫共产党全党发生严重纠纷。

这就是谢米奇的第二个错误。

谢米奇企图脱离国际形势和欧洲可能的前途来谈论南斯拉夫的民族问题，这无疑也应该认为是错误的。谢米奇根据目前在克罗地亚人和斯洛文尼亚人中没有强大的争取独立的人民运动这一点，就得出结论说，民族分离权问题是一个纯理论的问题，而绝不是一个现实问题。这当然是不对的。就算这个问题在目前不是现实问题，可是一旦战争爆发（或在战争爆发的时候），一旦欧洲革命爆发（或在欧洲革命爆发的时候），这个问题就会成为一个很现实的问题。从帝国主义的本质和发展来看，战争一定会爆发，他们一定会在那里打起来，这是不容置疑的。

1912年，当我们俄国马克思主义者拟定第一个民族纲领草案的时候，在俄罗斯帝国的任何一个边疆地区都还没有强大的争取独立的运动。然而当时我们认为有必要把民族自决权即每个民族都有分离和建立独立国家的权力这一条列入我们的纲领。为什么呢？因为我们不但以当时已经有的情况为出发点，而且以整个国际关系体系中不断发展和日益迫近的情况为出发点，也就是说，我们那时不但估计到当前的情况，而且估计到将来的情况。我们知道，如果某一个民族要求分离，那末俄国马克思主义者就要为保证这个民族获得分离权而斗争。谢米奇在演说中不止一次地引证斯大林关于民族问题的小册子中的话。斯大林在这本小册子中关于自决和独立是这样说的：

> 帝国主义在欧洲的增长不是偶然的。资本在欧洲已感到地盘狭

小，于是冲入异国去寻找新的市场、廉价的劳动力、新的投资场所，但是这就会引起国际纠纷和战争……完全可能造成一种内外形势结合在一起的局面，那时俄国某个民族将认为必须提出和解决本身独立的问题。在这种情况下加以阻碍，当然不是马克思主义者的事情。

这段话还是在1912年写的，你们知道，这个论点后来在战时和战后，特别是在俄国无产阶级专政胜利以后完全被证实了。

特别是现在，在被压迫国家的民族革命运动日益深入和俄国革命取得胜利以后，应当更有理由估计到整个欧洲特别是南斯拉夫的这种可能性。同时应当注意下面这种情况：南斯拉夫不是一个完全独立的国家，它和某些帝国主义集团有联系，因而它无法退出南斯拉夫外部所进行的激烈的角斗。如果你们要为南斯拉夫党起草民族纲领，——现在要谈的正是这个问题，——那末必须记住，这个纲领不但应该以当前情况为出发点，而且应该以日益发展的和由于国际关系的变化而必然产生的情况为出发点。正因为如此，我认为必须把民族自决权问题看成是一个现实的迫切的问题。

现在来谈谈民族纲领。民族纲领的出发点应当是南斯拉夫苏维埃革命的原理：不推翻资产阶级，不取得革命胜利，民族问题便不可能得到比较满意的解决。当然也可能有例外。比如战前挪威脱离瑞典就是一个例外，列宁在他的一篇文章中详细地谈过这个问题。不过这是在战前，在各种顺利情况偶然凑合的条件下发生的。战后，特别是俄国苏维埃革命胜利以后，就未必能发展这种事情。至少产生这种可能性的机会现在已经少到可以说是等于零了。既然如此，那末很明显，我们不能制定等于零的纲领。正因为如此，革命的原理应当是民族纲领的出发点。

其次，一定要把关于直到国家分离的民族自决权这一专门条文列入民族纲领。为什么在目前的国内和国际条件下，非有这一条不可，这一点我在上面已经讲过了。

最后，在纲领中还应当包括一项允许那些认为不必同南斯拉夫分离的南斯拉夫境内各民族实行民族区域自治的专门条文。有些人认为必须排斥这种结合，这是不正确的，不对的。在一定的条件下，由于南斯拉夫苏维埃革命的胜利，很可能会有某些民族不愿意分离，像在我们俄国所发生的那样。显然，为了适应这种情况，纲领中就必须有自治这一条，以便把南斯拉夫国家改变成以苏维埃制度为基础的各民族自治国家的联邦。

总之，给那些愿意分离的民族以分离权，给那些愿意留在南斯拉夫国家范围内的民族以自治权。

为了避免误会起见，我必须说明，不应当把分离的权利理解为分离的义务，分离的责任。每个民族都可以行使这种分离权，但是也可以不行使这个权利，如果它不愿意行使这个权利，那是它自己的事情，这一点不能不注意到。有些同志把分离的权利理解为分离的义务，比如说，要求克罗地亚人无论如何要分离。这种看法是不正确的，必须抛弃。决不能把权利和义务混为一谈。

载于《布尔什维克》杂志，1925年4月15日，第7期

选自《斯大林全集》第7卷，第59～64页

俄共(布)第十四次代表会议的工作总结(摘录)

[1925年5月9日向俄共(布)莫斯科组织积极分子所做的报告]

三 殖民地和附属国内共产主义者的当前任务

现在来谈第三类问题。

这方面的新情况如下:

(甲) 由于各先进国家向落后国家输出的资本增多(这是资本主义的稳定所促成的),资本主义在殖民地国家中迅速地发展起来并且还会迅速地发展,它正在摧毁旧的社会政治条件,培植新的社会政治条件;

(乙) 这些国家中的无产阶级正在迅速地成长并且还会迅速地成长;

(丙) 殖民地内的工人革命运动和革命危机正在增长并且还会继续增长;

(丁) 同时民族资产阶级的某些最富裕和最有力量的阶层也在成长并且还会继续成长,他们害怕本国的革命比害怕帝国主义还要厉害,因此宁愿和帝国主义勾结而不愿为本国摆脱帝国主义的解放事业奋斗,从而也就出卖他们的祖国(印度、埃及等国);

(戊) 由于这一切,只有和妥协的民族资产阶级进行斗争,这些国家才能摆脱帝国主义而得到解放；

（己）由此可以得出结论：在工业发达的和工业正在发展的殖民地内，工农联盟和无产阶级的领导权问题应当成为迫切的问题，就像在一九〇五年俄国第一次革命以前，这个问题成为迫切的问题一样。

过去的情形是这样的：人们通常总是说东方是一个同一式样的整体。现在大家都明白，单一的、同一式样的东方已经不再存在了，现在有资本主义发达的和资本主义正在发展的殖民地，也有落后的和正在后退的殖民地，对于这些殖民地已经不能用任何同样的尺度去衡量了。

过去，人们总是把民族解放运动看成是殖民地和附属国内一切民族力量即从最反动的资产者起到最革命的无产者止的一条全面性的战线。现在，在民族资产阶级分裂为革命的一翼和反革命的一翼以后，民族运动的面貌就有了一些改变。除了民族运动的革命分子以外，从资产阶级当中还产生出妥协分子和反动分子，这些人宁愿和帝国主义勾结而不愿为本国的解放事业奋斗。

因此，殖民地国家内共产主义者的任务就是：和资产阶级中的革命分子，而首先是和农民结合起来，反对帝国主义同"本国的"资产阶级中的妥协分子结成的联盟，以便在无产阶级领导下为摆脱帝国主义的桎梏进行真正的革命斗争。

结论只有一个：许多殖民地国家目前日益接近自己的一九〇五年。

任务就是：把殖民地国家内的先进工人团结到能够领导日益增长的革命的统一的共产党里来。

下面就是列宁早在一九二二年关于殖民地国家内日益增长的革命运动所说的话：

> 第一次帝国主义大屠杀的"胜利者"，现在连小得可怜的爱尔兰都不能战胜，连它们彼此之间在财政问题和外汇问题上的混乱都不能克服。而印度和中国在咆哮着。这就有七亿多人。如果加上周围和它们完全相似的亚洲各国，那就占全世界人口的一大半。在那里，一九

〇五年日益迫近，不可遏止地愈来愈快地迫近着。而这个一九〇五年有一个很重要的极大的不同之处：在一九〇五年，俄国的革命还能够孤立地进行（至少在开始时），也就是说，没有一下子把其他各国卷入革命，但是现在印度和中国的日益增长的革命却正在卷入或已经卷入革命斗争、卷入革命运动、卷入国际革命。（见《列宁全集》第33卷，1957，人民出版社，第312页）

殖民地国家正面临着自己的一九〇五年，——结论就是如此。

共产国际扩大全会所通过的关于殖民地问题的决议的意义也就是如此。

载于1925年5月12日和13日《真理报》第106号和第107号

选自《斯大林全集》第7卷，第88~90页

论东方民族大学的政治任务

(1925年5月18日在东方劳动者共产主义
大学学生大会上的演说)

同志们！首先让我向你们祝贺东方劳动者共产主义大学建校四周年纪念。不用说，我祝你们的大学在为东方培养共产主义干部的艰难的道路上获得各种成就。

现在我们来谈谈本题。

如果分析一下东方劳动者大学的成分，那就不能不发觉这个成分的某种两重性。这个大学里有不下五十个东方民族和民族集团的代表。这个大学的学生都是东方的儿女。但是这个定义还没有提供任何明确而完整的概念。因为这个大学的学生是由代表着两种完全不同的发展条件的两个基本部分组成的。第一部分人是从苏维埃东方，从不再有资产阶级政权、已经推翻帝国主义压迫并且已经由工人执政的那些国家来的。第二部分学生是从殖民地和附属国来的，也就是从资本主义仍在统治、帝国主义压迫尚完全保存、还必须赶走帝国主义者以争取独立的那些国家来的。

这样，在我们面前就有两个过着不同生活并且在不同条件下发展着的东方。

不用说，学生成分的这种两重性不能不影响东方劳动者大学的工作。这恰恰说明这个大学的一只脚是踏在苏维埃的土地上，另一只脚是踏在殖民地和附属国的土地上。

因此，这个大学有两个工作方针：一个方针就是造就能为东方各苏维埃共和国的需要服务的干部；另一个方针就是造就能为东方各殖民地和附属国的劳动群众的革命要求服务的干部。

因此在东方劳动者大学面前也就产生了两类任务。

现在让我们来分别地考察一下东方劳动者共产主义大学的这两类任务。

一　东方劳动者共产主义大学对东方各苏维埃共和国所担负的任务

这些国家，这些共和国的存在和发展不同于各殖民地和附属国的特点是什么呢？

第一、这些共和国已经摆脱了帝国主义的压迫。

第二、它们是作为不受资本主义制度的保护而受苏维埃政权保护的民族在发展着和巩固着。这是史无前例的事实，但这毕竟是事实。

第三、它们的工业不大发达，但是它们在自己的发展中完全可以依靠苏联工业无产阶级的援助。

第四、这些共和国已经摆脱了殖民压迫，受到无产阶级专政的保护，并且成为苏维埃联盟的成员，因此它们可以而且应当参加我国的社会主义建设。

基本任务就是：促进这些共和国的工人和农民参加我国的社会主义建设，根据这些共和国存在的特殊条件，创造和发展能够推进并且加速这一工作的前提。

因此，苏维埃东方的积极工作者的当前任务就是：

（一）在东方各苏维埃共和国内建立工业基地，以作为把农民团结在工人阶级周围的基础。你们知道，这项工作已经开始进行，并且将随着苏联经济的发展而向前推进。这些共和国拥有各种原料，这是这项工作将来可以进行到底的保证。

（二）发展农业，首先是兴修水利。你们知道，这项工作也有进展，至少在南高加索和土耳其斯坦是如此。

（三）开展和推进农民和手工业者广大群众的合作化工作，这是把东方各苏维埃共和国纳入苏维埃经济建设总体系的最可靠的方法。

（四）使苏维埃接近群众，使苏维埃的成分民族化，从而建立接近劳动群众并为他们所理解的本民族的苏维埃国家制度。

（五）发展民族文化，广泛地建立使用本族语言的普通教育性质的和职业技术性质的训练班网和学校网，以便从本地人中间培养苏维埃干部、党的干部和有专长的经济干部。

完成这些任务，也就是促进东方各苏维埃共和国的社会主义建设事业。

有人在谈论苏维埃东方的模范共和国。什么是模范共和国呢？模范共和国就是能真心诚意地完成这几项任务，从而使邻近的殖民地和附属国的工人农民热衷于解放运动的共和国。

上面我已经谈过使苏维埃接近各民族的劳动群众的问题即苏维埃民族化的问题。这是什么意思呢？这种接近怎样在实践中表现出来呢？我认为，不久前在土耳其斯坦完成的民族疆界的划分[1]，可以说是这种接近群众的范例。资产阶级报刊认为这种疆界划分是"布尔什维克的诡计"。其实很明显，这里表现出来的不是"诡计"，而是土库曼斯坦和乌兹别克斯坦的人民群众的强烈愿望，他们要求有接近他们并为他们所理解的自己的政权机关。在革命以前的时代，这两个国家被分裂成许多小块，建立了好多个不同的大小国家，成为"当权者"实行剥削诡计的方便场所。现在时机到了，现在已经有可能把这些被分裂的小块重新联合成独立的国家，使乌兹别克斯坦和土库曼斯坦的劳动群众和政权机关接近并且打成一片。土耳其斯坦的疆界划分首先表明这两个国家的分裂部分重新联合成独立的国家。既然这些国家后来愿意加入苏维埃联盟而作为它的平等的一员，那末这只是说明布尔什维克找到了一把能满足东方人民群众强烈愿望的钥匙，说明苏维埃联盟是世界上唯一的不同民族劳动群众的自愿联合。资产阶级为了使波兰重新统一,进行了许多次战争。而共产党人为了使土库曼斯坦和乌兹别克斯坦重新联合,却只进行了几个月解释性的宣传工作。

这就说明应当怎样使管理机关(这里指的是苏维埃)和不同民族的广大劳动群众接近。

这就证明布尔什维克的民族政策是唯一正确的政策。

其次,我讲过关于提高东方各苏维埃共和国民族文化的问题。什么是民族文化呢?怎样把民族文化和无产阶级文化结合起来呢?难道列宁不是在战争以前就说过我们这里有两种文化——资产阶级文化和社会主义文化,并且说民族文化这个口号是力图用民族主义毒素来毒化劳动者意识的资产阶级的反动口号吗?[2]怎样把民族文化的建设,把增设使用本族语言的学校和训练班的工作以及从本地人中间培养干部的工作,和社会主义建设、无产阶级文化建设结合起来呢?这里有没有不可克服的矛盾呢?当然没有!我们在建设无产阶级文化。这是完全对的。但是社会主义内容的无产阶级文化,在卷入社会主义建设的各个不同的民族当中,依照不同的语言、生活方式等等,而采取各种不同的表现形式和方法,这同样也是对的。内容是无产阶级的,形式是民族的,——这就是社会主义所要达到的全人类的文化。无产阶级文化并不取消民族文化,而是赋予它内容。相反,民族文化也不取消无产阶级文化,而是赋予它形式。当资产阶级执政的时候,当各民族在资本主义制度保护下巩固起来的时候,民族文化这个口号是资产阶级的口号。当无产阶级执政的时候,当各民族在苏维埃政权保护下巩固起来的时候,民族文化这个口号就成了无产阶级的口号。谁不了解这两种不同情况的原则性的差别,谁就永远不会了解列宁主义,也永远不会了解民族问题的实质。

人们(例如考茨基)谈论在社会主义时期随着一切语言的消亡而形成的统一的全人类的语言。我不大相信这个无所不包的统一语言的理论。无论如何,经验不是证实而是推翻了这种理论。直到现在,情形是这样的:社会主义革命并没有减少而是增加了语言的数目,因为它震动了人类的最下层,把他们推上政治舞台,唤起早先大家不知道或很少知道的许多新的民族去追求新的生活。谁能想到过去的沙皇俄国是一个至少有五十个民族和民族集团的国家呢？可是十月革命打断了旧的锁链，把许多被遗忘了的民族（народы）和部族（народности）推上舞台，给了他们新的生活和新的发展。现在大家都说印度是一个统一的整体。但是几乎用不着怀疑，一旦在印度发生革命震动，就一定会有几十个早先大家不知道的、有自己的独特语言和独特文化的民族（народности）出现在舞台上。如果谈到各民族参加发展无产阶级文化，那末这种参加一定会采取符合这些民族的语言和生活方式的形式，这一点也几乎用不着怀疑。

不久以前我接到几位布里亚特同志的来信，他们要求我说明一下全人类文化和民族文化相互关系方面的一些重大而困难的问题。这封信写道：

> 我们恳切地请你说明下面几个我们感到非常重大和困难的问题，共产党的最终目的是创立统一的全人类文化。怎样设想通过在我们各个自治共和国领域内发展起来的民族文化向统一的全人类文化过渡呢？各个民族的文化（语言等等）的特点怎样才能同化呢？

我认为以上所说的可以作为对布里亚特同志所渴望解决的问题的答复。

布里亚特同志提出在创立全人类的无产阶级文化的过程中个别民族的同化问题。毫无疑问，有些民族可能会经受到、恐怕一定要经受到同化过程。这样的过程从前是有过的。但是问题在于，一些民族的同化过程并不排斥许多有生气的和正在发展的民族的强盛和发展这一相反的过程，而是以这一过程为前提，因为个别民族的局部同化过程是各民族一般发展过程的结果。正因为如此，某些民族可能发生的同化就不会削弱而会证实下面这个完全正确的论点：全人类的无产阶级文化不是排斥各民族的民族文化，而是以民族文化为前提并且滋养民族文化，正象各民族的民族文化不是取消而是充实和丰富全人类的无产阶级文化一样。

东方各苏维埃共和国的积极工作者的当前任务大体上就是这样。

这些任务的性质和内容就是这样。

必须利用已经到来的加紧进行经济建设和对农民实行新的让步的时期，来加速完成这些任务，从而促进东方各苏维埃共和国（这些共和国多半是农民国家）参加苏联社会主义建设。

有人说，党对农民的新政策既然实行了许多新的让步（短期租佃、容许雇佣劳动），那末它就含有若干退却的因素。这种说法对不对呢？对。但是，这是我们在党和苏维埃政权保持巨大的优势的条件下所容许的一些退却因素。稳定的通货、日益发展的工业、日益发展的运输业、日益巩固的信贷系统（依靠信贷系统，通过优惠信贷，可以使任何居民阶层破产或提到较高的阶段而不发生丝毫震动），——这一切都是无产阶级专政手中的后备力量，有了这些后备力量，战线上某一地段的若干退却因素就只能促进全线的进攻准备。正因为如此，党对农民实行的一些新的让步在目前一定不会阻障农民参加社会主义建设，反而会促进这一事业。

这种情况对东方各苏维埃共和国有什么意义呢？它只能有这样的意义，就是它给这些共和国的积极工作者一种新的武器，这种武器能促进和加速这些国家同苏维埃经济发展总体系的结合。

党在农村中的政策和苏维埃东方积极工作者当前民族任务之间的联系就是这样。

因此，东方民族大学对东方各苏维埃共和国所担负的任务就是：为这些共和国培养干部，以保证上述各项当前任务的完成。

东方民族大学不能脱离生活。它不是也不可能是超生活的机关。它应当使自己和实际生活紧密地联系起来。因此，它不能撇开东方各苏维埃共和国的当前任务。正因为如此，东方民族大学的任务就是：在为这些共和国培养适当的干部的时候要考虑到它们的当前任务。

在这里，必须注意到在苏维埃东方积极工作者的实践中所存在的两种倾向。为了给苏维埃东方培养真正的干部和真正的革命者，就必须在这个大学内同这两种倾向作斗争。

第一种倾向就是简单化，就是把我在上面所说的那些任务简单化，企图机械地搬用在苏联中央地区完全可以理解而且适用、但是完全不适合所谓边疆地区的发展条件的一套经济建设办法。有这种倾向的同志不懂得两个道理。他们不懂得中央地区和"边疆地区"的条件是不一样的，而且是相差很远的。此外，他们还不懂得东方各苏维埃共和国本身也不相同，其中如格鲁吉亚和亚美尼亚处于民族形成的高级阶段，彻岑和卡巴尔达处于民族形成的低级阶段，而柯尔克兹则处于这两个极端的中间。这些同志不懂得，如果不适应当地的条件，不周密地考虑每个国家的各种特点，就办不成任何重大的事情。这种倾向的后果就是脱离群众，蜕化成左派清谈家。东方民族大学的任务就是：用和这种简单化作不调和的斗争的精神来教育干部。

第二种倾向恰恰相反，是夸大地方的特点，忘记了把东方各苏维埃共和国同苏联工业区联系起来的那些共同的和主要的东西，漠视社会主义的任务，迁就狭隘的有局限性的民族主义的任务。有这种倾向的同志很少关心自己国内的建设，而宁可听其自然发展。在他们看来，主要的不是国内建设，而是"对外"政策，是扩大自己共和国的疆界，同周围的各共和国争执，希图夺取邻国一小块土地以取悦于本国资产阶级民族主义者。这种倾向的后果就是脱离社会主义，蜕化成普通的资产阶级民族主义者。东方民族大学的任务就是：用和这种隐蔽的民族主义作不调和的斗争的精神来教育干部。

这就是东方民族大学对东方各苏维埃共和国所担负的任务。

二　东方劳动者共产主义大学对东方各殖民地和附属国所担负的任务

现在来谈第二个问题，即东方劳动者共产主义大学对东方各殖民地和附属国所担负的任务问题。

这些国家的存在和发展不同于东方各苏维埃共和国的特点是什么呢？

第一、这些国家是在帝国主义的压迫下生存着和发展着。

第二、双重压迫即内部压迫（本国资产阶级的压迫）和外部压迫（外国帝国主义资产阶级的压迫）的存在使这些国家的革命危机尖锐化和深刻化。

第三、在这些国家中，有的国家，如印度，资本主义在迅速地发展着，因而产生和形成了人数相当多的本国无产阶级。

第四、随着革命运动的发展，这些国家的民族资产阶级分裂成两部分即革命部分（小资产阶级）和妥协部分（大资产阶级），前者继续进行革命斗争，后者则和帝国主义结成联盟。

第五、除帝国主义联盟外，在这些国家中还形成了另一种联盟，即工人和革命小资产阶级的联盟，以摆脱帝国主义而谋求彻底解放为目的的反帝国主义的联盟。

第六、这些国家中，无产阶级的领导权问题，以及使人民群众摆脱妥协的民族资产阶级的影响问题，愈来愈带有迫切的性质。

第七、这种情况大大促进了这些国家的民族解放运动同西方各先进国家的无产阶级运动的结合。

由此至少可以得出三个结论：

（一）不取得革命的胜利，各殖民地和附属国就不可能摆脱帝国主义而获得解放，因为独立是不会无代价地得到的。

（二）不孤立妥协的民族资产阶级，不使革命的小资产阶级群众摆脱这个资产阶级的影响，不实行无产阶级领导权的政策，不把工人阶级中的先进分子组织成独立的共产党，革命就不可能向前推进，资本主义发达的各殖民地和附属国就不可能争得完全的独立。

（三）没有各殖民地和附属国的解放运动和西方各先进国家的无产阶级运动的实际结合，各殖民地和附属国就不可能取得巩固的胜利。

各殖民地和附属国共产党人的基本任务就是要根据这些结论来进行革命工作。

在这些情况下，各殖民地和附属国革命运动的当前任务是什么呢？

目前各殖民地和附属国的特点就是：天地间不再有统一的和无所不包的殖民地东方了。从前人们把殖民地东方看成是一个统一的和同一式样的整体。现在这种看法已经不符合实际情况了。现在至少有三类殖民地和附属国。第一类是象摩洛哥这样的国家，没有或者几乎没有自己的无产阶级，工业完全不发达。第二类是象中国和埃及这样的国家，工业不大发达，有人数较少的无产阶级。第三类是象印度这样的国家，资本主义比较发达，国内有人数较多的无产阶级。

很明显，决不能把所有这些国家混为一谈。

在摩洛哥这类国家中，民族资产阶级还不具备分裂为革命派和妥协派的基础。对于这类国家，共产主义者的任务就是采取一切办法来建立反帝国主义的民族统一战线。在这类国家中，共产主义者只有在和帝国主义作斗争的进程中，特别是在对帝国主义进行胜利的革命斗争以后，才能结成统一的政党。

在埃及或中国这类国家中，民族资产阶级已经分裂成革命派和妥协派，但是资产阶级的妥协部分还不会和帝国主义联合一起；在这类国家中，共产党人已经不能以建立反帝国主义的民族统一战线为目的。在这类国家中，共产党人应当从民族统一战线的政策改行工人和小资产阶级革命联盟的政策。在这类国家中，这一联盟可以采取统一政党的形式即工农政党的形式，但是要使这个独特的政党实际上成为两种力量的联盟即共产党和革命小资产阶级政党的联盟。这个联盟的任务是：揭穿民族资产阶级的动摇性和不彻底性，同帝国主义作坚决斗争。如果这种两重成分的政党不束缚共产党的手脚，不限制共产党进行宣传鼓动工作的自由，不妨碍把无产者团结在共产党周围，并且能使共产党便于对革命运动进行实际领导，那它就是需要的和适当的。如果这种两重成分的政党不符合这一切条件，那它就是不需要的和不适当的，因为它只会使共产主义者融化在资产阶级中间，使共产党失去无产阶级大军。

象印度这类国家的情况就有些不同。象印度这样的殖民地，基本的和新的情况不但在于民族资产阶级已经分裂成革命派和妥协派，而且首先在于这个阶级的妥协部分基本上已经和帝国主义勾结在一起。这部分资产阶级最富裕，最有势力，他们害怕革命比害怕帝国主义更厉害，关心自己的钱袋比关心自己祖国的利益更多，因此他们的两只脚都站在革命的死敌的阵营中，和帝国主义结成联盟来反对本国的工人和农民。不摧毁这个联盟，就不可能取得革命的胜利。但是要摧毁这个联盟，就必须集中火力反对妥协的民族资产阶级，揭穿他们的背叛行为，使劳动群众摆脱他们的影响，并且要不断地为实现无产阶级领导权准备必要的条件。换句话说，问题是要在象印度这样的殖民地培养无产阶级去担当解放运动的领袖，一步一步地把资产阶级和它的代言人从这个光荣的岗位上挤下去。任务就是建立反帝国主义的革命联盟并且保证无产阶级在这个联盟中的领导权。这个联盟可以采取表面上由统一的纲领联系起来的统一的工农政党的形式，但不是永远必须采取这种形式。在这类国家中，维护共产党的独立性应当是先进的共产主义者的基本口号，因为只有共产党才能为无产阶级领导权准备条件并实现这一领导权。但是共产党可以而且应当和资产阶级的革命的一翼建立公开的联盟，以便孤立妥协的民族资产阶级，领导城乡千百万小资产阶级群众去同帝国主义进行斗争。

因此，资本主义发达的殖民地和附属国的革命运动的当前任务是：

（一）把工人阶级中的优秀分子争取到共产主义方面来，并且建立独立的共产党。

（二）建立工人、农民和革命知识分子的民族革命联盟以反对妥协的民族资产阶级和帝国主义的联盟。

（三）保证无产阶级在这个联盟中的领导权。

（四）为使城乡小资产阶级摆脱妥协的民族资产阶级的影响而斗争。

（五）保证解放运动同各先进国家的无产阶级运动的结合。

这就是东方各殖民地和附属国的积极工作者的二类当前任务。

如果就目前国际形势来考察这些任务，那末它们具有特别严重的性质和特别重要的意义。当前国际形势的特征是：革命运动已经进入了暂时的平静时期。什么是平静呢？目前它能说明什么呢？它只能说明对西方工人、对东方殖民地、而首先是对世界各国革命运动的旗手苏联的压力的加强。几乎用不着怀疑，对苏联施加压力的准备工作已经在帝国主义者中间开始了。因爱沙尼亚的起义[3]而进行诬蔑性的宣传，因索非亚爆炸事件而无耻地攻击苏联，资产阶级报刊的一致攻击我国，——这一切都是进攻的准备阶段。这是舆论上的炮火准备，其目的是训练庸人来攻击苏联并且替武装干涉创造道义上的前提。这种造谣诬蔑性的宣传的效果如何，帝国主义者会不会冒险实行大规模的进攻，——这我们还要看一看。但是这些攻击注定对于殖民地不会有什么好处，这一点恐怕是没有理由怀疑的。因此，准备革命的联合力量去反击可能来自帝国主义方面的打击，这是当前必然产生的问题。

正因为如此，坚决完成各殖民地和附属国内革命运动的当前任务，在目前具有特别重要的意义。

在这种情况下，东方民族大学对殖民地和附属国所负的使命是什么呢？这个使命就是：考虑这些国家革命发展的一切特点，培养来自这些国家的干部，以便保证上述各项当前任务的完成。

东方民族大学的学生大约分为十个不同的班，他们来自各殖民地和附属国。大家知道，这些同志渴望光明和知识。东方民族大学的任务就是：把这些同志造就成真正的革命者，造就成由列宁主义的理论武装起来的、具有列宁主义的实际经验的、能够真心诚意地完成殖民地和附属国解放运动的当前任务的革命者。

在这里，必须注意到在殖民地东方的积极工作者的实践中所存在的两种倾向。为了培养真正的革命干部，必须同这两种倾向作斗争。

第一种倾向就是过低估计殖民地和附属国解放运动的革命可能性，过高估计在这些国家建立无所不包的民族统一战线的思想，而不考虑这些国家的状况和发展程度。这是一种右的倾向，它包藏着降低革命运动的作用，使共产主义者的歌声融和在资产阶级民族主义者的大合唱里的危险。同这种倾向作坚决斗争是东方民族大学的直接义务。

第二种倾向就是过高估计解放运动的革命可能性和过低估计工人阶级和革命资产阶级的反帝国主义联盟的工作。爪哇的共产党人似乎有这种倾向，他们在不久以前错误地提出了在本国建立苏维埃政权的口号。这是一种左的倾向，它包藏着脱离群众，使共产党变成宗派的危险。同这种倾向作坚决斗争是为东方各殖民地和附属国培养真正的革命干部的必要条件。

东方民族大学对苏维埃东方和殖民地东方的各族人民所担负的政治任务大体上就是这样。

我们希望东方民族大学能够光荣地完成这些任务。

载于《真理报》，1925年5月22日，第115号

选自《斯大林全集》第7卷，第113~127页

注释：

［1］指1924年实行的中亚细亚各苏维埃共和国（土耳其斯坦苏维埃共和国、布哈拉苏维埃共和国和花剌子模苏维埃共和国）的民族国家的疆界划分。在民族疆界划分以后，成立了土库曼苏维埃社会主义共和国、乌兹别克苏维埃社会主义共和国、加入乌兹别克苏维埃社会主义共和国的塔吉克苏维埃社会主义自治共和国、加入俄罗斯苏维埃联邦社会主义共和国的卡拉—柯尔克兹自治区（后来的柯尔克兹苏维埃社会主义共和国）和加入柯尔克兹苏维埃社会主义自治共和国的卡拉—卡尔帕克自治区（后来并入哈萨克苏维埃社会主义共和国）。1925年5月举行的苏联苏维埃第三次代表大会接受乌兹别克苏维埃社会主义共和国和土尔克明尼亚苏维埃社会主义共和国加入苏维埃社会主义共和国联盟，并因此对苏联宪法提出了相应的修正。中亚细亚各苏维埃共和国的民族国家的疆界划分是在约·维·斯大林的直接领导下进行的。

［2］见弗·伊·列宁《关于民族问题的批评意见》一文（《列宁选集》第2卷，人民出版社，1995，第331~364页——编者注）。

［3］指1924年12月1日列维里（塔林）的工人武装起义。起义是由爱沙尼亚法庭在1924年11月底对149个被控告进行共产主义宣传的政治犯案件的判决激起的。按照这一判决，大多数被告被判处多年苦役徒刑，其中39人被判处终身苦役徒刑，而爱沙尼亚工人的领袖汤普则被枪决。这次起义被爱沙尼亚反动政府残酷地镇压下去了。

问题和答复(摘录)

(1925年6月9日在斯维尔德洛夫大学的演说)

……

二

如果资本主义的稳定长久保持下去,那末这种稳定会产生哪些使我们党蜕化的危险呢?

……

现在我们来谈第二种危险。

这种危险的特点是:不相信国际无产阶级革命;不相信它会胜利;对殖民地和附属国的民族解放运动抱怀疑态度,不了解我们国家如果没有其他国家革命运动的支持就不能抵挡住世界帝国主义;不了解社会主义在一个国家内的胜利不可能是最终的胜利,因为只要革命还没有在若干国家里获得胜利,它就不可能保证不遭受武装干涉;不了解国际主义的基本要求,即社会主义在一个国家内的胜利并不是目的本身,而是发展和支持其他国家革命的手段。

这是民族主义和蜕化的道路,是完全取消无产阶级国际主义政策的道路,因为患这种病的人,不是把我们的国家看作被称为世界革命运动的那一整体的一部分，而是把它看作这一运动的开始和结束，认为其他一切国家的利益都应当为我们国家的利益而牺牲。

支持中国的解放运动吗？为什么呢？不会有危险吗？这不会使我们同其他国家发生纠纷吗？我们同其他"先进的"列强一起在中国确定"势力范围"，从中国拿到一些有利于自己的东西岂不是更好吗？这样做既有好处，又没有危险……支持德国的解放运动吗？值得冒险吗？同意协约国的凡尔赛条约[1]，通过赔款获得一些利益岂不是更好吗？……同波斯、土耳其和阿富汗保持友好吗？值得这样做吗？同某些大国恢复"势力范围"岂不是更好吗？如此等等。

这就是企图取消十月革命的对外政策和正在培养蜕化分子的新型的民族主义"思想"。

如果说，第一种危险即取消主义危险的根源，是在对内政策方面，即在我国国民经济中资本主义成分和社会主义成分的斗争方面资产阶级对党的影响的加强，那末这第二种危险即民族主义危险的根源，应当认为是在对外政策方面，即在资本主义国家同无产阶级专政国家的斗争方面资产阶级对党的影响的加强。不用怀疑，资本主义国家对我们国家的压力是很大的，我们的外交工作人员不是随时都能抵挡得住这种压力的，产生各种纠纷的危险往往引诱人们走上阻力最小的道路，走上民族主义的道路。

从另一方面来看，很明显，只有在彻底的国际主义的基础上，只有在十月革命的对外政策的基础上，第一个获得了胜利的国家才能保持住世界革命运动旗手的作用，而对外政策中阻力最小的和民族主义的道路，则是使第一个获得了胜利的国家孤立和瓦解的道路。

所以，失去国际革命的前途，就会产生民族主义和蜕化的危险。

所以，同对外政策方面的民族主义危险作斗争是党的当前任务。

……

十

请指出我们党的和苏维埃的建设由于资本主义的稳定和世界革命的延缓而面临的最大的困难，特别是在党和工人阶级的相互关系、工人阶级和农民的相互关系方面所面临的最大的困难。

……

第三个困难。这是同我们联盟内部的民族矛盾、同"中部地区"和"边疆地区"之间的矛盾有关的困难。这些矛盾的发展是由于"中部地区"和"边疆地区"的经济和文化的发展条件不同，是由于后者落后于前者。这方面的政治上的矛盾可以认为是已经消除了，但是文化上的，特别是经济上的矛盾还刚刚在形成，因此还需要把它们消除。这里的危险是双重的：一种危险是联盟各中央机关表现出大国的傲慢和官僚式的专横，不愿意或者不善于对各民族共和国的要求表现出必要的敏感，另一种危险是各共和国和各地区对"中部地区"的民族不信任和民族闭关自守。同这些危险作斗争，特别是同第一种危险作斗争，就是克服民族问题方面的困难的方法。

这个困难的特点在于，它也象第二个困难一样，是可以用联盟的内部力量来克服的。

……

载于1925年6月21、24、25、28日《真理报》第139、141、142、145号

选自《斯大林选集》上卷，第362~363、390~392页

注释：

[1] 凡尔赛条约是以第一次世界大战中的战胜国英、法、美、意、日等为一方和战败国德国为另一方签订的帝国主义和约。该和约于1919年6月28日在巴

黎近郊凡尔赛宫签订。列宁指出:"凡尔赛条约不过是强盗和掠夺者的条约","是一个高利贷者的和约,刽子手的和约,屠夫的和约"。(《列宁全集》第39卷,人民出版社,1986,第352页。——编者注)和约的主要内容是:德国将亚尔萨斯—洛林交还法国,并将许多边界地区割让给比利时、波兰等国,萨尔煤矿归法国;德国的殖民地由英、法、日等国瓜分;德国向美、英、法等战胜国支付巨额赔款;限制德国军备,规定德国境内莱茵河以西整个地区和莱茵河以东五十公里为非军事区。美国代表在和约上签了字,但国会未予批准,后来美国于1921年8月单独同德国签订了一项内容几乎完全相同的条约。中国于1917年8月对德奥宣战,是战胜国之一,但和约却规定将战前德国在我国山东省的特权转交给日本,由于中国人民的强烈反对,中国政府代表未在和约上签字。

再论民族问题

（关于谢米奇的文章）

现在，在南斯拉夫委员会会议上经过争论以后，谢米奇在文章中表示完全赞同俄共（布）驻共产国际代表团的立场，这点是值得欢迎的。但是，如果根据这一点就认为俄共（布）代表团和谢米奇之间在南斯拉夫委员会会议上争论以前或争论期间不曾有过意见分歧，那是不正确的。看来，谢米奇正是想这样来看民族问题上的意见分歧的，他力图把这些意见分歧归结为误会。但是很可惜，他大错特错了。他在文章中硬说，同他的论战是由"许多误会"促成的，而这些误会是由于他在南斯拉夫委员会会议上的"一次没有被全部翻译过来的"演说所引起的。换句话说，这里的过错是在翻译员，不知为什么这个翻译员没有把谢米奇的演说全部翻译过来。为了维护真理，我不得不声明，谢米奇的这种断言是完全不符合实际情况的。如果谢米奇能够从他在南斯拉夫委员会会议上所发表的演说（现在保存在共产国际的档案馆里）中引用一些话来证实他的这种说法，那当然要好些。但是不知为什么他并没有这样做。因此，我不得不代替谢米奇来完成这个不大愉快的但是完全必要的手续。

甚至现在，当谢米奇表示完全赞同俄共（布）代表团的立场的时候，他的立场仍然有不少不明确的地方，因此就更有这样做的必要。

我在南斯拉夫委员会会议上所做的演说（见《布尔什维克》杂志[1]第七期）① 中曾经谈到三个问题上的意见分歧：（一）关于解决民族问题的途径问题；（二）关于在当前历史时代民族运动的社会内容问题；（三）关于国际因素在民族问题中的作用问题。

关于第一个问题，我曾经肯定地说，谢米奇"没有完全理解布尔什维克对民族问题的提法的实质"，他把民族问题和革命总问题分开，因此走上了把民族问题归结为立宪问题的道路。

这样说对不对呢？

请你们读一读谢米奇在1925年3月30日南斯拉夫委员会会议上所发表的演说中的一段话，请你们自己判断吧：

"能不能把民族问题归结为立宪问题呢？首先从理论上来谈这个问题。比如说，在某一个国家里有甲、乙、丙三个民族。这三个民族都表示它们愿意生活在一个国家里。在这种情况下，问题究竟在哪里呢？当然是在这个国家的内部关系的调整上。就是说，这是立宪方面的问题。在这种理论前提下，民族问题就归结为立宪问题……如果在这种理论前提下我们把民族问题归结为立宪问题，那就必须说，——我经常强调这一点，——直到分离的民族自决权是解决立宪问题的条件。我只是在这种看法下提出立宪问题的。"

我认为没有必要进一步解释谢米奇演说中的这一段话。很明显，谁把民族问题看成无产阶级革命总问题的一个组成部分，谁就不会把民族问题归结为立宪问题。反过来说，只有把民族问题和无产阶级革命总问题分开的人，才会把民族问题归结为立宪问题。

在谢米奇的演说中有这样一种说法：没有革命斗争就不能争得民族自决权。谢米奇说："很明显，只有通过革命斗争才能争得这种权利。用议会斗争的方法是不能争得这种权利的，只有通过群众性的革命行动才能取

---

① 见《斯大林全集》第7卷，人民出版社，1958，第59～64页。——编者注

得这种权利。"但什么是"革命斗争"和"革命行动"呢？能不能把"革命斗争"和"革命行动"同推翻统治阶级、夺取政权以及争取革命胜利（解决民族问题的条件）等量齐观呢？当然不能。把革命的胜利说成是解决民族问题的基本条件，这是一回事；把"革命行动"和"革命斗争"当做解决民族问题的条件，这完全是另一回事。必须指出，改良的道路即立宪的道路完全不排斥"革命行动"和"革命斗争"。在确定某个政党是革命的政党还是改良主义的政党的时候，起决定作用的不应当认为是"革命行动"本身，而应当认为是党采取和利用"革命行动"所要达到的政治目的和政治任务。大家知道，在1906年第一届杜马解散以后，俄国的孟什维克曾经提议组织"总罢工"，甚至提议组织"武装起义"。但这丝毫不妨碍他们仍然是孟什维克。他们当时提议这样做是为了什么呢？当然不是为了摧毁沙皇制度和组织革命的彻底胜利，而是为了对沙皇政府"施加压力"，以期实行改良，扩大"宪法"的范围，召集"改善了的"杜马。在保留统治阶级政权的情况下，为了改良旧制度而采取"革命行动"，这是一回事，这是立宪的道路。为了摧毁旧制度，为了推翻统治阶级而采取"革命行动"，这是另一回事，这是革命的道路，这是取得革命彻底胜利的道路。这里是有根本的差别的。

正因为如此，我认为谢米奇在把民族问题归结为立宪问题的时候所说的关于"革命斗争"的那些话并没有推翻而只是证实了我的说法，即谢米奇"没有完全理解布尔什维克对民族问题的提法的实质"，因为他没有了解到，不应当孤立地看民族问题，而应当把民族问题和革命胜利问题密切联系起来看，把它看成革命总问题的一部分。

我坚持这一点，决不是说我对谢米奇在这个问题上的错误有什么新的看法。丝毫没有。曼努伊里斯基同志早在共产国际第五次代表大会[2]上就已经谈到谢米奇的这个错误，他说：

> 谢米奇在他的《从马克思主义的观点来看民族问题》这本小册子中以及在南斯拉夫共产党机关报《拉德尼克》上发表的几篇文章中，

都提出把修改宪法的斗争作为共产党的实践口号,就是说,他实际上把整个民族自治问题仅仅归结为立宪问题。(见第五次代表大会速记记录第596页至第597页)

季诺维也夫在南斯拉夫委员会会议上也谈到过这个错误,他说:

"在谢米奇的前途中显然缺少一样小东西——革命",民族问题是"革命的问题,而不是立宪的问题"(见《真理报》第83号)。

俄共(布)驻共产国际的代表们对谢米奇的错误所提出的这一切意见决不可能是偶然的,没有根据的。无风是不起浪的。

关于谢米奇的第一个错误即基本错误就是如此。

他的其余的错误都是从这个基本错误中直接产生出来的。

关于第二个问题,我在我的演说(见《布尔什维克》杂志第七期)中曾经肯定地说,谢米奇"不愿意把民族问题看成实质上是农民问题"[①]。

这样说对不对呢?

请你们读一读谢米奇在南斯拉夫委员会会议上所发表的演说中的一段话,请你们自己判断吧:

谢米奇问道:"南斯拉夫民族运动的社会意义是什么呢?"他接着就答道:"这个社会内容就是塞尔维亚资本同克罗地亚资本和斯洛文尼亚资本之间的竞争。"(见谢米奇在南斯拉夫委员会会议上的演说)

斯洛文尼亚资产阶级和克罗地亚资产阶级同塞尔维亚资产阶级之间的

---

① 见《斯大林全集》第7卷,人民出版社,1958,第61页。——编者注

竞争在这里不能不起一定的作用，这当然是毫无疑义的。但是，把民族运动的社会意义说成是各个不同民族的资产阶级之间的竞争的人，不会把民族问题看成实质上是农民问题，这同样是毫无疑义的。现在，当民族问题已经从地方的和国内的问题变成世界的问题，变成殖民地和从属民族反对帝国主义的问题的时候，民族问题的实质是什么呢？现在民族问题的实质是：殖民地和从属民族的人民群众反对统治民族中的帝国主义资产阶级对这些殖民地和这些民族的财政剥削、政治奴役和文化奴役。在民族问题的这种提法下，各个不同民族的资产阶级之间的竞争能有什么意义呢？无疑是没有决定性的意义的，在某种场合连重大的意义都没有。十分明显，这里的问题主要不在于某一个民族的资产阶级在竞争中打败或者可能打败另一个民族的资产阶级，而在于统治民族中的帝国主义集团剥削和压迫殖民地和从属民族的基本群众首先是农民群众；帝国主义集团压迫和剥削他们，就促使他们加入反对帝国主义的斗争，使他们成为无产阶级革命的同盟者。如果把民族运动的社会意义归结为各个不同民族的资产阶级之间的竞争，就不能把民族问题看成实质上是农民问题。反过来说，如果把民族问题看成实质上是农民问题，就不能把民族运动的社会意义说成是各个不同民族的资产阶级之间的竞争。在这两个公式之间是无论如何不能划等号的。

谢米奇引证了斯大林在1912年末所写的《马克思主义和民族问题》这本小册子中的一句话。那里说道："在资本主义上升时期，民族斗争是资产阶级之间的斗争。"显然，他想用这句话来暗示他给目前历史条件下的民族运动的社会意义所下的定义是正确的。但是，斯大林的小册子是在帝国主义大战以前写的，当时民族问题在马克思主义者看来还不是一个具有全世界意义的问题，当时马克思主义者提出的关于自决权的基本要求不是被看做无产阶级革命的一部分，而是被看做资产阶级民主革命的一部分。从那时候起，国际形势起了根本的变化，战争和俄国的十月革命把民族问题从资产阶级民主革命的一部分变成了无产阶级社会主义革命的一部分，如果看不到这一点，那就太可笑了。早在1916年10月，列宁在他的

《关于自决问题的争论总结》[3]一文中就说过：民族问题中自决权这个要点已不再是整个民主运动的一部分，它已经成为整个无产阶级社会主义革命的一个组成部分。更不用说列宁以及俄国共产主义的其他代表后来论述民族问题的著作了。既然如此，那末在现在，当我们由于新的历史环境而进入了新的时代即无产阶级革命的时代的时候，谢米奇引证斯大林在俄国资产阶级民主革命时期所写的小册子中的一些话能有什么意义呢？只能有这样的意义：谢米奇离开空间和时间，离开当前的历史环境来引证别人的话，因而违反了辩证法最基本的要求，他没有考虑到在某一个历史环境下是正确的东西在另一个历史环境下可能是不正确的。我在南斯拉夫委员会会议上所做的演说中说过，俄国布尔什维克对民族问题的提法应当分为两个阶段：十月革命以前的阶段和十月革命阶段。前一阶段进行的是资产阶级民主革命，民族问题被看做整个民主运动的一部分；后一阶段进行的已经是无产阶级革命，民族问题已经成为无产阶级革命的一个组成部分。未必用得着证明，这种区别具有决定性的意义。恐怕谢米奇还没有理解民族问题提法的两个阶段之间的这种区别的用意和意义。

正因为如此，我认为谢米奇企图不把民族运动看成实质上是农民问题，而把它看成各个不同民族的资产阶级之间的竞争问题，"是由于他过低估计了民族运动的内部威力，不了解民族运动的深刻的人民性和深刻的革命性"（见《布尔什维克》杂志第七期）[①]。

谢米奇的第二个错误就是如此。

值得注意的是，季诺维也夫在南斯拉夫委员会会议上所发表的演说中也谈到过谢米奇的这个错误，他说：

> 谢米奇说，南斯拉夫的农民运动是由资产阶级领导的，因此它是不革命的。他的这个论断是不正确的。（见《真理报》第83号）

---

① 见《斯大林全集》第7卷，人民出版社，1958，第61页。——编者注

这是不是巧合呢？当然不是！

还是那句话：无风是不起浪的。

最后，关于第三个问题，我曾经肯定地说，谢米奇"企图脱离国际形势和欧洲可能的前途来谈论南斯拉夫的民族问题"①。

这样说对不对呢？

是对的。因为谢米奇在他的演说中甚至没有间接暗示过下面这一点：在现今条件下国际形势是解决民族问题的最重要的因素，对南斯拉夫来说尤其如此。南斯拉夫国家本身是由于两个主要的帝国主义联盟的格斗而形成的，南斯拉夫无法跳出它周围的帝国主义国家间目前所进行的激烈的角斗，——这些事实谢米奇都没有看到。谢米奇说他完全考虑到可能使自决权问题成为迫切实践问题的国际形势的某些变化，这种说法在现在，在目前的国际形势下，应当认为已经不够了。现在的问题完全不在于在遥远的和可能设想的未来国际形势起某些变化的情况下承认民族自决权问题的迫切性，因为现在连资产阶级的民主主义者在必要时也可以承认这种前途。现在的问题不在这里。而在于不要把因战争和暴力而形成的现在南斯拉夫的国界问题变成解决民族问题的出发点和法律根据。二者必居其一：或者民族自决问题即根本改变南斯拉夫的国界问题是民族纲领的附加物，这种附加物将在遥远的未来隐隐约约地出现；或者这个问题是民族纲领的基础。很明显，自决权这一点无论如何不能既是南斯拉夫共产党民族纲领的附加物，又是这一纲领的基础。恐怕谢米奇还要继续把自决权看成民族纲领的未来附加物。

正因为如此，我认为谢米奇把民族问题和一般国际形势问题分开了，因此他的关于自决权的问题即关于改变南斯拉夫的国界问题实际上并不是一个现实问题，而是一个学院式的问题。

谢米奇的第三个错误就是如此。

----

① 见《斯大林全集》第7卷，人民出版社，1958，第61页。——编者注

值得注意的是，曼努伊里斯基同志在共产国际第五次代表大会上所做的报告中也谈到了谢米奇的这个错误，他说：

> 谢米奇对民族问题的整个提法的基本前提，是认为无产阶级应当在由多次战争和种种暴行所形成的资产阶级国家的疆界内夺取这个国家。① （见共产国际第五次代表大会速记记录第597页）

能不能认为这是巧合呢？当然不能！

再说一遍：无风是不起浪的。

载于《布尔什维克》杂志，1925年6月30日，第11、12两期合刊

署名：约·斯大林

选自《斯大林全集》第7卷，第179～188页

注释：

[1]《布尔什维克》杂志（双周刊）是联共（布）中央的政治理论性的杂志，于1924年4月创刊。

[2] 共产国际第五次代表大会于1924年6月17日至7月8日在莫斯科举行。德·查·曼努伊里斯基于6月30日在代表大会上做了关于民族问题的报告。

[3] 见《列宁全集》第28卷，人民出版社，1990，第38页。——编者注

---

① 着重号是我加的。——斯大林

关于东方革命运动

(和日本《日日新闻》记者布施先生的谈话)

布施先生的问题和约·维·斯大林的答复

第一个问题：日本人民是东方各国人民中最先进的人民，他们最关心东方民族解放运动的成就。日本人民愿意在这个伟大的事业中，在这个把东方被奴役的民族从西方帝国主义列强的枷锁下解放出来的事业中成为苏联的同盟者。但是，日本同时又是资本主义国家，它有时不得不和西方列强站在一条战线上来反对这个运动。(例如由于英日同盟，日本曾经在英国镇压印度的起义者时帮助过英国；又如在最近发生的上海事件中，日本同英国、美国、法国一起反对中国的工人。)

在你看来，要摆脱日本人民的民族意向与日本的国家制度和社会制度之间的矛盾所造成的这种困难局面，能有什么出路呢？

答：日本人民是东方各国人民中最先进的人民，他们关心被压迫民族解放运动的成就，这是事实。如果日本人民和苏联各族人民结成同盟，这在东方民族解放运动事业中将是具有决定意义的步骤。这样的同盟将标志着庞大的殖民帝国灭亡的开始，标志着世界帝国主义灭亡的开始。这种同盟将是不可战胜的。

但是，日本的国家制度和社会制度驱使日本人民走上帝国主义的道路，使日本人民不是成为解放东方民族的工具，而是成为奴役东方民族的工具，这也是事实。

你问：怎样才能从日本人民的利益与日本的国家制度和社会制度之间的矛盾中摆脱出来？

出路只有一条：按照日本人民的根本利益来改变日本的国家制度和社会制度。

俄国曾经有一个时候是东方民族的恶魔，是一切解放运动的宪兵。俄国由解放运动的宪兵变成这个运动的朋友和旗手的原因是什么呢？仅仅是因为俄国的国家制度和社会制度有了改变。

第二个问题：居住在苏联境内的各东方部族（народности），由于沙皇统治的专制制度而落后了许多世纪，他们只是在革命以后才获得独立发展工业、农业、文化等等的权利。

在你看来，苏联这些东方部族（народности）大约需要多少年才能达到与苏联其他部族相同的文化水平？

答：你问：苏联各东方民族（народн）大约需要多少年才能达到与苏联其他民族相同的文化水平？

这很难说。这些民族的文化发展速度要取决于许多内部的和外部的条件。我应当说，一般说来，预测的发展速度向来是不精确的，特别是讲到年数。这些民族的文化发展的基本有利条件，就是像沙皇制度、俄国帝国主义、中央地区对边疆地区的剥削制度之类的主要发展障碍都已经扫除了。这种情况大大推动了苏联各东方民族的文化发展。但是这个基本的有利条件将被利用到什么程度，这就要取决于各东方民族本身，并且首先取决于各东方民族在苏维埃革命完成时所处的那个文化发展阶段。

不管怎样，有一点可以毫不犹豫地说：苏联各东方民族在目前的发展条件下所具有的迅速而全面发展民族文化的可能性，要比他们在最"自由的"和最"文明的"资本主义制度下所能有的可能性大得多。

第三个问题：你说，东方被奴役民族的民族解放运动同西方先进国家的无产阶级运动的结合，将保证世界革命的胜利。而我们日本人民有个口号——"亚洲是亚洲人的"。你是不是认为我们的意向和你们对待东方殖民地国家的革命策略之间具有共同性？

答：你问："亚洲是亚洲人的"这个口号和布尔什维克对待东方殖民地国家的革命策略之间有没有共同性？

既然"亚洲是亚洲人的"这个口号是号召同西方帝国主义作革命斗争，那末在这一点上（仅仅是在这一点上）无疑是有共同性的。

但是"亚洲是亚洲人的"这个口号不仅包括问题的这一方面。它还包含着同布尔什维克的策略完全不相容的两个组成部分。第一、这个口号避开东方帝国主义的问题，似乎认为东方帝国主义要比西方帝国主义好些，因而可以不同东方帝国主义作斗争。第二、这个口号使亚洲工人产生不信任欧洲工人的感情，使前者疏远后者，割断两者之间的国际联系，从而破坏解放运动的基础。

布尔什维克的革命策略不仅是反对西方帝国主义，而且是反对包括东方帝国主义在内的一切帝国主义。这个策略不是要削弱亚洲工人和欧美各国工人的国际联系，而是要扩大和加强这种联系。

因此，在"亚洲是亚洲人的"这个口号和布尔什维克在东方的策略之间除了共同性以外，还存在着根本的分歧。

第四个问题：1920年弗拉基米尔·伊里奇和我谈话时，对我提出的"共产主义胜利的可能性在哪里比较大，在西方还是在东方"这一问题回答说："真正的共产主义暂时只能在西方取得胜利。但是要知道，西方是靠东方活命的；欧洲资本主义列强主要靠东方殖民地发财致富，但是他们同时也在武装自己的殖民地，并且教给它们如何进行斗争，这样，西方就亲自在东方为自己挖掘了坟墓。"你是不是认为，在中国、印度、波斯、埃及和其他东方国家中日益频繁地发生的事件，是西方列强葬身于他们亲自在东方挖掘的坟墓里的时候就要到来的一种预兆？

答：你问：我是不是认为，中国、印度、波斯、埃及和其他东方国家中革命运动的加强，是西方列强葬身于他们亲自在东方挖掘的坟墓里的时候就要到来的一种预兆？

是的，我是这样认为的。殖民地国家是帝国主义的基本后方。这个后方的革命化不会不摧毁帝国主义,这不仅因为帝国主义将失去后方,而且因为东方的革命化必然会在促使西方革命危机尖锐化方面起决定性的作用。受到两方面——既从后方又从前线——攻击的帝国主义,必然会承认自己是注定要灭亡的。

载于《真理报》,1925年7月4日,第150号

选自《斯大林全集》第7卷,第189~192页

致卡冈诺维奇同志和乌克兰共产党（布）中央政治局其他委员[1]

我和舒姆斯基谈了一次话。谈话时间很长，继续了约两个多钟头。你们知道，他是不满意乌克兰的现状的。他不满意的理由可以归结为下列主要的两点：

一、他认为乌克兰化进行得很勉强，大家把乌克兰化看做一种负担，执行起来劲头不大，执行时间拖得很长。他认为乌克兰文化和乌克兰知识界发展得非常快，如果我们不掌握这个运动，它就会不按照我们的方向去发展。他认为领导这个运动的人应当对乌克兰文化事业有信心，懂得并且愿意懂得这种文化，拥护并且能够拥护日益高涨的争取乌克兰文化的运动。他特别不满意在他看来是阻挠乌克兰化的乌克兰的党和工会上层领导的行为。他以为党和工会上层领导的主要过错之一在于他们不吸引那些跟乌克兰文化有直接联系的共产党员参加领导党和工会的工作。他认为乌克兰化首先应该在党的队伍内和无产阶级中间推行。

二、他以为要改正这些缺点，首先必须从乌克兰化的观点来改变党和苏维埃上层领导的成分，只有在这种条件下才能使我们乌克兰工作干部向乌克兰化方面转变。他建议提升格林柯担任人民委员会主席，提升邱巴尔担任乌克兰共产党（布）中央政治书记，改善书记处和政治局的成分等等。他以为如果没有这样或类似的改变，他舒姆斯基今后就无法在乌克兰工作。他说，如果中央坚持，那末，即使目前工作条件照旧不变，他也准备回乌克兰去，但他确信这是不会有什么结果的。他特别不满卡冈诺维奇的工作。他认为卡冈诺维奇确实安排好了党的组织工作，不过他觉得卡冈诺维奇同志在工作中主要是采用组织方法，因而使得工作不能正常进行。他肯定说，卡冈诺维奇同志在工作中使用组织压力，对最高苏维埃机关和这些机关的领导者采用排挤方法，其后果在最近的将来就会显现出来，同时他不担保这些后果不会成为严重的冲突。

我对这个问题的意见如下：

一、在舒姆斯基的第一点声明中具有若干正确的思想。说广泛的争取乌克兰文化和乌克兰社会人士的运动在乌克兰已经开始并在发展，这是对的。说无论如何不能把这个运动交给异己分子，这是对的。说乌克兰许多共产党员不了解这个运动的意义和作用，因而没有设法掌握它，这是对的。说必须改变我们党和苏维埃的工作干部在乌克兰文化和乌克兰社会人士问题上仍旧在透露着的那种讥讽和怀疑的情绪，这是对的。说应该细心地选拔并造就能够掌握乌克兰新运动的干部，这是对的，这一切都是对的。但同时舒姆斯基至少犯了两个严重的错误。

第一、他把我们党的机关和其他机关的乌克兰化跟无产阶级的乌克兰化混为一谈。在保持一定速度的条件下，我们为人民服务的党机关、国家机关和其他机关可以而且需要乌克兰化。但是决不能从上面使无产阶级乌克兰化。决不能强迫俄罗斯工人群众放弃俄罗斯语言和俄罗斯文化，而把乌克兰文化和语言认做自己的文化和语言。这是跟各民族自由发展的原则抵触的。这不是民族自由，而是一种独特形式的民族压迫。无疑地，随着乌克兰工业的发展，随着乌克兰工人从城郊的乡村流入工业，乌克兰无产阶级的成分将发生变化。无疑地，乌克兰无产阶级的成分将要乌克兰化，正象拉脱维亚和匈牙利无产阶级的成分一个时期具有德国人性质而后来也开始拉脱维亚化和马札儿化一样。但这是一个长期的、自发的、自然的过程。企图从上面以强制无产阶级乌克兰化的办法来代替这个自发的过程，这就等于实行一种空想而有害的政策，这种政策会在乌克兰境内非乌克兰的无产阶级阶层中引起反乌克兰的沙文主义。我觉得舒姆斯基没有正确了解乌克兰化,而且没有注意到这后一种危险。

第二、舒姆斯基强调在乌克兰争取乌克兰文化和乌克兰社会人士的新运动的积极性质,这是完全正确的,但是他没有看到这个运动的阴暗面。舒姆斯基没有看到,在乌克兰本地共产党员干部力量薄弱的情况下,这个往往由非共产主义知识分子领导的运动就会在某些地方带有使乌克兰文化和乌克兰社会人士离开全苏联文化和全苏联社会人士的性质,带有反对一般"莫斯科"、反对一般俄罗斯人、反对俄罗斯文化及其最高成就——列宁主义——的性质。我不想证明这种危险在乌克兰是愈来愈成为现实的了。我只想说,甚至某些乌克兰共产党员也不免犯这种毛病。我指的是大家都知道的一件事,即著名的共产党员赫维列沃依在乌克兰报刊上发表的一篇文章。赫维列沃依要求在乌克兰"立即使无产阶级非俄罗斯化";他主张"乌克兰诗歌应当尽快地摆脱俄罗斯文学及其风格";他说"就是没有莫斯科的艺术,我们也知道无产阶级思想",他迷恋着乌克兰"青年"知识分子的什么救世主的作用;他怀着使文化脱离政治这种可笑的非马克思主义的企图——现在这个乌克兰共产党员所唱的这一切和许多类似的调子,听起来是(不能不是!)非常奇怪的。正当西欧各国无产者和他们的共产党都对"莫斯科"、对这个国际革命运动和列宁主义的堡垒深表同情的时候,正当西欧各国无产者都怀着赞美的心情仰望飘扬在莫斯科的旗帜的时候,乌克兰共产党员赫维列沃依却号召乌克兰活动家"尽快地"摆脱"莫斯科",除此以外竟没有讲一句拥护"莫斯科"的话。这也叫做国际主义!如果共产党员都开始讲赫维列沃依这样的话,而且不仅在口头上讲,甚至还在我们苏联报刊上写文章,那末,关于其他非共产主义阵营中的乌克兰知识分子还有什么话可说呢?舒姆斯基不懂得,在乌克兰要掌握争取乌克兰文化的新运动,只有反对共产党员队伍中的赫维列沃依的极端行动才有可能。舒姆斯基不懂得,只有和这种极端行动作斗争才能把日益增长的乌克兰文化和乌克兰社会人士变成苏维埃文化和苏维埃社会人士。

二、舒姆斯基断言乌克兰的上层领导(党的和其他的)都应当乌克兰化,这是对的。但是他在速度方面却错误了。而这一点现在是主要的。他忘记了要完成这一事业，纯粹乌克兰族的马克思主义干部暂时还不够。他忘记了不能勉强造就这样的干部。他忘记了这样的干部只能在工作进程中成长起来，为此就需要时间……现在提升格林柯担任人民委员会主席是什么意思呢？全党，特别是党的干部会怎样估计这件事呢？他们不会把它了解为我们采取降低人民委员会作用的方针吗？因为格林柯的党龄和参加革命的年限比邱巴尔短得多，这是瞒不过党的。现在，在活跃苏维埃、提高苏维埃机关作用的目前时期我们能不能采取这样的步骤呢？为了工作，为了格林柯，暂时放弃这样的计划不是更好吗？我赞成增加乌克兰共产党（布）中央书记处和政治局以及苏维埃上层领导中的乌克兰人成分。但是决不能把事情说成好象党和苏维埃的领导机关里面就没有乌克兰人似的。斯克雷普尼克和查东斯基、邱巴尔和彼得罗夫斯基、格林柯和舒姆斯基，他们难道不是乌克兰人吗？舒姆斯基在这里的错误就是：他虽然对将来的看法是正确的，但没有注意到速度。可是速度现在是主要的。

致
共产主义敬礼

约·斯大林
一九二六年四月二十六日

第一次全文刊印　　　　　　　　　选自《斯大林全集》第 8 卷，第 135～139 页

注释：

[1] 这封信的部分原文曾刊载在斯大林的文集《马克思主义和民族殖民地问题》，1934 年莫斯科版，第 172～173 页。

共产国际执行委员会第七次扩大全会(摘录)

(1926年11月22日至12月16日)

三 革命的"民族"任务和国际任务的一致性和不可分割性

第三个问题。第三个问题是关于某一国家内无产阶级革命的"民族"任务和国际任务的问题。党所持的出发点是:苏联无产阶级的"民族"任务和国际任务融合为一个共同的任务,即从资本主义压迫下解放各国无产者的任务;我国社会主义建设的利益和各国革命运动的利益完完全全融合为一个共同的利益,即社会主义革命在世界各国的胜利。

假使世界各国无产者不同情和不支持苏维埃共和国,那会怎样呢?苏维埃共和国就会受到武装干涉,就会被摧毁。

假使资本得以摧毁苏维埃共和国,那会怎样呢?在一切资本主义国家和殖民地国家内最黑暗的反动时代就会到来,工人阶级和被压迫的民族就会受到摧残,国际共产主义的阵地就会被摧毁。

如果各国无产者对苏维埃共和国的同情和支持加强和增长起来,那将怎样呢?那将根本有助于苏联的社会主义建设。

如果苏联社会主义建设的胜利不断扩大,那将怎样呢?那将根本改善世界各国无产者和资本作斗争的革命阵地,将摧毁国际资本和无产阶级作斗争的阵地，将使世界无产阶级有更多的机会取得胜利。

因此，应得出结论说，苏联无产阶级的利益和任务是同各国革命运动的利益和任务交织在一起并不可分割地联系着的，反过来说，各国革命无产者的任务是同苏联无产者在社会主义建设战线上的任务和胜利不可分割地联系着的。

因此，把某个国家无产者的"民族"任务与国际任务对立起来，就是在政治上犯了极严重的错误。

因此，把苏联无产者在社会主义建设战线上的那种勤奋和热忱说成"民族闭关自守"和"民族狭隘性"的表现，像我们的反对派有时所做的那样，这不是失去了理智，就是害了幼稚病。

因此，把一个国家无产者的利益和任务跟各国无产者的利益和任务的一致性和不可分割性确立起来，乃是各国无产者的革命运动获得胜利的最可靠的道路。

正因为如此，一个国家的无产阶级革命的胜利不是最终目的，而是各国革命的发展和胜利的手段和助力。

因此，在苏联建设社会主义，就是从事各国无产者的共同事业，就是不仅在苏联而且在一切资本主义国家内逐步造成对资本的胜利，因为苏联革命是世界革命的一部分，是世界革命的开端及其发展的基础。

载于1926年12月9日、10日、19日、21日和22日《真理报》第285、第286、第294、第295和第296各号

选自《斯大林全集》第9卷，第25～27页

给茨维特柯夫和阿雷坡夫两同志的信

你们在一九二七年三月一日提出的质问,我认为是一种误解。理由如下:

(一) 我的报告①中所谈的不是关于俄国"专制制度"建立的问题,而是关于东欧中央集权的多民族国家(俄国、奥地利、匈牙利)建立的问题。不难了解,这是两个不同的题目,虽然不能认为它们是互不相关的。

(二) 无论我的报告或提纲②中都没有说过俄国中央集权国家的建立"不是由于经济发展的结果,而是为了和蒙古人及其他东方人进行斗争"(见你们的来信)。应该对这种对立的说法负责的是你们而不是我。我只是说,由于防御的必要,东欧中央集权国家建立的过程比民族形成的过程要快些,因此,这些地方在封建主义消灭以前就建立了多民族的国家。可见,这和你们不正确地加在我身上的那种说法是不同的。

下面是从我的报告中摘录出来的一段话:

在东欧恰恰相反,民族形成和封建割据消灭的过程与中央集权国家建立的过程在时间上不是一致的。我指的是匈牙利、奥地利和俄国。在这些国家中,资本主义的发展还没有开始,也许刚刚开始,然

---

① 指斯大林在1921年3月10日俄共(布)第十次代表大会上所做《论党在民族问题方面的当前任务》的报告。——原编者注
② 指斯大林为俄共(布)第十次代表大会写的《论党在民族问题方面的当前任务》的提纲。——原编者注

而为了抵御土耳其人、蒙古人和其他东方人的侵犯，必须立即建立能够抵御外侮的中央集权国家。由于东欧中央集权国家出现的过程比民族形成的过程要快些，所以在那里就建立了混合的国家，这些国家是由尚未形成为民族但已结合在一个国家中的几族人民组成的。

下面是从党的第十次代表大会所通过的我的提纲中摘录出来的一段话：

> 凡民族的形成和中央集权国家的建立在时间上大体一致的地方，那里的民族自然就具有国家的外貌，发展成独立的资产阶级民族国家。英国（爱尔兰除外）、法国、意大利的情形都是如此。东欧却与此相反，由于自卫（抵御土耳其人、蒙古人和其他人的侵犯）的需要而加速的中央集权国家的建立早于封建主义的消灭，因而也早于民族的形成。所以这些地方的民族没有发展成也不能发展成民族国家，而建立了一些混合的多民族的资产阶级国家，这些国家通常都由一个强大的统治民族和几个弱小的从属民族组成。奥地利、匈牙利、俄国就是这样。

（三）如果你们看看我在第十次代表大会上的报告全文和关于民族问题的提纲（第一部分），那就不难相信：报告的题目不是关于"专制制度"建立的问题，而是关于东欧中央集权的多民族国家建立的问题，以及关于加速后一过程的因素的问题。

致
共产主义敬礼

约·斯大林
一九二七年三月七日
第一次刊印

选自《斯大林全集》第9卷，第161～162页

给邱贡诺夫的信

回信太迟，请原谅。

（一）1912年列宁对孙中山的批判[1]当然没有过时，仍旧有效。但这个批判所涉及的是旧的孙中山。要知道孙中山并非始终站在一点上。他是向前发展的，正象世界上一切都在发展一样。十月革命以后，特别在1920年至1921年，列宁对孙中山很尊敬，这主要是孙中山开始和中国共产党人接近和合作的缘故，谈到列宁和孙中山主义的时候，必须注意到这种情况。这是不是说孙中山已经是共产主义者呢？不，不是这个意思。孙中山主义和共产主义（马克思主义）之间的差别仍旧存在。中国共产党人所以和国民党人在一个党内即国民党内合作，则是由于孙中山的三民主义——民权、民族、民生，对中国革命发展现阶段上的共产党人和孙中山主义者在国民党内共同工作来说，乃是完全可以接受的基础。

有人说，俄国有一个时期也曾面临资产阶级民主革命，可是当时共产党人和社会革命党人并没有加入一个共同的党。这种说法是没有任何根据的。问题在于俄国当时在民族方面并不是一个被压迫的国家（它不反对自己压迫其他民族），因此，在俄国就没有把全国各种革命力量联合成一个统一阵营的强大的民族因素，而在现时的中国，民族因素不仅存在，并且是一个主要的因素（反对帝国主义压迫者），这个因素决定着国民党内部中国各种革命力量相互关系的性质。

（二）我在第十四次代表大会上的报告[2]中没有一句话说到"对日让步"，更没有说到"牺牲中国"来"对日让步"。这样说是不严肃的，邱贡诺夫同志。我在那个报告中仅仅说到对日本的友好关系。从外交观点来看，友好关系是什么呢？这就是说，我们不愿和日本打仗，我们坚持和平政策。

（三）至于说到美国的两面政策，那末这种两面性是如此清楚明白，简直用不着解释了。

致
共产主义敬礼

约·斯大林

一九二七年四月九日

第一次刊印　　　　　　　　　　选自《斯大林全集》第 9 卷，第 183～184 页

注释：

[1] 见列宁《中国的民主主义和民粹主义》，《列宁选集》第 2 卷，人民出版社，1995，第 290～296 页。——编者注

[2] 见《斯大林全集》第 7 卷，人民出版社，1958，第 242～243 页。——编者注

时事问题简评(摘录)

……

二 关于中国

现在中国革命进入了新的发展阶段，我们已能给走过的道路做出某种总结，并考察一下关于检查共产国际在中国的路线的问题。

有几个列宁主义策略原则是必须顾到的，不顾到这些原则，既不可能正确地领导革命，也不可能检查共产国际在中国的路线。我们的反对派早已忘记了这些原则。但是，正因为反对派有健忘的毛病，所以必须一再提到这些原则。

我指的是这样的列宁主义策略原则：

第一个原则。在共产国际给各国工人运动作出指导性的指示时，一定要估计到每个国家的民族特殊的东西和民族独有的东西；

第二个原则。每个国家的共产党一定要利用最小的可能以保证无产阶级有数量众多的同盟者，即使是暂时的、动摇的、不稳定的、不可靠的也好；

第三个原则。一定要估计到这样一个真理：在政治上教育千百万群众，只有宣传和鼓励是不够的，必须要有群众自身的政治经验。

我以为顾到这些列宁主义策略原则是一个必要的条件，没有这个条件，便不可能对共产国际在中国革命中的路线作马克思主义的检查。

我们就从这几个策略原则来考察中国革命问题。

尽管我们党在思想上有了提高,可惜我们党内还存在着某种"领导者",他们真诚地相信:根据共产国际的某些公认的一般原理,不用顾到中国经济、中国政治制度、中国文化、中国习俗和传统的民族特点,所谓用电报就能领导中国革命。实在说来,这些"领导者"不同于真正领导者的地方,就在于他们衣袋里总藏着两三个现成的、对一切国家都"适用的"、在任何条件下都"必需的"公式。顾到每个国家的民族特殊的和民族独有的东西的问题,对他们来说是不存在的。把共产国际的一般原理和每个国家革命运动的民族特点结合起来的问题,使共产国际的一般原理适应于各个国家的民族——国家的特点的问题,对他们来说是不存在的。

他们不懂得,现在,当各国共产党已经成长起来并成为群众性的政党的时候,领导的主要任务就在于发现和掌握每个国家的运动的民族特点,并善于把这些特点和共产国际的一般原理结合起来,使共产主义运动的主要目的易于实现并得以实现。

由此他们便企图把对一切国家的领导千篇一律化。由此他们便企图机械地搬用若干一般公式,而不顾到个别国家的运动的具体条件。由此便产生了公式和个别国家革命运动之间的永远的冲突,这种冲突是这些可怜的领导者领导的基本结果。

我们的反对派正是这类可怜的领导者。

反对派听说中国正进行资产阶级革命。同时他们知道俄国的资产阶级革命是在反对资产阶级的情况下进行的。由此便得出一个对中国的现成公式:打倒和资产阶级的任何共同行动,共产党人立即退出国民党万岁(1926年4月)。

但是反对派忘记中国和1905年的俄国不同,它是一个受帝国主义压迫的半殖民地国家,因此,中国革命不单纯是资产阶级革命,而且是反帝国主义的资产阶级革命;帝国主义掌握中国工业、商业和交通命脉,帝国主义的压迫不仅加于中国劳动群众,而且加于中国资产阶级某些阶层,因此,中国资产阶级能够在一定条件下和在一定时期内支持中国革命。

大家知道，实际情形正是如此。如果拿中国革命的广州时期、国民革命军到达长江的时期、国民党分裂以前的时期来说，那就不能不承认：中国资产阶级是支持中国革命的，共产国际容许在一定时期内和在一定条件下与这个资产阶级一起行动的路线是完全正确的。

结果是反对派背弃了自己的旧公式，宣布了一个"新"公式：和中国资产阶级一起行动是必要的，共产党人不应当退出国民党（1927年4月）。

这是对反对派的第一个惩罚，他们所以遭受惩罚，是由于他们不愿顾到中国革命的民族特点。

反对派听说北京政府和帝国主义各国的代表在中国关税自主的问题上发生了争吵。反对派知道关税自主首先是中国资本家所需要的，由此便得出一个现成的公式：中国革命是民族的、反帝国主义的，因为它的主要目的是争取中国关税自主。

但是反对派忘记了帝国主义在中国的力量主要不在于限制中国的关税，而在于它在中国拥有从数万万中国工人和农民身上吸吮血液的工厂、矿山、铁路、轮船、银行和商行。

反对派忘记了中国人民所以进行反帝国主义的革命斗争，首先而且主要是由于帝国主义在中国是一种支持并鼓励直接剥削中国人民的封建主、军阀、资本家、官僚等等的力量，是由于中国工人和农民不同时进行反对帝国主义的革命斗争，便不能战胜自己的这些剥削者。

反对派忘记正是这种情况才是使中国资产阶级革命有可能转变为社会主义革命的极重要的因素之一。

反对派忘记谁宣传中国反帝国主义的革命是争取关税自主的革命，谁就会否认中国资产阶级革命有转变为社会主义革命的可能，因为它把中国革命交给中国资产阶级去领导了。

的确，后来的事实也证明关税自主实质上是中国资产阶级的政纲，因为甚至连张作霖和蒋介石那样的反动头子现在都主张废除不平等条约和建立中国的关税自主了。

由此便产生了反对派的两重性，他们企图摆脱自己的关税自主公式，企图悄悄地放弃这个公式，而转向共产国际关于中国资产阶级革命可能转变为社会主义革命的立场。

这是对反对派的第二个惩罚，他们所以遭受惩罚，是由于他们不愿认真地研究中国革命的民族特点。

反对派听说商人资产阶级渗入了中国农村，把土地租给无产的农民。反对派知道商人不是封建主，由此便得出一个现成的公式：封建残余，也就是说，农民反封建残余的斗争，在中国革命中没有重大的意义，现时在中国主要的不是土地革命，而是中国关税受帝国主义国家控制的问题。

但是反对派看不见中国经济的特色不是商人资本渗入农村，而是在封建的中世纪的剥削和压迫农民的方法依然保存的条件下，中国农村封建残余的统治是和商人资本的存在相结合的。

反对派不懂得，中国现在那种惨无人道的掠夺并压迫中国农民的整个军事官僚机器，本质上就是农村封建残余和封建剥削方法的统治与商人资本的这种结合上面的政治上层建筑。

的确，后来的事实也表明在中国展开了轰轰烈烈的土地革命，这个革命首先而且主要是反对中国的大小封建主。

事实表明这一革命已席卷几千万农民并有扩展到全中国的趋势。

事实表明，封建主，实在的活的封建主，在中国不仅存在着，而且在好多省份里掌握政权，使军队中的指挥人员服从他们的意志，使国民党的领导受他们的影响，接二连三地给中国革命以打击。

在此以后还否认封建残余和封建剥削制度是中国农村压迫的基本形式，在此以后还不承认土地革命是目前中国革命运动的基本事实，这就是反对彰明较著的事实。

由此反对派便放弃了自己关于封建残余和土地革命的旧公式，由此反对派便企图偷偷放弃自己的旧公式并默认共产国际的立场是正确的。

这就是对反对派的第三个惩罚，他们所以遭受惩罚，是由于他们不愿顾及中国经济的民族特点。

诸如此类，不一而足。

公式和现实间的不协调，——这就是反对派可怜的领导者的命运。

而这种不协调是反对派违背一定要估计到每个国家革命运动中民族特殊的和民族独有的东西这一列宁主义著名策略原则的直接结果。

请看列宁是怎样论述这个原则的：

"现在全部问题就是要使每个国家的共产党人十分自觉地认清同机会主义和'左的'教条主义作斗争的基本的原则的任务，并且十分自觉地估计到这种斗争因每个国家的经济、政治、文化、民族成分（如爱尔兰等）、殖民地、宗教派别等等的特征而具有的并且必然具有的具体特点。现在对第二国际的不满到处都感觉得到，并且在扩大和增长，这种不满是由于第二国际的机会主义，由于它不善于或不能够创立一个真正集中的、真正领导的中心，这个中心能够在革命无产阶级为建立全世界苏维埃共和国的斗争中指导革命无产阶级的国际策略。必须认识清楚，这样的领导中心无论如何不能建立在斗争策略规则的千篇一律、死板划一、彼此雷同上面①。只要各民族间和各国间的民族差别和国家差别还存在（这些差别甚至在无产阶级专政在全世界范围内实现以后也还要保持很久很久），那末各国共产主义工人运动的国际策略的统一所要求的不是消除多样性，不是消灭民族差别（这在目前是可笑的幻想），而是在运用共产主义基本原则（苏维埃政权和无产阶级专政）时，把这些原则在细节上加以正确的变更，使这些原则正确地适应并且适用于民族的和民族国家的差别。在每个国家为解决统一的国际任务、为战胜工人运动内部的机会主义和左的教条主义，为推翻资产阶级、为建立苏维埃共和国和无产阶级专政而采取具体办法的时候，要调查、研究、找出、看透、抓住民族特殊的东西和民族独有的东西②，——这便是一切先进国家（而且不仅是先进国家）在目前历史阶段上的主要任务。"（见《共产主义运动中的"左派"幼稚病》，《列宁选集》第4卷，

---

① 着重号是我加的。——斯大林
② 着重号是我加的。——斯大林

人民出版社，1995，第199~200页——编者注）。

共产国际的路线就是一定要顾到这个列宁主义策略原则的路线。

相反地，反对派的路线就是违背这个策略原则的路线。

这种违背也就是反对派在中国革命的性质和前途问题上倒霉的根源。

*　　　　*　　　　*

现在来谈第二个列宁主义策略原则。

从中国革命的性质和前途中产生了无产阶级在争取革命胜利的斗争中的同盟者的问题。

无产阶级的同盟者的问题是中国革命的基本问题之一。在中国无产阶级面前站着强大的敌人：大小封建主，新旧军阀的军事官僚机器，反革命的民族资产阶级，以及掌握中国经济生活命脉并用海陆军来巩固自己剥削中国人民的权利的东方和西方的帝国主义者。

为了击破这些强大的敌人，除其他一切而外，还必须有无产阶级的灵活的和考虑周到的政策，必须善于利用敌人阵营里的每一裂痕，善于给自己找寻同盟者，即使这些同盟者是动摇的、不稳定的同盟者，只要他们是人数众多的同盟者，只要他们不限制无产阶级政党的革命的宣传和鼓动，不限制无产阶级政党的组织工人阶级和劳动群众的工作。

这种政策是第二个列宁主义策略原则的基本要求。没有这种政策，无产阶级的胜利是不可能的。

反对派认为这种政策是不正确的，非列宁主义的。但这只是说明他们把列宁主义丢得干干净净了，他们离开列宁主义是这样远，就象天地相隔一样。

中国无产阶级在不久以前有过这种同盟者吗？

是的，有过。

在革命的第一阶段上，革命是全民族联合战线的革命（广州时期），这时无产阶级的同盟者是农民、城市贫民、小资产阶级知识分子、民族资产阶级。

中国革命运动的特点之一，在于这些阶级的代表是和共产党人一起在一个叫做国民党的资产阶级革命组织内共同进行工作的。

这些同盟者不是也不能是同样可靠的。他们中间有些是比较可靠的同盟者（农民、城市贫民），有些是不大可靠的和动摇的同盟者（小资产阶级知识分子），有些则是完全不可靠的同盟者（民族资产阶级）。

国民党当时不容争辩地是人数比较众多的组织。共产党人在国民党内的政策是孤立民族资产阶级的代表（右派），为了革命的利益而利用他们，把小资产阶级知识分子（左派）推向左边，把农民和城市贫民团结在无产阶级的周围。

当时广州是不是中国革命运动的中心呢？无疑地是的。现在只有精神失常的人才会否认这一点。

这一时期共产党人的成就是什么呢？扩大了革命地区，广州军队到达了长江；有了公开组织无产阶级的可能（工会、罢工委员会）；共产主义小组结成了政党；成立了第一批农民组织的基层组织（农民协会）；共产党人渗入了军队。

可见这一时期共产国际的领导是完全正确的。

在革命的第二阶段上，蒋介石和民族资产阶级转到了反革命阵营，革命运动的中心由广州移到了武汉，这时无产阶级的同盟者是农民、城市贫民、小资产阶级知识分子。

民族资产阶级退到反革命阵营的原因是什么呢？第一是民族资产阶级对工人革命运动规模的恐惧，第二是帝国主义者在上海对民族资产阶级的压力。

这样，革命便失去了民族资产阶级。这对革命是局部的损失。但革命却进入发展的更高阶段，进入土地革命阶段，使广大农民群众更靠近了自己。这对革命是有利的。

当时，在革命的第二阶段上，国民党是不是人数众多的组织呢？无疑地是的。它不容争辩地是一个比广州时期的国民党人数更加众多的组织。

当时武汉是不是革命运动的中心呢？无疑地是的。现在只有瞎子才会否认这一点。否则武汉地区（湖北、湖南）当时就不会成为共产党所领导的土地革命最发展的根据地了。

当时共产党人对国民党的政策是把它推向左边，把它变成无产阶级和农民的革命民主专政的核心。

当时有没有这种转变的可能呢？是的，是有的。无论如何没有理由认为没有这种可能。当时我们直截了当地说，要把武汉国民党变为无产阶级和农民的革命民主专政的核心，至少须有两个条件：国民党的彻底民主化和国民党对土地革命的直接赞助。假使共产党人放弃实行这种转变的企图，那就太愚蠢了。

这个时期共产党人的成就是什么呢？

共产党在这一时期从五六千人的小党成长为有五六万党员的群众性的大党。

工会成长为巨大的全国性的团体，约有会员三百万。

农民基层组织成长为拥有几千万人的巨大的团体。农民的土地运动发展到宏大的规模，在中国革命运动中占了中心地位。共产党争得了公开组织革命的可能。共产党成了土地革命的领导者。无产阶级的领导权开始由愿望变成事实。

诚然，中国共产党不善于利用这一时期的一切可能。诚然，中国共产党中央委员会在这一时期犯了一系列的极大的错误。但是以为中国共产党能根据共产国际的指示一下子就成为真正的布尔什维克党，那就可笑了。只要把我们党经历过的一系列的分裂、脱离、变节、叛卖等等历史回忆一下，就能明白真正的布尔什维克党并不是一下子就能产生出来的。

由此可见，这一时期共产国际的领导也是完全正确的。

现在中国无产阶级有没有同盟者呢？

是的，是有的。

这些同盟者就是农民和城市贫民。

现时的特征是武汉国民党领导集团转入了反革命阵营，小资产阶级知识分子脱离了革命。

这一脱离的原因，第一是小资产阶级知识分子对日益发展的土地革命的恐惧和封建主对武汉领导集团的压力,第二是帝国主义者在天津地区施压力,要求国民党和共产党人分裂,作为容许北进的代价。

反对派怀疑在中国有封建残余存在。但是现在谁都明白,封建残余在中国不仅存在着,而且它甚至比目前革命的进攻力量还要强大。正因为帝国主义者和封建主在中国暂时还较强大,所以革命遭到了暂时的失败。

革命在这一次失去了小资产阶级知识分子。

这也正是革命暂时失败的标志。

但是革命却把广大农民和城市贫民群众更紧密地团结在无产阶级的周围,从而奠定了无产阶级领导权的基础。

对于革命的好处就在这里。

反对派说革命的暂时失败是由于共产国际的政策。可是只有背弃马克思主义的人才会这样说。只有背弃马克思主义的人才会要求正确的政策永远而且一定导致对敌人的直接胜利。

布尔什维克在1905年革命中的政策是否正确呢?是的,是正确的。既然有苏维埃的存在,既然有布尔什维克的正确政策,1905年的革命为什么还遭到失败呢?因为封建残余和专制政体当时比工人的革命运动要强大些。

布尔什维克在1917年7月的政策是否正确呢?是的,是正确的。既然有苏维埃的存在(苏维埃当时背叛了布尔什维克),既然有布尔什维克的正确政策,布尔什维克当时为什么还遭到失败呢?因为俄国帝国主义当时比工人的革命运动要强大些。

正确的政策并不永远而且一定导致对敌人的直接胜利。要直接战胜敌人,不仅决定于正确的政策,而且首先和主要决定于阶级力量的对比,决定于革命力量的显著优势,决定于敌人阵营的瓦解,决定于有利的国际形势。

只有在这种情况下,无产阶级的正确政策才能导致直接的胜利。

但有一个必不可少的要求是正确的政策在任何时候和任何条件下都应当予以满足的。这个要求就是党的政策要提高无产阶级的战斗力,加强无产阶级和劳动群众的联系，提高无产阶级在这些群众中间的威信，把无产阶级变为革命的领导者。

能否断言过去一个时期为中国革命的直接胜利提供了最有利的条件呢？显然是不能的。

能否断言中国共产党的政策没有提高无产阶级的战斗力，没有加强无产阶级和广大群众的联系，没有提高无产阶级在这些群众中间的威信呢？显然是不能的。

只有瞎子才看不见：中国无产阶级在这个时期内使广大农民群众离开了民族资产阶级和小资产阶级知识分子，把他们团结在自己的旗帜周围了。

共产党在革命的第一阶段和广州民族资产资级结成联盟，是为了扩大革命地区，形成群众性的党，使自己有公开组织无产阶级的可能，并给自己开辟一条接近农民的道路。

共产党在革命的第二阶段和武汉国民党小资产阶级知识分子结成联盟，是为了增强自己的力量，扩大无产阶级组织，使广大农民群众脱离国民党的领导，为无产阶级的领导权创造条件。

民族资产阶级跑进了反革命阵营，和广大人民群众失去了联系。

武汉国民党小资产阶级知识分子被土地革命吓倒，在千百万农民群众心目中信誉扫地，跟着民族资产阶级走了。

但是千百万农民群众却因此更紧密地团结在无产阶级的周围，认为无产阶级是自己唯一可靠的领袖和领导者了。

只有正确的政策才能导致这样的结果，这难道不明白吗？

只有这种政策才能提高无产阶级的战斗力，这难道不明白吗？

除了我们的反对派中的可怜的领导者以外，谁能否认这种政策的正确性和革命性呢？

反对派断言：武汉国民党领导集团之转到反革命方面，说明在革命的第二阶段和武汉国民党联盟的政策是不正确的。

但是，只有忘记了布尔什维克主义历史并把列宁主义丢得干干净净的人才会这样说。

在十月革命时和十月革命后，直到1918年春，布尔什维克和左派社会革命党人的革命联盟的政策是否正确呢？我想，还没有人敢于否认这个联盟的正确性。这个联盟的结局如何呢？结局是左派社会革命党人举行反苏维埃政权的暴动。能否根据这点就断言和社会革命党人联盟的政策是不正确的呢？显然是不能的。

在中国革命的第二阶段和武汉国民党的革命联盟的政策是否正确呢？我想，还没有人敢于否认这种联盟在革命第二阶段时期的正确性。反对派自己当时（1927年4月）也断言这种联盟是正确的。现在，在武汉国民党领导集团脱离革命之后，怎能根据这种脱离就断言和武汉国民党的革命联盟是不正确的呢？

只有不坚定的人才会搬弄这样的"论据"，这难道不明白吗？

难道有人断言过和武汉国民党的联盟是永无止期的联盟吗？难道天地间有永无止期的联盟吗？反对派简直丝毫不懂得第二个列宁主义策略原则，即无产阶级要与非无产者的阶级和集团结成革命联盟的原则，这难道不明白吗？

请看列宁是怎样论述这个策略原则的：

> 要能战胜较强大的敌人，就只有用最大的力量，同时一定要最仔细地、小心地、谨慎地、巧妙地利用敌人中间任何的即使是最小的"裂痕"，利用各国资产阶级之间、各国内部各种各样资产阶级之间的任何利害冲突，并且利用任何的即使是最小的机会以获得人数众多的同盟者，尽管是暂时的、动摇的、不稳定的、靠不住的、有条件的同盟者。谁不懂得这一点，谁就丝毫不懂得马克思主义，丝毫不懂得一般的现代科学社会主义①。谁要是在相当长的时期内，在相当复杂的政治情况

---

① 着重号是我加的。——斯大林

中，没有在实践上证明自己真正善于应用这个真理，那他就还没有学会帮助革命阶级去进行斗争，把全体劳动人类从剥削者的压榨下解放出来。上述一切，对于无产阶级夺取政权以前和以后的时期都一样。（见《共产主义运动中的"左派"幼稚病》，《列宁选集》第四卷，人民出版社，1995，第180页——编者注）

反对派的路线是违背这个列宁主义策略原则的路线，这难道不明白吗？

相反地，共产国际的路线是一定要顾到这个策略原则的路线，这难道不明白吗？

*　　　　　*　　　　　*

现在来谈第三个列宁主义策略原则。

这个策略原则所涉及的是更换口号、更换口号的程序和方法问题。它所涉及的问题是用什么方法把党的口号变成群众的口号，怎样和用什么方法把群众引导到革命的立场上来，使群众自己根据亲身的政治经验深信党的口号的正确性。

要说服群众，单靠宣传和鼓动是不行的，为此必须有群众自身的政治经验。为此必须使广大群众亲身体验到推翻现存制度的不可避免性，建立新的政治秩序和社会秩序的不可避免性。

先进集团、政党在1917年4月就已经深信，譬如说，推翻米留可夫—克伦斯基临时政府的不可避免性，这是好的。然而单是这一点还不足以推翻这个政府，还不足以把推翻临时政府和建立苏维埃政权的口号提出来作为当前的口号。为了把"全部政权归苏维埃"的公式从最近将来的前途变成当前的口号，变成直接行动的口号，还必须有一个决定性的条件，就是使群众自己深信这个口号的正确性并给党以某种支持来实现这个口号。

必须把作为最近将来的前途的公式和作为当前口号的公式严格地区别开来。以巴格达齐也夫为首的彼得堡布尔什维克集团，在1917年4月正是在这一点上碰了钉子,那时他们过早地提出了"打倒临时政府,全部政权归苏维埃"的口号。当时列宁把巴格达齐也夫集团的这种企图看成是危险的冒险主义,当众斥责了它[1]。

为什么呢?

因为后方和前方的广大劳动群众还没有决心接受这个口号。因为这个集团把作为前途的"全部政权归苏维埃"的公式和作为当前口号的"全部政权归苏维埃"的口号混淆起来了。因为这个集团冒进,使党有脱离当时还相信临时政府的革命性的广大群众和苏维埃而完全孤立的危险。

中国共产党人应不应当,譬如说,在半年以前提出"打倒武汉国民党领导集团"的口号呢?不,不应当提出。

不应当提出,因为这是危险的冒进,这会妨碍共产党人去接近那些还相信国民党领导集团的广大劳动群众,这会使共产党脱离广大农民群众而孤立起来。

不应当提出,因为武汉国民党领导集团、武汉国民党中央还没有把它作为资产阶级革命政府的作用发挥净尽,还没有因它反对土地革命、因它反对工人阶级、因它转到反革命方面而在广大劳动群众的心目中大丢其脸,信誉扫地。

我们总是说:只要武汉国民党领导集团还没有把它作为资产阶级革命政府的作用发挥净尽,就不能采取使它信誉扫地和更换它的方针,必须让它先把自己的作用发挥净尽,然后才在实践上提出更换它的问题。

现在中国共产党人应不应当提出"打倒武汉国民党领导集团"的口号呢?是的,应当,完全应当。

现在国民党领导集团已因它反对革命而大丢其脸,使自己和广大工农群众处于敌对地位,这个口号一定会在人民群众中间获得有力的响应。

现在每个工人和每个农民都会懂得,共产党人退出武汉政府和武汉国民党中央而提出"打倒武汉国民党领导集团"的口号是做得正确的。

因为现在摆在农民和工人群众面前让他们选择的是这样一个问题,或者是国民党现在的领导集团,那末就要拒绝满足农民和工人群众的迫切需要，就要放弃土地革命；或者是土地革命和根本改善工人阶级状况，那末更换武汉国民党领导集团就成为群众的当前口号了。

第三个列宁主义策略原则的要求就是如此，这个原则是有关更换口号的问题，是把广大群众引导到新的革命立场上的方法和途径的问题，是以自己的政策、自己的行动、适当地以另一些口号代替这一些口号来帮助广大劳动群众根据亲身的经验认识党的路线的正确性的问题。

请看列宁是怎样论述这个策略原则的：

> 单靠先锋队是不能胜利的。当整个阶级、当广大群众还没有站在直接援助先锋队的立场上，或者没有站在至少对先锋队严守善意的中立而对其敌人完全不予支持的立场上的时候，单把先锋队投入决战，这不仅是愚蠢，而且是罪恶。而要真正使整个阶级、真正使广大的劳动群众和被资本压迫的群众都站到这个立场上来，要做到这一点，单靠宣传鼓动是不够的。要做到这一点，就必须有这些群众亲身的政治经验[①]。这是所有的大革命的基本规律，这个规律现在不仅被俄国而且被德国十分有利地和明显地证实了。不仅文化水平低的和多半是不识字的俄国的群众，就连文化程度高的和个个识字的德国的群众，也必须亲身体验到第二国际骑士们的政府真是软弱无力、毫无气节、束手无策、向资产阶级献媚、卑鄙龌龊，亲身体验到不是无产阶级专政就必不可免地是极端反对派（俄国的科尔尼洛夫，德国的卡普及其同伙）的专政，然后才会坚决地转向共产主义。国际工人运动中觉悟的先锋队，即共产党、共产主义集团、共产主义派别，其当前任务就是要善于把广大的（现在大半还是酣睡、消沉、守旧、因循而没有醒悟的）群众引导到这种新的立场上，确切一点说，就是不仅要善于领导自己的党，而且要在这些群众走近新的立场、转到新的立场的时候，善于领

---

① 着重号是我加的。——斯大林

导这些群众。（见《共产主义运动中的"左派"幼稚病》，《列宁选集》第 4 卷，人民出版社，1995，第 201 页。——编者注）

反对派的基本错误在于他们不了解这个列宁主义策略原则的意义和作用，他们不承认这个策略原则，他们一贯地破坏这个策略原则。

他们（托洛茨基分子）在 1917 年初就破坏了这个策略原则，企图"跳过"还没有完成的土地运动（这是列宁的看法）。

他们（托洛茨基－季诺维也夫）破坏了这个策略原则，企图"跳过"工会的反动性，不承认共产党人在反动工会中工作是适当的，否认和这种工会结成临时联盟的必要性。

他们（托洛茨基－季诺维也夫－拉狄克）破坏了这个策略原则，企图"跳过"中国革命运动的民族特点（国民党），"跳过"中国人民群众的落后性，于 1926 年 4 月要求共产党人立刻退出国民党，而于 1927 年 4 月在国民党发展阶段还没有完结没有终了的条件下又提出立即组织苏维埃的口号。

反对派以为既然他们了解了、认清了国民党领导集团的不彻底、动摇、不可靠，既然他们认清了与国民党的联盟是暂时的和有条件的（而每个有经验的政治工作人员都不难认清这一点），那末，这就完全足以展开反国民党、反国民党政权的"坚决行动"了，就完全足以使群众、使广大工农群众"立即"支持"我们"和"我们的""坚决行动"了。

反对派忘记了，在这里，"我们的"了解还远不足以使中国共产党人能够率领群众。反对派忘记了，为了这一点，还必须使群众自己根据他们亲身的经验去认清国民党领导集团的不可靠性、反动性、反革命性。

反对派忘记了，"干"革命的不仅是先进集团，不仅是党，不仅是个别的即使是"高级的""人物"，而首先和主要的是千百万人民群众。

奇怪的是反对派忘记了千百万人民群众的状况、认识和坚决行动的决心。

我们、党和列宁在1917年4月是否知道必须推翻米留可夫—克伦斯基的临时政府,是否知道临时政府的存在和苏维埃的活动不能相容,是否知道政权应当转到苏维埃手中呢?是的,是知道的。

以巴格达齐也夫为首的彼得堡的著名的布尔什维克集团于1917年4月提出了"打倒临时政府,全部政权归苏维埃"的口号,并企图推翻临时政府,那时候为什么列宁斥责这个集团是冒险主义者呢?

因为广大劳动群众、一部分工人、千百万农民、广大军队群众以及苏维埃本身都还没有决心把这个口号作为当前的口号来接受。

因为临时政府以及社会革命党和孟什维克等小资产阶级政党,还没有使自己的作用发挥净尽,还没有使自己在千百万劳动群众的心目中信誉扫地。

因为列宁知道,为了推翻临时政府和建立苏维埃政权,只有无产阶级先进集团即无产阶级政党的认识和觉悟是不够的;为了这一点,还必须使群众自己根据亲身的经验深信这种路线的正确性。

因为必须经过杂乱的联合政府,经过1917年6月、7月、8月各小资产阶级政党的变节和背叛,必须经过1917年6月前线上可耻的进攻,经过各小资产阶级政党跟科尔尼洛夫之流和米留可夫之流的"诚实的"联合,经过科尔尼洛夫的暴动等等,才能使千百万劳动群众深信推翻临时政府和建立苏维埃政权是不可避免的。

因为只有在这种条件下才能把作为前途的苏维埃政权口号,变成作为当前口号的苏维埃政权口号。

反对派的倒霉在于他们屡犯巴格达齐也夫集团当时犯过的错误,他们离开了列宁的道路,宁愿顺着巴格达齐也夫的道路"行进"。

我们、党和列宁在参加立宪会议选举的时候和在彼得堡召开这个会议的时候,是否知道立宪会议是和苏维埃政权制度不相容的呢?是的,是知道的。

我们究竟为了什么召开这个会议呢?资产阶级国会制度的敌人布尔什维克在建立了苏维埃政权以后,不仅参加选举,而且自己召开立宪会议,怎么会有这种事情呢？这是不是"尾巴主义"，落后于事变，"抑制群众"，破坏"远程射击"策略呢？当然不是的。

布尔什维克采取这个步骤，是为了帮助落后的人民群众亲眼看到并确信立宪会议的无用，确信它的反动性和反革命性。只有用这种办法才能使千百万农民群众靠近自己，使自己易于解散立宪会议。

列宁关于这一点写道：

> 我们在1917年9月至11月参加了俄国资产阶级国会即立宪会议的选举。我们当时的策略是否正确呢？……我们俄国布尔什维克，在1917年9月至11月，不是比西方任何国家的共产党人都更有理由认为国会制度在俄国是政治上过了时的吗？当然，我们更有理由这样认为，因为问题不在于资产阶级国会是否早已存在，而在于广大劳动群众对于采用苏维埃制度和解散（或容许解散）资产阶级民主国会的准备（思想上、政治上、实践上）达到什么程度。1917年9月至11月，俄国城市工人阶级、士兵和农民，由于一系列特殊的条件，已有了极好的准备来采用苏维埃制度和解散最民主的资产阶级国会，——这是完全不容争辩、完全确定的历史事实。虽然如此，但布尔什维克并没有抵制立宪会议，而是在无产阶级夺得政权以前和以后都参加了选举……
>
> 由此就得出完全不容争辩的结论：已经证明，甚至在苏维埃共和国胜利以前几个星期，甚至在这个胜利以后，参加资产阶级民主国会，不仅对革命无产阶级无害，反而会使革命无产阶级易于向落后群众证明这种国会为什么应该解散，易于把这种国会解散，易于使资产阶级国会制度成为"政治上过时的东西"。（见《共产主义运动中的"左派"幼稚病》，《列宁选集》第4卷，人民出版社，1995，第168～170页。——编者注）

布尔什维克实际上就是这样应用第三个列宁主义策略原则的。

在中国也必须这样应用布尔什维主义的策略，不论所指的是土地革命、国民党或苏维埃口号都一样。

看来反对派以为中国革命已经完全失败。这当然是不对的。中国革命遭到了暂时的失败，这是没有疑问的。但这是怎样的失败，是多大的失败，——现在的问题就在这里。

可能这是近乎长期的失败，象俄国1905年发生过的那样，革命中断了整整12年，然后在1917年2月以新的力量爆发起来，推翻专制政体，为新的苏维埃的革命扫清道路。

不能认为这个前途是没有的。这还不是革命的完全的失败，正象1905年俄国革命的失败不能认为是彻底的失败一样。这不是完全的失败，因为当前发展阶段上中国革命的基本任务（土地革命，中国的革命的统一，从帝国主义羁绊下得到解放）还待解决。如果这个前途成为现实，当然在中国也谈不上立即成立工农代表苏维埃，因为只有在革命高涨的环境中苏维埃才能成立和兴盛起来。

但是，恐怕不能认为这个前途是可能的。无论如何暂时还没有根据认为这个前途是可能的。没有根据，是因为反革命还没有联合起来，也不会很快联合起来，如果一般说来它有一天会联合起来的话。

因为新旧军阀之间的战争正以新的力量爆发起来，这个战争不能不削弱反革命的力量，同时不能不使农民破产和更加怨恨。

因为在中国还没有一个集团或政府能够实行类似斯托雷平的改革来作为统治集团的避雷针。

因为已经夺得地主土地的千百万农民是不容易抑制和压倒在地上的。

因为无产阶级在劳动群众心目中的威信与日俱增，无产阶级的力量还远没有被击溃。

中国革命的失败，就其程度说来，可能类似布尔什维克在1917年7月遭到的失败，那时候孟什维克——社会革命党人的苏维埃背叛了布尔什维克，布尔什维克不得不转入地下，经过了几个月，革命又重新走上街头，来扫除俄国的帝国主义政府了。

当然，这里的比拟是有条件的。我作这个比拟是附有一切保留条件的，如果注意到当前中国的形势和1917年的俄国的差别，那就会看出这一切保留条件都是必要的。我采用这种比拟仅仅是为了大略地描绘出中国革命失败的程度。

我想这个前途的可能性较大。如果这个前途成为现实，如果在最近时期（不一定是经过两个月，也许经过半年、一年）新的革命高涨成为事实，那末，成立工农代表苏维埃的问题就会提到日程上来，成为当前口号，以与资产阶级政府相对立。

为什么呢？

因为在当前革命发展阶段上，在新的革命高涨条件下，成立苏维埃将是一个完全成熟的问题。

昨天，在几个月以前，中国共产党人不应当提出成立苏维埃的口号，因为这会是我们的反对派所特有的冒险主义，因为国民党领导集团还没有作为革命的敌人而使自己的信誉扫地。

现在，相反地，成立苏维埃的口号可以成为真正革命的口号，如果（如果！）在最近时期将有一个新的和强大的革命高涨的话。

因此，现在，在高涨没有到来以前，除了争取以革命的领导代替目前的国民党的领导之外，还应当在广大劳动群众中间极广泛地宣传拥护建立苏维埃的思想，不要冒进，不要立即成立苏维埃，要记住只有在强大的革命高涨的条件下苏维埃才能兴盛起来。

反对派可以说，他们是"头一个"说这话的人，这就是他们叫做"远程射击"的策略。

不对，最亲爱的，完全不对！这不是"远程射击"的策略，而是徘徊歧路的策略，不是射远了就是射近了的策略。

当反对派1926年4月要求共产党人立即退出国民党时，这就是射远了的策略，因为后来反对派自己也不得不承认共产党人应当留在国民党内。

当反对派宣称中国革命是争取关税自主的革命时，这就是射近了的策略,因为后来反对派自己也不得不偷偷地抛弃了他们的公式。

当反对派1927年4月宣称中国封建残余被夸大了,而忘记了群众性的土地运动的存在时,这就是射近了的策略,因为后来反对派自己也不得不默认了自己的错误。

当反对派1927年7月提出立即成立苏维埃的口号时,这就是射远了的策略,因为当时反对派自己也不得不承认他们阵营内部的矛盾,其中一个(托洛茨基)要求采取推翻武汉政府的方针,而另一个(季诺维也夫)相反地要求"用一切办法帮助"这个武汉政府。

但是,从什么时候起在我们中间开始把这种徘徊歧路的策略,不是射远了的就是射近了的策略称为"远程射击"的策略呢?

关于苏维埃必须说,共产国际早就先于反对派而在自己的文件中谈到了中国的苏维埃这一前途。至于反对派在今年春天为了对抗革命的国民党(国民党在当时是革命的,否则季诺维也夫就用不着喊叫"用一切办法帮助"国民党了)而把苏维埃作为当前口号提出来,这就是冒险,就是乱叫乱嚷的冒进,就是巴格达齐也夫在1917年4月所犯的那种冒险和那种冒进。

虽然苏维埃口号在中国最近的将来可能成为当前口号,但是还远不能由此得出结论说,反对派在今年春天提出苏维埃口号不是危险的和有害的冒险行为。

同样的,虽然"全部政权归苏维埃"的口号曾于1917年9月被列宁认为是必要的和切合时宜的口号(见中央关于起义的有名的决定)[2]。但还远不能由此得出结论说,巴格达齐也夫在1917年4月提出这个口号不是有害的和危险的冒险行为。

巴格达齐也夫在1917年9月可以讲他是"头一个"说到,还在1917年4月就说到苏维埃政权的人。这是不是说,巴格达齐也夫是对的,而列宁把他在1917年4月的言论斥责为冒险主义就是不对的呢?

看来我们的反对派对巴格达齐也夫的"桂冠"总是羡慕不已。

反对派不懂得,问题并不在于"头一个"说话,从而冒进和搅乱革命事业，而在于及时地说话，并且要使所说的话为群众所响应而变成行动。

事实就是如此。

反对派离开了列宁主义的策略，其政策是"过左的"冒险主义，——总结就是如此。

载于《真理报》，1927年7月28日，第169号

署名：约·斯大林

选自《斯大林全集》第9卷，第298～325页

注释：

[1] 见《列宁全集》俄文第4版第24卷，第181～182页。

[2] 列宁于1917年9月从地下寄给中央委员会和布尔什维克组织的文章和信件中提出了"全部政权归苏维埃"的口号，把它作为组织武装起义的直接任务（见《列宁全集》第32卷，人民出版社，1985，第232～234页、235～241页——编者注）。当9月15日党中央委员会会议讨论列宁的来信时，斯大林同志对要求消灭这些文件的投降主义者加米涅夫给予坚决的反击，提议把列宁的来信散发给最大的党组织讨论。1917年10月10日，在列宁、斯大林、斯维尔德洛夫、捷尔任斯基、乌里茨基参加之下，举行了布尔什维克党中央委员会有历史意义的会议，会上通过了列宁起草的武装起义的决议（见《列宁全集》第32卷，人民出版社版，1985，第385页——编者注）。

联共(布)中央委员会和中央监察委员会联席全会[1](摘录)

(1927年7月29日至8月9日)

国际形势和保卫苏联

(八月一日的演说)

……

二 关于中国

现在谈谈中国问题。

我不想多谈反对派在中国革命性质和前途问题上的错误了。我不想多谈，因为关于这一点已经说得很多，而且很使人信服，这里用不着再重复了。所谓中国革命在现阶段是争取关税自主的革命（托洛茨基），这一点我不想多谈了。所谓中国没有封建残余，即使有的话，也没有多大意义，因此，中国的土地革命是完全不可理解的（托洛茨基和拉狄克），这点也不必多谈了。关于反对派在中国问题上诸如此类的错误，你们想必已经从我们党的报刊上知道了。

现在谈谈列宁主义解决殖民地和附属国革命问题的基本出发点的问题。

共产国际和各国共产党处理殖民地以及附属国革命运动问题的出发点是什么呢？

就是把帝国主义国家（即压迫其他民族的国家）的革命同殖民地和附属国（即受别国帝国主义压迫的国家）的革命加以严格的区别。帝国主义国家的革命是一回事，在那里，资产阶级是其他民族的压迫者；在那里，资产阶级在革命的各阶段上都是反革命的；在那里，作为解放斗争因素的民族因素是没有的。殖民地和附属国的革命是另一回事，在那里，别国帝国主义的压迫是革命的因素之一；在那里，这种压迫不能不也触犯到民族资产阶级；在那里，民族资产阶级在一定阶段上和一定时期内能够支持本国反帝国主义的革命运动；在那里，作为解放斗争因素的民族因素是革命的因素。

不这样加以区别，不了解这种差别，把帝国主义国家的革命同殖民地国家的革命混为一谈，就是离开马克思主义的道路，离开列宁主义的道路，走上第二国际拥护者的道路。

请看列宁在共产国际第二次代表大会上关于民族和殖民地问题的报告中对这一点是怎样说的：

> 我们的提纲中最重要最基本的思想是什么呢？就是被压迫民族和压迫民族之间的区别。与第二国际和资产阶级民主派相反，我们强调这种区别。①（《列宁选集》第四卷，人民出版社，1995，第275页）

反对派的基本错误就在于他们不了解也不承认一种类型的革命和另一种类型的革命之间的这种差别。

反对派的基本错误就在于他们把俄国这个压迫其他民族的帝国主义国家1905年的革命和中国这个被压迫的、不得不反对别国帝国主义压迫的半

---

① 着重号是我加的。——斯大林

殖民地国家的革命混为一谈。

在我们俄国，1905年的革命虽然是资产阶级民主革命，但它是反对资产阶级、反对自由资产阶级的。为什么呢？因为帝国主义国家的自由资产阶级不能不是反革命的。正因为如此，布尔什维克当时就没有提出也不能提出同自由资产阶级成立暂时的联盟和协议。根据这一点，反对派断言在中国革命运动的各阶段上也应当如此，在中国，同民族资产阶级成立暂时的协议和联盟，在任何时候和任何条件下都是不能容许的。但是，反对派忘记了只有那些不了解并且不承认被压迫国家的革命和压迫国家的革命之间的差别的人才能这样说，只有背弃列宁主义而滚到第二国际拥护者方面去的人才能这样说。

请看列宁关于可以同殖民地国家的资产阶级解放运动成立暂时的协议和联盟是怎样说的：

"共产国际应当同殖民地和落后国家的资产阶级民主派成立暂时的联盟①，但不要同他们融为一体，无产阶级运动即使处在萌芽状态，也要绝对保持自己的独立性。"（见《列宁选集》第4卷，人民出版社，1995，第221页——编者注）……"我们共产党人，只有当殖民地国家的资产阶级解放运动真正具有革命性的时候，只有当这种运动的代表者不阻碍我们以革命精神去教育、组织农民和广大被剥削群众的时候，才应当支持并且一定支持这种资产阶级解放②运动。"（见《列宁选集》第4卷，人民出版社，1995，第277页——编者注）

曾经非常激烈地反对在俄国同资产阶级成立协议的列宁却认为在中国可以容许这种协议和联盟，怎么会"发生"这种事情呢？也许列宁错了吧？也许他从革命的策略转到了机会主义的策略吧？当然不是！这种事情

---

① 着重号是我加的。——斯大林
② 着重号是我加的。——斯大林

所以"发生",是因为列宁了解被压迫国家的革命和压迫国家的革命之间的差别。这种事情所以"发生",是因为列宁了解殖民地和附属国的民族资产阶级在它发展的一定阶段上能够支持本国反对帝国主义压迫的革命运动。反对派不愿意了解这一点,而他们所以不愿意了解这一点,是因为他们背弃了列宁的革命策略,背弃了列宁主义的革命策略。

你们是否注意到反对派的首领们在自己的演说中如何竭力避开列宁的这些指示,害怕涉及这些指示呢?他们究竟为什么要避开列宁对于殖民地和附属国所做的大家都知道的策略指示呢?他们为什么害怕这些指示呢?因为他们害怕真理,因为列宁的策略指示推翻了托洛茨基主义在中国革命问题上的整个思想政治立场。

关于中国革命的阶段。反对派糊涂到这样的地步,现在竟否认中国革命发展有任何阶段。可是,难道会有一种没有自己的一定发展阶段的革命吗?难道我国革命没有过自己的发展阶段吗?拿列宁的《四月提纲》[2]来看就可以知道,列宁认为我国革命有两个阶段:第一阶段是资产阶级民主革命,以土地运动为其主要中心;第二阶段是十月革命,以无产阶级夺取政权为其主要中心。

中国革命有几个阶段呢?

依我看,应当有三个:

第一阶段是全民族联合战线的革命,即广州时期,当时革命的锋芒主要是指向外国帝国主义,而民族资产阶级是支持革命运动的;

第二阶段是资产阶级民主革命,即国民革命军进抵长江以后,当时民族资产阶级离开了革命,而土地运动则发展成为数千万农民的强大革命(现在中国革命正处在自己发展的第二阶段);

第三阶段是苏维埃革命,这个革命现在还没有到来,但它是会到来的。

谁不懂得革命不会没有自己的一定发展阶段,谁不懂得中国革命在自己的发展中有三个阶段,谁就一点也不懂得马克思主义,一点也不懂得中国问题。

中国革命第一阶段的特点是什么呢？

中国革命第一阶段的特点是：第一、它是全民族联合战线的革命；第二、它的锋芒主要是指向外国帝国主义的压迫（如香港罢工等）。当时广州是不是中国革命运动的中心和根据地呢？当然是的。这一点现在恐怕只有瞎子才会否认。

殖民地革命的第一阶段正应当具有这样的性质，这对不对呢？我想是对的。在共产国际第二次代表大会的论述中国和印度革命的"补充提纲"中直接指出，在这些国家里，"外国的强暴势力始终阻碍着社会生活的自由发展"，"因此，殖民地革命的第一步①应当是推翻外国资本主义"（见共产国际第二次代表大会报告速记记录第 605 页）。

中国革命已经走过这个"第一步"即自己发展的第一阶段，走过全民族联合战线的革命时期，进入自己发展的第二阶段即土地革命时期。这个事实就是中国革命的特点。

相反地，例如土耳其尼（基马尔主义者）的革命却停留在"第一步"，停留在自己发展的第一阶段即资产阶级解放运动的阶段，甚至不打算转入自己发展的第二阶段即土地革命阶段。这个事实就是土耳其革命的特点。

在革命的第一阶段即在广州时期，国民党及其政府是什么呢？当时它们是工人、农民、资产阶级知识分子和民族资产阶级的联盟。当时广州是不是革命运动的中心和革命的根据地呢？当时把广州国民党当做对帝国主义进行解放斗争的政府而加以支持的政策是不是正确的呢？当中国的广州和土耳其的安哥拉进行反对帝国主义的斗争的时候，我们援助广州和安哥拉是不是正确的呢？是的，我们是正确的。我们是正确的，我们当时是跟着列宁走的，因为广州的和安哥拉的斗争分散了帝国主义的力量，削弱并挫折了帝国主义，从而便利了世界革命策源地的发展事业即苏联的发展事业。我们的反对派现在的首领们当时和我们一起支持广州和安哥拉，给了

---

① 着重号是我加的。——斯大林

它们一定的援助，这是不是对的呢？是对的。谁来试试驳倒这一点吧。

但是，应当怎样理解在殖民地革命的第一阶段和民族资产阶级结成的统一战线呢？这是不是说共产党人不应当加强工农反对地主和民族资产阶级的斗争，无产阶级应当牺牲（即使是最小限度地、即使是片刻地）自己的独立性呢？不，不是这个意思。统一战线只有在这种情况下、只有在这种条件下才有革命的意义，即它不妨碍共产党进行自己独立的政治工作和组织工作，把无产阶级组织成独立的政治力量，发动农民反对地主，公开组织工农革命，从而为无产阶级获得领导权准备条件。我以为报告人已经根据大家都知道的文件充分证明共产国际正是教导中国共产党这样理解统一战线的。

加米涅夫和季诺维也夫在这里引证了1926年10月发往上海的一封唯一的电报。电报中说，在占领上海以前，暂时不应当加强土地运动。我绝不承认这封电报是正确的。我从来没有认为并且现在也不认为共产国际是毫无过错的。个别的错误是会有的，而这封电报无疑是错误的。但是，第一、这封电报过了几个星期以后（1926年11月），并没有反对派方面的任何声明或表示，就由共产国际自行取消了。第二、为什么反对派直到现在对这件事绝口不谈，为什么他们过了九个月以后才想起这封电报，为什么他们把这封电报在九个月以前就已经由共产国际取消了的事实瞒住了党呢？因此，如果认为这封电报规定了我们领导的路线，那就是恶意诽谤。事实上这是一封个别的偶然的电报，绝对不能代表共产国际的路线和我们领导的路线。这一点（我重说一遍）只要从下面的事实就可以看出：这封电报在几个星期以后就被一些规定了路线并且无疑地能代表我们领导的文件所取消了。

让我来引证这些文件吧。

例如1926年11月即上述电报发出后一个月共产国际第七次全会决议中的一段话是这样说的：

> 目前形势独有的特点就在于它的过渡性，现时无产阶级在同资产

阶级的广泛阶层结成的联盟的前途以及进一步巩固自己同农民结成的联盟的前途之间应当有所选择。如果无产阶级不提出激进的土地纲领，它就不能吸引农民参加革命斗争，并将失去在民族解放运动中的领导权。①

其次：

如果不把土地革命和民族解放事业同等看待②，广州国民政府就不能在革命中保持政权，就不能完全战胜外国帝国主义和本国反动派。（见共产国际执行委员会第七次扩大全会决议）

请看，这就是真正规定共产国际领导路线的文件。

非常奇怪，反对派首领们竟避开共产国际的这个大家都知道的文件。

如果我引证我自己的也是1926年11月在共产国际中国委员会会议上发表的演说，或许不算是不谦虚吧。这个委员会曾起草（当然，我也参加了）第七次扩大全会关于中国问题的决议。这篇演说后来印成了单行本，题为《论中国革命的前途》。下面就是这篇演说中的几段：

我知道在国民党人中间，甚至在中国共产党人中间，有些人认为不能在农村掀起革命，他们害怕把农民卷入革命以后会破坏反帝国主义的统一战线。同志们，这是极端荒谬的。把中国农民卷入革命愈迅速愈彻底，中国反帝国主义的战线就愈有力愈强大。

其次：

---

① 着重号是我加的。——斯大林
② 着重号是我加的。——斯大林

我知道在中国共产党人中间，有些同志认为工人为改善他们的物质生活状况和法权地位而举行罢工是不应该的，劝告工人不要罢工。（喊声："广州和上海都有过这样的事情。"）同志们，这是很大的错误。这是极严重地低估了中国无产阶级的作用和比重。在提纲中应当指出这一极端不好的现象。如果中国共产党人不利用目前有利的形势，帮助工人（即使通过罢工的方法）改善他们的物质生活状况和法权地位，那就是很大的错误。如果这样，中国还要革命做什么呢？（见斯大林《论中国革命的前途》[3]）

再看第三个文件，这是在1926年12月发出的，当时中国各城市纷纷提意见围攻共产国际，断言展开工人斗争会引起危机、失业和工厂倒闭。文件上说：

在城市中退却并收缩工人争取改善其地位的斗争的总的政策是不正确的。必须在农村中展开斗争，但同时必须利用有利的时机来改善工人的物质生活状况和法权地位，用一切方法使工人的斗争具有组织性，以免发生过火行为和冒进现象。特别是必须竭力把城市中的斗争引向反对大资产阶级，首先是反对帝国主义者，使中国的中小资产阶级尽可能地留在反对共同敌人的统一战线范围内。我们认为调解室、仲裁法庭这种制度是适当的，只要在这些机关中可以保证执行正确的工人政策。同时我们认为必须提出警告：发布反对罢工自由、反对工人集会自由等法令是绝对不能容许的。

第四个文件是在蒋介石政变前一个半月发出的。文件上说：

必须在军队中加强国民党和共产党的支部工作。在没有这种支部而又可能成立支部的地方，必须把它们成立起来；在不可能成立共产党支部的地方，必须靠隐蔽的共产党员加紧进行工作。

必须坚持武装工农、把各地农民委员会变成拥有自卫武装的实际权力机关等方针。

共产党在任何地方都必须以自己本来的面貌出现，不容许随意采取半合法的政策，共产党不能成为群众运动的障碍，共产党不应当掩饰国民党右派的叛变的和反动的政策，必须动员国民党和中国共产党周围的群众去揭穿国民党右派。

必须使一切忠于革命的工作者注意：

目前由于阶级力量的重新部署和帝国主义军队的集中，中国革命正经历着危急的时期；只有在展开群众运动的坚决方针下，革命才可能获得进一步的胜利。否则革命就会遇到极大的危险。因此，现在实施指示比任何时期都更必要。

更早些，还在1926年4月，即在国民党右派和蒋介石政变前一年，共产国际就警告过中国共产党，向它指出"应当使国民党右派退出国民党或把他们开除出去"。

对于殖民地革命第一阶段反帝统一战线的策略，共产国际过去和现在都是这样理解的。

反对派是不是知道这些指导性的文件呢？当然是知道的。为什么他们对这些指导性的文件绝口不谈呢？因为他们所力求的是纠纷，不是真理。

要知道有一个时期，反对派现在的首领们，特别是季诺维也夫和加米涅夫，也懂得一点儿列宁主义，对于中国革命运动，基本上坚持了共产国际所奉行的、列宁同志在他的提纲中[4]给我们规定的那一政策。我指的是1926年二三月间共产国际举行第六次全会的时候，当时季诺维也夫是共产国际的主席，当时他还是一个列宁主义者，还没有来得及投到托洛茨基阵营去。我所以谈到共产国际第六次全会，是因为这次全会在1926年二三月间曾经一致通过一个关于中国革命的决议[5]，其中对中国革命第一阶段、对广州国民党和广州政府所做的估计，大致跟共产国际和联共（布）所做的一样，可是反对派现在却千方百计地回避这个估计了。我所以谈到这个决议,是因为季诺维也夫当时赞成这个决议,并且中央委员中没有一个人反对它,连托洛茨基、加米涅夫以及现在反对派的其他首领也不例外。

让我从这个决议中举出几段。

请看在这个决议中关于国民党是怎样说的:

> 上海和香港中国工人的政治罢工(1925年6月至9月)在中国人民反对外国帝国主义者的解放斗争中造成了一个转折点……无产阶级的政治发动有力地促进了国内一切革命民主组织首先是国民革命的政党国民党和广州革命政府的进一步发展和巩固。其中坚分子和中国共产党人结成了同盟的国民党是工人、农民、知识分子和城市民主派的革命联盟①,这个联盟的基础就是在反对外国帝国主义者和全部军事封建生活制度、争取国家独立并建立统一的革命民主政权的斗争中这些阶层的阶级利益的共同性。(见共产国际执行委员会第六次全会决议)

总之,广州国民党是四个"阶级"的联盟。你们可以看出,这几乎就是当时共产国际主席季诺维也夫(而不是别人)所祝福过的"马尔丁诺夫主义"[6]。

关于广州国民党政府:

> 国民党在广州建立的革命政府②已经和最广大的工人,农民以及城市民主派群众联系起来,依靠他们击溃了帝国主义者所支持的反革命匪帮(并进行着使广东省全部政治生活彻底民主化的工作)。这样看来,作为中国人民争取独立的先锋队的广州政府是国内未来革命民主建设的典范。③(同上)

---

① 着重号是我加的。——斯大林
② 着重号是我加的。——斯大林
③ 着重号是我加的。——斯大林

可见代表着四个"阶级"联盟的广州国民党政府是革命的政府,不但是革命的,而且是中国未来革命民主政府的典范。

关于工人、农民和资产阶级的统一战线:

> 在新的危险面前,中国共产党和国民党应当展开最广泛的政治工作,组织群众性的发动去支持国民革命军的斗争,利用帝国主义阵营中的内部矛盾,并以革命民主组织领导下的最广大居民阶层(工人、农民和资产阶级)的民族革命统一战线去对抗帝国主义者。①(同上)

由此可见,在殖民地国家内,在殖民地革命的一定阶段同资产阶级成立暂时的联盟和协议,不但是可以容许的,而且简直是必要的。

这倒很象列宁在他的关于共产党人在殖民地和附属国里的策略的著名指示中告诉我们的话。不过很可惜,季诺维也夫已经把这一点忘记了。

关于退出国民党的问题:

> 暂时聚集在国民党周围的中国大资产阶级的个别阶层,最近一年来离开了国民党,这就使得国民党的右翼中形成了一个小集团,这个小集团公开反对国民党同劳动群众的紧密联盟,主张把共产党人从国民党内开除出去,并反对广州政府的革命政策。国民党第二次代表大会(1926年1月)斥责了这个右翼,确认了国民党和共产党人成立战斗联盟是必要的,这样就确定了国民党和广州政府活动的革命方向,保证了国民党能得到无产阶级的革命支持。②(见共产国际执行委员会第六次全会决议)

可见共产党人如果在中国革命第一阶段退出国民党就会是严重的错

---

① 着重号是我加的。——斯大林
② 着重号是我加的。——斯大林

误。不过很可惜，曾经赞成这个决议的季诺维也夫过了个把月就把这一点忘记了。因为还在1926年4月间（过了一个月）季诺维也夫就要求共产党人立即退出国民党了。①

关于中国共产党内的各种倾向和关于不容许跳过革命的国民党阶段：

> 中国共产党人的政治自决将在反对两种同样有害的倾向的斗争中发展起来：一方面反对右的取消主义，因为这种右的取消主义忽视中国无产阶级的独立的阶级任务，而主张和一般民主民族运动毫无原则地融为一体；另一方面反对极左的情绪，因为这种极左的情绪力求跳过运动的革命民主阶段而直接跳到建立无产阶级专政和苏维埃政权的任务去，忘记了农民这个中国民族解放运动的基本的决定因素。②（见共产国际执行委员会第六次全会决议）

你们可以看见，现在用来揭穿反对派那种跳过中国发展的国民党阶段、低估农民运动和跳到苏维埃方面去的行为的一切证据这里都有了。真是命中要害。

季诺维也夫、加米涅夫、托洛茨基是不是知道这个决议呢？

应当认为是知道的。无论如何季诺维也夫总不会不知道这个决议，因为这个决议是在他担任主席的时候在共产国际第六次全会上通过的，而且他本人是赞成这个决议的。为什么现在反对派的首领们却避开世界共产主义运动最高机关的这个决议呢？为什么他们对这个决议绝口不谈呢？因为这个决议在中国革命的各项问题上都反对他们。因为这个决议推翻了反对派现在的全部托洛茨基立场，因为反对派的首领们已经离开了共产国际，离开了列宁主义，现在他们害怕自己的过去，害怕自己的影子，不得不畏缩地避开共产国际第六次全会的决议。

---

① 着重号是我加的。——斯大林
② 着重号是我加的。——斯大林

中国革命第一阶段的问题就是如此。

现在谈谈中国革命的第二阶段。

如果说第一阶段的特点是革命的锋芒主要指向外国帝国主义，那末第二阶段的特点是革命的锋芒主要指向国内的敌人，首先是指向封建主，指向封建制度。

第一阶段解决了打倒外国帝国主义的任务没有呢？没有，没有解决。它把这一任务交给中国革命的第二阶段执行去了。它只是初步推动了革命群众去反对帝国主义以结束自己的行程并把这个事业交给未来。

应当认为革命的第二阶段也不能完全解决驱逐帝国主义者的任务。它将进一步推动中国广大工农群众去反对帝国主义，但它这样做是为了把这个事业交给中国革命的下一阶段即苏维埃阶段去完成。

这是一点也不奇怪的。难道大家不知道在我国革命史上也有过类似的事实（虽然环境不同、情况不同）？难道大家不知道我国革命的第一阶段没有完全解决自己的完成土地革命的任务，而把这个任务交给革命的下一阶段即交给十月革命，十月革命才完全地彻底地解决了根除封建残余的任务？因此，如果中国革命的第二阶段不能完全完成土地革命，如果革命的第二阶段在推动了千百万农民群众并发动他们起来反对封建残余之后把这个事业交给革命的下一阶段即苏维埃阶段去完成，那是一点也不奇怪的。这只会有利于中国将来的苏维埃革命。

在中国革命的第二阶段，当革命运动的中心显然已由广州移到武汉，并且除了武汉的革命中心以外，在南京又形成了一个反革命中心的时候，共产党人的任务是什么呢？

就是尽量利用机会来公开地组织党、无产阶级（工会）和农民（农民协会），一般说来，公开地组织革命。

就是推动武汉国民党人向左转，转向土地革命方面。

就是把武汉国民党变成反对反革命的斗争中心，变成将来无产阶级和农民的革命民主专政的核心。

这个政策是不是正确的呢？

事实表明它是唯一正确的政策，它能够用进一步发展革命的精神教育广大工农群众。

当时反对派要求立即成立工农代表苏维埃。但这是冒险主义，这是冒进，因为立即成立苏维埃在当时就是跳过中国发展的左派国民党阶段。

为什么呢？

因为武汉国民党还维持着同共产党人的联盟，还没有在广大工农群众面前丧失威信和暴露自己的面目，还没有把自己这个资产阶级革命组织的作用全部发挥净尽。

因为在群众还没有根据本身的经验确信武汉政府不中用、有必要把它推翻的时候，提出成立苏维埃和推翻武汉政府的口号就是冒进，就是脱离群众，使自己失去群众的支持，因而也就是断送已经开始的事业。

反对派以为只要他们自己了解武汉国民党的不可靠、不稳固和没有充分的革命性（任何一个政治上有经验的工作者都不难了解这一点），就足以使群众也了解这一切，就足以用苏维埃来代替国民党，就足以带领群众。然而这是反对派常犯的"极左的"错误，他们总把自己的认识和了解当做千百万工农群众的认识和了解。

反对派说得对，党应该向前迈进。这是一个普通的马克思主义原则，不遵守这个原理就不成其为也不能成为真正的共产党。但这只是一部分真理。全部真理是：党不仅要向前迈进，而且要带领千百万群众。向前迈进而不带领千百万群众，事实上就是脱离运动。向前迈进而脱离后卫，不善于带领后卫，就是冒进，就会使群众运动在一定时期内不能前进。列宁式的领导其实就在于使先锋队善于带领后卫，使先锋队向前迈进而不脱离群众。然而为了使先锋队不脱离群众，为了使先锋队真正能带领千百万群众，需要一个决定性的条件，就是使群众自己根据本身的经验确信先锋队的指示、指令和口号的正确。

反对派倒霉的地方，正在于他们不承认这个领导千百万群众的普通的列宁原则，他们不懂得没有千百万群众的支持，单是一个党，单是一个先进的集团，是无法进行革命的，革命归根到底是要由千百万劳动群众来

"干"的。

为什么我们布尔什维克在1917年4月虽然深信在最近的将来我们必须推翻临时政府并建立苏维埃政权，却没有提出推翻临时政府并在俄国建立苏维埃政权的实践口号呢？

因为无论后方或前方的广大劳动群众以至苏维埃本身，都还接受不了这样的口号，都还相信临时政府有革命性。

因为临时政府还没有因支持后方和前方的反革命而声名狼藉和威信扫地。

为什么列宁痛斥1917年4月在彼得格勒提出立即推翻临时政府并建立苏维埃政权的口号的巴格达齐也夫集团呢？

因为巴格达齐也夫的企图是一种危险的冒进，使布尔什维克党有脱离千百万工农群众的危险。

政治上的冒险主义，在中国革命问题上的巴格达齐也夫主义——这就是我们的托洛茨基反对派现在的致命伤。

季诺维也夫说我谈论巴格达齐也夫主义是把现在的中国革命和十月革命混为一谈。这当然是废话。第一、我在《时事问题简评》一文中自己就已经附带说"这里的比拟是有条件的"，"我做这个比拟是附有一切保留条件的，如果注意到当前中国的形势和1917年的俄国的差别，那就会看出这一切保留条件都是必要的"[7]。第二、如果断言在说明某一国家的革命中的某些派别和某些错误时完全不能和其他国家的革命相比拟，那就太荒谬了。难道一个国家的革命不能向其他国家的革命（即使这些革命不是同一类型的）学习吗？这样，还要革命科学干什么呢？

实际上，季诺维也夫否认革命科学有存在的可能。列宁在十月革命前的一个时期曾经斥责齐赫泽、策烈铁里、斯切克洛夫等人，说他们是实行1848年法国革命中的"路易·勃朗主义"，难道这不是事实吗？只要看一看列宁的《路易·勃朗主义》[8]这篇文章就会明白，列宁虽然非常清楚地知道1848年的法国革命和我们的十月革命不是同一类型的革命，但他在说明十月革命前某些活动家的错误时还是广泛地引用1848年的法国革命来做比拟。既然可以谈论十月革命前的一个时期齐赫泽和策烈铁里的"路易·勃朗主义",为什么不能谈论中国土地革命时期季诺维也夫和托洛茨基的"巴格达齐也夫主义"呢?

反对派断言武汉不是革命运动的中心。但是,季诺维也夫当时为什么断言"必须用一切办法帮助"武汉国民党,使它成为反对中国卡维涅克之流的中心呢?为什么是武汉地区而不是别的什么地区成了土地运动最发展的中心呢?正是武汉地区(湖南、湖北)在今年年初是土地运动最发展的中心,这难道不是事实吗?为什么那个没有群众性的土地运动的广州可以称为"革命根据地"(托洛茨基),而已经开始并发展了土地革命的武汉地区倒不能算做革命运动的中心和"根据地"呢?既然如此,为什么反对派还要求共产党留在武汉国民党和武汉政府内呢?难道反对派在1927年4月是主张同"反革命的"武汉国民党成立联盟吗?反对派怎么会这样"健忘"和糊涂呢?

反对派看到同武汉国民党的联盟时间不长就幸灾乐祸,断言共产国际没有把武汉国民党可能垮台这一点警告中国共产党人。几乎无须证明,反对派的幸灾乐祸只是证明他们政治上的破产。反对派大概以为在殖民地国家中同民族资产阶级的联盟应当是永久的。然而只有把列宁主义丢得干干净净的人才会这样想。如果在中国封建主和帝国主义现阶段比革命更有力量,如果这些敌对力量的压力使武汉国民党向右转并使中国革命遭到暂时的失败,那也只有感染了失败主义情绪的人才会因此而幸灾乐祸。至于反对派断言共产国际没有把武汉国民党可能垮台这一点警告中国共产党,那是反对派武库里现在大量储存的一种惯用的诽谤。

让我引证几个文件来驳斥反对派的诽谤。

第一个文件(1927年5月):

现在国民党对内政策中最主要的就是以'农村中的全部政权归农民协会和农民委员会'为口号,在各省尤其是在广东系统地扩展土地革命。革命和国民党成功的基础就在于此。在中国建立一支反对帝国主义及其走狗的广泛而强大的政治和军事大军的基础就在于此。实际上，没收土地的口号对于被猛烈的土地运动所席卷的省份，如湖南、广东等省，是十分及时的，否则就不可能开展土地革命①……

必须立即开始建立由革命工农组成的、有绝对可靠的指挥人员的八个师或十个师。这将是武汉用来在前方或后方解除不可靠的部队的武装的近卫军，这是刻不容缓的工作。

必须在蒋介石的后方及其部队中加强瓦解工作，援助广东省起义的农民，那里的地主统治是特别难以忍受的。

第二个文件（1927年5月）：

没有土地革命，就不可能胜利。没有土地革命，国民党中央委员会就会变成不可靠的将军们的可怜的玩物。必须反对过火行为，但不能用军队，而要通过农民协会。我们坚决主张从下面实际夺取土地。对谭平山的巡视产生顾虑是有某些根据的。不应该脱离工农运动，而应该用一切办法去协助它。否则就会把事业断送。

国民党中央委员会的某些老领袖害怕事变，正在动摇和妥协。必须从下面吸收更多的新的工农领袖到国民党中央委员会里去。这些新的工农领袖的大胆的呼声会使老头们坚定起来，或者使他们变成废物。国民党的现存机构必须予以改变。国民党的上层必须加以革新，以土地革命中提拔起来的新领袖来补充它，必须靠工会和农民协会的千百万会员来扩大地方组织。否则，国民党就有脱离实际生活并丧失全部威信的危险。

必须根除对不可靠的将军们的依赖性。动员两万左右的共产党员，加上湖南、湖北约五万的革命工农，编成几个新军，用军官学校

---

① 着重号是我加的。——斯大林

的学生来充当指挥人员，组织（目前还不迟）一支可靠的军队。否则就不能保证不失败。这个工作是困难的，但是没有别的办法。

　　组织以有声望的、不是共产党员的国民党人为首的革命军事法庭。惩办和蒋介石保持联系或唆使士兵残害人民、残害工农的军官。不能只是劝告。现在是开始行动的时候了。必须惩办那些坏蛋。如果国民党人不学会做革命的雅各宾党人，那末他们是会被人民和革命所抛弃的。①

你们可以看出，共产国际是预见到事变的，它及时地发出了关于危险的信号，并警告中国共产党人说：如果国民党人不能成为革命的雅各宾党人，那末，武汉国民党是会灭亡的。

加米涅夫说中国革命的失败应当归咎于共产国际的政策，说我们"在中国培植了卡维涅克之流"。同志们，只有存心叛党的人才会这样说我们的党。在1917年7月失败时期即俄国卡维涅克之流登台的时候，孟什维克就是这样说布尔什维克的。列宁在其《论口号》[9]一文中写道，七月的失败就是"卡维涅克之流的胜利"。孟什维克当时心怀恶意，硬说俄国卡维涅克之流的出现应当归咎于列宁的政策。加米涅夫是不是也以为1917年7月失败时期俄国卡维涅克之流的出现，应当归咎于列宁的政策、归咎于我们党的政策，而不应当归咎于别的呢？加米涅夫在这方面模仿孟什维克先生们是否体面呢？（笑声）我没有想到反对派的同志们竟会堕落到这样卑鄙的地步……

大家知道，1905年的革命遭到失败，而且这次失败比现在中国革命的失败更为严重。孟什维克当时说1905年革命的失败应当归咎于布尔什维克的极端革命的策略。加米涅夫在这里是不是也想仿效孟什维克对我国革命历史的解释而向布尔什维克横加攻击呢？

---

① 着重号是我加的。——斯大林

巴伐利亚苏维埃共和国失败的原因在哪里呢？也许在于列宁的政策，而不在于阶级力量的对比吧？

匈牙利苏维埃共和国失败的原因在哪里呢？也许在于共产国际的政策，而不在于阶级力量的对比吧？

怎么能断言某个政党的策略能够取消或转换阶级力量的对比呢？1905年我们的政策是不是正确的呢？为什么当时我们遭到失败呢？难道事实不是说明，如果采取反对派的政策，中国革命的失败就会比实际上所遭到的更快吗？对于那些忘记了革命期间阶级力量的对比而企图只用某个政党的策略来说明一切的人应该怎么说呢？对于这些人只有一句话可说：他们背弃了马克思主义。

结论 反对派最主要的错误是：

（一）反对派不了解中国革命的性质和前途。

（二）反对派看不见中国革命和俄国革命之间、殖民地国家的革命和帝国主义国家的革命之间的差别。

（三）反对派在殖民地国家革命第一阶段如何对待民族资产阶级这一问题上背弃了列宁的策略。

（四）反对派不了解共产党人参加国民党的问题。

（五）反对派在先锋队（党）和后卫（千百万劳动群众）的相互关系问题上违反了列宁的策略原则。

（六）反对派背弃了共产国际执行委员会第六次和第七次全会的决议。

反对派大肆吹嘘他们在中国问题上的政策，断言如果采取这个政策，现在中国的情形就会好些。几乎无须证明，假如中国共产党采取了反对派的反列宁主义的、冒险主义的政策，它就会由于反对派所犯的极严重的错误而使自己完全陷于绝境。

中国共产党在短时期内从一个五六千人的小集团发展为拥有六万党员的群众性的政党；中国共产党在这个时期内把将近三百万无产者组织到工会里来；中国共产党把千百万农民从沉眠中唤醒并把几千万农民吸收到革命的农民协会里来；中国共产党在这个时期内把整团整师的国民

革命军争取到自己方面来；中国共产党在这个时期内把无产阶级领导权的思想由愿望变成了事实，——中国共产党在短时期内获得这一切成就，其原因之一就在于它是遵循列宁所规定的道路、遵循共产国际所指示的道路前进的。

不用说，如果在殖民地革命问题上采取反对派的政策，采取他们的错误意见，采取他们的反列宁的方针，中国革命的这些成就不是根本没有，就是微乎其微。

恐怕只有"极左的"叛徒和冒险主义者才能怀疑这一点。

八月五日的演说

……

关于中国问题。在季诺维也夫看来，斯大林在党的第十四次代表大会上所做的报告中似乎把中国和美国混为一谈了。这当然是胡说。在我的报告中并没有而且不可能有什么把中国和美国混为一谈的事。事实上，在我的报告中只是谈到中国人民有求得民族统一和从外国羁绊下获得民族解放的权利。我在强调反对帝国主义报刊的问题时曾经说，既然你们，帝国主义者先生们，认为（至少是在口头上）争取统一和从外国羁绊下获得解放的意大利的民族战争、美国的民族战争和德国的民族战争都是合理的，那末，中国为什么不如这些国家，为什么中国人民没有求得自己民族统一和民族解放的权利呢？

这就是我在报告中所说的话，我根本没有谈到从共产主义观点来看中国革命的前途和任务的问题。

在和资产阶级报刊作斗争时这样提问题是否恰当呢？显然是恰当的。季诺维也夫不懂得这样简单的事理，但是这只能怪他自己愚蠢，不能怪别的。

原来季诺维也夫认为把当时是革命的武汉国民党变成未来无产阶级和农民革命民主专政核心的政策是不正确的。试问这有什么不正确呢？武汉国民党在今年年初是革命的，这难道不是事实吗？如果当时武汉国民党不是革命的，为什么季诺维也夫大喊"用一切办法支持"武汉国民党呢？如果当时武汉国民党不是革命的，为什么反对派发誓说他们是主张共产党留在武汉国民党内的呢？如果共产党人加入了武汉国民党并且在国民党里有了威信，而他们却不试图拉国民党同路人跟着自己走，也不试试把武汉国民党变成革命民主专政的核心，那末，这样的共产党人还有什么价值呢？依我说，这样的共产党人是一钱不值的。

固然，这个试图并没有成功，这是因为在现阶段，帝国主义者和中国封建主比革命的力量强大，中国革命因此遭到了暂时的失败。但是，难道由此应该得出结论说共产党的政策不正确吗？

1905年俄国共产党人也曾经试图把当时存在的苏维埃变成未来无产阶级和农民革命民主专政的核心。然而当时由于阶级力量的对比不利，由于沙皇制度和封建主比革命的力量强大，这个试图也没有成功。由此是否应该得出结论说当时布尔什维克的政策不正确呢？显然是不应该的。

其次，季诺维也夫断言列宁曾经主张在中国立即组织工人代表苏维埃。季诺维也夫并且引证了共产国际第二次代表大会所通过的列宁关于殖民地问题的提纲。但季诺维也夫在这里简直是在把党引入迷途。

在报刊上已经讲过好几次，但是这里还得再说一遍：在列宁的提纲里没有一个字提到中国工人代表苏维埃的问题。

在报刊上已经讲过好几次，但是这里还得再说一遍：列宁在他的提纲里指的不是工人代表苏维埃，而是"农民苏维埃"、"人民苏维埃"，而且他特别附带说明，他指的是那些"没有或几乎没有工业无产阶级"的国家。

可以不可以把中国算做"没有或几乎没有工业无产阶级"的国家呢？显然是不可以的。可以不可以在中国建立农民苏维埃、劳动者苏维埃、人民苏维埃而不先建立工人阶级的阶级苏维埃呢？显然是不可以的。那末，反对派为什么要引证列宁的提纲来欺骗党呢？

……

关于民族文化，季诺维也夫在这里发表的一大通关于民族文化的谬论，应当传之后世，好使党知道季诺维也夫是反对在苏维埃基础上发展苏联各民族的民族文化的，知道他实际上是殖民主义的拥护者。

我们过去和现在都认为在多民族的国家里，资产阶级统治时代的民族文化的口号是资产阶级的口号，为什么呢？因为在这种国家里，资产阶级统治时期的民族文化的口号就是要一切民族的劳动群众在精神上服从资产阶级的领导，服从资产阶级的统治，服从资产阶级的专政。

在无产阶级取得政权以后，我们宣布了在苏维埃基础上发展苏联各民族的民族文化的口号。这是什么意思呢？这就是说，我们要使苏联各民族中民族文化的发展符合于社会主义的利益和要求，符合于无产阶级专政的利益和要求，符合于苏联一切民族劳动人民的利益和要求。

这是不是说我们现在反对任何民族文化呢？不，不是这个意思。这只是说，我们现在主张在苏维埃基础上发展苏联各民族的民族文化，发展民族的语言、学校、出版物等等。"在苏维埃基础上"这个附带条件又是什么意思呢？这就是说，苏维埃政权所发展的苏联各民族的文化，按其内容来说，应当是一切劳动者共同的文化，即社会主义的文化；而按其形式来说，它现在和将来对于苏联一切民族都是不同的文化，即民族的文化，即因苏联各民族的语言和民族特征不同而各有差别的文化。关于这一点，大约三年前我在东方劳动者共产主义大学的演说中已经说过了[10]。我们党一直本着这种精神进行工作，鼓励发展民族的苏维埃学校、民族的苏维埃出版物和其他文化机关，鼓励党的机关"民族化"、苏维埃机关"民族化"以及其他等等。

正因为如此，列宁在他写给在各民族区域和民族共和国工作的同志们的信中，号召在苏维埃基础上发展这些区域和共和国的民族文化。

正因为我们在无产阶级取得政权以后一直遵循着这条道路前进，所以我们能建立起世界上前所未有的称为苏维埃社会主义共和国联盟的国际主义大厦。

季诺维也夫现在竟想推翻、抹杀、葬送这一切而向民族文化宣战。他把这种民族问题上的殖民主义谬论也叫做列宁主义!同志们,这岂不可笑吗!

按斯大林《论反对派》(1921~1927年论文演说集),1928,第 11~34、60~62、63~64 页

莫斯科—列宁格勒版刊印

选自《斯大林全集》第 10 卷,第 11~34 页

注释:

[1] 联共(布)中央委员会和中央监察委员会联席全会于 1927 年 7 月 29 日至 8 月 9 日举行。全会讨论了关于国际形势、关于 1927~1928 年度经济方面的指示、关于中央监察委员会和工农检查院的工作、关于党的第十五次代表大会、关于季诺维也夫和托洛茨基违反党纪等问题。斯大林在 8 月 1 日全会会议上发表了《国际形势和保卫苏联》的演说。8 月 2 日全会选举斯大林为关于国际形势的决议案起草委员会委员。全会指出了对苏联的新的军事进攻威胁日益加剧,斥责了托洛茨基—季诺维也夫联盟的失败主义立场,提出了全力加强苏联国防的任务。全会做出了 1927~1928 年度经济方面的指示,肯定了反对派在经济政策方面的投降路线的完全破产。在关于中央监察委员会和工农检查院的工作决议中,全会拟定了进一步改进国家机关工作的计划。在讨论奥尔忠尼启泽的关于季诺维也夫和托洛茨基违反党纪的报告时,斯大林在 8 月 5 日全会会议上发表了演说。8 月 6 日全会选举斯大林为关于奥尔忠尼启泽报告的决议草案起草委员会委员。全会揭发了托洛茨基—季诺维也夫联盟的首领们的罪恶活动,提出了取消托洛茨基和季诺维也夫的联共(布)中央委员资格的问题。只是在这以后,反对派的首领们在 8 月 8 日才向全会提出"声明",在这个"声明"中他们口是心非地谴责了自己的行为,表示放弃派别活动。斯大林在 8 月 9 日全会会议上就反对派的"声明"发表了演说。全会给托洛茨基和季诺维也夫以最后严重警告的处分,责令托洛茨基—季诺维也夫联盟的首领们立即解散派别组织,号召各级党组织和全体党员维护党的统一和铁的纪律。[联共(布)中央委员会和中央监察委员会联席全会的决议,见《苏共代表大会、代表会议和中央全会决议汇编》卷下,1953,第

239~274页]。

［2］见列宁《论无产阶级在这次革命中的任务》，《列宁选集》第3卷，人民出版社，1995，第13~18页——编者注。

［3］见《斯大林全集》第8卷，人民出版社，1954，第330、332页。——编者注

［4］见列宁《民族和殖民地问题提纲初稿》，《列宁选集》第4卷，人民出版社，1995，第215~222页——编者注。

［5］共产国际执行委员会第六次扩大全会东方委员会所起草的关于中国问题的决议于1926年3月13日在全会会议上通过（见《共产国际执行委员会第六次扩大全会提纲和决议》，1926年莫斯科—列宁格勒版，第131~136页）。

［6］马尔丁诺夫（从前是孟什维克，在俄共（布）第十二次代表大会上被接收入党）在他论述1925年至1927年中国革命发展问题的一篇文章中，提出中国革命可以由资产阶级民主革命和平转变为无产阶级革命的论点。托洛茨基—季诺维也夫反苏维埃联盟企图把马尔丁诺夫提出这个错误论点的责任推到共产国际和联共（布）的领导身上。

［7］见《斯大林全集》第9卷，人民出版社版，1954，第322页。——编者注

［8］见《列宁全集》第29卷，人民出版社，1985，第127~130页。——编者注

［9］见《列宁选集》第3卷，人民出版社，1995，第86~93页。——编者注

［10］见斯大林《论东方民族大学的政治任务》，《斯大林全集》第7卷，人民出版社，1958，第113~127页。——编者注

和第一个美国工人代表团的谈话(摘录)

(1927年9月9日)

一　代表团的问题和斯大林同志的回答

第一个问题:列宁和共产党实际上给马克思主义补充了哪些新原则?说列宁相信"创造性的革命",而马克思则比较倾向于等待经济力最高度的发展,这样说是否正确?

答:我认为列宁没有给马克思主义"补充"任何"新原则",同样列宁也没有取消马克思主义的任何一个"旧"原则。列宁始终是马克思和恩格斯最忠实最彻底的学生,他是完完全全以马克思主义的原则为依据的。

但是列宁不仅仅是马克思恩格斯学说的实行者,同时还是马克思恩格斯学说的继承者。

这是什么意思呢?

这就是说,他适应发展的新条件,适应资本主义的新阶段,适应帝国主义时代,向前发展了马克思恩格斯的学说。这就是说,列宁在阶级斗争的新条件下向前发展了马克思的学说,他给马克思主义总宝库加进了某种比马克思和恩格斯所提供的、比帝国主义以前的资本主义时期内所能提供的更新的东西,而且列宁对马克思主义宝库的这种新贡献是完完全全以马克思和恩格斯所提供的原则为基础的。

正是在这个意义上,我们说列宁主义是帝国主义和无产阶级革命时代的马克思主义。

在下面几个问题上列宁作了某种新贡献，向前发展了马克思的学说。

……

第五，关于民族殖民地问题。

马克思和恩格斯当年分析爱尔兰、印度、中国、中欧各国、波兰、匈牙利等国的事件时，已提供了关于民族殖民地问题的基本的原则思想。列宁在自己的著作中就是以这些思想为基础的。

列宁在这方面的新贡献在于：

（一）他把这些思想集合成为一个关于帝国主义时代民族殖民地革命学说的严整体系；

（二）他把民族殖民地问题和推翻帝国主义的问题联系起来；

（三）他宣布民族殖民地问题是国际无产阶级革命总的问题的一个组成部分。

……

第八个问题：在对少数民族（национальные меньшинства）的政策上俄国和资本主义国家的基本差别是什么？

答：你们指的大概是苏联境内那些从前受沙皇制度和俄罗斯剥削阶级压迫、没有自己国家组织的民族。

基本的差别是：在资本主义国家里存在着民族压迫和民族奴役，而在我们苏联，这两种东西都已经根本消灭了。

在资本主义国家那里，除了头等民族（нация）即享有特权的民族、"有国家的"民族（нация），还有次等民族（нация）即"没有国家的"民族（нация），主权不完整的、被剥夺了某些权利首先是被剥夺了成立国家的权利的民族（нация）。而在我们苏联，情形完全不同，所有这些民族不平等和民族压迫的现象都消灭了。在我国，一切民族都是平等的，有主权的，因为从前占统治地位的大俄罗斯民族的民族特权和国家特权都取消了。

当然，问题不在于发表民族平等的宣言。各种各样的资产阶级政党和社会民主党都发表了不少民族平等的宣言。这些宣言要是不付诸实现，那又有什么价值呢？问题在于消灭那些作为民族压迫的代表者、制造者和实行者的阶级。以前我国的地主和资本家就是这样的阶级。我们推翻了这些阶级，因而也就消灭了民族压迫的可能性。正因为我们推翻了这些阶级，我们才有可能实现真正的民族平等。

我们这里就把这叫做实现民族自决以至民族分离的思想。正因为我们实现了民族自决，我们才消除了苏联各民族劳动群众之间互不信任的心理，并在自愿原则上把各民族联合成一个联盟国家。现在的苏维埃社会主义共和国联盟就是我们实现民族政策的结果，就是苏联各民族自愿结合为一个联盟国家的表现。

几乎无须证明，资本主义国家在民族问题上要采取这样的政策是不可能的，因为那里还是资本家在执掌政权，而资本家是民族压迫政策的制造者和实行者。

不能不指出例如这样一个事实：领导苏联最高政权机关即苏维埃中央执行委员会的，并不一定是俄罗斯人的主席，而是按照加入苏联的六个加盟共和国的数目而定的六个主席，其中一个是俄罗斯人（加里宁），另一个是乌克兰人（彼得罗夫斯基），第三个是白俄罗斯人（切尔维雅柯夫），第四个是阿塞拜疆人（穆萨别柯夫），第五个是土尔克明人（艾塔柯夫），第六个是乌兹别克人（斐祖拉·霍札也夫）。这个事实就是我们民族政策的一个鲜明表现。不用说，任何一个资产阶级共和国，不管它多么民主，也不会采取这种措施。可是这种措施在我们看来却是由我们全部民族平等政策产生出来的一个不言而喻的事实。

……

二　斯大林同志的问题和代表们的回答

斯大林说：要是代表团不太疲劳，请允许我也向代表团提几个问题。（代表团表示同意）

第一个问题:在美国,组织在工会里的工人的百分比很小,这是什么原因?

在美国还有一个很重要的情况,就是资本家在各种不同民族的工人中挑拨离间。非熟练工人多半是从欧洲来的或者(在最近)是黑人。资本家竭力在各种不同民族的工人中挑拨离间。熟练劳动和非熟练劳动也是根据民族来区分的。资本家经常挑拨各种不同民族的工人互相敌视,不管他们的劳动熟练程度如何。

载于《真理报》,1927年9月15日,第210号

选自《斯大林全集》第10卷,第85~86、90、110~112、119~120页

致玛·依·乌里杨诺娃同志

答勒·米赫里逊同志

几天前收到你寄来的米赫里逊同志关于民族问题一信的抄本。现在简单答复如下:

(一)布略特的同志们曾经问我:"通过在我们各个自治共和国领域内发展起来的民族文化向统一的全人类文化过渡,这应当怎样理解?"(见斯大林《列宁主义问题》,第259页[1])我回答他们说,这种过渡应当这样理解:不是通过"在社会主义时期随着一切语言的消亡而形成的统一的全人类的语言"[2],而是通过各民族之以符合这些民族的语言和生活的形式去参加按内容来说是无产阶级的全人类文化(见《列宁主义问题》)。为了说明这一点,我引证了我国革命发展方面的许多事实,因为这个革命唤醒并加强了早先遭受排挤的民族及其文化。争论的就是这个问题。

米赫里逊同志没有了解争论的实质。

(二)米赫里逊同志对我所说的"在社会主义时期"(见上文)这几个字,对我所提的一些民族同化的过程并不等于一般民族的消灭这一论断吹毛求疵,断言斯大林的某些说法会给人以口实,把它们说成是在民族问题上"对列宁主义的修正"。而且他还引证了列宁的一段话:"社会主义的目的不只是要消灭人类分为许多小国家的现象和各民族间的任何隔离状态,不只是要使各民族互相亲近,而是要使各民族融为一体。"[3]

首先,我想米赫里逊同志是撇开了布略特的同志们信中的那种问题提法，而这种提法斯大林在东方劳动者共产主义大学的演说中无论如何是不能撇开的。布略特人指的正是通过民族文化向全人类文化过渡，而且布略特的同志们大概以为起初将是民族文化，然后才是全人类文化。斯大林在答复时反驳了这个看法，指出这种过渡不会是采取布略特人所设想的那种方式，而会是采取民族文化（就形式来说）和全人类文化（就内容来说）在苏联各民族中同时发展的方式，只有采取这种过渡方式，才能使各民族参加全人类文化（见《列宁主义问题》）。

其次，我想米赫里逊同志没有了解我的答复的意思。我所说的我国的"社会主义时期"，是指我国的社会主义建设时期，而不是指社会主义的"最后"胜利，这种胜利只有在国际范围内即只有当社会主义在世界各国或几个最重要的国家内获得胜利时才能到来。从我在东方劳动者共产主义大学的演说中对整个问题的提法看来，这是很清楚的。是不是可以断言，在我国的社会主义建设时期（"社会主义时期"）内，即社会主义在其他国家胜利以前，我国各民族一定会消失而融合成一个有共同语言的统一民族呢？我想是不可以的。不但如此，在无产阶级专政在全世界范围内获得胜利以后，甚至在这以后，民族差别和国家差别还会存在很久。

列宁说得非常对："各民族间和各国间的民族差别和国家差别……甚至在无产阶级专政在全世界范围内实现以后也还要保持很久很久。"（见《列宁选集》第四卷，人民出版社，1995，第200页）

那末，对米赫里逊同志引证的列宁所说过的社会主义的目的归根到底就是各民族融为一体这段话应怎样了解呢？我想不应象米赫里逊同志那样去了解这段话。因为从上面所说的可以看出，列宁在这段话中把各民族融为一体看做社会主义的最终任务，这任务只有"在无产阶级专政在全世界范围内实现以后"过了"很很久的"时期，由于社会主义在世界各国内获得胜利才能实现。

可见米赫里逊同志没有了解列宁的话。

（三）我觉得斯大林的"说法"不需要"再明确化"。我迫切地等待着，看反对派敢不敢在党的代表大会期间的公开论战中提一提民族问题的原则方面。就怕他们不敢，因为自从季诺维也夫在中央委员会和中央监察委员会全会上的发言失败以后，反对派在其最近提出的"政纲"中对民族文化问题是宁可完全保持缄默的。万一反对派分子硬敢来试一下，那对党是更好的，因为党会从这里得到好处。

约·斯大林

一九二七年九月十六日

第一次刊印

选自《斯大林全集》第 10 卷，第 129～131 页。

注释：

[1] 见斯大林《论东方民族大学的政治任务》，《斯大林全集》第 7 卷，人民出版社，1958，第 119 页。——编者注

[2] 见斯大林《论东方民族大学的政治任务》，《斯大林全集》第 7 卷，人民出版社，1958，第 118 页。——编者注

[3] 见列宁《社会主义革命和民族自决权》，《列宁选集》第 2 卷，人民出版社，1995，第 564 页。——编者注

十月革命的国际性质（摘录）

（为纪念十月革命十周年而作）

十月革命不能认为只是"一国范围内的"革命。它首先是国际性的、世界性的革命，因为它是全世界人类历史中从资本主义旧世界到社会主义新世界的根本转变。

……

可以指出几个基本问题来说明十月革命对全世界革命运动发展的影响。

……

（二）十月革命不仅在帝国主义统治的中心、在"宗主国"内动摇了帝国主义，而且还打击了帝国主义的后方，打击了帝国主义的外围，震撼了帝国主义在殖民地和附属国的统治。

十月革命既然打倒了地主和资本家，也就粉碎了民族殖民地压迫的锁链，把一个幅员广大的国家内所有一切被压迫民族都毫无例外地从压迫下解放出来。无产阶级不解放被压迫民族就不能解放自己。十月革命的特点就是它在苏联进行的这种民族殖民地革命不是以各民族仇视和各民族冲突为旗帜，而是以苏联各民族工人农民互相信任和亲密团结为旗帜，不是为了**民族主义**，而是为了**国际主义**。

正因为我国的民族殖民地革命是在无产阶级领导下和在国际主义旗帜下进行的，所以被蔑视的民族、被奴役的民族在人类历史上**第一次**上升到

真正自由和**真正**平等的民族的地位，并以自己的榜样来鼓舞全世界一切被压迫的民族。

这就是说，十月革命**开辟了**一个新时代，即**在**世界**各被压迫国家中**，在同无产阶级结成**联盟**并**在**无产阶级**领导下**进行的**殖民地**革命的时代。

从前，"照例总是"认为：自古以来人类就分成低等人种和高等人种，分成黑种人和白种人，前者没有达到文明的能力，注定成为剥削的对象，后者是文明的唯一代表者，负有剥削前者的使命。

现在应该认为这种奇谈被打破了，被抛弃了。十月革命最重要的结果之一就是它给这种奇谈以致命的打击，因为它在事实上表明，那些获得解放而被引上苏维埃发展轨道的非欧洲民族，他们推进**真正**先进文化和**真正**先进文明的能力是丝毫不亚于欧洲民族的。

从前，"照例总是"认为：**资产阶级民族主义**的方法，使各民族彼此分离的方法，使各民族彼此隔开的方法，使各民族劳动群众间的民族仇视加深的方法，是解放被压迫民族的唯一方法。

现在应该认为这种奇谈被推翻了。十月革命最重要的结果之一就是它给这种奇谈以致命的打击，因为它在事实上表明，用唯一正确的**无产阶级国际主义**的方法解放被压迫的民族，是可能的而且是适当的；因为它在事实上表明，各民族的工人和农民根据**自愿**原则并在**国际主义**基础上结成**兄弟般的联盟**，是可能的而且是适当的。苏维埃社会主义共和国联盟（世界各国劳动者将来在统一的世界经济之内联合的榜样）的存在不能不是这一点的直接证明。

不用说，十月革命的这些以及诸如此类的结果，过去和现在都不能不对殖民地和附属国的革命运动发生重大的影响。中国、印度尼西亚、印度和其他各国被压迫民族革命运动日益发展以及这些民族对苏联的同情日益增长，——所有这些事实都毫无疑义地说明了这一点。

安然剥削和压迫殖民地和附属国的时代**已经过去了**。

殖民地和附属国的解放革命的时代，这些国家的**无产阶级**觉醒的时代，无产阶级在革命中掌握**领导权**的时代已经到来了。

（三）十月革命既然把革命种子播到帝国主义的中心和后方，削弱了帝国主义在"宗主国"的势力，动摇了帝国主义在殖民地的统治，因而也就使**整个**世界资本主义本身的存在发生了问题。

既然在帝国主义条件下，由于资本主义发展不平衡，由于纠纷和军事冲突不可避免，以及由于空前未有的帝国主义大屠杀，资本主义的自发发展已经变成资本主义腐朽和衰亡的过程，那末，十月革命和一个大国由于这次革命而脱离世界资本主义体系的事实，就不能不加速这一过程，一步一步地破坏世界帝国主义的基础。

不仅如此，十月革命不仅震撼了帝国主义，同时为世界革命运动建立了强大的公开的**基地**即第一个无产阶级专政。世界革命运动**从来不曾有过**这样的基地，现在它可以把这个基地作为靠山了。十月革命为世界革命运动建立了一个强大的公开的**中心**。世界革命运动**从来不曾有过**这样的中心，现在它能团结在这个中心的周围，组织**世界各国无产者和被压迫民族反对帝国主义的革命统一战线**了。

……

载于《真理报》，1927年11月6～7日，第255号
署名：约·斯大林

选自《斯大林选集》上卷，第617～621页

民族问题和列宁主义

(答梅什柯夫、柯瓦里楚克及其他同志)

你们的来信都收到了。这些信和我最近几个月来收到的其他同志关于同一问题的许多信是相似的。然而我决定只回答你们,因为你们把问题提得更露骨,从而可以帮助把问题弄明白。固然,你们在自己的信中对所提出的问题做了不正确的解答,但这是另一回事,——关于这一点我们在下面再谈。

我们就来谈本题吧。

一 "民族"概念

俄国马克思主义者早已有了自己的民族理论。依据这个理论,民族(нация)是人们在历史上形成的有共同语言、共同地域、共同经济生活以及表现于共同的民族文化特点上的共同心理素质这四个基本特征的稳定的共同体。大家知道,这个理论已经是我们党内所公认的了。

从你们的信中可以看出,你们认为这个理论不够完备。因此,你们建议给民族的四个特征加上第五个特征,这就是:具有自己的单独的民族国家。你们认为没有这第五个特征,就没有而且不可能有民族。

我认为你们所提出的、给"民族"概念加上新的第五个特征的那个公式是大错特错的,不论在理论上或者在实践上——政治上都不能证明是对的。

按照你们的公式，就只好仅仅承认那些和其他国家分离而有自己的单独国家的民族才是民族，而一切不能成立独立国家的被压迫民族，就只好从民族范畴中一笔勾销，并且被压迫民族反对民族压迫的斗争，殖民地各族人民反对帝国主义的斗争，也只好从"民族运动"、"民族解放运动"概念中取消了。

不仅如此，按照你们的公式，就只好认定：

（甲）爱尔兰人只是在"爱尔兰自由国"成立以后才成为民族，而在这以前他们不是民族；

（乙）挪威人在挪威从瑞典分离出来以前不是民族而只是在分离以后才成为民族；

（丙）乌克兰人在乌克兰是沙皇俄国的组成部分的时候不是民族，他们只是在中央拉达和斯柯罗帕茨基统领统治之下从苏维埃俄国分离出来以后才成为民族，但是他们在把自己的乌克兰苏维埃共和国同其他苏维埃共和国联合为苏维埃社会主义共和国联盟以后，又不再是民族了。

这样的例子是举不胜举的。

显然，使人得出这样荒谬的结论的公式不能认为是科学的公式。

在实践上——政治上，你们的公式不可避免地会引导到替民族压迫、帝国主义压迫做辩护，这种压迫的体现者根本不承认那些没有自己单独的民族国家的被压迫的和没有充分权利的民族是真正的民族，他们认为这种情况给了他们压迫这些民族的权利。

更不必说，你们的公式会引导到替我们各苏维埃共和国内的资产阶级民族主义者做辩护，这些人硬说各苏维埃民族在把自己的民族苏维埃共和国联合为苏维埃社会主义共和国联盟以后就不再是民族了。

关于"补充"和"修正"俄国马克思主义民族理论的问题就是如此。

剩下的只有一个出路：承认俄国马克思主义民族理论是唯一正确的理论。

二　民族的产生和发展

你们的严重错误之一就是：你们把现有一切民族都搅在一起，看不见它们之间的原则差别。

世界上有各种不同的民族。有一些民族是在资本主义上升时代发展起来的，当时资产阶级打破封建主义和封建割据局面而把民族集合为一体并使它凝固起来了。这就是所谓"现代"民族（нация）。

你们断定说：民族还在资本主义以前就已经产生并存在了。但是，在资本主义以前，在封建主义时期，既然国家分裂为各个独立的公国，这些公国不仅没有用民族的纽带彼此联系起来，而且根本否认这种纽带的必要性，那末民族（нация）怎么能产生和存在呢？和你们的错误论断相反，在资本主义以前的时期是没有而且不可能有民族（нация）的，因为当时还没有民族市场，还没有民族的经济中心和文化中心，因而还没有那些消灭各该族人民经济的分散状态和把各该族人民历来彼此隔绝的各个部分结合为一个民族整体的因素。

当然，民族的要素——语言、地域、文化共同性等等——不是从天上掉下来的，而是还在资本主义以前的时期逐渐形成的。但是这些要素当时还处在萌芽状态，至多也不过是将来在一定的有利条件下使民族有可能形成的一种潜在因素。这种潜在因素只有在资本主义上升并有了民族市场、经济中心和文化中心的时期才变成了现实。

说到这里，应该指出列宁在《什么是"人民之友"以及他们如何攻击社会民主主义者？》一书中关于民族的产生问题所讲的那些出色的话。民粹派分子米海洛夫斯基从氏族联系的发展中推论出民族联系和民族统一的产生；列宁在和他论战的时候说道：

> 这样说来，民族联系（национальные связи）乃是氏族联系（родовые связи）的延续和综合！米海洛夫斯基先生关于社会历史的

观念，大概是取材于一些用作小学教材的童话。按这个启蒙课本的原理说来，社会历史是这样的：起初是家庭，这是任何一个社会的细胞……然后家庭发展为部落（племя），部落又发展为国家。米海洛夫斯基先生郑重其事地重复这种幼稚的胡说，这不过表明（除其他一切外）他甚至对俄国历史的进程也没有任何概念。在古俄罗斯还可以说有过氏族生活，而在中世纪，在莫斯科皇朝时代，这种氏族联系毫无疑义已不存在了，就是说，当时国家完全不是建立在氏族的联合上，而是建立在地方的联合上：地主和教堂接纳了从各地来的农民，而这样组成的村社纯粹是地域性的联合。但在当时很难说已有真正的民族联系（национальные связи）：当时国家分成各国领地，其中有一部分甚至是公国，这些公国还保存着从前那种自治制度的鲜明遗迹，有其管理方面的特点，有时候还保存着自己的特殊的军队（地方诸侯是带领着自己的军队去作战的）、特殊的税关等等。仅仅在俄国历史的新时期中（大约自十七世纪起），这一切区域、领地和公国才真正在事实上融合成一个整体。请最可尊敬的米海洛夫斯基先生注意，这种融合并不是由氏族联系（родовые связи）引起的，甚至不是由它的延续和综合引起的，而是由各个区域间日益频繁的交换，由逐渐增长的商品流通，由各个不大的地方市场集中成一个全俄市场引起的。既然这个过程的领导者和主人翁是商人资本家，所以这种民族联系（национальные связи）的建立也就无非是资产阶级联系的建立。（见《列宁选集》第一卷，人民出版社，1995，第21~22页。）

所谓"现代"民族产生的情形就是如此。

资产阶级及其民族主义的政党在这个时期始终是这种民族的主要领导力量。为了"民族统一"而鼓吹民族内部的阶级和平；掠夺异民族的领土来扩大本民族的领土；不信任和仇视异民族；压迫少数民族（национальные меньшинства），同帝国主义结成统一战线，——这就是这种民族的思想内容和社会政治内容。

这种民族应该评定为资产阶级民族。例如法兰西、英吉利、意大利、北美利坚以及其他类似的民族就是这样的民族。在我国无产阶级专政和苏维埃制度建立以前的俄罗斯、乌克兰、鞑靼、亚美尼亚、格鲁吉亚以及俄国其他的民族也是这样的资产阶级民族。

显然，这种民族的命运是和资本主义的命运联系在一起的，随着资本主义的灭亡，这种民族势必退出舞台。

在斯大林的《马克思主义和民族问题》小册子中说，"民族不是普通的历史范畴，而是一定时代即资本主义上升时代的历史范畴"，"民族运动实质上既是资产阶级的运动，它的命运自然就和资产阶级的命运联系在一起"，"只有资产阶级灭亡，民族运动才会彻底灭亡"，"只有在社会主义世界里，完全的和平才能建立起来"[1]，这里指的正是这种资产阶级民族。

关于资产阶级民族的情形就是如此。

但是世界上还有其他的民族（нация）。这就是新式民族（нация）即苏维埃民族（советские нации），这种民族是在俄国资本主义推翻以后，在资产阶级及其民族主义政党消灭以后，在苏维埃制度确立以后，在旧式民族（нация）即资产阶级民族的基础上发展和形成的。

工人阶级及其国际主义的政党是团结和领导这些新式民族的力量。为了消灭资本主义残余，为了胜利地建设社会主义，工人阶级和劳动农民在民族内部结成联盟；为了各个民族（нация）及少数民族（национальные меньшинства）的平等权利和自由发展而消灭民族压迫的残余；为了建立各族人民间的友谊和确立国际主义而消灭民族主义的残余；在反对侵略和侵略战争的政策的斗争中，在反对帝国主义的斗争中同一切被压迫的和没有充分权利的民族结成统一战线，——这就是这种民族的精神面貌和社会政治面貌。

这种民族应该评定为社会主义民族。

这些新式民族是由于资本主义被消灭而在旧式民族即资产阶级民族的基础上通过以社会主义精神根本改造旧式民族而产生和发展起来的。谁也不能否认，现在苏联各社会主义民族（социалистические нации）——俄罗斯民族、乌克兰民族、白俄罗斯民族、鞑靼民族、巴什基尔民族、乌兹别克民族、哈萨克民族、阿塞拜疆民族、格鲁吉亚民族、亚美尼亚民族以及其他各民族——不论按阶级成分和精神面貌说来，或者按社会政治的利益和趋向说来，都和旧俄境内各个相当的旧式民族即资产阶级民族根本不同。

这就是历史所知道的两种民族类型。

你们不同意把民族的命运（这里是指旧式民族即资产阶级民族的命运）和资本主义的命运联系在一起。你们不同意旧式民族即资产阶级民族随着资本主义的消灭也将消灭的论点。可是，如果不把这些民族的命运和资本主义的命运联系在一起，究竟又能把它和什么东西联系在一起呢？随着资本主义的消失，它所产生的资产阶级民族也势必消失，这难道很难理解吗？难道你们认为旧式民族即资产阶级民族在苏维埃制度下，在无产阶级专政下也能存在和发展吗？这怎么行……

你们担心在资本主义制度下存在的民族的消灭就等于所有民族的消灭，任何民族的消灭。为什么呢？有什么根据呢？除了资产阶级民族以外，还存在着其他的民族，社会主义民族，它们的团结性和生命力远远超过了任何资产阶级民族，这难道你们不知道吗？

你们的错误就在于：除了资产阶级民族以外，你们看不见其他的民族，因而你们忽视了在旧式民族即资产阶级民族废墟上产生的苏联各社会主义民族形成的整个时代。

问题就在于：资产阶级民族的消灭并不就是所有民族的消灭，而仅仅是资产阶级民族的消灭，在旧式民族即资产阶级民族的废墟上，新式民族即社会主义民族（социалистические нации）产生和发展起来，这种民族比任何资产阶级民族都团结得多，因为它们没有那些腐蚀资产阶级民族的不可调和的阶级矛盾，而且它们的全民性远远超过了任何资产阶级民族。

三 民族和民族语言的未来

你们犯了一个严重的错误,在社会主义在一个国家内胜利的时期和社会主义在世界范围内胜利的时期之间划了一个等号,认定不仅在社会主义在世界范围内胜利的时候,而且在社会主义在一个国家内胜利的时候,民族差别和民族语言的消失,民族的融合以及统一的共同的语言的形成都是可能的和必要的。在这里,你们把完全不同的东西混淆起来了,即把"民族压迫的消灭"和"民族差别的消灭"混淆起来了,把"民族国家壁垒的消灭"和"民族的消亡"、"民族的融合"混淆起来了。

不能不指出,把这些各不相同的概念混淆起来,对于马克思主义者是完全不能容许的。在我们这里,在我们国家中,民族压迫早已消灭了,但是由此决不应该得出结论说:民族差别已经消失了,我国各民族已经消灭了。在我们这里,在我们国家中,民族国家壁垒如边防、税关早已取消了,但是由此决不应该得出结论说:各个民族已经融合起来了,各种民族语言已经消失了,这些民族语言已经被我们一切民族的某种共同语言代替了。

你们不满意我在东方民族共产主义大学里的演说(1925年)[2],因为在那次演说中我否认了下面这个论点的正确性:在社会主义在一个国家内,例如在我们国家内胜利的时候,各种民族语言将要消亡,各个民族将要融合起来,而且将要出现一种共同语言来代替各种民族语言。

你们认为我这种说法和列宁的一个著名论点是矛盾的,这个论点是:社会主义的目的不只是要消灭人类分为许多小国家的现象和各民族间的任何隔离状态,不只是要使各民族互相亲近,而且要使各民族融为一体。

其次,你们认为我这种说法和列宁的另一个论点也是矛盾的,这个论点是:在社会主义在世界范围内胜利的时候,民族差别和民族语言将开始消亡;在这个胜利以后,各种民族语言将开始被一种共同语言所代替。

同志们,这是完全不对的。这是严重的错误。

我在前面已经说过，把"社会主义在一个国家内胜利"和"社会主义在全世界范围内胜利"这些各不相同的现象混为一谈，搅在一起，对于马克思主义者是不能容许的。不应该忘记，这些各不相同的现象反映着两个完全不同的时代，这两个时代不仅在时间上（这是很重要的），而且在本质上都是互不相同的。

民族猜疑、民族隔阂、民族仇视、民族冲突，当然不是被某种"天生的"民族恶感推动着和支持着的，而是被帝国主义征服异民族的野心以及这些民族对于民族奴役的威胁所感到的恐惧推动着和支持着的。毫无疑问，只要世界帝国主义存在，这种野心和这种恐惧也将存在，——因此，在绝大多数国家里，民族猜疑、民族隔阂、民族仇视、民族冲突也将存在。能不能断言一个国家内社会主义的胜利和帝国主义的消灭就是大多数国家内帝国主义和民族压迫的消灭呢？显然不能。由此应该得出结论说：社会主义在一个国家内的胜利虽然严重地削弱了世界帝国主义，但是仍然没有创造而且不能创造为世界各个民族和各种民族语言融合为一个共同的整体所必需的条件。

社会主义在全世界范围内胜利的时期和社会主义在一个国家内胜利的时期的区别，首先在于前者消灭一切国家里的帝国主义，消灭征服异民族的野心以及对于民族奴役的威胁所感到的恐惧，根本消除民族猜疑和民族仇视，把各个民族在统一的世界社会主义经济体系内联合起来，从而创造为一切民族逐渐融合为一个整体所必需的实际条件。

这就是这两个时期的根本区别。

由此应该得出结论说：把这两个不同的时期混为一谈，搅在一起，就是犯了不可饶恕的错误。请看我在东方劳动者共产主义大学里的演说吧。在这个演说中说：

> 人们（例如考茨基）谈论在社会主义时期随着一切语言的消亡而形成的统一的全人类的语言。我不大相信这个无所不包的统一语言的理论。无论如何，经验不是证实而是推翻了这种理论。直到现在，情

形是这样的：社会主义革命并没有减少而是增加了语言的数目，因为它震动了人类的最下层，把他们推上政治舞台，唤起早先大家不知道或很少知道的许多新的民族追求新的生活。谁能想到过去的沙皇俄国是一个至少有五十个民族和民族集团的国家呢？可是十月革命打断了旧的锁链，把许多被遗忘了的民族（народы）和族（народности）推上舞台，给了他们新的生活和新的发展。[3]

从这段引文中可以看出，我是反对考茨基这一类的人的，因为他（即考茨基）对于民族问题始终是门外汉，他不了解民族发展的诀窍，不理解民族稳定性的巨大力量，他认为远在社会主义胜利以前，还在资产阶级民主制度下，民族融合就已经是可能的，他奴颜婢膝地赞扬日耳曼人在捷克的同化"工作"，轻率地断定捷克人差不多已被日耳曼化了，捷克人作为一个民族是没有前途的。

其次，从这段引文中可以看出，我在演说中所指的并不是社会主义在世界范围内胜利的时期，而仅仅是社会主义在一个国家内胜利的时期。并且我当时认定（现在继续认定）：社会主义在一个国家内胜利的时期没有提供各个民族和各种民族语言的融合所必须的条件，相反地，这个时期为以前受沙皇帝国主义压迫而现在被苏维埃革命从民族压迫下解放出来的各民族的复兴和繁荣造成有利的环境。

最后，从这段引文中可以看出，你们忽视了两个不同的历史时期之间的巨大差别，因而不了解斯大林演说的含义，结果就陷入了你们自己的错误的迷宫。

现在来看一看列宁关于社会主义在世界范围内胜利以后各个民族消亡和融合的几个论点。

请看从1916年出版的列宁的《社会主义革命和民族自决权》一文中引用的列宁的一个论点，这个论点不知为什么在你们的信中没有全部引证出来：

社会主义的目的不只是要消灭人类分为许多小国家的现象和各民族间的任何隔离状态，不只是要使各民族互相亲近，而且要使各民族融为一体……正如人类只有经过被压迫阶级专政的过渡时期才能达到阶级的消灭一样，人类只有经过一切被压迫民族完全解放即他们有分离自由的过渡时期，才能达到各民族必然的融合。（见《列宁选集》第二卷，人民出版社，1995，第564～565页。）

请看列宁的另一个论点，这也是你们没有全部引证出来的。

只要各民族间和各国间的民族差别和国家差别还存在（这些差别甚至在无产阶级专政在全世界范围内实现以后也还要保持很久很久），那末各国共产主义工人运动的国际策略的统一所要求的不是消除多样性，不是消灭民族差别（这在目前是可笑的幻想），而是在运用共产主义基本原则（苏维埃政权和无产阶级专政）时，把这些原则在细节上加以正确的变更，这些原则正确地适应并且适用于民族的和民族国家的差别。（见《列宁选集》第四卷，人民出版社，1995，第200页。）

应当指出，这段引文是从列宁的《共产主义运动中的"左派"幼稚病》一书中摘引来的，这本书是在1920年即社会主义革命在一个国家内胜利以后，社会主义在我国胜利以后出版的。

从这些引文中可以看出，列宁不是把民族差别消亡和民族融合的过程归入社会主义在一个国家内胜利的时期，而是仅仅归入无产阶级专政在全世界范围内实现以后的时期，就是说，归入社会主义在一切国家内胜利的时期即世界社会主义经济基础已经奠定的时期。

其次，从这些引文中可以看出，列宁认为把民族差别消亡的过程归入社会主义在一个国家内，在我们的国家内胜利时期的企图是"可笑的幻想"。

此外，从这些引文中可以看出，斯大林在东方劳动者共产主义大学所发表的演说中否定社会主义在一个国家内，在我们国家内胜利的时期民族差别和民族语言消亡的可能性是绝对正确的，而你们坚持一种和斯大林的论点完全相反的意见是绝对错误的。

最后，从这些引文中可以看出，你们把社会主义胜利的两个不同的时期混淆起来是不了解列宁，歪曲列宁在民族问题方面的路线，因此不由自主地走上了背离列宁主义的道路。

如果认为在世界帝国主义刚刚失败以后，可以用所谓从上面下命令的方式一下子实现民族差别的消灭和民族语言的消亡，那是不正确的。这种看法是最错误不过的了。企图用从上面下命令的办法，用强迫的办法来实现各民族的融合，——这就是帮助帝国主义者，断送民族解放事业，葬送组织各民族互相合作和兄弟般团结的事业。这样的政策无异于同化政策。

你们当然知道，同化政策是马克思列宁主义的武库中绝对不容许有的，因为它是反人民、反革命的政策，是有害的政策。

此外，大家知道，民族和民族语言的特点是具有非常的稳定性以及对同化政策的巨大抗拒力。土耳其的同化主义者（所有同化主义者中最残酷的一种）蹂躏和摧残巴尔干各民族达几百年，但是他们不仅没有能够消灭这些民族，反而不得不投降了。沙皇俄国的俄罗斯化主义者和普鲁士德国的日耳曼化主义者，其残酷几乎不亚于土耳其同化主义者，他们摧残和蹂躏波兰民族有一百多年，正如波斯和土耳其的同化主义者摧残、蹂躏和戕害亚美尼亚民族和格鲁吉亚民族达几百年一样，但是他们不仅没有能够消灭这些民族，反而也不得不投降了。

必须考虑到所有这些情况，以便从世界帝国主义刚刚失败以后民族发展的观点来正确地预见事变可能的进程。

如果认为全世界无产阶级专政时期的第一阶段将是民族和民族语言消亡的开始，将是统一的共同语言形成的开始，那是错误的。相反地，在第一个阶段民族压迫将被彻底消灭，这个阶段将是以前被压迫的民族和民族语言发展和繁荣的阶段，将是确立各民族平等权利的阶段，将是消灭民族互相猜疑的阶段，将是建立和巩固各民族间国际联系的阶段。

只有在全世界无产阶级专政时期的第二个阶段，随着统一的世界社会主义经济的逐渐形成而代替世界资本主义经济，类似共同语言的东西才会开始形成，因为只有在这个阶段，各民族才会感觉到除了自己的民族语言以外，还必须有民族间的一种共同语言，——这是为了交际的便利，为了经济、文化和政治方面合作的便利。总之，在这个阶段民族语言和民族间共同的语言将平行地存在。可能是这样，最先形成的将不是一个一切民族共同的、具有一种共同语言的世界经济中心，而是几个各自包括一批民族的、具有这一批民族的共同语言的区域经济中心，只有在这以后，这些中心才会联合为一个共同的、具有一切民族的一种共同语言的世界社会主义经济中心。

在全世界无产阶级专政时期的后一个阶段，当世界社会主义经济体系已经充分巩固，社会主义已经深入到各族人民的日常生活中，各民族已经在实践中深信共同语言优越于民族语言的时候，民族差别和民族语言才开始消亡而让位于一切人们共同的世界语言。

在我看来，各民族的未来的大致的图画，各民族在将来融合的道路上发展的图画就是如此。

四　党在民族问题上的政策

你们的错误之一在于：你们不是把民族问题看做社会的社会政治发展总问题的一部分，从属于这个总问题的一部分，而是看做某种独立自在的和永恒的、在历史进程中基本上不变更自己的方向和性质的东西。因此，你们看不见每个马克思主义者所看到的东西。这就是：民族问题并不是始终具有同样的性质，民族运动的性质和任务是依革命发展的不同时期而变更的。

这一点在逻辑上也就说明这样一个可悲的事实：你们如此轻率地把革命发展的各不相同的时期混为一谈，搅在一起，不懂得在发展的各个不同阶段上革命的性质和任务的变化会引起民族问题的性质和任务的相应的变化，党在民族问题上的政策也要随之而改变，因此，不能把党在民族问题上的和革命发展某一时期相联系的政策同这个时期硬行分开，而随便搬到另一个时期。

俄国马克思主义者所持的出发点始终是下面这个原理：民族问题是革命发展总问题的一部分，在革命的各个不同阶段上民族问题具有和各该历史时期的革命性质相适应的各种不同的任务。因此，党在民族问题上的政策也就随之而改变。

在第一次世界大战爆发前的时期，历史在俄国提出了资产阶级民主革命作为当前的任务，俄国马克思主义者就把民族问题的解决和俄国民主变革的命运联系在一起。我们党认为：推翻沙皇制度，消灭封建残余并实现国家完全民主化，就是在资本主义范围内可能做到的解决民族问题的最好办法。

党在这个时期的政策就是如此。

列宁关于民族问题的一些著名论文就是属于这个时期的，其中有一篇是《关于民族问题的批评意见》，在这篇文章中列宁写道：

……我肯定地说：如果资本主义世界一般地还有解决民族问题的可能，那就只有一个办法，这个办法就是实现彻底的民主主义。为了证明这一点，我顺便举了瑞士做例子。（见《列宁选集》第二卷，人民出版社，1995，第352页）

斯大林的《马克思主义和民族问题》小册子也是属于这个时期的，在这个小册子中也写道：

只有资产阶级灭亡，民族运动才会彻底灭亡。只有在社会主义世界里，完全的和平才能建立起来。可是把民族斗争减到最小限度，从根本上消除它，尽量使它无害于无产阶级，这在资本主义范围内也是可以做到的。瑞士和美国的例子就可以证明这一点。为此就必须使国家民主化，使各个民族有自由发展的可能。[4]

在后一个时期，在第一次世界大战时期，两个帝国主义联盟间的长期战争摧毁了世界帝国主义的威力，世界资本主义体系的危机达到了极点，殖民地和附属国也随同"宗主国"的工人阶级加入了解放运动，民族问题转变为民族殖民地问题，先进资本主义国家的工人阶级同殖民地和附属国的被压迫民族的统一战线开始变为实际的力量，社会主义革命因而成了当前的问题，——在这个时期，俄国马克思主义者已经不能满足于前一时期的政策，他们认为必须把民族殖民地问题的解决和社会主义变革的命运联系在一起。

党认为：推翻资产阶级政权和建立无产阶级专政，把帝国主义军队从殖民地和附属国境内驱逐出去并保证殖民地和附属国有分离和成立自己的民族国家的权利，消除民族仇视和民族主义并巩固各族人民间的国际联系，组织统一的社会主义国民经济和在这个基础上树立各族人民间兄弟般的合作，就是在这个时期的条件下解决民族殖民地问题的最好办法。

党在这个时期的政策就是如此。

这个时期还远没有充分显示自己的力量，因为它才刚刚开始，可是毫无疑问，它将表现出自己的决定作用……

应当单独提出我国革命发展的目前时期和党的当前政策的问题。

应该指出：我国暂时还是决心推翻资本主义的唯一的国家。而且它实际上已推翻了资本主义，建立了无产阶级专政。

因此，无产阶级专政在世界范围内的实现，尤其是社会主义在一切国家内的胜利，暂时还是很远的事。

其次，应该指出：我们既然推翻了早已摈弃自己的旧民主主义传统的资产阶级政权，也就附带地解决了"国家完全民主化"的任务，消灭了民族压迫制度和实现了我国各民族的权利平等。

大家知道，这些办法是消灭民族主义和民族仇视、确立各族人民互相信任的最好的方法。

最后，应该指出：民族压迫的消灭已经导致我国先前各被压迫民族的民族复兴，它们的民族文化的发展，我国各族人民友好的民族间的联系的巩固和他们在社会主义建设事业中的合作的建立。

必须记住：这些复兴起来的民族已经不是资产阶级所领导的旧式民族即资产阶级民族，而是在旧式民族的废墟上产生的、劳动群众的国际主义政党所领导的新式民族即社会主义民族。

因此，党认为必须帮助我国各个已经复兴的民族完全站立起来，振兴和发展自己的民族文化，兴办使用本民族语言的学校、剧院和其他文化机关，使党的、工会的、合作社的、国家的、经济的机关民族化，就是说，使这些机关在人员成分上是本民族的，培养本民族的党和苏维埃的干部，制裁所有那些企图阻挠党的这种政策的分子（固然人数不多）。

这就是说，党支持而且将来也要支持我国各族人民的民族文化的发展和繁荣，党将鼓励巩固我国各个新式民族即社会主义民族的事业，党将保护和捍卫这个事业而反对所有一切反列宁主义的分子。

从你们的信中可以看出，你们不赞成我们党的这种政策。第一、这是因为你们把新式民族即社会主义民族和旧式民族即资产阶级民族混淆起来，不懂得我们新式苏维埃民族的民族文化按内容来说是社会主义的文化。第二、这是因为——请原谅我不客气——你们在列宁主义问题方面很蹩脚，并且对民族问题了解很差。

请你们至少注意一下下面这个粗浅的道理。我们都在讲我国有进行文化革命的必要。如果认真地对待这件事情而不是夸夸其谈，那末在这方面至少必须实现第一个步骤：首先使初等教育成为不分民族的全国公民的义务教育，然后中等教育也如此。显然，不这样做，我国任何的文化发展都是不可能的，更不用说所谓文化革命了。而且不这样做，我国就既不会有工业和农业的真正高涨，也不会有可靠的国防。

但是，既然我国文盲的比例还很高，我国许多民族中文盲竟达80%到90%，那末怎样才能做到这一点呢？

为此必须在全国建立稠密的使用本民族语言的学校网，供给精通本民族语言的教师干部。

为此必须使所有的管理机关，从党的和工会的机关到国家的和经济的机关都民族化，就是说，使这些机关在人员成分上是本民族的。

为此必须兴办使用本民族语言的报刊、剧院、电影院和其他文化机关。

有人会问：为什么要使用本民族语言呢？这是因为千百万人民群众只有使用本民族语言才能在文化、政治和经济发展方面获得巨大的进步。

既然如此，我认为就不怎么难以了解：列宁主义者在民族问题上除了我国现行政策以外，不能实行任何别的政策，当然，如果他们愿意继续做列宁主义者的话。

难道不是这样的吗？

好吧，就在这里结束。

我想，我已经答复了你们所有的问题和疑问。

致
共产主义敬礼

约·斯大林

一九二九年三月十八日

选自《斯大林全集》第 11 卷，第 286～305 页

注释：

[1] 见《斯大林全集》第 2 卷，人民出版社，1953，第 300、307 页。——编者注

[2] 约·维·斯大林的《论东方民族大学的政治任务》见《斯大林全集》第 7 卷，人民出版社，1958，第 113～127 页。——编者注

[3] 见《斯大林全集》第 7 卷，人民出版社，1958，第 117～118 页。——编者注

[4] 见《斯大林全集》第 2 卷，人民出版社，1953，第 307～308 页。——编者注

联共(布)中央委员会向第十六次代表大会[1]的政治报告(摘录)

(1930年6月27日)

三 党

……

(二) 党内事务的领导问题

也许有人认为,领导社会主义建设的工作,实现党的总路线的工作,在我们党内是平平稳稳进行的,没有斗争,也没有紧张活动。同志们,这是不对的。事实上这个工作是在同党内种种困难作斗争中,是在同一般政策方面和民族问题方面脱离列宁主义的各种倾向作斗争中进行的。

……

要克服右倾,消减"左"倾,为全党最紧密地团结在列宁路线的周围扫清道路,中央必须做些什么呢?

……

(乙) 如果我们不谈谈党内在民族问题方面所存在的倾向,那末我们就不能看出党内反对各种倾向的斗争的全貌。我指的第一是大俄罗斯沙文主义倾向,第二是地方民族主义倾向。这两种倾向不象"左"倾或右倾那样明显和顽固。可以把它们叫做爬行的倾向。但这还不是说它们不存在。

不，它们是存在的，更重要的是它们还在发展。这一点是丝毫不容怀疑的。所以不容怀疑，是因为阶级斗争尖锐化的普遍气氛，不能不使在党内有着反映的民族摩擦在一定程度上尖锐起来。因此必须揭穿和暴露这两种倾向的真面目。

在我国目前条件下，大俄罗斯沙文主义倾向的实质是什么呢？

大俄罗斯沙文主义倾向的实质是：企图抹杀语言、文化和生活习惯方面的民族差别；企图准备撤销民族共和国和民族区；企图破坏民族平等权利原则，破坏党关于机关民族化与报刊、学校及其他国家组织和社会组织民族化的政策。

这类倾向分子在这方面所持的出发点是：既然在社会主义胜利的条件下各民族应该融合成一体，而它们的民族语言则应该变成统一的共同语言，那末现在已经是消灭民族差别和放弃支持以前被压迫的各族人民发展民族文化的政策的时候了。

在这方面，他们还引证列宁的话，不正确地引用列宁的话，有时简直是歪曲和诬蔑列宁。

列宁说过，在社会主义社会里，各民族的利益必将融合成一个整体，——由此不是应当得出结论说，现在已经是撤销民族共和国和民族区来维护……国际主义的时候了吗？列宁在1913年同崩得分子争论时说过，民族文化的口号是资产阶级的口号，——由此不是应当得出结论说，现在已经是消灭苏联各族人民的民族文化来维护……国际主义的时候了吗？

列宁说过，在社会主义制度下，民族压迫和民族壁垒是会消灭的，——由此不是应当得出结论说，现在已经是废除照顾苏联各族人民的民族特点的政策转而采取同化政策来维护……国际主义的时候了吗？

如此等等。

毫无疑问，民族问题上的这种倾向尤其因为它是戴上国际主义假面具并以列宁的名字做掩蔽的，所以是一种最精致因而也是最危险的大俄罗斯民族主义。

第一、列宁从来没有说过，社会主义在全世界范围内胜利以前，在一个国家内，民族差别应该消失，而各民族的语言应该融合成一种共同的语言。恰恰相反，列宁说过一些与此完全相反的话，他说："各民族间和各国间的民族差别和国家差别……甚至在无产阶级专政在全世界范围内实现以后也还要保持很久很久。"① (《列宁选集》第四卷，人民出版社，1995，第200页)

忘记了列宁的这个基本指示，怎么还能引证列宁的话呢？

不错，有一位过去是马克思主义者，而现在是叛徒和改良主义者的考茨基先生武断地说过和列宁教导我们的完全相反的话。他反对列宁的意见，断言如果十九世纪中叶无产阶级革命在德奥联邦获得胜利，那就会形成一种共同的德语并使捷克人德意志化，因为"单是挣脱了束缚的交换的力量，单是德意志人所带去的现代文化的力量，就能不用任何强制的德意志化而使落后的捷克小资产者、农民和无产者变成德意志人，因为他们这种没落的民族已经不能给予他们任何东西"(见《革命和反革命》德文版序言)。

显然，这种"观念"是和考茨基的社会沙文主义完全吻合的。1925年我在东方民族大学的讲话[2]中就曾经驳斥过考茨基的这种看法。但是，一个肆意妄为的德国社会沙文主义者的这种反马克思主义的胡说，对于我们愿意彻底做国际主义者的马克思主义者说来，难道还能有什么积极的意义吗？

谁对呢？是考茨基还是列宁？

如果是考茨基对，那末为什么象白俄罗斯人和乌克兰人这样比较落后的民族，虽然和大俄罗斯人的关系要比捷克人和德意志人的关系更加密切，但是并没有因为无产阶级革命在苏联的胜利而俄罗斯化，相反地，却作为独立的民族复兴和发展起来了呢？为什么象土库曼人、柯尔克兹人、乌兹别克人和塔吉克人(更不用说格鲁吉亚人、亚美尼亚人和阿塞拜疆人

---

① 着重号是我加的。——斯大林

等等）这样的民族，虽然他们落后，但是他们非但没有因为社会主义在苏联的胜利而俄罗斯化，相反地，却复兴和发展成独立的民族了呢？我们可敬的倾向分子为了追求表面的国际主义而落入了考茨基的社会沙文主义的魔掌，这不是很明显吗？他们主张在一个国家内即在苏联一国内有一种共同的语言，实质上是力图恢复先前占统治地位的语言即大俄罗斯语言的特权，这不是很明显吗？

这哪里是国际主义呢？

第二、列宁从来没有说过，消灭民族压迫和把各民族的利益融合成一个整体就等于消灭民族差别。我们消灭了民族压迫。我们消灭了民族特权并确立了民族平等权利。我们消除了苏联各民族间旧意义上的国界，即界碑和关税壁垒。我们确立了苏联各族人民的经济利益和政治利益的一致。但这是不是说我们这样就把民族差别即民族语言、文化、生活习惯等等消灭了呢？显然不是这个意思。既然民族差别即民族语言、文化、生活习惯等等还存在，那末在目前的历史时期取消民族共和国和民族区的要求就是一种违反无产阶级专政利益的反动要求，这不是很明显吗？我们的倾向分子是否了解，现在取消民族共和国和民族区，这就是使苏联各族千百万人民群众不可能使用本族语言受教育，使他们不可能有使用本族语言的学校、法院、行政机关、社会组织以及其他组织和机关，使他们不可能参加社会主义建设呢？我们的倾向分子为了追求表面的国际主义而落入了反动的大俄罗斯沙文主义者的魔掌，忘记了，完全忘记了对苏联各族人民，无论是大俄罗斯人或非大俄罗斯人都同样有效的无产阶级专政时期的文化革命口号，这不是很明显吗？

第三、列宁从来没有说过，在无产阶级专政条件下，发展民族文化的口号是反动的口号。恰恰相反，列宁向来主张帮助苏联各族人民发展本民族的文化。正是在列宁而不是在别的什么人的领导下，在党的第十次代表大会上拟定并通过了关于民族问题的决议，决议中直截了当地指出：

> 党的任务在于：帮助非大俄罗斯各族劳动人民赶上走在前面的俄

国中部,帮助他们:(甲)在他们那里发展和巩固适合于这些民族的民族生活习惯条件的形式的苏维埃国家制度;(乙)在他们那里发展和巩固使用本族语言的、并由熟悉当地居民生活习惯和心理的本地人组成的法院、行政机关、经济机关和政权机关;(丙)在他们那里发展使用本族语言的报刊、学校、剧院、文娱事业以及一般文化教育机关;(丁)广泛地建立和发展使用本族语言的普通教育性质的和职业技术性质的训练班网和学校网。[3]

列宁完完全全拥护在无产阶级专政条件下发展民族文化的口号,这不是很明显吗?

否认无产阶级专政条件下的民族文化口号,就是否认苏联境内非大俄罗斯各族人民发展文化的必要性,否认各该族人民受普遍义务教育的必要性,而让各该族人民去受反动的民族主义者的精神奴役,这难道不是很明显吗?

列宁确实曾经认为资产阶级统治下的民族文化口号是反动的口号。但是难道还能有别的看法吗?

什么是民族资产阶级统治下的民族文化呢?这是一种资产阶级内容和民族形式的文化,其目的是用民族主义的毒素来毒化群众和巩固资产阶级的统治。

什么是无产阶级专政下的民族文化呢?这是一种社会主义内容和民族形式的文化,其目的是用社会主义和国际主义精神来教育群众。

如果不背离马克思主义,怎么能把这两种根本不同的东西混为一谈呢?

列宁反对资产阶级制度下的民族文化的口号时,打击的是民族文化的资产阶级内容,而不是它的民族形式,这难道不是很明显吗?

如果以为列宁把社会主义文化看做是一种无民族性的即没有某种民族形式的文化,那就愚蠢了。崩得分子有一个时候确实曾经把这种荒谬见解硬加在列宁身上。但从列宁的著作中可以看出,列宁严厉地抗议过这种诬蔑，断然和这种荒谬见解划清了界限。难道我们可敬的倾向分子真的要步崩得分子的后尘吗？

既如上述，我们的倾向分子的论据还剩下什么呢？

除了玩弄国际主义旗帜和诬蔑列宁以外，什么也没有剩下。

倾向于大俄罗斯沙文主义的人认为，苏联社会主义建设的时期就是民族文化瓦解和消灭的时期，这是一个很大的错误。实际情形恰恰相反。事实上苏联无产阶级专政和社会主义建设的时期是社会主义内容和民族形式的民族文化的繁荣时期，因为在苏维埃制度下各民族本身并不是普通的"现代"民族，而是社会主义民族。它们的民族文化按内容说也不是普通的资产阶级文化，而是社会主义文化。

看来他们不懂得，随着使用本族语言的初等普遍义务教育的施行和巩固，民族文化必将更加有力地发展起来。他们不懂得，只有在发展民族文化的条件下才能真正使各落后民族参加社会主义建设事业。

他们不懂得，列宁的帮助和支持苏联各族人民发展民族文化的政策的基础正在于此。

也许有人会觉得奇怪，我们主张各民族的文化在将来融合成一种有共同语言的共同（无论在形式上或在内容上）文化，而同时又主张在目前即在无产阶级专政时期要繁荣民族文化。其实这一点也不奇怪。应该让各民族的文化发展和繁荣起来，发挥出自己的全部潜力，以便为社会主义在全世界胜利时期各民族的文化融合成一种有共同语言的共同文化创造条件。在一个国家内无产阶级专政的条件下繁荣民族形式和社会主义内容的民族文化，是为了当无产阶级在全世界取得胜利和社会主义深入日常生活的时候，它们能融合成一种有共同语言的共同的社会主义（无论在形式上或内容上）文化，——列宁关于民族文化问题的提法的辩证性正在于此。

有人会说，这样提问题是"矛盾的"。但是，我们在国家问题上难道不也是有这样的"矛盾"吗？我们主张国家的消灭。而我们同时又主张加强无产阶级专政，加强这个至今存在的一切国家政权中最强大最有力的政权。高度发展国家政权是为了给国家政权的消灭准备条件——这就是马克思主义的公式。这是"矛盾的"吗?是的,是"矛盾的"。但这是生活中的矛盾,它完全反映着马克思的辩证法。

或者拿列宁关于直到分离的民族自决权问题的提法来说吧。列宁有时把民族自决这一论题表述为一个简单公式:"为联合而分离"。你们想一想吧:为联合而分离。简直会觉得这是一种奇谈怪论。但是,这个"矛盾的"公式却反映着马克思辩证法的一个生活中的真理,这个真理使布尔什维克能够攻克民族问题方面最难攻下的堡垒。

关于民族文化的公式也必须这样说:在一个国家内无产阶级专政时期繁荣民族文化(和语言)是为了给社会主义在全世界胜利时期各民族的文化(和语言)消亡并融合成一种共同的社会主义文化(和一种共同的语言)准备条件。

谁不懂得我国过渡时期的这种特殊性和"矛盾性",谁不懂得历史过程的这种辩证法,谁就根本不成其为马克思主义者。

我们的倾向分子糟糕的地方在于他们不懂得而且也不愿意懂得马克思的辩证法。

大俄罗斯沙文主义倾向的情形就是这样。

不难了解,这种倾向反映着从前占统治地位的大俄罗斯民族中的垂死阶级想恢复自己已经丧失的种种特权的意图。

由此就产生了大俄罗斯沙文主义的危险,这是党内在民族问题方面的主要危险。

地方民族主义倾向的实质是什么呢?

地方民族主义倾向的实质是:力图独树一帜并在本民族的狭隘范围内闭关自守,力图抹杀本民族内部的阶级矛盾,力图用脱离社会主义建设总流的方法防御大俄罗斯沙文主义,力图漠视那些使苏联各民族劳动群众接近和联合的东西,而只看到那些能使他们彼此疏远的东西。

地方民族主义倾向反映了过去被压迫民族中的垂死阶级对无产阶级专政制度的不满,反映了它们想单独成立自己的资产阶级民族国家并在那里确立自己的阶级统治的企图。

这种倾向的危险在于它培植资产阶级民族主义，削弱苏联各族劳动人民的团结并帮助干涉者。

地方民族主义倾向的实质就是这样。

党的任务在于，同这种倾向作坚决斗争，保证对苏联各族劳动群众进行国际主义教育所必需的条件。

我们党内的各种倾向，即在一般政策方面的"左"倾和右倾和在民族问题方面的两种倾向的情形就是这样。

载于《真理报》，1930年6月29日，第177号

选自《斯大林全集》第12卷，第307、314～322页

注释：

[1] 联共（布）第十六次代表大会于1930年6月26日至7月13日在莫斯科举行。代表大会讨论了党中央委员会的政治报告和组织报告、中央检查委员会的总结报告、中央监察委员会的总结报告、联共（布）驻共产国际执行委员会代表团的总结报告、关于工业五年计划执行情况的报告、关于集体农庄运动和发展农业的报告以及关于工会在改造时期的任务的报告。代表大会一致批准了党中央委员会的政治路线和工作，建议中央今后继续保证社会主义建设的布尔什维克速度，争取五年计划四年完成，坚定不移地在全线进行大规模的社会主义进攻和在全盘集体化的基础上消灭富农阶级。代表大会指出了农业发展中的转变的全世界历史意义，由于这个转变，集体农民成了苏维埃政权的真正的、坚固的支柱。代表大会委托党中央委员会继续执行坚定不移的和平政策并巩固苏联的国防力量。代表大会做出了关于全力发展重工业并在苏联东部建立新的强大的煤矿钢铁基地、关于改造一切群众组织的工作和加强工会在社会主义建设中的作用、关于吸引全体工人和劳动群众参加社会主义竞赛等指示。代表大会彻底揭露了右倾机会主义，认为它是富农在党内的代理人，并宣布右倾反对派的观点和联共（布）党的党籍不能相容。代表大会责成各级党组织加强对民族问题上的两种倾向（大国沙文主义和地方民族主义）的斗争，坚决执行列宁的保证广泛发展苏联各族人民的民族形式和社会

主义内容的文化的民族政策。第十六次代表大会是作为社会主义在全线展开大规模的进攻、消灭富农阶级和实现全盘集体化的代表大会而载入党的史册的。约·维·斯大林于6月27日在代表大会上做了联共（布）中央委员会的政治报告，并于7月2日做了关于这一报告的结论。[关于联共（布）第十六次代表大会，见《苏联共产党（布）历史简明教程》，人民出版社，1954，第411~414页。代表大会的各项决议，见《苏共代表大会、代表会议和中央全会决议汇编》卷下，1953，第553~616页]。

[2] 指1925年5月18日在东方劳动者共产主义大学学生大会上所做的《论东方民族大学的政治任务》的演说（见《斯大林全集》第7卷，人民出版社，1958，第113~127页）。

[3] 见《苏共代表大会、代表会议和中央全会决议汇编》卷上，1953，第559页。

联共(布)中央委员会向第十六次代表大会的政治报告的结论(摘录)

(1930年7月2日)

……

　　第二类条子涉及的是民族问题。其中有一张条子我认为最有趣，它把我在第十六次代表大会上的报告中关于民族语言问题的解释和1925年我在东方民族大学的演说[1]中的解释做了比较，认为里面有一些不清楚的地方需要加以说明。这张条子上写道："那时你反对社会主义时期（在一个国家内）各民族语言会消亡而形成一种共同语言的理论（考茨基的理论），但是现在你在第十六次代表大会上的报告中却说共产党人主张各民族文化和各民族语言融合成一种有共同语言的共同文化（社会主义在全世界范围内胜利的时期），——这里有没有不清楚的地方？"

　　我认为这里既没有不清楚的地方，也没有任何矛盾的地方。我在1925年的演说中反对过考茨基的民族沙文主义理论，照这个理论的说法，如果十九世纪中叶无产阶级革命在德奥联邦获得胜利，那就一定会使各民族融合为一个有共同的德意志语言的共同的德意志民族，并使捷克人德意志化。我当时援引社会主义在苏联胜利后我国生活中的一些推翻了这个理论的事实来反对这个反马克思主义、反列宁主义的理论。我现在还是反对这个理论，这一点从我在第十六次代表大会上的报告中可以看出。我所以反对，是因为各民族，比如说苏联各民族，会融合为一个有共同的大俄罗斯语言的共同的大俄罗斯民族的理论是民族沙文主义的理论，是反对列宁主义的理论，它和列宁主义的基本原理是矛盾的，这个原理认为，民族差别在最近时期内不会消失，这些差别即使在无产阶级革命在全世界范围内获得胜利以后还一定会存在很久。

至于民族文化和民族语言的更远的前途，那末我向来都是坚持而且现在还是坚持列宁的这一观点：在社会主义在全世界范围内胜利的时期，当社会主义已经巩固并且深入到日常生活的时候，各民族语言必然会融合为一种共同的语言，这种语言当然不会是大俄罗斯语言，也不会是德意志语言，而将是某种新的语言。关于这一点，我在第十六次代表大会上的报告中也肯定地说过了。

这里究竟有什么不清楚的地方，究竟有什么需要加以说明的呢？

看来写这张条子的人至少有两件事情没有完全弄清楚。

首先，他们没有弄清楚一个事实，就是我们苏联已经进入社会主义时期，虽然我们已经进入这个时期，但是各民族不仅没有消亡，反而在发展和繁荣起来。事实上，我们是否已经进入社会主义时期呢？我们所处的这个时期通常叫做从资本主义到社会主义的过渡时期。它在1918年叫做过渡时期，那时列宁在他的著名论文《论"左派"幼稚病和小资产阶级性》中第一次阐述了这个时期及其经济生活中的五种成分。它在目前，在1930年也叫做过渡时期，这时这些经济成分中有几种已经衰老，快要灭亡了，而其中有一种，即工业和农业方面的新成分，却在空前迅速地增长和发展起来。能不能说这两个过渡时期完全相同，它们彼此之间没有根本的区别呢？显然不能。

1918年我们在国民经济方面的情形怎样呢？工业遭到破坏，只能制造打火机，集体农庄和国营农场还没有成为普遍现象，城市中的"新"资产阶级和农村中的富农阶级正在增长。

现在我们的情形怎样呢？社会主义工业已经恢复，并且正在进行改造，国营农场和集体农庄体系有了充分的发展，单是它们的春季播种面积就占苏联全部播种面积的40％以上，城市中的"新"资产阶级正在灭亡，农村中的富农阶级正在灭亡。

那时也是过渡时期，现在也是过渡时期。但它们毕竟是彼此根本不同的，是有天壤之别的。毕竟没有人能够否认我们已经踏上消灭最后一个严重的资本主义阶级即富农阶级的门槛。很明显，我们已经走出旧意上的过渡时期而进入在全线直接展开大规模社会主义建设的时期。很明显，虽然我们离建成社会主义社会和消灭阶级差别还很远，但是我们已经进入社会主义时期，因为现在社会主义成分掌握着整个国民经济中的一切经济杠杆。虽然如此，可是各民族语言不仅没有消亡，没有融合为一种共同语言，恰恰相反，各民族文化和各民族语言正在发展和繁荣起来。显然，认为在展开大规模社会主义建设的时期，在一个国家内实行社会主义的时期，一个国家范围内的各民族语言会消亡而融合为一种共同语言的理论是不正确的理论，是反马克思主义、反列宁主义的理论。

第二、写这张条子的人没有弄清楚，民族语言的消亡和融合为一种共同语言的问题不是国家内部的问题，不是社会主义在一个国家内胜利的问题，而是国际问题，是社会主义在国际范围内胜利的问题。写这张条子的人不懂得，社会主义在一个国家内的胜利和社会主义在国际范围内的胜利不能混为一谈。列宁说，民族差别即使在无产阶级专政在国际范围内获得胜利以后还会存在很久，这不是没有道理的。

此外，还必须注意到和苏联若干民族有关的一种情况。在苏联版图内有乌克兰，而在其他国家版图内还有另外的乌克兰。在苏联版图内有白俄罗斯，而且其他国家版图内还有另外的白俄罗斯。你们是不是认为乌克兰语言和白俄罗斯语言问题可以不考虑这些特殊条件而得到解决呢？

其次，再拿分布在苏联南部边境从阿塞拜疆到哈萨克斯坦和布里亚特—蒙古的各民族来说吧。所有这些民族的情况也和乌克兰、白俄罗斯一样。显然，这里也必须注意到这些民族发展的特殊条件。

所有这一类同民族文化和民族语言有关的问题都不能在一个国家范围内，在苏联范围内得到解决，这不是很明显吗？

同志们，关于一般民族问题以及上面所说的那张关于民族问题的条子，要说明的就是如此。

载于《真理报》，1930年7月3日，第181号

选自《斯大林全集》第13卷，第5~8页

注释：

[1] 约·维·斯大林：《论东方民族大学的政治任务》，见《斯大林全集》第7卷，人民出版社，1958，第113~127页。——编者注

论反犹太主义

（答美国犹太电讯社问）

兹答复贵社的问题。

民族沙文主义和种族沙文主义是人吃人时代特有的仇视人类的习气的残余。种族沙文主义的极端形式反犹太主义是人吃人恶习的最危险的残余。

反犹太主义对剥削者是有利的，因为它是使资本主义躲开劳动者打击的避雷针。反犹太主义对劳动者是危险的，因为它是使劳动者离开正路而走入丛莽密林的歧途。因此，作为彻底的国际主义者的共产党人不能不是反犹太主义的势不两立的死敌。

在苏联，反犹太主义是作为一种极端敌视苏维埃制度的现象而受到法律极严厉的追究的。依照苏联法律，积极的反犹太主义者应判处死刑。

约·斯大林

一九三一年一月十二日

第一次发表于《真理报》，1936年11月30日，第329号

选自《斯大林全集》第13卷，第28页

论经济工作人员的任务(摘录)

(1931年2月4日在全苏社会主义工业工作人员第一次代表会议[1]上的演说)

……

人们有时问:不能稍微放慢速度,延缓进展吗?不,不能,同志们!决不能减低速度!恰恰相反,必须竭力和尽可能加快速度。我们对苏联工人和农民所负的义务要求我们这样做。我们对全世界工人阶级所负的义务要求我们这样做。

延缓速度就是落后。而落后者是要挨打的。但是我们不愿意挨打。不,我们绝对不愿意!旧俄历史的特征之一就是它因为落后而不断挨打。蒙古的可汗打过它。土耳其的贵族打过它。瑞典的封建主打过它。波兰和立陶宛的地主打过它。英国和法国的资本家打过它。日本的贵族打过它。大家都打过它,就是因为它落后。因为它的军事落后,文化落后,国家制度落后,工业落后,农业落后。大家都打它,因为这既可获利,又不会受到惩罚。你们记得革命前的一位诗人的话吧:"俄罗斯母亲呵,你又贫穷又富饶,你又强大又软弱。"① 这些先生们把旧日诗人的这句话背得很熟。他们一面打,一面说:"你富饶",那就可以靠你发财。他们一面打,一面

---

① 引自尼·阿·涅克拉索夫的诗《在俄罗斯谁能快乐而自由》。——原编者注

说："你贫穷，软弱"，那就可以打你抢你而不受到惩罚。打落后者，打弱者，——这已经成了剥削者的规律。这就是资本主义弱肉强食的规律。你落后，你软弱，那你就是无理，于是也就可以打你，奴役你。你强大，那你就是有理，于是就得小心对待你。

正因为如此，我们再也不能落后了。

过去我们没有而且不可能有祖国。但是现在，当我们已经推翻了资本主义，而政权掌握在我们手里，掌握在人们手里的时候，我们就有了祖国，而且我们要保卫它的独立。你们愿意让我们的社会主义祖国被人打垮而丧失独立吗？如果你们不愿意，那末你们就应当在最短期间消灭它的落后状况，并且在它的社会主义经济建设方面展开真正的布尔什维克的速度。别的办法是没有的。正因为如此，列宁在十月革命前夜说："或是灭亡，或是赶上并超过各先进的资本主义国家。"

我们比先进国家落后了五十至一百年。我们应当在十年内跑完这一段距离。或者我们做到这一点，或者我们被人打倒。

这就是我们对苏联工人和农民所负的义务要求我们做的事情。

但是我们还有其他更重大的义务。这就是我们对世界无产阶级所负的义务。这种义务是和第一种义务相符合的。但是我们把这种义务看得更高。苏联工人阶级是世界工人阶级的一部分。我们所以取得了胜利，不仅是由于苏联工人阶级的努力，而且是由于世界工人阶级的支持。如果没有这种支持，我们早就被粉碎了。有人说，我国是世界各国无产阶级的突击队。这说得很好。但是这使我们担负了极重大的义务。国际无产阶级为什么支持我们呢？我们凭什么配受这种支持呢？因为我们最先投入了对资本主义的战斗，我们最先建立了工人政权，我们最先开始建设社会主义。因为我们所进行的事业一旦成功，就会翻转整个世界，解放整个工人阶级。可是要怎样才能成功呢？要消灭我国的落后状况，展开布尔什维克的高度的建设速度。我们应当这样向前迈进，使全世界的工人阶级可以望着我们说：看呵，这就是我们的先锋队，这就是我们的突击队，这就是我们的工人政权，这就是我们的祖国，他们把自己的事业，也就是把我们的事业进行得很好，让我们来支持他们反对资本家，让我们来推进世界革命事业吧。我们是否应当实现世界工人阶级的希望呢？我们是否应当履行我们对他们所负的义务呢？是的，是应当的，如果我们不愿意丢尽脸的话。

这就是我们国内的和国际的义务。

载于《真理报》，1931年2月5日，第35号

选自《斯大林全集》第13卷，第37～39页

注释：

[1] 全苏社会主义工业工作人员第一次代表会议于1931年1月30日至2月4日在莫斯科举行。出席代表会议的代表共七百二十八人。代表会议的代表有工业公司的代表、工厂厂长、工程处处长、工程师、工长和优秀的工人突击队员、党组织和工会组织的领导者。代表会议听取了最高国民经济委员会主席格·康·奥尔忠尼启泽关于《1931年度控制数字和经济组织的任务》的报告。2月3日人民委员会主席维·米·莫洛托夫在代表会议上发表了《经济计划的基本前提和执行情况》的演说。2月4日约·维·斯大林在代表会议的闭幕会上发表了《论经济工作人员的任务》的演说。代表会议遵循约·维·斯大林的指示，拟定了执行第一个五年计划的决定年度即第三年度国民经济计划的实际措施。代表会议着重指出，经济工作人员的基本任务是：掌握技术，提高领导生产的质量，贯彻一厂制，实行经济核算，为提高劳动生产率而斗争，降低成本和改进产品质量。代表会议向联共（布）中央委员会发出致敬电。

给巴尔涅斯先生的回信

（1933年3月20日）

敬爱的巴尔涅斯先生！

你为侨居苏联的美国公民的安全担心，这是没有任何根据的。

苏联是世界上为数不多的国家之一，在这些国家里，民族仇视的表现，或者把外国人当做外国人看待的不友好态度，是要受到法律惩办的。在苏联，有人会因为他的民族成分而成为迫害的对象，这样的事情是不曾有过而且不可能有的。对于在苏联的外国专家，其中包括美国专家，尤其是这样，在我看来，他们的工作是值得感谢的。

至于"大都会-维克斯电器有限公司"[1]的几个英国人，他们受到审讯并不是因为他们是英国人，而是因为侦查机关证实他们违反了苏联的法律。难道俄国人不同样受到审讯吗？我不知道这个案件对美国公民能有什么关系。

愿意效劳的　约·斯大林

第一次刊印

选自《斯大林全集》第13卷，第231页

注释：

[1]"大都会-维克斯电器有限公司"是和苏联订有在技术上援助苏联电器工业企业合同的英国电器公司。1933年3月大都会-维克斯电器有限公司莫斯科办事处的职员，六名英国人因在苏联大型电站进行破坏活动的案件而被交付法庭审判。1933年4月12日至19日进行的侦查和审判确定：被捕的大都会-维克斯电器有限公司职员在苏联进行间谍活动，在一小撮犯罪分子的帮助下在苏联大型电站组织损坏设备、制造事故和进行破坏勾当，以图破坏苏联工业威力和削弱苏维埃国家。

和罗宾斯上校的谈话(摘录)

(1933年5月13日)(简要记录)

……

斯大林：关于苏联工人似乎不会使用机器并破坏机器的说法是完全不正确的。

我对这一点必须说明：我国没有像西欧和美国所有的那种现象，在那里，工人因为机器夺去了他们的面包而有意识地破坏机器。我们的工人不这样对待机器，因为我们是在没有失业的情况下大量采用机器的，因为机器在我国并不是像在你们国家那样夺去工人的面包，而是减轻他们的劳动。

至于工人工作不熟练，缺少文化，那末这是事实，我国有文化的工人很少，而且他们不像欧洲或美国的工人那样善于使用机器。不过这是我们的暂时现象。例如，如果研究一下在一定历史时期中，哪里的工人学会掌握新技术更快些，是欧洲的工人，是美国的工人，还是五年来俄国的工人，那末我认为是俄国的工人学会得更快些，虽然他们的文化水平并不高。西方的技术当然是发达的，但是在那里掌握轮式拖拉机的制造却花了好几年时间。我们掌握这种事业就快些。例如在斯大林格勒和哈尔科夫，在不过十二个月至十四个月的时间内就掌握了拖拉机的制造。现在斯大林格勒拖拉机制造厂不仅完成设计能力，不仅一天制造一百四十台拖拉机，而且有时候制造一百六十台，也就是说，超过了设计能力。我是拿这个做例子的。我国的拖拉机工业是新的工业，这种工业从前是没有的。航空工业也是新的精细的事业，也很快就被掌握了。从掌握的速度来看，汽车工业的情况也相似。机床制造业也是这样。

在我看来，这样迅速地掌握了机器的制造并不是因为俄国工人有特别的才能，而是因为生产事业，比如说，飞机、飞机发动机、拖拉机、汽车、机床等的制造，在我国不是被看做私人的事业，而是被看做国家的事业。在西方，工人进行生产是为了领取工资，而把其他一切都搁在一边。在我们这里，生产被看做公共的事业，国家的事业，被看做光荣的事业。这就是我们这样迅速地掌握了新技术的原因。

我总认为不能这样提出问题，说某个民族的工人似乎没有掌握新技术的能力。如果从种族观点来看问题，那末在美国，比如说，黑人被认为是"下等人"，但是他们掌握技术并不比白种人差。任何民族的工人掌握技术的问题都不是生物学问题，也不是遗传问题，而是时间问题：今天掌握不了，明天就能学会并能掌握。不论什么人，连布西门人也在内，只要帮助他，就能掌握技术。

选自《斯大林全集》第 13 卷，第 236~237 页

在党的第十七次代表大会[1]上关于联共（布）中央工作的总结报告（摘录）

（1934年1月26日）

……

再如拿民族问题来说吧。在这里，在民族问题方面，也和在其他问题方面一样，有一部分党员持有一种能造成相当危险的糊涂观点。我说过资本主义残余的生命力。应当指出，在民族问题方面，人们意识中的资本主义残余比在其他任何方面都更有生命力。所以更有生命力，是因为它们有可能用民族外衣很好地伪装起来。很多人认为斯克雷普尼克的堕落变节是个别的例外事件。这是不对的。斯克雷普尼克和他的集团在乌克兰的堕落变节并不是例外事件。在其他民族共和国里，个别同志也有这种错误。

民族主义倾向，不管是大俄罗斯民族主义倾向还是地方民族主义倾向，是什么意思呢？民族主义倾向就是使工人阶级的国际主义政策迁就资产阶级的民族主义政策。民族主义倾向反映出"自己的""民族的"资产阶级企图破坏苏维埃制度而恢复资本主义。可见这两种倾向的根源是共同的。这个根源就是离开列宁的国际主义。如果你们想打击这两种倾向，那就首先应当打击这个根源，打击那些离开国际主义的人，不管他们倾向于地方民族主义还是倾向于大俄罗斯民族主义。（热烈鼓掌）

有人在争论：哪一种倾向是主要危险，大俄罗斯民族主义倾向还是地方民族主义倾向？在目前条件下，这是一种表面的因而也是空泛的争论。

如果想提出一种对任何时间和条件都适用的辨别主要危险和非主要危险的现成方法，那就愚蠢了。世界上根本没有这种方法。主要危险就是人们停止和它作斗争因而让它发展到危害国家的那种倾向。（鼓掌多时）

在乌克兰，乌克兰民族主义倾向在不久以前还不是主要危险，但是当人们停止和它作斗争而让它发展到和武装干涉者结合起来的时候，这种倾向就成了主要危险。解决什么是民族问题方面的主要危险的问题不是靠空泛的表面的争论，而是靠对当时的实际情况进行马克思主义的分析，靠研究这方面所犯的错误。

……

载于《真理报》，1934年1月28日，第27号

选自《斯大林全集》第13卷，第319～320页

注释：

[1] 联共（布）第十七次代表大会于1934年1月26日至2月10日在莫斯科举行。代表大会讨论了联共（布）中央委员会的总结报告、中央检查委员会的总结报告、中央监察委员会和工农检查院的总结报告、联共（布）驻共产国际执行委员会代表团的总结报告以及关于第二个五年计划和关于组织问题（党的建设和苏维埃的建设）的报告。代表大会根据约·维·斯大林所做的关于联共（布）中央工作的总结报告通过了决议，在决议中完全批准联共（布）中央的政治路线和实际工作，并责成各级党组织在自己的工作中以约·维·斯大林在报告中所提出的各项原理和任务为指针。代表大会指出了苏联社会主义建设方面有决定意义的成就，肯定了党的总路线已经取得胜利。联共（布）第十七次代表大会是作为胜利者的代表大会而载入党的史册的。代表大会根据维·米·莫洛托夫和瓦·弗·古比雪夫的报告通过了《关于发展苏联国民经济的第二个五年计划（1933-1937）》即建成社会主义社会的计划的决议，批准了完成整个国民经济技术改造和更迅速地提高工农物质生活和文化生活水平的宏伟纲领。代表大会着重指出，第二个五年计划的基本政治任务是彻底消灭资本主义成分，克服经济中和人们意识中的资本主义残余。代表大会

根据拉·莫·卡冈诺维奇的报告通过了关于组织问题（党的建设和苏维埃的建设）的决议。代表大会指出，第二个五年计划的基本任务非常尖锐地提出了提高一切部门中的工作质量，首先是提高组织上的实际领导质量的问题。代表大会通过了新的党章。代表大会撤销了中央监察委员会和工农检查院，成立了联共（布）中央党的监察委员会和苏联人民委员会苏维埃监察委员会。〔关于联共（布）第十七次代表大会，见《苏联共产党（布）历史简明教程》，人民出版社，1954，第424～430页。代表大会的各项决议和决定，见《苏共代表大会、代表会议和中央全会决议汇编》卷下，1953，第744～787页〕。

关于恩格斯的
《俄国沙皇政府的对外政策》一文[*]

现在我把恩格斯的《俄国沙皇政府的对外政策》[①]一文分发给中央政治局委员，同时，我认为必须把下述几点意见附在这篇文章之前。

阿多拉茨基同志建议在最近一期纪念帝国主义世界大战二十周年的《布尔什维克》上，刊载1890年在国外第一次发表的恩格斯的著名论文《俄国沙皇政府的对外政策》。假设有人建议把这篇文章刊载在恩格斯的文集中，或者刊载在一本历史杂志上，那我认为是十分正常的。但是，现在是建议我们把它刊载在我们的战斗性的《布尔什维克》杂志上，刊载在纪念帝国主义世界大战二十周年的那一期上。可见，有人认为，这篇文章可以当作一篇指导性的文章，或者不管怎样，从说明帝国主义和帝国主义战争问题的角度来看，总是一篇对我党工作人员极有教益的文章。然而，恩格斯的这篇文章，从它的内容中就可看出，尽管有其优点，可惜却不具备这些性质。不仅如此，它还有许多缺点。如果文章发表时不加批判，这些

---

[*] 本篇是斯大林1934年7月19日写给联共（布）中央政治局委员们的一封信。——原编者注

[①] 《俄国沙皇政府的对外政策》一文是维·伊·查苏利奇以劳动解放社《社会民主党人》编辑部的名义约请恩格斯撰写的，由德文译成俄文连载于1890年2月和8月《社会民主党人》第1集和第2集。这一著作当时还用德文、英文、法文、波兰文和保加利亚文在其他刊物上发表，并出版了单行本。该文中译本载于《马克思恩格斯全集》（第一版）第22卷，第13～57页。——编者注

缺点是会把读者弄糊涂的。

因此，我认为在最近一期《布尔什维克》上发表恩格斯的这篇文章是不适宜的。

这些缺点是什么呢？

1. 恩格斯在说明俄国沙皇政府的侵略政策并对这种卑鄙龌龊的政策进行应有的抨击时，他用来解释这种政策之所以产生的，主要不是俄国军事封建商人上层对出海口、海港，对扩大对外贸易和占领战略据点的"需要"，而是指导俄国对外政策的是一帮似乎是万能的和非常有才能的外国冒险家，这帮人不知为什么处处走运，事事走运，这帮人使人惊讶地克服了达到自己冒险目的的所有一切障碍，以惊人的狡诈欺骗了欧洲所有的统治者，终于使俄国成了军事上最强大的国家。

恩格斯这样来说明问题，可能使人觉得完全不可思议，但可惜这竟是事实。

下面就是恩格斯文中相应的地方。

恩格斯说："对外政策，这毫无疑问是沙皇政府所擅长的、而且是非常擅长的一个方面。俄国外交界形成了某种现代的耶稣会，它强大到在需要的时候甚至足以克服沙皇的任性，足以在自己内部取缔贪污腐化，而在周围更广泛地传播这种贪污腐化之风。最初这一耶稣会主要是由外国人组成的，其中有：科西嘉岛人，如波茨措-迪-博尔哥；德国人，如涅谢尔罗迭；波罗的海沿岸的德国人，如利文①。它的创始人叶卡捷琳娜二世也是外国人。"

"至今只有一个真正的俄国人哥尔查科夫在这个教团中身居要职；

---

① 卡·奥·波茨措-迪-博尔哥，伯爵，1814～1835年先后任俄驻巴黎公使和大使，1835～1839年任驻伦敦大使。卡·瓦·涅谢尔罗迭，伯爵，1816～1856年任俄国外交大臣。郝·安·利文，公爵，1810～1812年任俄国驻柏林公使，1812～1834年任驻伦敦大使。——原编者注

他的继任者冯·吉尔斯①的姓又是一个外国姓。"

"正是这个最初由外国冒险家组成的秘密团体,把俄罗斯帝国变得现在这样强大。这一帮人以钢铁般的坚定性,始终不渝地追求既定的目的,不惜背信弃义,阴谋叛变,进行暗杀,也不惜卑躬屈节,重金贿买,不因胜利而陶醉,不因失败而气馁,踩着千百万士兵的尸体和至少一个沙皇的尸体向前进,——这一帮人有多大本领就能干出多大的伤天害理的事情;对于使俄国的边界从第聂伯河和德维纳河扩展到维斯瓦河以西,直到普鲁特河、多瑙河和黑海,从顿河和伏尔加河扩展到高加索以南,直到奥克苏斯河和亚克萨尔特河②的发源地,他们的作用超过了俄国所有的军队;正是这一帮人使俄国成为巨大、强盛和令人恐惧的国家,并为它开辟了称霸世界的道路。"③（见上述恩格斯的文章）

可以认为,在俄国历史上,在俄国的外交史上,外交界就是一切,而沙皇、封建主、商人和其他社会集团则是不足道的或者几乎是不足道的

可以认为,假设指导俄国对外政策的不是象涅谢尔罗迭或吉尔斯这样的外国冒险家,而是象哥尔查科夫等人那样的俄国冒险家,那末,俄国的对外政策就会走上另一条道路了。

十分卑鄙龌龊的侵略政策决不是俄国沙皇所独有的,这一点我不来谈了。尽人皆知,侵略政策也是——不是在较小的程度上,甚至是在较大的程度上——欧洲各国国王和外交家所具有的,其中包括拿破仑这样一个属于资产阶级类型的皇帝,他虽然并不是出身于皇室,但在自己的对外政策中却成功地运用了阴谋、欺骗、背信弃义、阿谀奉承、残暴行为、收买、

---

① 亚·米·哥尔查科夫,公爵,1854～1856年任俄国驻维也纳大使,1856～1882年任外交大臣。尼·卡·吉尔斯,1875～1882年任俄国外交副大臣,1882～1895年任外交大臣。——原编者注
② 奥克苏斯河即阿姆河。亚克萨尔特河即锡尔河。——原编者注
③ 见《马克思恩格斯全集》（第一版）第22卷,第16～17页。——编者注

暗杀和纵火。

显然，也不可能不是这样。

大概恩格斯在写这篇抨击俄国沙皇政府的文章（恩格斯的文章是一篇很好的有战斗性的抨击性文章）时，写得有点兴奋了，由于兴奋，所以一时忘记了某些最基本的、他非常清楚的事情。

2. 恩格斯在说明欧洲局势和揭示日益逼近的世界大战的原因和前景时写道：

"决定着欧洲当前的局势的是以下三个事实：（1）德国吞并阿尔萨斯-洛林；（2）沙皇俄国力图占领君士坦丁堡；（3）无产阶级和资产阶级之间的斗争在所有国家中更加炽烈地燃烧起来，社会主义运动的普遍高涨是这个斗争的标志。"

"前两件事实使得欧洲分裂为现在的两大军事阵营。德国的吞并把法国变成俄国反对德国的同盟者，沙皇对君士坦丁堡的威胁把奥地利，甚至意大利，变成德国的同盟者。两个阵营都在准备决战，准备一场世界上从未见过的战争，一场将有1000万到1500万武装的士兵互相对峙的战争。只有两个情况至今阻碍着这场可怕的战争爆发：第一，军事技术空前迅速地发展，在这种情况下，每一种新发明的武器甚至还没有来得及在**一支**军队中使用，就被另外的新发明所超过；第二，绝对没有可能预料胜负，完全不知道究竟谁将在这场大战中获得最后的胜利。"

"只有当在俄国发生这样一种转变，使俄国人民能够永远结束自己沙皇的传统的侵略政策，抛弃世界霸权的幻想，而关心自己本身在国内的受到极严重威胁的切身利益时，这种世界战争的全部危险才会消失。"①

"……俄国的国民议会为了克服哪怕是最主要的内部困难，也很

---

① 见《马克思恩格斯全集》（第一版）第22卷，第53~54页。——编者注

快就会坚决打消一切发动新的侵略的意图。"①

"欧洲正好象沿着斜坡一样越来越快地滚向规模空前和力量空前的世界战争的深渊。只有一个东西能够阻止它，那就是俄国制度的改变。这种改变将在最近若干年内发生，这是无庸置疑的。"②

"……一旦沙皇政权这个全欧洲反动势力的最后堡垒垮台，整个欧洲的风向就会完全改变。"③（同上）

不能不指出，在这些说明欧洲局势和列举导致世界大战的原因的话里，忽略了一个后来起决定作用的重要因素，即争夺殖民地、争夺销售市场、争夺原料产地的**帝国主义**斗争这个当时就已有极重大意义的因素；忽略了作为后来的世界大战的因素的英国的作用，忽略了德国和英国的矛盾，这些矛盾当时就已有重大意义，后来对世界大战的发生和发展，起了几乎是决定的作用。

我认为，这种忽略是恩格斯文章的主要缺点。

从这个缺点产生了其余缺点。现在不妨指出其中的下列几点：

（一）**过高地估计了**沙皇俄国力图占领君士坦丁堡这件事在促使世界大战日益逼近这方面的作用。诚然，恩格斯起初把德国吞并阿尔萨斯-洛林当作大战的因素放在首位，但后来，他把这个因素放到次要地位，而把俄国沙皇政府的侵略意图放到首位，断言，"**只有当在俄国发生这样一种转变，使俄国人民能够永远结束自己沙皇的传统的侵略政策……时，这种世界战争的全部危险才会消失。**"

这当然是夸大了。

（二）**过高估计了**俄国资产阶级革命的作用，"俄国的国民议会"（资产阶级议会）在防止日益逼近的世界大战方面的作用。恩格斯断言，俄国

---

① 见《马克思恩格斯全集》（第一版）第22卷，第53页。——编者注
② 见《马克思恩格斯全集》（第一版）第22卷，第57页。——编者注
③ 见《马克思恩格斯全集》（第一版）第22卷，第56页。——编者注

沙皇政府的覆灭是防止世界大战的唯一手段。这显然是夸大了。设有"国民议会"的俄国新的资产阶级制度不可能防止大战，至少是因为大战的主要推动力在于主要的帝国主义强国之间的帝国主义斗争这方面。问题在于，自从俄国在克里木战争中失败（19世纪50年代）以来，沙皇政府在欧洲国际政治中的独立作用就开始显著地下降，而到帝国主义世界大战爆发之前，沙皇俄国实质上起着欧洲主要大国的辅助的后备军的作用。

（三）**过高估计**了沙皇政权的作用，认为它是"全欧洲反动势力的**最后堡垒**"（恩格斯语）。俄国沙皇政权是全欧洲（以及亚洲）反动势力的强大堡垒，这是无可怀疑的。但要说它是这个反动势力的**最后**堡垒，那是使人怀疑的。

必须指出，恩格斯的文章的这些缺点，不仅有"历史价值"。它们还有，或者说应当有极重要的实际意义。其实：**如果**争夺殖民地和势力范围的帝国主义斗争被忽略了，不被看作是日益逼近的世界大战的因素，**如果**英国和德国之间的帝国主义矛盾也被忽略了，**如果**德国吞并阿尔萨斯-洛林这一大战的因素被放到了次要地位，而把俄国沙皇政府力图占领君士坦丁堡当作大战的更重要的、甚至是决定性的因素，最后，**如果**俄国沙皇政府是全欧洲反动势力的最后堡垒，那末，比如说，资产阶级德国同沙皇俄国的战争就不是帝国主义的、掠夺的、反人民的战争，而是解放的、或者几乎是解放的战争，这不是很明显的吗？

未必可以怀疑，按照这样的思路，德国社会民主党于1914年8月4日决定投票赞成军事预算并宣布保卫资产阶级祖国免受沙皇俄国的侵略、免受"俄国野蛮行为"的侵害等口号的堕落行为，就可以得到开脱。

值得注意的是，恩格斯在1891年（恩格斯的文章发表一年之后）给倍倍尔的信中谈到日益逼近的大战的前景时直接说，"德国的胜利因而将是革命的胜利"①，"俄国要是发动战争，那就前进，冲向俄国人及其同盟

---

① 见《马克思恩格斯全集》（第一版）第38卷，第159页。——编者注

者，不管他们是谁"①！

显然，按照这样的思路，那就不可能有产生革命的失败主义的余地，不可能有产生列宁的变帝国主义战争为国内战争的政策的余地。

恩格斯的文章的缺点就是如此。

看来，恩格斯对于当时（1890~1891年）已缔结好了的矛头针对德奥联盟的法俄同盟，甚感不安。因此，他的目的是要在自己的文章中攻击俄国沙皇政府的对外政策，使它失去欧洲的首先是英国的舆论的任何信任，但是在实现这个目的时，忽略了许多其他的极重要的甚至是决定性的因素，所以造成了文章的片面性。

既然如此，是否还值得把恩格斯的文章刊载在我们的战斗性的机关刊物《布尔什维克》上，作为指导性的文章，或者至少是作为极有教益的文章呢？因为很明显，把它刊载在《布尔什维克》上就是默然给它作这样一种推荐。

我认为是不值得的。

约·斯大林
1934年7月19日

译自《布尔什维克》1941年5月第9期，第1~5页

选自《斯大林文集》，第2~8页

---

① 见《马克思恩格斯全集》（第一版）第38卷，第185~186页。——编者注

关于《苏联历史》教科书提纲的意见

瓦纳格小组①没有完成任务，甚至对任务本身也不了解。这个小组编的是**俄罗斯**历史提纲，而不是苏联**历史**提纲，也就是说，编的是俄罗斯历史提纲，而没有包括加入苏联的各民族（народы）的历史（没有照顾到乌克兰、白俄罗斯、芬兰和其他波罗的海沿岸各民族（народы）、北高加索和南高加索各民族、中亚细亚和远东各民族（народы）以及伏尔加河流域和北部各民族（народы）——鞑靼人、巴什基里亚人、莫尔多瓦人、楚瓦什人等等的历史材料）。

提纲中没有着重指出俄国沙皇政府协同俄国资产阶级和地主一起实行兼并和殖民主义的作用（"沙皇政府是各民族的监狱"）。

提纲中没有着重指出俄国沙皇政府在从叶卡特林娜二世时期起到19世纪50年代和以后在对外政策方面所起的反革命作用（"沙皇政府是国际宪兵"）。

提纲中把封建制度和封建制度前的时期（当时农民还没有成为农奴），把专制的国家制度和封建制度（当时俄罗斯还分裂为许多独立的半国家）混淆在一起。

---

① 1934年5月苏联人民委员会和联共（布）中央在《关于苏联学校中历史教学的决定》中批准了新历史教科书编写小组名单，其中《苏联历史》教科书编写小组成员是：尼·尼·瓦纳格教授（组长）、波·德·格列科夫教授、安·米·潘克拉托娃教授、谢·安·皮翁特科夫斯基教授。——原编者注

提纲中把反动和反革命，把"一般"革命、资产阶级革命和资产阶级民主革命等概念混淆在一起。

提纲中没有指出被沙皇政府所征服的俄国各族人民的民族解放运动的条件和根源，因而把这些人民从民族压迫下解放出来的革命——十月革命的理由，没有得到说明，同样，建立苏联的理由也没有得到说明。

提纲中充满了各种陈腐的老一套的说法，如"尼古拉一世的警察恐怖"、"拉辛之乱"和"普加乔夫之乱"、"19世纪70年代地主反革命的进攻"、"产业革命的最初步骤"、"沙皇政府和资产阶级同1905~1907年的革命作斗争的最初步骤"等等。提纲的编撰者盲目地照抄各种资产阶级历史学家的陈腐的和完全不科学的提法，忘记了他们应该教给我们的青年以马克思主义的、有科学根据的提法。

提纲没有反映出西欧资产阶级革命运动和社会主义运动对俄国资产阶级革命运动和无产阶级社会主义运动的形成所起的作用和影响。提纲的编撰者显然忘记了，俄国革命家认为自己是西方资产阶级革命思想和马克思主义思想的著名大师的学生和追随者。

提纲没有指出第一次帝国主义大战的根源，和作为西欧帝国主义列强的后备军的沙皇政府在这个战争中的作用，同样也没有指出俄国沙皇政府和俄国资本主义对西欧资本的依赖，因此，十月革命作为使俄国摆脱半殖民地地位的解放者的意义，没有得到说明。

提纲中没有讲到世界大战前夜整个欧洲存在着政治危机，这种危机也表现在资产阶级民主制和议会制的衰落，因此，从世界史的角度来看，苏维埃作为无产阶级民主制的体现者和使工农摆脱资本主义的机关的意义，没有得到说明。

提纲中没有讲到执政的苏联共产党内的派别斗争和对托洛茨基主义即小资产阶级反革命的表现的斗争。

诸如此类等等。

一般的应该说，提纲编撰得极其粗糙，并且从马克思主义的观点来看，文理上也是不太通的。

至于提纲的体裁不够恰当，玩弄"字眼"，例如把伪德米特里叫作"被人称作的"德米特里，又如，"18 世纪老封建主的胜利"（但是，不知道"新的"封建主在哪里，他们的表现怎样，如果在这个时期他们存在的话）等等，我们就不说了。

我们认为，必须根据上述几点的精神根本改编提纲，同时应该估计到，这里说的是编撰**教科书**，因而应该斟酌每一个字和每一个提法，而不是登在杂志上的不负责的文章，可以毫无责任感地随便乱讲一通。

我们需要的苏联历史教科书是，大俄罗斯的历史不脱离苏联其他各族人民的历史，这是第一，而苏联各族（народы）人民的历史不脱离整个欧洲历史，并且一般的也不脱离世界历史，这是第二。

约·斯大林

安·日丹诺夫

谢·基洛夫

1934 年 8 月 8 日

译自《布尔什维克》，1936 年 2 月第 3 期，第 63～64 页

选自《斯大林文集》，第 27～29 页

在塔吉克斯坦和土库曼斯坦
先进的男女集体农庄庄员会议上的讲话

(1935年12月4日)

同志们！这次会议的主席团委托我向你们宣布两件事情：

第一，主席团准备呈请授予这次会议的全体参加者以最高奖赏——勋章，表扬他们出色的工作。

第二，政府决定赠给每个有代表出席这次会议的集体农庄一辆载重汽车，并且赠给这次会议的每个参加者一台留声机、一些唱片和一只表：给男同志怀表，给女同志手表。

大家都对我说，我应当讲几句话。

还要说什么呢？什么都说过了。

显然，你们那里的棉花生产一定会顺利进行，这一点从我们这次会议的全部过程中就可以看出来了。你们那里，集体农庄正在日益发展，人们都有工作的愿望，机器我们会供给的，肥料你们也能得到，各种必要的帮助我们都会给的，这一点，人民委员会主席莫洛托夫同志已经向你们说过了。因此，你们那里的棉花生产一定会顺利进行，生活一定会日益丰裕。

但是，同志们，有一件东西，却比棉花更加珍贵，这就是我国各族人民的友谊。这次会议，你们的发言和你们的工作，都说明我们伟大的国家中各族人民的友谊正在日益巩固。同志们，这是十分重要和有十分重大意义的事情。在过去，沙皇、资本家和地主掌握我国政权。当时，政府的政策是使俄罗斯民族一个民族成为统治的民族，而所有其他民族成为被统治、被压迫的民族。这是野蛮的弱肉强食的政策。1917年10月，我们进行了伟大的无产阶级革命，推翻了沙皇、地主和资本家，当时我们的导师、我们的父亲和培育者伟大的列宁说，从今以后不应当再有统治的民族和被统治的民族，各民族都应当是平等和自由的。从而，他就埋葬了旧的沙皇和资产阶级的政策，宣布了新的、布尔什维克的政策——我国各族人民友谊的政策，我国各族人民兄弟情谊的政策。

从那时起已经过去18年了。现在我们已经得到了这个政策的良好成果。这次会议就清楚地证明：过去苏联各族人民互不信任的情况早已不存在了，互不信任已经由互相完全信任来代替，苏联各族人民的友谊正在日益发展和巩固。同志们，这就是布尔什维克的民族政策所给予我们的最珍贵的东西。

苏联各族人民的友谊是一件具有重大意义的成就。因为只要这种友谊存在，我国各族人民就会是自由的和不可战胜的。只要这种友谊存在并永远保持下去，那末，任何人，不论是国内的或国外的敌人，都吓不倒我们。同志们，这一点是无庸置疑的。

译自《在先进的男女联合收割机手会议上的讲话。在塔吉克斯坦和土库曼斯坦先进的男女集体农庄庄员会议上的讲话》，1947，第13～15页	选自《斯大林文集》，第83～84页

关于苏联宪法草案(摘录)

[1936年11月25日在全苏苏维埃第八次（非常）代表大会上的报告]

……

二 1924～1936年在苏联生活中发生的变化

关于苏联社会生活变化的情形，如果不说一说还有一方面的变化，那是不完全的。我指的是苏联**民族**相互关系的方面。大家知道，苏联约有60个民族和民族集团。苏维埃国家是多民族的国家。因此很明显，苏联各族人民的相互关系问题，对我们不能不具有头等的意义。

大家知道，苏维埃社会主义共和国联盟，是1922年在苏联苏维埃第一次代表大会上成立的。它是根据苏联各族人民平等和自愿的原则组成的。1924年通过的现行宪法，是苏联第一个宪法。那时，各族人民间的关系还没有得到应有的调整，对大俄罗斯人的不信任心理的残余还没有消失，离心力还继续发生作用。当时必须在这种条件下，在经济、政治和军事互助的基础上调整各族人民的兄弟合作关系，把他们联合成一个多民族的联盟国家。苏维埃政权不能不看到这项事业的困难。它看到了资产阶级国家建立多民族国家的失败经验。它看到了旧奥匈帝国瓦解的经验，但它毕竟进行了创立多民族国家的实验，因为它知道，在社会主义基础上产生的多民族国家，一定能够经得住所有一切考验。

从那时起，已经有 14 年了。为了审查这一实验，这样一个时期已经足够长了。结果怎样呢？过去这一时期，毫无疑义地证明：在社会主义基础上建立多民族国家的实验，是完全成功了。这是列宁的民族政策取得的毫无疑义的胜利。

为什么会有这个胜利呢？

制造民族纠纷的主要势力即剥削阶级已不存在，培植民族互不信任心理和燃起民族主义狂热的剥削制度已不存在，反对一切奴役而忠实地实现国际主义思想的工人阶级已经掌握了政权，各族人民在经济和社会生活一切方面已经切实实行互助，最后，苏联各族人民的民族文化，即民族形式和社会主义内容的文化，已经有了蓬勃的发展；——所有这些因素以及诸如此类的因素，导致苏联各族人民的面貌发生根本改变，他们中间互不信任的心理已经消失，而相互友爱的感情已经发展，因而建立了各族人民在统一的联盟国家体系中真正兄弟合作的关系。

因此，我们现在有了完全形成的、经住了一切考验的、多民族的社会主义国家，这个国家的巩固，是世界上任何一洲的任何一个单民族国家都比不上的。

这就是过去这一时期苏联各**民族相互关系**方面发生的变化。
……

三　宪法草案的基本特点

苏联生活中发生的这一切变化，在新宪法草案中得到了什么反映呢？

换句话说，提交这次代表大会审核的宪法草案的基本特点是什么呢？
……

资产阶级宪法暗中从以下的前提出发：各民族（нации）和种族彼此不能平等；有享受完备权利的民族（нации），也有享受不完备权利的民族（нации）；此外，还有第三种民族（нации）或种族，例如殖民地的民族或种族，他们享受的权利要比享受不完备权利的民族（нации）还要少。这就是说，所有这些宪法基本上是民族主义的宪法，即统治民族（нации）的宪法。

和资产阶级宪法不同，苏联新宪法草案具有深刻的国际主义性质。它的出发点是，一切民族和种族权利平等。它的出发点是，各民族和种族在肤色或语言、在文化水平或国家发展水平方面的区别，以及其他任何区别，都不能成为替民族不平等现象辩护的根据。它的出发点是，一切民族（нации）和种族，不管它们过去和现在的状况如何，不管它们强或弱，都应当在社会一切经济生活、社会生活、国家生活和文化生活方面享受同等的权利。

这就是新宪法草案的第四个特点。

……

五　对宪法草案的修改和补充意见

……

（1）首先谈一谈对宪法草案第1条的修改意见。共有四个修改意见。第一个意见主张用"劳动者国家"几字来代替"工农国家"。另一个意见主张把"工农国家"改为"工农和劳动知识分子的国家"。第三个意见主张用"苏联境内所有种族和民族的国家"来代替"工农国家"。第四个意见主张用"集体农庄庄员"或"社会主义农业劳动者"来代替"农"字。

是否应当采纳这些修改意见呢？我认为不应当。

……

关于苏联各民族和种族也是这样。在宪法草案第二章内已经写明，苏联是享有平等权利的各民族的自由联盟。是不是需要在说明苏联社会阶级成分而不是说明苏联社会民族成分的宪法草案第1条里，重复这一公式呢？显然不需要。至于苏联各民族和种族的权利，在宪法草案第二、第十和第十一等章内都已说明。从这几章可以清楚地看到，苏联各民族和种族，在全国经济、政治、社会和文化生活各方面都享有同等的权利。所以，根本谈不到民族权利会受损害。

……

（2）其次，是对宪法草案第17条的修改意见。这个意见主张把宪法草案上关于各加盟共和国都保留自由退出苏联的权利的第17条全部删去。我认为这个提议是不正确的，因此是代表大会不应当采纳的。苏联是享有平等权利的各加盟共和国的自愿联盟。如果把关于自由退出苏联的权利这一条从宪法上删去，那就违反了这个联盟的自愿性质。我们可以同意这个做法吗？我认为不可以，而且不应当同意这样做。有人说，在苏联，没有一个共和国会愿意退出的，所以第17条没有实际意义。说在我们苏联没有一个共和国会愿意退出，这当然是对的。可是绝对不能由此得出结论说，我们不应当在宪法上明文规定加盟共和国有自由退出苏联的权利。同样，在苏联也没有哪一个加盟共和国会愿意压迫另一个加盟共和国。可是绝对不能由此得出结论说，应当把关于各加盟共和国权利平等的一条从苏联宪法上删去。

（3）再其次，有人提议在宪法草案第二章内另外加上一条说：苏维埃社会主义自治共和国在经济和文化发展到相当水平时，可以改为苏维埃社会主义加盟共和国。这个提议可以采纳吗？我认为不应当采纳。这个提议，不仅从内容来说不正确，而且从它的理由来说也是不正确的。把自治共和国改为加盟共和国，不能以该共和国经济和文化的成熟程度为理由；同样，把某个共和国保留为自治共和国，也不能以该共和国的经济和文化落后为理由。如果这样，那就不是马克思主义的态度，不是列宁主义的态度。例如鞑靼共和国还是自治共和国，而哈萨克共和国却成了加盟共和国，但这还不是说，从文化和经济发展方面来看，哈萨克共和国高于鞑靼共和国。实际情况恰巧相反。例如，关于伏尔加河流域德意志人自治共和国和吉尔吉斯加盟共和国，情况也是这样，从文化和经济方面来看，前者高于后者，但前者还是自治共和国。

究竟要具备哪些标志才有根据把自治共和国改为加盟共和国呢？

这种标志有三个。

第一、这个共和国必须在边疆，而不是四周都被苏联领土环绕着。为什么呢？因为如果加盟共和国保留自由退出苏联的权利，那就一定要这个成了加盟共和国的共和国有可能在逻辑上和事实上提出退出苏联的问题。而能够提出这样的问题的，只有同某一外国交界，即不是四周都被苏联领土环绕着的共和国。当然，我们没有哪一个共和国会在事实上提出退出苏联的问题。可是，既然加盟共和国保留退出苏联的权利，那就必须使这个权利不致变成毫无意思的纸上空文。例如拿巴什基里亚共和国或鞑靼共和国来说吧。假定这两个自治共和国改成了加盟共和国。试问，它们能在逻辑上和事实上提出退出苏联的问题吗？不能。为什么呢？因为它们四周都被苏联的共和国和州环绕着，老实说，它们就是要想退出苏联也无处可退。因此，把这些共和国改为加盟共和国是不正确的。

第二、这个民族在用它的名称命名的苏维埃共和国人口中，必须是比较聚居而占多数的。例如拿克里木自治共和国来说吧。它虽然是边疆共和国，但克里木鞑靼人在该自治共和国内并不占多数，而是占少数。所以，如果把克里木共和国改为加盟共和国，那是不正确的，不合逻辑的。

第三、这个共和国按人口数量来说，必须不是一个很小的共和国，它的人口至少要超过100万。为什么呢？因为如果以为人口极少而军队不大的一个小苏维埃共和国，能够指望维持独立国的生存，那就不正确了。毫无疑问，帝国主义强盗会立即把它抓到手的。

我认为，没有这三个客观标志，在目前的历史时期提出把某个自治共和国改为加盟共和国的问题，是不正确的。

（4）再其次，有人提议，把第22、23、24、25、26、27、28、29等条内关于各加盟共和国所属各边疆区和各州行政区域划分的详细记载删去。我认为这个提议也是不能采纳的。在苏联有些人非常喜欢不厌其烦地改变各边疆区和各州的界线，以致在工作中造成混乱和缺乏信心。宪法草案正是要给这些人一个限制。这是很好的，因为在这方面，也像在其他许多方面一样，我们要有自信的气氛，要有稳定性、明确性。

（5）第五个修改意见是关于第33条的。提意见的人认为建立两院制是不适当的，提议取消民族院。我认为这个意见也是不正确的。如果苏联是一个单民族的国家，那末一院制会比两院制好。但是苏联不是单民族的国家。大家知道，苏联是多民族的国家。我们有一个不分民族而代表苏联一切劳动者**共同利益**的最高机关。这就是联盟院。可是，苏联各民族除了共同利益以外，还有与民族特点有关的**各自特有的特别利益**。可以忽视这些特别利益吗？不可以。是不是需要一个正是反映这些特别利益的专门最高机关呢？绝对需要。无疑，没有这样一个机关，就无法管理苏联这样一个多民族的国家。这样的机关就是第二院，即苏联民族院。

有人援引欧美各国议会史中的事实，说两院制在这些国家里只有坏处，第二院一般都成了反动的中心，成了前进的障碍。所有这一切都是对的。可是，这些现象所以发生，是因为这些国家里的两院是不平等的。大家知道，第二院往往比第一院有更多的权利，而且第二院照例不是通过民主方式成立的，往往是用上面指定议员的方式成立的。毫无疑问，如果两院平等，第二院也像第一院那样用民主方式成立，就不会有这种坏处。

（6）其次，有人对宪法草案提出补充，要求两院代表名额相等。我认为这个提议是可以采纳的。据我看来，这个提议有明显的政治上的好处，因为它强调两院的平等。

（7）再其次，有人对宪法草案提出补充，说民族院代表也应当象联盟院代表一样由直接选举产生。我认为这个提议也是可以采纳的。固然，这会在选举方面造成某些技术上的不便。可是，这在政治上有很大的益处，因为它一定会提高民族院的威信。

……

（10）再其次，是对同一条，即第48条的修改意见。主张把苏联最高苏维埃主席团副主席增加到11人，使每个加盟共和国有一个副主席。我认为这个意见可以采纳,因为这会改善我们的事业,而且只会巩固苏联最高苏维埃主席团的威信。

译自《列宁主义问题》,1952年第1版,第545~573页

选自《斯大林文集》,第105~107、110、120~126页

伟大的十月社会主义革命二十四周年(摘录)

(1941年11月6日在莫斯科市劳动者代表苏维埃、党组织和社会团体庆祝大会上的报告)

"民族社会党人"① 是些什么人?

我们通常把德国侵略者即希特勒分子叫作法西斯分子。而希特勒分子竟然认为这不对,并坚持继续自称为"民族社会党人"。可见,德国人想要我们相信,希特勒分子的党,掠夺欧洲并对我们社会主义国家发动罪恶进攻的德国侵略者的党,是社会主义的政党。能这样吗?社会主义同掠夺和压迫欧洲人民的野兽般的希特勒侵略者之间能有什么共同之点吗?

能不能认为希特勒分子是**民族主义者**呢?不,不能。实际上希特勒分子现在不是民族主义者,而是**帝国主义者**。当希特勒分子从事收拾德国领土、重新合并莱茵区和奥地利等地时,还有相当的根据可以认为他们是民族主义者。但是,在他们侵占了别国领土和奴役了欧洲各民族——捷克人、斯洛伐克人、波兰人、挪威人、丹麦人、荷兰人、比利时人、法兰西人、塞尔维亚人、希腊人、乌克兰人、白俄罗斯人和波罗的海沿岸人等

---

① 也译"国家社会党人"。——原编者注

等，并开始争夺世界霸权以后，希特勒的党就不再是民族主义的党了，因为它从这个时候起就成了帝国主义者、掠夺者和压迫者的党了。

希特勒分子的党是帝国主义者的党，同时又是世界上一切帝国主义者中最富有掠夺性和强盗性的帝国主义者的党。

能不能认为希特勒分子是**社会主义者**呢？不，不能。实际上希特勒分子是社会主义的死敌，是剥夺欧洲工人阶级和各国人民起码的民主自由的最凶恶的反动派和黑帮。为了掩盖其反动的黑帮本质，希特勒分子咒骂英国和美国的内部制度是财阀制度。但是，在英国和美国却有起码的民主自由，有工人和职员的工会，有工人的政党，有议会；而在德国，在希特勒制度下，所有这些组织都被消灭了。只要把这两类事实对照一下，就可以了解希特勒制度的反动本质和识破德国法西斯分子所谓英美财阀制度的一套鬼话。其实，希特勒制度是俄国在沙皇统治下曾有过的那种反动制度的翻版。大家知道，希特勒分子很乐意象沙皇制度那样践踏工人的权利、知识分子的权利和各族人民的权利，他们也很乐意象沙皇制度那样制造中世纪式的虐杀犹太人的大暴行。

希特勒的党是民主自由的敌人的党，是中世纪式的反动势力和制造黑帮大暴行的党。

而如果这些寡廉鲜耻的帝国主义者和穷凶极恶的反动派继续披着"民族主义者"和"社会主义者"的外衣，那末他们这样做就是为了欺骗人民和愚弄头脑简单的人，用"民族主义"和"社会主义"的旗帜来掩盖自己的强盗帝国主义的本质。

乌鸦用孔雀的羽毛来装饰自己……可是，无论乌鸦怎样用孔雀的羽毛来装饰自己，乌鸦毕竟是乌鸦。①

希特勒说："德国人要用一切手段征服全世界。如果我们想建立我们的大德意志帝国，我们就应当首先撵走和消灭斯拉夫各族——俄罗斯人、

---

① 这句话出典于伊·安·克雷洛夫的寓言《乌鸦》。——原编者注

波兰人、捷克人、斯洛伐克人、保加利亚人、乌克兰人、白俄罗斯人。没有任何理由不这样做。"

希特勒说："人生来就是有罪的,只能用暴力管理他们。可以采取任何手段对待他们。如果政治上需要,就应当撒谎、出卖以至屠杀。"

戈林说："谁反对我们,就杀谁,杀吧,杀吧,对此负责的不是你们,而是我,因此,你们杀吧!"

希特勒说："我要把人从所谓良心这个屈辱人的怪物下解放出来。良心也象教育一样,是摧残人的。我的优点就是,我不受任何理论的或道德的考虑的约束。"

在一名被打死的德国士官身上搜出一份德军统帅部9月25日给步兵第489团的命令,命令中说:

"我命令向每一个出现在600米距离内的俄国人开枪。俄国人应当知道,他们面对一个坚决的敌人,他们不能期待这个敌人给予任何宽恕。"

在一名被打死的中尉古斯达夫·齐格尔(美因河畔法兰克福人)身上搜出一份德军统帅部告士兵书,里面说:

"你没有心和神经,在战争中不需要这些。消灭你自己的怜悯心和恻隐心吧,杀死每一个俄国人,每一个苏联人,即使在你面前的是老人或妇女,是女孩或男孩,也不要停手。杀吧,这样你才能拯救自己免于死亡,保证你一家的前途,使你流芳百世。"

你们看,这就是希特勒党首领们和希特勒统帅部的纲领和指示,这就是一群丧失人性和堕落到禽兽地步的人的纲领和指示。

这一群丧尽天良、毫无人格、充满兽性的人竟恬不知耻地号召消灭伟大的俄罗斯民族,消灭普列汉诺夫和列宁、别林斯基和车尔尼雪夫斯基、普希金和托尔斯泰、格林卡和柴可夫斯基、高尔基和契诃夫、谢切诺夫和巴甫洛夫、列宾和苏里科夫、苏沃洛夫和库图佐夫的民族!……

德国侵略者想对苏联各族人民进行歼灭战。好吧,既然德国人想进行歼灭战,他们就一定会得到歼灭战。

今后我们的任务,苏联各族人民的任务,我们陆海军战士、指挥员和政治工作人员的任务，就是把侵入我们祖国领土的所有德国占领军一个不剩地歼灭干净。

对德国占领军决不留情！

消灭德国占领军！

译自《论苏联伟大卫国战争》，1952　　　选自《斯大林文集》，第303~306页

国防人民委员会命令（摘录）

（第55号。1942年2月23日于莫斯科市）

……

但是红军的力量不仅仅在于这一点。

红军的力量首先在于，它进行的不是掠夺性的、帝国主义的战争，而是解放的、正义的卫国战争。红军的任务是解放被德国侵略者占领的苏联领土；解放遭受德国侵略者压迫的我国城乡的居民，这些居民在战前是自由的、过着人的生活，而现在则遭到压迫和掠夺，忍受着饥寒交迫的痛苦；红军还要解放遭受德国法西斯恶魔侮辱和欺凌的我国妇女。试问还有什么能比这种任务更高尚更光荣呢？没有一个德国兵能够说他是进行着正义的战争，因为他不能不看到，他是被迫去为掠夺和压迫其他民族而作战的。德国士兵没有能鼓舞他、能使他引为自豪的高尚光荣的战争目的。相反地，任何一个红军战士都能自豪地说，他是进行着正义的解放战争，进行着捍卫祖国的自由和独立的战争。红军有鼓舞他们建立功勋的高尚光荣的战争目的。正是由于这个原因，所以在卫国战争中，涌现出成千成万为祖国的自由誓死奋战的英雄。

红军的力量就在于此。

德国法西斯军队的虚弱也就在于此。

有时外国报刊胡说什么红军的目的是要消灭德意志民族和消灭德意志国家。这当然是一种笨拙的谎言和对红军的愚蠢的诬蔑。红军没有也不可能有这样愚蠢的目的。红军的目的,就是要把德寇驱逐出我国和解放被德国法西斯侵略者占领的苏联领土。解放苏联领土的战争,很可能导致希特勒匪帮的垮台或者覆灭。这种结局我们是欢迎的。可是,如果把希特勒匪帮同德意志民族混为一谈,同德意志国家混为一谈,那就很可笑了。历史经验告诉我们,希特勒之流可以上台下台,而德意志民族、德意志国家依然存在。

最后,红军的力量在于,它没有而且不可能有对于其他民族的种族仇恨,对于德意志民族也是一样;红军是按照各民族、各种族一律平等的精神,按照尊重其他民族权利的精神教育出来的。德国人的种族理论和种族仇恨的实践,使得一切爱好自由的民族都成为法西斯德国的敌人。苏联的种族平等理论和尊重其他民族权利的实践,则使得一切爱好自由的民族都成为苏联的朋友。

红军的力量就在于此。

德国法西斯军队的虚弱也就在于此。

有时外国报刊胡说什么苏联人所以仇恨德国人,就因为他们是德国人;红军所以消灭德国士兵,就因为他们是德国人,就因为仇恨德国的一切;因此红军抓住德国兵就杀掉。这当然是同样的笨拙的谎言和对红军的愚蠢的诬蔑。红军没有种族仇恨心理。它没有这种卑劣情绪,因为它是按照种族平等和尊重其他民族权利的精神教育出来的。此外,还不要忘记,在我国,表现种族仇恨的行为是要受到法律制裁的。

但是既然德国法西斯侵略军想奴役我们祖国,当他们已经被我军合围而又不肯缴械投降时,红军当然只好消灭他们。红军消灭他们,并不是因为他们是德国人,而是因为他们想奴役我们祖国。红军同其他任何国家的军队一样,有权利而且有义务来消灭奴役自己祖国的匪徒,而不问他们属于哪一个民族。不久以前,在加里宁、克林、苏希尼奇、安德列阿波尔和托罗佩茨等城市,当德军守备部队已经被我军合围时,我军曾建议他们投降并且答应在他们投降后保全他们的生命。可是德军守备部队竟拒绝缴械投降。自然,只好用武力把他们赶走,于是就有不少的德国兵被打死了。

战争总是战争。如果德军官兵愿意投降，那末红军就接收他们为俘虏，并保全他们的生命。如果德军官兵拒绝投降，而且还手持武器企图奴役我们祖国，那时红军自然就要消灭他们。请想一想伟大的俄罗斯作家马克西姆·高尔基的话吧："敌人不投降，就坚决消灭他。"①

  红军和红海军战士、指挥员和政治工作人员、男女游击队员同志们！我向你们祝贺红军建军二十四周年！希望你们彻底战胜德国法西斯侵略者！

  红军和红海军万岁！

  男女游击队员万岁！

  我们光荣的祖国，我们祖国的自由和独立万岁！

  引导我们走向胜利的伟大的布尔什维克党万岁！

  战无不胜的伟大的列宁的旗帜万岁！

  在列宁的旗帜下前进，消灭德国法西斯侵略者！

国防人民委员　约·斯大林

译自《论苏联伟大卫国战争》，1952　　选自《斯大林文集》，第 322~324 页

---

① 马·高尔基的这句名言，是他发表在 1930 年 11 月 15 日《真理报》上的一篇文章的标题。——原编者注

伟大的十月社会主义革命二十七周年(摘录)

(1944年11月6日在莫斯科市劳动者代表苏维埃、
党组织和社会团体庆祝大会上的报告)

……

苏联人在后方的劳动功勋,同我国军人在前线的不朽战功一样,是来自强烈的、生气勃勃的苏维埃爱国主义。

苏维埃爱国主义的力量,就在于这种爱国主义的基础不是种族偏见或民族主义偏见,而是人民对自己的苏维埃祖国的耿耿忠诚和忠实,以及我国各民族劳动者的兄弟友爱。在苏维埃爱国主义中,各族人民的民族传统是同苏联所有劳动者的共同切身利益和谐地结合在一起的。苏维埃爱国主义不是分裂我国各民族,恰好相反,是把它们团结成统一的兄弟家庭。应当认为,这就是苏联各族人民的牢不可破的、日益巩固的友谊的基础。同时,苏联各族人民尊重外国人民的权利和独立,一向表示愿意同邻国和平友好相处。应当认为,这就是我国同爱好自由的各国人民的联系日益发展和巩固的基础。

苏联人之所以痛恨德国侵略者,并不是因为他们是异族人,而是因为他们使我国人民和所有爱好自由的各国人民遭受了数不清的灾难和痛苦。我国民间历来有句俗话:"并不是因为狼是灰的才打狼,而是因为狼吃了羊。"

德国法西斯分子把仇视人类的种族论选作自己的思想武器,本来是以为，鼓吹兽性的民族主义就可以给德国侵略者统治被奴役的民族造成政治上和道义上的前提。可是希特勒分子所实行的种族仇视政策，实际上却成了德国法西斯国家国内虚弱和国际上孤立的根源。种族仇视的思想和政策，是希特勒强盗联盟瓦解的因素之一。起来反对德帝国主义者的，不仅有被奴役的法国、南斯拉夫、波兰、捷克斯洛伐克、希腊、比利时、丹麦、挪威、荷兰等国人民，而且还有从前希特勒的附庸国——意大利人、罗马尼亚人、芬兰人、保加利亚人，这不能认为是偶然的。希特勒匪帮实行吃人的政策，使得世界各国人民都起来反对德国，而所谓的"优等德意志种族"却遭到了举世的憎恨。

在战争进程中，希特勒分子不仅遭到了军事上的失败，而且遭到了政治上和道义上的失败。已在我国树立起来的一切种族和民族平等的思想，各族人民友爱的思想，完全战胜了希特勒分子的兽性民族主义和种族仇视的思想。

现在，在卫国战争快要胜利结束的时候，苏联人民的历史作用的全部伟大意义显现出来了。现在大家都承认，苏联人民以自我牺牲的斗争，从法西斯暴徒的铁蹄下拯救了欧洲的文明。这就是苏联人民对人类历史的伟大功勋。

译自《论苏联伟大卫国战争》，1952　　　　选自《斯大林文集》，第 426～427 页

在欢迎芬兰政府代表团的午宴上的讲话

（1948年4月7日）

我想就昨天签订的苏芬友好互助条约的意义讲几句话。

这个条约标志着我们两国关系的转变。大家知道，150年来，俄国同芬兰的关系是互不信任的。芬兰人不信任俄国人，而俄国人也不信任芬兰人。苏联方面过去曾经试图消除俄国人同芬兰人之间的不信任。这是1917年列宁宣布芬兰独立时的事情。从历史的观点来看，这是一个卓越的决定。但遗憾的是，不信任未能因此而被消除，——不信任依然是不信任。结果，我们之间发生了两次战争。

我希望，我们能从我们曾彼此交战两次、长久的互不信任的时期转入我们关系上的新时期——互相信任的时期。必须使我们所缔结的条约消除这种不信任，并为我们两国人民之间的关系创立新的基础，必须使这个条约成为我们两国关系走向信任和友好的重大转折点。

我们希望，这一点不仅在座的各位能很好的理解，而且这个大厅以外的芬苏两国的人们也能很好的理解。

不能认为两国人民之间的不信任一下子就可以消除。这一点是不能很快就做到的。不信任的残余和尾巴还会在长时期内存在，要消除它们，还需要做很多工作，进行很多斗争，才能建立苏芬两国相互友好的传统，并使这种传统得到巩固。

条约有平等的，也有不平等的。苏芬条约是平等的条约，因为它是在双方完全平等的基础上缔结的。

许多人不相信大民族和小民族之间的关系能够是平等的。但是我们苏联人认为，这样的关系是能够有的，而且是应当有的。苏联人认为，每一个民族，不论其大小，都有其本质上的特点，即只属于该民族而为其他民族所没有的特殊性。这些特点就是每个民族对世界文化共同宝库作出的、使这个宝库更加充实、更加丰富的贡献。在这个意义上，一切民族，不论大小，都处于同等的地位，每个民族都是和其他任何民族同样重要的。

因此，苏联人认为，芬兰虽然是个小国，但在这个条约中是作为与苏联平等的一方。

在大国的政治家中，把小民族看成同大民族平等的人是不多见的。他们大多数都是藐视小民族的。他们并不反对有时对小民族作单方面的保证。但是一般说来，这些政治家是不愿意同小民族缔结平等条约的，因为他们不认为小民族是自己的对手。

为了苏芬条约，为了这一条约所标志的我们两国关系上的好转，干杯。

译自《苏联对外政策（1948年）》第1册，1950，第23~24页

选自《斯大林文集》，第538~539页

马克思主义和语言学问题*（摘录）

论语言学中的马克思主义

有一部分青年同志要求我在报刊上就语言学问题，特别是就语言学中的马克思主义发表我的意见。我不是语言学家，当然不能完全满足这些同志。至于语言学中的马克思主义，也和其他社会科学中的马克思主义一样，同我是有直接关系的。因此我同意回答这些同志所提出的几个问题。

问：说语言是基础的上层建筑，是否正确？

答：不，不正确。

基础是社会在其一定发展阶段上的经济制度。上层建筑是社会的政治、法律、宗教、艺术、哲学的观点，以及同这些观点相适应的政治、法律等设施。

任何基础都有同它相适应的自己的上层建筑。封建制度的基础有自己的上层建筑，自己的政治、法律等等观点，以及同这些观点相适应的设施；资本主义的基础有自己的上层建筑；社会主义的基础也有自己的上层建筑。如果基础发生变化和被消灭，那末它的上层建筑也就会随着发生变

---

* 1950年5月9日~7月4日，苏联《真理报》组织了语言学问题的讨论，每周定期出版两整版的讨论专刊。该报编者说：组织这次讨论的目的是"通过批评和自我批评来克服语言学发展中的停滞现象，确定这门科学进一步发展的方向"。针对讨论中提出的问题，斯大林在这一年的6~7月写了几篇著作，在《真理报》发表，随后于8月用《马克思主义和语言学问题》为书名由真理报出版社出了单行本。——原编者注

化和被消灭。如果产生新的基础，那就会随着产生同它相适应的上层建筑。

……

就这方面来说，语言学和上层建筑是根本不同的。语言不是某一个社会内部这种或那种基础，旧的或新的基础所产生的，而是千百年来社会历史和各种基础历史的全部进程所产生的。语言不是某一个阶级所创造的，而是整个社会、社会各阶级世世代代的努力所创造的。语言创造出来不是为了满足某一个阶级的需要，而是为了满足整个社会的需要，满足社会各阶级的需要。正因为如此，创造出来的语言是全民的语言，对社会是统一的，对社会全体成员是共同的。因此，作为人们交际工具的语言的服务作用，不是为一个阶级服务，损害另一些阶级，而是一视同仁地为整个社会、为社会各阶级服务。这也就说明，语言可以一视同仁地既为旧的衰亡的制度服务，也为新的上升的制度服务；既为旧基础服务，也为新基础服务；既为剥削者服务，也为被剥削者服务。

谁都知道这样的事实：俄语在十月革命以前为俄国资本主义和俄国的资产阶级文化服务得很好，就同现在为俄国社会的社会主义制度和社会主义文化服务得很好一样。

关于乌克兰语、白俄罗斯语、乌兹别克语、哈萨克语、格鲁吉亚语、亚美尼亚语、爱沙尼亚语、拉脱维亚语、立陶宛语、摩尔达维亚语、鞑靼语、阿塞拜疆语、巴什基尔语、土库曼语以及苏联其他民族的语言，都应该说也是这样的，它们为这些民族的旧的资产阶级制度服务得很好，就同为这些民族的新的社会主义制度服务得很好一样。

不这样是不可能的。语言的存在和语言的创造就是要作为人们交际的工具为整个社会服务，就是要它对社会成员是共同的，对社会是统一的，同样地为社会全体成员服务，而不管他们的阶级地位如何。语言一离开这个全民立场，一站到偏爱和支持某一社会集团而损害其他社会集团的立场，它就会丧失自己的本质，就会不再是人们在社会中交际的工具，就会变成某一社会集团的习惯语而退化下去，使自己必然消失。

就这方面来说，语言和上层建筑有原则上的不同，但和生产工具，比如说，和机器却没有区别，生产工具和语言一样，对各阶级是一视同仁的，既可以为资本主义制度服务，也同样可以为社会主义制度服务。

再其次，上层建筑是某个经济基础存在和活动的那一个时代的产物。因此上层建筑的生命是不长久的，它是随着这个基础的消灭而消灭，随着这个基础的消失而消失的。

而语言则相反，它是若干时代的产物，在这些时代中，它形成起来、丰富起来、发展起来、精炼起来。所以语言比任何基础、任何上层建筑都生存得长久得多。这正说明，不仅是一个基础及其上层建筑的产生与消灭，而且好几个基础及与之相适应的上层建筑的产生与消灭，也不致会在历史上消灭一种语言，消灭一种语言的结构，产生具有新的词汇和新的语法构造的新的语言。

……

最后，上层建筑和语言还有一个根本区别。上层建筑同生产、同人的生产活动没有直接联系。上层建筑是通过经济的中介、通过基础的中介同生产仅仅有间接的联系。因此上层建筑反映生产力发展水平的变化，不是立刻、直接反映的，而是在基础变化以后，通过生产变化在基础变化中的折光来反映的。这就是说，上层建筑活动的范围是狭窄的和有限的。

而语言则相反，它是同人的生产活动直接联系的，不仅同生产活动，而且同人的工作的一切领域（从生产到基础、从基础到上层建筑）中的任何其他活动都有直接联系，因此语言反映生产的变化，是立刻、直接反映的，并不等待基础的改变，所以语言的活动范围包括人的活动的各个领域，它比上层建筑的活动范围要广泛得多，方面也多得多，不仅如此，它的活动范围几乎是无限的。

……

总括说来：

（1）马克思主义者不能认为语言是基础的上层建筑；

（2）把语言同上层建筑混为一谈，就是犯了严重的错误。

问：有人说，语言从来就是并且现在还是阶级的语言；对社会是共同的统一的语言，非阶级的语言，全民的语言是不存在的。这种说法是否正确呢？

答：不，不正确。

不难了解，在没有阶级的社会中，根本谈不到阶级的语言。原始公社氏族制度是没有阶级的，因此那时当然不可能有阶级的语言，那时语言对人们的整个集体是共同的、统一的。有人反驳说，所谓阶级，应当是指任何人类集体，包括原始公社集体在内。这种说法算不得什么反驳，而是玩弄词句，是不值得一驳的。

至于后来语言的发展，从氏族语言到部落语言；从部落语言到民族（народность）语言，从民族（народность）语言到民族（нация）语言①，那末在发展的各个阶段上，作为人们在社会中交际工具的语言，对社会是统一的、共同的，它同样地为社会一切成员服务，而不管他们的社会地位如何。

这里我指的并不是奴隶时代和中世纪时代的帝国，例如，居鲁士和亚历山大大帝、凯撒和查理大帝等所建立的帝国，这些帝国没有自己的经济基础，而是暂时的、不巩固的军事行政的联合。这些帝国不仅没有，而且也不可能有对整个帝国统一的、为帝国一切成员都懂得的语言。这些帝国是一些各有各的生活方式、各有各的语言的部落和民族（народность）的集合体。因此，我指的不是这些帝国和类似的帝国，而是组成这些帝国的部落和民族（народность），这些部落和民族（народность）是各有自己的经济基础，各有自己早已形成的语言的。历史表明：这些部落和民族（народность）的语言不是阶级的，而是全民的，是每个部落和民族

---

① 俄文 народность 和 нация 一般都译为"民族"。斯大林在本文中把 народность 一词用来专指出生于部落之后的、奴隶社会和封建社会的人们共同体，把 нация 一词用来专指资本主义上升时期和这个时期以后的人们共同体。本文中 народность 译成"民族"，并附注原文；нация 译成"民族"，一般不附注原文，只是在同一句子中与 народность 并用时，才附注原文，以示区别。——原编者注

（народность）共同的，是大家都懂得的。

当然，除此之外还有方言①、土语，但是部落或民族（народность）统一的和共同的语言却占着统治地位，并使这些方言、土语从属于自己。

往后，随着资本主义的出现、封建割据的消灭和民族市场的形成，民族（народность）就发展成为民族（нация），而民族（народность）的语言也就发展成为民族（нация）的语言。历史表明：民族语言不是阶级的，而是全民的，对每个民族的成员是共同的、对整个民族是统一的。

上面已经说过：语言作为人们在社会中交际的工具，同样地为社会一切阶级服务，在这一方面表现出语言对各个阶级是一视同仁的。但是人们，即各社会集团、各阶级对于语言远不是漠不关心的。他们极力利用语言为自己的利益服务，把自己的特殊词汇即特殊用词和特殊用语强加到语言中去。在这一方面，那些脱离人民并且仇视人民的有产阶级上层，如贵族、资产阶级上层分子表现得特别明显。他们创造了"阶级的"方言，习惯语，沙龙"语言"②。在书刊中常常把这些方言和习惯语错误地说成是语言，如"贵族语言"、"资产阶级语言"，与此相对立的则有"无产阶级语言"、"农民语言"。很奇怪的是，我们有些同志竟根据这一点得出结论，说什么民族语言是虚构的，只有阶级语言才是实际存在的。

我想再没有比这种结论更错误的了。能不能把这些方言和习惯语看作语言呢？绝对不能。其所以不能，第一、因为这些方言和习惯语没有自己的语法构造和基本词汇，而要从民族语言中去借用。其所以不能，第二、因为这些方言和习惯语只是在某一阶级上层分子的狭窄范围中通用，完全不适用于作为整个社会中人们交际的工具。在这些方言和习惯语中到底有些什么呢？其中有的只是一些反映贵族或资产阶级上层分子特殊趣味的特

---

① 原文是циалкт，指地域方言，在本文中也用以指某一社会集团的习惯语，现统一译为"方言"。——原编者注

② 即客厅语言，是封建贵族和资产阶级上流社会中流行的一种所谓"雅语"。沙龙是法语salon一词的音译，意即客厅。——原编者注

别的词，一些不包含民族语言中"粗鲁"用语和短语的特别风雅客气的用语和短语，以及若干外来语。然而基本的即绝大多数的词和语法构造还是从全民的语言中拿来的。因此这些方言和习惯语只是全民的民族语言的支派，没有任何语言的独立性，而且是注定不能发展的。如果以为这些方言和习惯语能够发展成为独立的语言，能够排挤民族语言并代替民族语言，这就是看不到历史的前景，脱离马克思主义的立场。

有人援引马克思，引证他的《圣麦克斯》一文的一个地方，那里说到资产者有"自己的语言"，这个语言是"资产阶级的产物"①，这种语言浸透了重商主义和生意经的精神。有些同志想用这个引文来证明，好像马克思是主张语言有"阶级性"的，好像马克思否定了统一的民族语言的存在。如果这些同志能客观论事的话，他们就应当从同一篇《圣麦克斯》中引证另一段话，在那里马克思谈到统一的民族语言形成的道路的问题时说："方言经过经济集中和政治集中而集中为一个统一的民族语言。"②

可见马克思承认必须有**统一**的民族语言作为高级形式，作为低级形式的方言则从属于高级形式。

那末，马克思所说资产者的语言"是资产阶级的产物"这句话是什么意思呢？马克思是否认为这种语言和具有自己特殊结构的民族语言是同样的语言呢？马克思能不能把它看成这样的语言呢？当然不能。马克思只是想说：资产者拿自己的生意人的那套词汇玷污了统一的民族语言，这就是说，资产者有他的生意人的习惯语。

可见，这些同志曲解了马克思的立场。他们曲解了它，是因为他们不是以马克思主义者的态度去引证马克思，而是以不深入问题实质的书呆子的习气去引证马克思。

有人援引恩格斯，引证恩格斯的《英国工人阶级状况》一书中的话："……英国工人阶级逐渐变成一种和英国资产阶级完全不同的人"，"工人

---

① 见《马克思恩格斯全集》第3卷，人民出版社，1960，第255页。——编者注
② 见《马克思恩格斯全集》第3卷，人民出版社，1960，第500页。——编者注

比起资产阶级来，说的是另一种方言，有另一套思想和观念，另一套习俗和道德原则，另一种宗教和政治"。① 有些同志根据这一句话就得出结论说，恩格斯否认全民的民族语言的必要性，也就是说，他主张语言的"阶级性"。其实恩格斯在这里不是说语言而是说方言，他完全懂得，方言是民族语言的支派，是不能代替民族语言的。可是，这些同志看来是不很同意语言同方言是有区别的……

显然，这段话是引用得不恰当的，因为恩格斯在这里不是说"阶级语言"，而主要是说阶级的思想、观念、习俗、道德原则、宗教和政治。资产者和无产者的思想、观念、习俗、道德原则、宗教和政治是绝对对立的，这是完全正确的。但是这同民族语言或语言的"阶级性"有什么相干呢？难道社会中的阶级矛盾的存在，就能作为主张语言有"阶级性"的论据吗？或者作为反对统一的民族语言的必要性的论据吗？马克思主义认为，共同的语言是民族的最重要标志之一，同时清楚地知道，在民族内部存在着阶级矛盾。这些同志是否承认马克思主义的这个论点呢？

有人援引拉法格的话，说拉法格在《语言和革命》② 这本小册子中承认语言的"阶级性"，似乎他否认全民的民族语言的必要性。这是不对的。拉法格的确谈论过"贵族语言"和社会各个阶层的"习惯语"。但是这些同志忘记了拉法格关心的不是语言和习惯语的区别问题，他把方言有时叫做"人造语"，有时叫做"习惯语"。在这本小册子中，他肯定地说："使贵族显得与众不同的人造语……是资产者、手艺人、城市和乡村都讲的那个全民语言中分出来的。"

可见，拉法格是承认全民语言的存在和它的必要性的，他完全懂得"贵族语言"及其他习惯语和习惯语是从属性的，是依附于全民语言的。

因此，引证拉法格的话没有达到目的。

---

① 《马克思恩格斯全集》第2卷，人民出版社，1957，第410页。——编者注
② 即保尔·拉法格的《革命前后的法国语言（关于现代资产阶级根源的研究）》。——原编者注

有人说，有一个时期英国封建主"在几百年中"说法语，而那时英国人民却说英语，这一情况似乎可以作为主张语言有"阶级性"和反对全民语言的必要性的论据。但是，这不是什么论据，而象是一种笑话。第一，那时说法语的，并不是所有封建主，而是在国王宫廷和伯爵领地中为数不多的一部分英国封建主上层分子。第二，他们并不是说什么"阶级语言"，而是说普通的全民的法语。第三，大家知道，这种好讲法语的风尚后来消失得无影无踪，而让位给全民的英语。这些同志是否以为英国封建主同英国人民"在几百年间"相互交谈时，是经过翻译的呢？是否认为英国封建主完全不说英语而全民的英语在那时是不存在的呢？是否认为那时法语在英国比只在英国贵族上层的狭小圈子里通行的沙龙语言更广泛一些呢？怎么可以根据这种笑话式的"论据"来否认全民语言的存在和必要性呢？

俄国贵族有一个时候在宫廷和沙龙里也有好讲法语的风尚，他们以讲俄语时夹杂些法语、以会讲总是带着法国口音的俄语而自鸣得意。这是不是说那时在俄国就没有全民的俄语，那时全民的语言就是虚构的，而"阶级语言"才是实在呢？

这些同志在这里至少犯了两个错误。

第一个错误在于，他们把语言和上层建筑混为一谈。他们以为既然上层建筑有阶级性，那末语言也应当不是全民的而是阶级的。但是我在前面已经说过，语言和上层建筑是两种不同的概念，马克思主义者不能容许把它们混为一谈。

第二个错误在于，这些同志把资产阶级利益和无产阶级利益的对立，他们之间的残酷的阶级斗争，当成社会的完全分裂，当成两个敌对阶级间斩断了一切联系。他们认为既然社会分裂了，再没有统一的社会，而有的只是阶级，那末就不需要有对社会是统一的语言，不需要民族的语言了。既然社会分裂了，并且没有全民的、民族的语言，那末留下的是什么呢？留下的是阶级和"阶级语言"。显然，每个"阶级语言"都有自己的"阶级的"语法——"无产阶级的"语法、"资产阶级的"语法。其实这样的语法在天地间是不存在的。可是这件事并没有使这些同志感到为难，他们相信这样的语法总会出现的。

有个时候，我国有过这样的"马克思主义者"，他们断言十月革命后在我国保留下来的铁路是资产阶级的，我们马克思主义者利用这样的铁路是不体面的事，需要把它挖掉，建筑新的"无产阶级的"铁路。他们因此获得了一个外号，叫做"穴居野人"……

显然，这种对社会、阶级、语言的鄙陋的无政府主义观点，是同马克思主义毫无共同之处的。但是这种观点的确在我们某些弄糊涂了的同志的头脑中存在着，而且继续存在着。

以为有了残酷的阶级斗争，社会似乎就分裂成了在一个社会中相互间再也没有任何经济联系的各个阶级，这当然是不正确的。相反地，只要有资本主义存在，资产者和无产者相互之间便有千丝万缕的经济联系，他们是一个资本主义社会里的两个部分。资产者如果没有受他们支配的雇佣工人就不能生活和发财，无产者如果不受雇于资本家，也不能继续生存。中断他们之间的一切经济联系，就是中断一切生产，而中断一切生产就会使社会灭亡，阶级本身灭亡。显然，没有一个阶级情愿使自己灭亡。因此，阶级斗争不管怎样尖锐，是不会引起社会分裂的。只有对马克思主义问题无知，对语言的本性一窍不通，才会使我们某些同志说出社会分裂、"阶级的"语言、"阶级的"语法之类的荒唐话。

其次，有人引证列宁的话，说列宁承认在资本主义制度下存在着两种文化——资产阶级文化和无产阶级文化，说在资本主义制度下的民族文化口号是民族主义的口号。这一切都是对的，在这一点上，列宁绝对正确。但是这同语言的"阶级性"有什么相干呢？这些同志引证列宁关于资本主义制度下有两种文化的话，显然是想使读者相信：在社会上既然存在着两种文化——资产阶级文化和无产阶级文化，那末语言也应当有两种，因为语言是同文化相联系的，——由此可见，列宁否定了统一的民族语言的必要性，由此可见，列宁主张"阶级的"语言。这些同志在这里的错误，是他们把语言和文化等同起来，混为一谈。其实，文化和语言是两种不同的东西。文化可以有资产阶级的和社会主义的，而语言却是交际的工具，永远是全民的。它既可以为资产阶级文化服务，也可以为社会主义文化服务。俄语、乌克兰语、乌兹别克语现在为这些民族的社会主义文化服务得并不坏，正象在十月革命以前为这些民族的资产阶级文化服务得并不坏一样，难道这不是事实吗？可见，这些同志断言有两种不同的文化存在，就会形成两种不同的语言，就会导致否定统一语言的必要性，——这是大错特错了。

列宁说到两种文化的时候，所持的出发点正是：两种文化的存在，并不会导致否定统一的语言和形成两种语言，语言应当是统一的。崩得分子曾指责列宁，说他否认了民族语言的必要性，而把文化解释为"无民族性的"。大家知道，列宁严厉地反驳了这种说法。列宁说：他反对的是资产阶级文化，而不是民族语言，他认为民族语言的必要性是无可争论的。① 奇怪的是，我们有些同志竟步了崩得分子的后尘。

至于说列宁似乎否定了统一的语言的必要性，那末就应当听一听列宁说的下面的话：

> 语言是人类最重要的交际工具；语言的统一和语言的无阻碍的发展，是保证贸易周转能够适应现代资本主义而真正自由广泛发展的最重要条件之一，是使居民自由地广泛地按各个阶级组合的最重要条件之一。②

可见，这些尊敬的同志歪曲了列宁的观点。

最后，有人援引斯大林，他们引用斯大林的话说："资产阶级及其民族主义的政党在这个时期始终是这种民族的主要领导力量。"③ 这都是正确的。资产阶级及其民族主义的政党的确领导着资产阶级文化，正如无产阶

---

① 参见《列宁全集》第25卷，人民出版社，1988，第224页。——编者注
② 《列宁选集》第2卷，人民出版社，1995，第370页。——编者注
③ 《斯大林全集》第11卷，人民出版社，1953，第290页。——编者注

级及其国际主义的政党领导着无产阶级文化一样。可是这同语言的"阶级性"有什么相干呢？难道这些同志不知道，民族语言是民族文化的形式，民族语言既可以为资产阶级文化服务，也可以为社会主义文化服务吗？难道这些同志不知道马克思主义者的一个有名的公式：现在的俄罗斯、乌克兰、白俄罗斯等等的文化，按其内容是社会主义的，按其形式即按其语言是民族的？这些同志是否同意这个马克思主义的公式呢？

我们这些同志在这方面的错误在于，他们看不到文化和语言之间的差别，并且不懂得文化按其内容说是随着社会发展的每个新时期改变的，语言则在几个时期中基本上是不变的，同样地既服务于旧文化，也服务于新文化。

总括说来：

（一）语言作为交际工具从来就是并且现在还是对社会是统一的，对社会的一切成员是共同的；

（二）方言和习惯语的存在并不否定，而是肯定全民族语言的存在，因为方言和习惯语是全民语言的支派，并且从属于全民语言；

（三）语言有"阶级性"的公式是错误的、非马克思主义的公式。

问：语言的特征是什么？

答： 语言是属于在社会存在的时间内始终起作用的社会现象之列。它随着社会的产生和发展而产生和发展，随着社会的死亡和死亡。社会以外是没有语言的。因此要了解语言及其发展的规律，就必须把语言同社会发展的历史，同创造这种语言、使用这种语言的人民的历史密切联系起来研究。

……

历史表明，语言有巨大的稳固性和对强迫同化的极大的抵抗力。有些历史学家不去解释这种现象，而只是表示惊奇。可是这里并没有值得惊奇的任何根据。语言的稳固性是由它的语法构造和基本词汇的稳固性造成的。土耳其的同化主义者，曾经在几百年中竭力摧残、破坏和消灭巴尔干各族人民的语言。在这个时期中，巴尔干各族人民语言的词汇发生了重大的变化,接受了不少土耳其的词语,发生过"聚合"和"分离",可是巴尔干各族人民的语言还是坚持下来和生存下来了。为什么呢?因为这些语言的语法构造和基本词汇在基本上都保留下来了。

由此得出的结论就是,不能把语言及其结构看作是某一个时代的产物。语言结构,即语言的语法构造和基本词汇,是许多时代的产物。

可以推想,现代语言的要素还在奴隶时代以前的远古时期就已奠下基础了。那时语言是不复杂的,词汇是很贫乏的,但是有它的语法构造,虽然这种构造是很原始的,但总算是语言构造。

生产的继续发展,阶级的出现,文字的出现,国家的产生,国家进行管理工作需要比较有条理的文书,商业的发展,商业更需要有条理的书信来往,印刷机的出现,出版物的发展,——所有这一切都给语言的发展带来了重大的变化。在这个时期中许多部落和民族(народность)分解了和离散了,混合了和融合了,而往后,就出现了民族语言和国家,发生了革命,旧的社会制度被新的社会制度所代替。所有这一切,给语言及其发展带来了更大的变化。

但是,如果以为语言的发展也像上层建筑一样,是用消灭现存的和建设新的那种方法来发展的,那就大错特错了。事实上,语言的发展不是用消灭现存的语言和创造新的语言的方法,而是用扩大和改进现存语言基本要素的方法来实现的。并且语言从一种质过渡到另一种质,不是经过爆发,不是经过一下子破旧立新,而是经过语言的新质和新结构的要素逐渐的长期的积累、经过旧质要素的逐渐死亡来实现的。

有人说,语言发展的阶段论是马克思主义的理论,因为语言发展的阶段论认为突然的爆发是必要的,是语言从旧的质过渡到新的质的条件。这当然是不正确的,因为在这个理论中,很难找到任何马克思主义的东西。如果阶段论真的认为在语言发展历史中有突然的爆发,那就更糟了。马克思主义不承认在语言发展中有突然的爆发,有现存语言的突然死亡和新语言的突然创造。拉法格说在法国"1789年到1794年间发生突然的语言革命"(见拉法格的《语言和革命》这本小册子),是不正确的。那时在法国没有任何语言革命，更谈不上什么突然的语言革命。当然，在这个时期中法语的词汇增加了许多新词语，消失了一些陈旧的词，有些词的含义改变了，仅此而已。但是这样的改变，丝毫也不决定语言的命运。语言中最主要的东西是它的语法构造和基本词汇。在法国资产阶级革命时期，法语的语法构造和基本词汇不仅没有消失，而且保存下来，没有重大的改变，不仅保存下来了，而且直到现在，在现代的法语中还继续生存着。更不用说，要消灭现存的语言和创立新的民族语言（"突然的语言革命"！），五六年的时间是少得可笑，这需要几百年的时间。

马克思主义认为，语言从旧质到新质不是经过爆发，不是经过消灭现存的语言和创造新的语言，而是经过新质的要素的逐渐积累，也就是经过旧质要素的逐渐死亡来实现的。

总之，应当告诉那些醉心于爆发的同志，从旧质过渡到新质经过爆发的规律，不仅不适用于语言发展的历史，而且也不是在任何时候都适用于诸如基础或上层建筑之类的其他社会现象。对于分成敌对阶级的社会，爆发是必需的。但是对于没有敌对阶级的社会，爆发就决不是必需的了。我们曾在 8~10 年的时间中实现了我国农业从资产阶级的个体农民的制度到社会主义的集体农庄制度的过渡。这是一个在乡村中消灭旧的资产阶级的经济制度和建立新的社会主义制度的革命。可是这个变革的实现，不是经过爆发，就是说，不是经过推翻现政权和建立新政权来实现的，而是经过从乡村中旧的资产阶级制度到新的制度的逐渐过渡来实现的。这件事所以能够成功，是由于这是自上而下的革命，这种变革是根据现政权的倡导、在基本农民群众的支持下实现的。

有人说，历史上有过各种语言融合的许多事实，由此可以推想，在融合的时候，新语言的形成是经过爆发，经过从旧质到新质的突然过渡而发生的。这种说法是完全不对的。

语言的融合不能看作是在几年中就能得出结果的一次决定性的突击行动，语言的融合是延续几百年的漫长的过程。因此这里谈不上任何的爆发。

其次，如果以为两种语言融合的结果，会得出一种新的第三种语言，它不象这两种语言中的任何一种，并且同其中任何一种都有质的区别，这种想法是完全不正确的。实际上，在融合的时候，通常是其中某一种语言成为胜利者，保留自己的语法构造和基本词汇，并且按自己发展的内在规律继续发展，另一种语言则逐渐失去自己的本质而逐渐死亡。

可见融合不产生什么新的第三种语言，而是保留其中的一种语言，保留它的语法构造和基本词汇，使它能按自己发展的内在规律继续发展。

诚然，在这种情况下，胜利的语言会从失败的语言中吸取一些词来丰富自己的词汇，但是这并不是削弱它，相反地，是加强它。

例如，俄语就是这样，它在历史发展过程中，曾经同好几个民族的语言融合，并且总是成为胜利者。

当然，俄语的词汇由于从其他语言中取得了许多词而充实起来了，但是这不仅没有使俄语削弱，相反地，使它丰富和加强起来。

至于俄语的民族特质，并没有受到丝毫的损害，因为它保留了自己的语法构造和基本词汇而继续前进，继续按自己发展的内在规律趋于完善。

无疑地，语言融合论并不能给予苏联语言学任何重要的东西。语言学的主要任务就是研究语言发展的内在规律，如果这是对的，那就应当承认，语言融合论不仅不能解决这个任务，甚至没有提出这个任务，——它简直是没有注意到这个任务，或者是不懂得这个任务。

……

答 同志们

答桑热耶夫同志

尊敬的**桑热耶夫**同志！

答复您的来信太迟了，因为您的信昨天才从中央机关转给我。

您无疑是正确地解释了我在方言问题上的观点。

"阶级"方言，正确些说，应当叫作习惯语，并不是为人民群众服务，而是为少数社会上层分子服务的。此外，它们没有自己本身的语法构造和基本词汇。因此，它们无论如何不能发展成为独立的语言。

相反地，地方（"地域"）方言，是为人民群众服务的，并且有自己的语法构造和基本词汇。因此，某些地方方言在民族（нация）形成过程中可以成为民族语言的基础并发展成为独立的民族语言。例如，成为俄罗斯民族语言基础的俄语中的库尔斯克—奥廖尔方言（库尔斯克—奥廖尔"话"），情形就是这样。成为乌克兰民族语言基础的乌克兰语中的波尔塔瓦—基辅方言，也应该说是这样的。至于这些语言中的其他方言，则丧失自己的独特性，溶入这些语言，并在这些语言中消失。

也有相反的发展过程，一个民族（народность）由于缺乏必要的经济发展条件而还未成为民族（нация），它的统一的语言由于该民族（народность）国家的崩溃而瓦解；在统一语言中还没有消失的地方方言，却活跃起来并成为形成单独独立语言的基础。例如，统一的蒙古语可能就是这样。

1950 年 7 月 11 日

载于《真理报》，1950 年 8 月 2 日

答德·别尔金和斯·富列尔两同志

……

2. 从别尔金同志的信中可以看出，他把"词的语言"（有声语言）和"手势语言"（照尼·雅·马尔的说法叫"手"语）同等看待。看来他认为：手势语言和词的语言是同等的东西；人类社会有一个时期是没有词的语言的，当时"手"语起到了后来出现的词的语言的作用。

但是，如果别尔金同志当真是这样想的，那末他就犯了严重的错误。有声语言或词的语言始终是人类社会唯一的能作人们完善的交际工具的语

言。历史上没有任何一个人类社会，哪怕是最落后的社会，会没有自己的有声语言。民族学不知道有任何一个落后的民族（народы），哪怕是像19世纪的澳洲人或火地人①那样原始的或比他们更原始的民族（народы），会没有自己的有声语言。有声语言在人类历史上是帮助人们脱离动物界、结成社会、发展自己的思维、组织社会生产、同自然力量作胜利的斗争并取得我们今天的进步的力量之一。

载于《真理报》，1950年8月2日

答阿·霍洛波夫同志

……

对于霍洛波夫同志信中引证斯大林的不同著作中关于语言问题的两个不同的公式，也应该这样说。

霍洛波夫同志引证斯大林《论语言学中的马克思主义》这一著作，其中作了一个结论：两种语言融合的结果，通常是某一种语言成为胜利者，而另一种则会死亡；可见融合并不产生什么新的第三种语言，而是保留其中的一种语言。其次，他又引证斯大林在联共（布）第十六次代表大会报告中的另一个结论，那里说：在社会主义在世界范围内胜利的时期，当社会主义已经巩固并且深入到日常生活的时候，各民族语言必然会融合为一种共同的语言，这种语言当然不会是大俄罗斯语，也不会是德意志语，而是某种新的语言②。霍洛波夫同志把这两个公式对照了一下，发现它们不仅彼此不一致，而且互相排斥，于是失望了。他在信中写道："从您的文

---

① 澳洲人指澳洲土著人，他们在19世纪时还保存着原始氏族公社制度，崇拜图腾，各部落有自己的语言。据调查，澳洲土著人的语言不下百余种。火地人指美洲南端火地岛的印第安人。他们是16世纪被欧洲殖民者从南美洲驱逐到这个苦寒地区的，以数十人的亲属集团为单位营渔猎生活，19世纪时仍处于非常原始的状态。——原编者注
② 参看《斯大林全集》第13卷，人民出版社，1956，第6页。——编者注

章里我理解了语言的融合**永远**不会产生某种新的语言,可是在这篇文章发表以前,根据您在联共(布)第十六次代表大会的讲话,我曾确信:在**共产主义**时期,各种语言会融合成一个共同的语言。"

显然,霍洛波夫同志发现了这两个公式间的矛盾,并且深信矛盾应当消灭,于是认为必须丢掉公式中的不正确的一个,而抓住对于一切时代和国家都正确的另一个,但是究竟抓住哪一个呢,——他不知道。好象是走投无路了。霍洛波夫同志根本没有想到:两个公式可能都是正确的,——每一个对于自己的时代是正确的。

书呆子和死啃书本的人常常就是这样,他们不深入问题的本质,不管引文中所讲的历史条件而只作形式上的引证,就必然会走投无路。

然而,如果分析一下问题的本质,就没有任何根据感到走投无路了。问题在于:斯大林的《论语言学中的马克思主义》这一小册子和斯大林在党的第十六次代表大会上的发言所指的是两个完全不同的时代,因此所得出的公式也不相同。

斯大林在他的小册子中论及语言融合问题的那个公式,是指**社会主义**在世界范围内**胜利以前**的时代,这时剥削阶级是世界上的统治力量,对民族和殖民地的压迫仍然很厉害,国家的区别使得民族隔离和各民族的互不信任根深蒂固,民族平等还不存在,语言的融合是通过争取其中一种语言的统治地位的斗争进行着,各个民族和各种语言的和平与友谊的合作条件还没有具备,摆在日程上的不是各种语言的合作和互相丰富,而是一些语言的被同化和另一些语言的胜利。很明显,在这种条件下,只能有胜利的语言和失败的语言。斯大林的公式说:譬如两种语言的融合,结果不是形成新的语言,而是其中一种语言胜利,另一种语言失败,这公式正是指上述这些条件。

至于说到斯大林的另一个公式,即他在党的第十六次代表大会上的讲话中论及各种语言融合为一种共同语言的这一公式,那末这里所指的是另外一个时代,也就是**社会主义**在世界范围内**胜利以后**的时代,那时世界帝国主义将不复存在,剥削阶级将被推翻,对民族和殖民地的压迫将被消灭，民族隔离和各民族的互不信任将被民族的互相信任和接近所代替，民族平等将会实现，压制和同化语言的政策将会取消，各民族间的合作将会建立，而各民族的语言将有可能在合作的方式下不受约束地互相丰富起来。很明显，在这些条件下，根本谈不到一些语言的被压制和失败与另一些语言的胜利。在这里我们遇到的将不是两种语言，其中一种遭受失败而另一种成为斗争中的胜利者，而是好几百种民族语言，由于各个民族在经济上、政治上和文化上的长期合作，从这些语言中将首先产生出一些最丰富的统一的区域语言，然后这些区域语言再融合为一种共同的国际语言，这种语言当然既不是德语，也不是俄语和英语，而是吸取了各民族语言和各区域语言的精华的新语言。

因此，两个不同的公式适应于两个不同的社会发展时代，而且正因为它们是与之适应的，所以这两个公式都是正确的，——每一个对于自己的时代是正确的。

要求这两个公式不彼此矛盾，要求它们不互相排斥，这是何等的荒谬，这就像要求资本主义统治时代同社会主义统治时代不彼此矛盾，社会主义同资本主义不互相排斥一样。

书呆子和死啃书本的人把马克思主义、马克思主义的结论和公式看作教条的汇集，这些教条是不顾社会发展条件的变化，而"永远"不变的。他们以为，如果他们把这些结论和公式都背熟了，并把它们胡乱地引证一番，那末他们就能够解决任何问题，因为他们指望背熟了的结论和公式对于一切时代和国家、对于实际生活中的一切场合都是适用的。但是有这样想法的只能是那些看到马克思主义的字母而没有看到它的实质、背熟马克思主义的结论和公式而没有懂得它们的内容的人。

马克思主义是关于自然和社会的发展规律的科学，是关于被压迫和被剥削群众的革命的科学，是关于社会主义在一切国家中胜利的科学，是关于建设共产主义社会的科学。马克思主义作为科学是不能停滞不前的，——它是在发展着和完备着。马克思主义在自己的发展中不能不以新的经验、新的知识丰富起来，——因此，它的个别公式和结论不能不随着时间的推移而改变，不能不被适应于新的历史任务的新公式和新结论所代替。马克思主义不承认绝对适应于一切时代和时期的不变的结论和公式。马克思主义是一切教条主义的敌人。

1950年7月28日

载于《真理报》，1950年8月2日

选自《斯大林文集》，第547～550、552～561、564～568、577～578、579～580、583～586页

译自《马克思主义和语言学问题》，1953

后 记

本文选在 2010 年至 2013 年间完成。根据分工，刘玲、王希恩承担了《斯大林民族问题文选》的编选工作，侯发兵博士对文稿做了校对，并对注释做出调整，王希恩审校并统稿。

本书对《斯大林论民族问题》（民族出版社，1990）做了全面参考，就此向该书的编选者表示敬意和感谢。

编 者

2013 年 8 月

图书在版编目（CIP）数据

马克思主义经典作家民族问题文选：全5册／中国社会科学院民族学与人类学研究所民族理论室编.－－北京：社会科学文献出版社，2016.7（2025.7重印）
　ISBN 978－7－5097－8125－8

　Ⅰ.①马… Ⅱ.①中… Ⅲ.①马克思主义－民族观－理论研究　Ⅳ.①A811.64

　中国版本图书馆CIP数据核字（2015）第232850号

马克思主义经典作家民族问题文选（全五册）

编　　者／中国社会科学院民族学与人类学研究所民族理论室

出 版 人／冀祥德
项目统筹／宋月华　周志静
责任编辑／周志静　韩莹莹　马续辉
责任印制／岳　阳

出　　版／社会科学文献出版社·人文分社（010）59367215
　　　　　地址：北京市北三环中路甲29号院华龙大厦　邮编：100029
　　　　　网址：www.ssap.com.cn
发　　行／社会科学文献出版社（010）59367028
印　　装／河北虎彩印刷有限公司

规　　格／开　本：787mm×1092mm　1/16
　　　　　印　张：172.75　字　数：2559千字
版　　次／2016年7月第1版　2025年7月第5次印刷
书　　号／ISBN 978－7－5097－8125－8
定　　价／1680.00元（全五册）

读者服务电话：4008918866

版权所有 翻印必究